박문각

오현준
교육학

오현준 편저

2025 최신판

**박문각
공무원**

시험 직전 최종 마무리!!

실전⊕동형
모의고사 15회분

7·9급
공무원
시험대비

OMR카드 수록

이 책의 머리말
PREFACE

'철학의 아버지'라고 불리는 탈레스는 "만물의 근원은 물이다."라고 말하였습니다.

그가 왜 만물의 근원을 물이라고 했는지는 전해지지 않고 있습니다. 그러나 사람들이 탈레스를 가리켜 '철학의 아버지'라고 부르는 까닭은 그가 '만물의 근원은 무엇인가?'라는 질문을 이 세상에서 처음으로 제기했다는 사실 때문입니다. 그의 생각이 만물의 근원에까지 미쳤다는 그 사실에 탈레스의 위대성이 있습니다. 공부란 이처럼 '왜?'라는 의문을 던지는 것으로부터 출발합니다.
독특한 자녀 교육법으로 유명한 유대인들은 학교 공부를 마치고 집으로 돌아온 자녀에게 이렇게 말한다고 합니다. "애야. 너 오늘 학교에서 선생님에게 무슨 질문을 했니?"

7·9급 교육행정직과 교정직, 소년보호직 등 공무원을 준비하는 수험생들을 위한 실전대비 모의고사 문제집을 준비했습니다. 아무쪼록 이 문제집이 수험생 여러분들에게 교육학의 전 분야를 좀 더 체계적이고 심도 있게 이해하고 최종 시험을 앞두고 교육학 이론을 마무리하는 데 도움이 되길 바랍니다.

본 문제집은 이렇게 구성되었습니다.

1. 먼저 기출문제를 분석하여 출제경향을 철저히 분석하였습니다.
   "역사는 되풀이된다."는 말처럼 시험문제는 기출문제의 출제영역을 크게 벗어나지 않습니다. 그래서 공무원 시험제도가 변화된 이후 최근 3년간(2024년~2022년) 시행된 9급 국가직·지방직과, 7급 국가직 시험의 출제경향을 단원별로 정리하였습니다.

2. 출제경향 분석을 바탕으로 매 회마다 출제 가능성이 높은 문제를 출제하였습니다.
   • 출제경향에 맞게 단원별로 문항을 균형 있게 배분하여 출제하였습니다.
   • 문항의 예문은 『정통교육학』 (박문각 刊) 기본교재는 물론 교육학 관련 대학 교재를 주로 사용하였습니다.
   • 문항의 형태를 '수능식'과 '행시식' 유형으로 다양하게 출제하였습니다.

3. 문제풀이를 통해 교육학 이론을 확실히 이해하고 체계적으로 정리할 수 있도록 해설을 가급적 상세하게 설명하였습니다.

정답과 오답에 대한 해설뿐 아니라 상세하고 풍부한 Tip을 실어 이를 통해 문제 풀이만으로도 관련 이론과 개념을 확실하게 정리할 수 있도록 하였습니다.

공부는 내 안에서 끊임없이 질문하고 그 답을 찾아 떠나는 기나긴 여행길입니다. 도중에 포기하지 마십시오. "나도 할 수 있다."는 긍정적 자아개념을 갖고 부단히 정진하십시오. 이 책이 나오기까지 도움을 주신 모든 분들에게 감사의 마음을 전합니다.

2025년 2월

오현준

출제경향 살펴보기
ANALYSIS

영 역		2024 국가직 9급		2024 지방직 9급
01 교육의 이해	2	•「헌법」의 교육관련 조항(제31조) •학교의 평생교육(「평생교육법」 제29조)	3	•「평생교육법」(제2조) - 평생교육 용어 정의 •평생교육 참여의 장애요인 - 크로스(Cross)의 분류 •다문화교육 - 뱅크스(J. Banks)의 다문화 교육과정 접근법 4단계
02 한국교육사	1	•조선 후기 실학자가 편찬한 한자 학습용 교재 - 정약용의 「아학편(兒學編)」	1	•한국교육사 개관(삼국시대~근대)
03 서양교육사	−	-	−	-
04 교육철학	1	•실존주의 교육사상가 - 부버(M. Buber)	1	•포스트모더니즘(post-modernism) 교육론의 특징
05 교육과정	2	•타일러(Tyler)의 교육과정 조직 원리 - 계속성, 계열성, 통합성 •2022 개정 교육과정 - 교육과정 구성 중점	3	•보비트(Bobbitt)의 교육과정 개발 •타일러(Tyler)의 교육과정 개발 절차 •「초·중등교육법 시행령」(제48조의2) 자유학기 수업운영방법
06 교육심리학	4	•카텔(Cattell)과 혼(Horn)의 지능이론 - 유동지능 •바이너(Weiner)의 귀인이론 - 일시적 노력(내적-불안정적-통제가능) •켈러(Keller)의 학습동기 유발요소 - ARCS •마르샤(Marcia)의 정체성 지위이론 - 정체성 유예	2	•학습동기 - 목표지향성 이론(숙달목표, 수행목표) •학습이론 - 형태주의 심리학의 관점
07 교수-학습이론	−	-	1	•교수설계 모형 - 딕과 캐리(Dick & Carey)의 체제적 모형
08 교육공학	1	•슐만(Schulman)의 TPACK - 내용지식, 교수방법지식, 테크놀로지 지식	−	-
09 생활지도와 상담	1	•생활지도의 원리 - 균등성, 적극성, 통합성	1	•개인상담 대화기법 - 경청, 공감반영, 질문
10 교육평가	1	•검사(도구)의 양호도 - 타당도, 신뢰도	1	•검사도구의 양호도 - 공인타당도
11 교육통계	−	-	1	•측정치(척도)의 종류 - 명명척도
12 교육연구	−	-	−	-
13 교육행정학	4	•의사소통이론 - 조하리(Johari)의 창[은폐(hidden) 영역] •학교조직의 운영 원리 - 적도집권, 분업, 조정, 계층의 원리 •조직의 유형 - 참모조직과 계선조직 •교육비의 종류 - 표준교육비	5	•교육행정의 기본원리 - 효율성의 원리 •교육정책 의사결정 관점 - 합리적 관점 •서지오바니(Sergiovanni)의 학교 유형 - 정략적 학교 •학교 컨설팅 장학의 원리 - 자문성의 원리 •교육비의 종류 - 간접교육비
14 교육사회학	3	•번스타인(Bernstein)의 코드이론 - 제한된 언어, 정교한 언어 •부르디외(Bourdieu)의 문화재생산이론 - 아비투스(habitus) •교육격차 이론 - 문화실조론	1	•갈등이론 - 애니온(J. Anyon)의 교육과정 연구
계	20		20	

영역		2023 국가직 9급		2023 지방직 9급
01 교육의 이해	–	–	4	• 피터스(Peters)의 교육개념의 성립 기준 - 인지적 기준 • 평생교육 접근방법 - 일리치(I. Illich)의 학습망 • 성인학습의 특징(Lindeman) • 「독학에 의한 학위취득에 관한 법률」 내용
02 한국교육사	–	–	1	• 갑오개혁 시기(1894~1896)의 학교교육 관제
03 서양교육사	2	• 17C 실학주의 교육 - 코메니우스(Comenius)의 교육사상 • 19C 계발주의 교육 - 페스탈로치(Pestalozzi)의 교육사상	1	• 신인문주의 교육사상 - 헤르바르트(Herbart)
04 교육철학	1	• 현대 교육사조(20세기 전반) - 항존주의 교육철학	–	–
05 교육과정	1	• 블룸(Bloom)의 교육목표 분류 범주 - 인지적 영역 중 분석력	2	• 아이즈너(Eisner)의 교육과정 이론 • 교육과정 유형 - 학문중심 교육과정
06 교육심리학	2	• 비고츠키(Vygotsky)의 사회문화이론 용어 - 근접발달영역(ZPD) • 콜버그(Kohlberg)의 도덕성 발달이론	2	• 행동주의 학습이론 용어(강화, 사회학습이론, 조작적 조건화) • 학습전이 이론 - 동일요소설
07 교수-학습이론	2	• 출발점 행동 진단의 의미 • 캐롤(Carroll)의 학교학습모형	1	• 교수설계 일반모형(ADDIE)
08 교육공학	1	• 가상현실(VR) 기술 활용 교육	–	–
09 생활지도와 상담	3	• 생활지도의 활동과 적응사례 - 조사활동, 정보제공활동, 배치활동, 추수활동 • 상담이론 - 정신분석상담의 상담기법 • 청소년 비행발생이론 - 머튼(Merton)의 아노미 이론	2	• 상담이론과 상담기법 - 현실치료 • 청소년 비행발생이론 - 사회통제이론
10 교육평가	1	• 교육평가 유형 - 속도검사, 준거지향평가, 형성평가, 표준화검사	2	• 교육평가 유형 - 성장참조평가 • 문항분석 - 고전검사이론
11 교육통계	–	–	–	–
12 교육연구	–	–	–	–
13 교육행정학	5	• 교육행정 과정 - 기획(planning) • 지도성이론 - 분산적 지도성 • 동기이론 - 허즈버그(Herzberg)의 위생요인, 맥그리거(McGregor)의 Y이론 • 「초·중등교육법」상 학교운영위원회의 심의사항 • 「학교폭력예방 및 대책에 관한 법률」상 학교폭력의 예방 및 대책	4	• 의사결정이론 - 교육정책 형성 관점(참여적 관점) • 동기이론 - 허즈버그(Herzberg)의 동기·위생이론(동기요인) • 교육재정의 구조와 배분 - 교육기회비용 • 「사립학교법」의 내용 - 기간제교원의 임용기간
14 교육사회학	2	• 신교육사회학 - 애플(Apple)의 문화적 헤게모니이론 • 콜만(Coleman)의 사회자본 개념	1	• 신교육사회학 이론 - 문화재생산이론
계	20		20	

출제경향 살펴보기
ANALYSIS

영 역		2022 국가직 9급		2022 지방직 9급
01 교육의 이해	2	• 평생교육 - 비형식적 교육(non-formal education)의 개념 • 평생교육 - 「학점인정 등에 관한 법률」상 학점인정(제7조)	2	• 현행법상 교육의 중립성 • 평생교육 제도 - 학습휴가제, 평생교육이용권, 학습계좌제, 독학학위제
02 한국교육사	2	• 삼국시대 교육기관 - 고구려의 경당(經堂) • 조선시대 교육 - 서당의 교재[정약용의 「아학편(兒學編)」]	-	-
03 서양교육사	-	-	1	• 자연주의 교육사상가 - 루소(Rousseau)
04 교육철학	1	• 현대 교육사조 - 분석적 교육철학	2	• 현대 교육사조(20세기 전반) - 진보주의 교육원리 • 현대 교육사조(20세기 후반) - 실존주의 교육철학
05 교육과정	1	• 교육과정 유형	1	• 교육내용의 조직 원리 - 계열성(sequence)
06 교육심리학	3	• 프로이트(S. Freud)의 성격구성요소(초자아) • 학습이론 - 고전적 조건화의 적용 사례 • 반두라(A. Bandura)의 관찰학습 과정(파지)	2	• 지능이론 - 가드너(Gardner)의 다중지능이론 • 학습이론 - 정보처리이론(감각기억, 시연, 정교화, 조직화)
07 교수-학습이론	1	• 협동학습의 원리	2	• 교수·학습방법 - 문제중심학습, 토의법, 직소(Jigsaw), 발견학습 • 교수학습이론 - 오수벨(Ausubel)의 유의미학습이론
08 교육공학	1	• 원격교육의 형태 - 유비쿼터스러닝(U-learning)의 개념	1	• 원격교육 용어 - 블랜디드 러닝(blended learning)
09 생활지도와 상담	-	-	2	• 상담이론 유형 - 엘리스(A. Ellis)의 합리적·정서적 행동 상담 • 로저스(Rogers)의 인간중심 상담의 상담 태도
10 교육평가	2	• 성장참조평가의 특징 • 평가도구의 양호도 - 타당도와 신뢰도	1	• 평가도구의 양호도 - 예언타당도
11 교육통계	-	-	-	-
12 교육연구	-	-	-	-
13 교육행정학	5	• 보비트(Bobbitt)의 과학적 관리 원칙 • 교육정책 결정 모형 비교 - 혼합, 점증, 만족, 합리모형 • 지도성의 유형 - 변혁적 지도성 • 호이와 미스켈(Hoy & Miskel)의 학교풍토 유형 • 학교예산 편성 기법 - 성과주의 예산제도(PBS)	4	• 교육행정의 운영원리 - 적응성의 원리 • 학교조직의 특성 - 이완조직, 전문적관료제, 조직화된 무질서, 이중조직 • 「지방교육자치에 관한 법률」상 교육감 관련 조항 • 지방교육재정교부금
14 교육사회학	2	• 교육의 사회적 기능 - 사회충원 • 교육과 사회이동 - 능력주의 평등화론	2	• 교육사회학의 이론 - 기능론과 갈등론 • 교육평등 관점 - 교육조건의 평등
계	20		20	

영역		2024 국가직 7급		2023 국가직 7급
01 교육의 이해	3	•「교육기본법」의 내용 •평생교육 제도 -「평생교육법」의 내용 •매클래건(P. McLagan)의 인적 자원 수레바퀴 모형 -인적자원개발(HRD) 영역	1	•피터스(Peters)의 교육 개념 준거 •평생교육제도 - 독학학위제
02 한국교육사	1	•조선시대 교육기관 - 관학의 종류	1	•조선시대 교육기관 - 서당(書堂)
03 서양교육사	1	•현대 교육사상가 - 니일(A. S. Neill)	–	•소크라테스(Socrates)의 교육사상(회상설)
04 교육철학	1	•현대 교육철학 사조 - 본질주의 교육사상	–	-
05 교육과정	4	•공식적 교육과정 유형 - 학문중심 교육과정 •아이즈너(Eisner)의 예술적 교육과정 •2022 개정 교육과정 - ① 교육과정 구성 중점(총론), ② 고교학점제	1	•잠재적 교육과정의 개념과 특징
06 교육심리학	3	•도덕성 발달단계이론 - 콜버그(Kohlberg)의 6단계 •지능이론 - ① 가드너(H. Gardner)의 다중지능 개요, ② 스턴버그(R. Sternberg)의 삼원지능 구성요소	3	•동기이론 - 자기효능감(self-efficacy)의 개념 •학습이론 - 쏜다이크(Thorndike)의 자극-반응 연합설
07 교수-학습이론	1	•교수설계 모형 - ADDIE모형의 분석단계	3	•발견학습의 개념과 특징 •가네(Gagné)의 교수·학습이론 •구성주의 관점에서의 학습 •구성주의 교수·학습방법 - 문제중심 학습(problem-based learning)
08 교육공학	–	-	1	-
09 생활지도와 상담	1	•상담이론 - 엘리스(A. Ellis)의 합리적·정서행동 치료(REBT)	1	•집단상담의 기법 - 명료화(clarification) •인지상담이론 - 합리적 정서 치료 이론(RET)
10 교육평가	1	•검사도구의 양호도 - 구인타당도	–	•교육평가 모형 - 스터플빔(Stufflebeam)의 의사결정 모형 •검사도구의 양호도 - 내용타당도, 반분신뢰도, 재검사신뢰도, 동형검사신뢰
11 교육통계	1	•규준점수 산출(Z, T, C점수, 백분위점수)	1	-
12 교육연구	–		1	-
13 교육행정학	6	•교육행정 이론 - 인간관계론 •의사결정 모형 - 쓰레기통모형 •「지방교육자치에 관한 법률」상 교육감의 관장사무 •학급경영의 영역 •학교회계 등 교육재정 •교육공무원 승진제도	9	•과학적 관리론이 적용된 교육행정의 내용 •교육정책 결정 모형 - 최적 모형(optimal model) •지도성 이론 - 변혁적 지도성 •동기이론 - 아담스(Adams)의 공정성이론 •조직화된 무질서 조직(Organized Anarchy)으로서의 학교조직의 특성 •「지방교육자치에 관한 법률」상 교육감 관련 규정 •장학의 유형 - 임상장학 •「학교폭력예방 및 대책에 관한 법률」내용
14 교육사회학	2	•신교육사회학 - 윌리스(P. Willis)의 저항이론 •교육평등관과 그 예시	4	•기능주의 관점에서의 학교교육 •부르디외(P. Bourdieu)의 문화자본론
계	25		25	

이 책의 차례
CONTENTS

실전동형 모의고사 15회분

정답 및 해설

오현준 교육학
실전⊕동형 모의고사

교육학

실전동형 모의고사

제1~15회

01 근대 이전 서양 교육에 대한 진술로 옳은 것은?

① 아테네의 초등교육은 소피스트(Sophist)가 담당하였다.
② 로마의 문법학교(grammer school)에서는 독·서·산의 기초지식과 법률을 가르쳤다.
③ 중세 기독교 학교 중 본산학교는 사범학교에 해당한다.
④ 중세 후기 대학의 기원과 도시의 발달은 긴밀한 관련성을 갖고 있다.

02 호손실험(Hawthorne Experiments, 1924~1932) 결과로 등장한 교육행정 이론에 대한 설명으로 옳은 것은?

① 효과적인 의사결정을 위해 제한된 합리성을 토대로 하는 행정적 인간형이 필요하다.
② 교직원들의 사회적·심리적 여건과 비공식 집단의 사회규범이 생산성에 중요하게 영향을 미친다.
③ 학교사회를 하나의 유기체로 보고 학교를 구성하는 모든 요소를 유기적으로 기능하게 하면 생산성이 향상된다.
④ 작업 과정의 표준화를 통해 교직원의 작업 능률을 최대한 유지하면서 학교의 비효율과 낭비를 제거하여야 한다.

03 에릭슨(Erikson)의 성격발달단계 중 밑줄 친 부분에 해당하는 프로이트(S. Freud)의 심리성적 발달단계는?

> <u>이 시기</u>는 성적 경험보다 놀이와 자기가 선택한 행동에 더 많은 관심을 보이는 시기이다. 현실 도전의 경험이나 상상, 활동에 자유가 주어지고 부모로부터 격려를 받을 때 주도성이 형성되고 도덕의식이 발달하는 시기이다.

① 항문기   ② 남근기
③ 잠복기   ④ 생식기

04 「초·중등교육법」에 명시된 학교운영위원회에 대한 설명으로 옳지 않은 것은?

① 학교운영의 자율성을 높이고 지역의 실정과 특성에 맞는 다양하고도 창의적인 교육을 할 수 있도록 하는 데 그 목적이 있다.
② 초등학교·중학교·고등학교·특수학교 및 각종학교에 학교운영위원회를 구성·운영하여야 한다.
③ 학교운영위원회는 학교발전기금의 조성·운용 및 사용에 관한 사항을 심의·의결한다.
④ 학교운영위원회의 구성과 운영에 필요한 사항은 국·공립학교는 대통령령으로 정하고, 사립학교는 해당 학교법인의 정관으로 정한다.

05 인본주의 심리학에 대한 설명으로 옳지 않은 것은?

① 실존주의와 현상학에 이론적 바탕을 둔다.
② 올포트(Allport), 매슬로우(Maslow), 콤즈(Combs), 로저스(Rogers)가 대표자이다.
③ 관찰과 측정이 가능한 외적 활동을 주된 연구 대상으로 삼는다.
④ '인간은 선(善)하고 존엄하다'는 가정에 토대를 두고 잠재력 계발에 중점을 둔다.

06 학교 현장에서 형성평가(formative evaluation)를 실천하고 있는 사례에 해당하는 것만을 모두 고르면?

> ㄱ. 학년 초에 학생들의 수준을 파악하기 위해 평가를 실시한다.
> ㄴ. 단원이 전개되는 과정에서 쪽지시험을 본다.
> ㄷ. 수업 도중에 질문을 하여 학생들의 반응을 살펴본다.
> ㄹ. 중간고사에 학생들의 수행평가 점수를 반영한다.

① ㄴ   ② ㄱ, ㄴ
③ ㄴ, ㄷ   ④ ㄷ, ㄹ

07 2022 개정 교육과정 총론의 개정 중점 사항으로 옳은 것은?

① 초·중학교 교과(군)의 20% 범위에서 시수 증감
② 학교급 전환 시기(초6, 중3, 고3의 2학기 일부)의 자유학기 운영
③ 자율자치활동, 동아리 활동, 진로활동의 창의적 체험활동 운영
④ 3년간 총 이수학점을 204학점으로 고교학점제 기반 맞춤형 교육과정 구현

08 고구려 시대 경당(扃堂)에 대한 사실로 옳은 것은?

① 유학에 정통한 오경박사(五經博士)가 수업을 담당하였다.
② 왕족 여성 교육을 위한 여사(女師)제도가 실시되었다.
③ 「논어」와 「효경」이 필수과목이었고, 독서삼품과(讀書三品科)라는 졸업시험을 실시하였다.
④ 서민의 미혼 자제를 대상으로 통경(通經)과 습사(習射)를 가르쳤다.

09 교육과 사회에 대한 해석학적 패러다임의 특징으로 옳지 않은 것은?

① 교육의 내적 과정에 대한 탐구
② 미시적이고 귀납적인 접근 위주
③ 질적 연구에 의한 복수현실(multiple realities)의 규명
④ 사회현상에 대한 가설연역적 접근

10 교육비 분류방식을 따를 때 사부담 공교육비에 해당하는 것은?

① 학부모가 지출하는 방과 후 학교 활동비
② 중학생이 사설학원에 지출하는 수강비
③ 사립고등학교 법인이 지출하는 교육비
④ 초등학생 학부모가 지출하는 학용품비

11 콜맨(Coleman)이 학업성취도에 영향을 주는 요인으로 가장 중시한 사회적 자본(social capital)에 대한 설명으로 옳은 것은?

① 부모의 교육수준으로 측정되며, 학생의 학업을 돕는 환경이다.
② 학생의 교육 및 직업에 대한 기대와 목표에 영향을 주는 학교 내의 인적 관계망을 말한다.
③ 가족의 부나 소득으로 측정되며, 학생의 학업을 도울 수 있는 물적 자원이다.
④ 가정 내에서는 부모와 자녀의 관계를 말하며, 가정 밖에서는 부모들의 사회적 관계를 말한다.

12 다베와 스캐거(Dave & Skager)가 「평생교육과 학교 교육과정(1973)」에서 제시한 평생교육의 개념적 특성을 바르게 연결한 것은?

① 통합성 - 어떤 환경과 처지에서도 학습이 가능하도록 다양한 여건과 제도를 조성한다.
② 전체성 - 다양한 교육활동의 유기적·협조적 관련성을 중시한다.
③ 민주성 - 학습자가 원하는 종류와 양의 교육을 자유롭게 받을 수 있도록 다양한 교육과정을 제공한다.
④ 융통성 - 학습이 효율적으로 전개되도록 학습방법, 체험의 기회, 평가방법 등의 개선에 주목하고 자기주도적 학습을 도모한다.

13 교육기획의 접근방법 중 사회수요접근법(social demand approach)에 대한 설명으로 옳은 것은?

① 교육에 소요되는 비용과 그 경제적 효과를 측정하고 비교하여 교육계획을 수립한다.

② 미래의 일정 시점에서 산업체가 필요로 하는 인력을 추정하여 교육계획을 수립한다.

③ 발전단계가 약간 앞선 나라의 교육정책과 비교하여 교육계획을 수립한다.

④ 교육받기를 원하는 사람들의 숫자와 교육의 유형을 기초로 교육계획을 수립한다.

14 학습에 대한 인지적 접근에서 말하는 방법적 지식(procedural knowledge)에 해당하는 가네(Gagné)의 교육 목표는?

① 지적 기능　　　　② 언어정보
③ 인지전략　　　　④ 태도

15 항존주의 교육사조의 교육원리로 옳은 것은?

① 교육은 생활 그 자체로서 문제해결을 통한 학습이 교재를 가르치는 것보다 우선해야 한다.

② 학생들은 문화, 철학, 역사, 과학과 같이 여러 시대를 거쳐 인간의 위대한 소망과 성취를 나타낸 대저서(The Great Books)를 읽어야 한다.

③ 사회적 유산으로서의 인류의 경험을 전달하기 위한 교육은 논리적으로 조직된 교과에 맞추어 이루어져야 한다.

④ 교육이 문화의 기본적인 가치를 실현시키는 새로운 사회질서를 창조하는 일에 전념할 것을 강조한다.

16 다음 내용에 부합되는 교육과정 유형은?

> • 다른 어느 형태보다도 현실성이 강하지만, 내용상의 계열성과 관련성을 지니기가 힘들다.
> • 사전 계획이 없다는 점에서 교사와 학생에게 많은 융통성과 자유를 부여하지만, 그 대신 그만큼 성숙한 자치적 집단의 학습능력이 요구된다.
> • 교사가 일반적인 교육 및 활동의 목표를 세워 놓지만 수행해야 할 프로젝트나 세부 목표는 미리 세우지 않고 학생들과 함께 만들어 간다.

① 실제적 교육과정　　② 중핵교육과정
③ 생성교육과정　　　④ 잠재적 교육과정

17 하이니히와 모렌다(Heinich & Molenda)가 제시한 ASSURE 모형에서 교수매체와 자료의 활용 단계에서 행해지는 활동으로 옳지 않은 것은?

① 교수자료의 점검 및 준비(preview & prepare the materials)

② 교사의 준비(prepare the teacher)

③ 환경의 준비(prepare the environment)

④ 학습경험의 제공(provide the learning experience)

18 다음 내용과 관련 있는 학교 교육의 사회적 기능은?

> 학교 교육은 사회로부터 영향을 받기도 하지만 경우에 따라서는 학교 교육이 사회에 적극적으로 영향을 미친다는 점에서 그 능동성을 찾아볼 수 있다. 예를 들면, 전근대적인 사회에서 팽배했던 비과학적 사고방식이나 미신에서 벗어나기 위해서는 새로운 지식이나 기술이 요청된다. 특히 현대 사회와 같이 급변하는 사회에 있어서 사회 변화는 의도적으로 바람직한 방향으로 이루어져야 하고, 이는 학교 교육의 적극적인 역할을 통해서 이루어진다.

① 사회통합　　　　② 사회충원
③ 사회적 선발　　　④ 사회혁신

19 정보처리 학습이론에서 교사의 역할로 옳은 것은?

① 학생들의 자기효능감과 자기조절능력을 증진시킨다.

② 노력으로 성공한 학생에게 많은 보상을 준다.

③ 학생들에게 개별적 사실뿐만 아니라 사실의 관계성에 대해서 설명한다.

④ 학습이 일어날 수 있는 상황이나 환경을 설계하여 제시한다.

20 상담이론에 따른 내담자의 정서적 부적응 원인이 잘못 연결된 것은?

① 정신분석 상담 – 과거의 심리적 외상(外傷)

② 개인심리 상담 – 내담자의 잘못된 생활양식

③ 비지시적 상담 – 부정적 자아개념

④ 형태주의 상담 – 비합리적 신념체계

☐ 빠른 정답 p.151
✎ 해설 p.79

01 블룸(Bloom)의 교육목표 분류에 있어 인지적 영역에 해당하는 교육목표에 해당하지 않는 것은?

① 이해력　　　　② 수용력
③ 적용력　　　　④ 분석력

02 다음의 내용과 관계있는 교육과정의 유형은?

- 잠재적 교육과정 중시
- 통합적 교육과정 중시
- 전인 형성과 자아실현을 추구
- 학교 환경의 인간화를 전제함

① 교과중심 교육과정
② 경험중심 교육과정
③ 학문중심 교육과정
④ 인간중심 교육과정

03 18세기 서양의 교육사상가 루소(Rousseau)에 대한 설명으로 옳지 않은 것은?

① 교육을 인간의 발달단계에 맞는 내적·자연적 발전 과정인 성장으로 보았다.
② 고상한 야인(noble savage) 양성을 위한 교육의 3요소로 자연, 인간, 사물을 강조하였다.
③ 일상생활 속에서의 교육, 즉 생활도야를 중시하였다.
④ 신체훈련 – 감각교육 – 지식교육 – 도덕·종교교육으로 이어지는 발달단계에 따른 소극적 교육을 강조하였다.

04 자기참조평가(self-referenced evaluation)의 특징으로 옳지 않은 것은?

① 검사의 교수적 기능을 중시한다.
② 개별학습에 대한 교육신념에 토대를 둔다.
③ 인본적 교육관을 바탕으로 한다.
④ 준거참조평가와 성장참조평가로 구성된다.

05 「지방교육자치에 관한 법률」에 나타난 시·도 교육 및 학예에 관한 교육감의 관장사무가 아닌 것은?

① 조례안의 작성 및 제출, 교육규칙의 제정에 관한 사항
② 예산안의 편성 및 제출, 결산서의 작성 및 제출에 관한 사항
③ 학교, 그 밖의 교육기관의 설치·이전 및 폐지에 관한 사항
④ 교육과정의 기준과 내용의 결정에 관한 사항

06 다음 교육사상가들의 공통적인 교육사상은?

- 프랑스의 라 샤로테(La Chalotais), 콩도르세(Condorcet)
- 독일의 피히테(Fichte), 훔볼트(Humbolt)
- 미국의 호레이스 만(H. Mann)

① 국가주의　　　② 자연주의
③ 진보주의　　　④ 실존주의

07 인지주의 학습이론에 근거한 학습용어로 가장 적절한 것은?

① 모델링(modeling)

② 강화(reinforcement)

③ 잠재학습(latent learning)

④ 체계적 둔감화(systematic desensitization)

08 다음 대화에서 상담자가 사용하고 있는 상담이론은?

- 학생 : 요즘 엄마랑 대화하는 게 너무 짜증나요.
- 상담교사 : 혹시 엄마께 네가 느끼는 감정에 대해서 말씀 드린 적 있니?
- 학생 : 아뇨, 그러면 더 잔소리를 하실 거예요. 하기 싫어요.
- 상담교사 : 여기 의자가 있어. 여기 어머니가 앉아 계신다고 생각하고 엄마한테 하고 싶은 말을 한 번 해볼까?

① 정신 분석적 상담이론

② 교류 분석적 상담이론

③ 실존주의 상담이론

④ 형태주의 상담이론

09 개인의 인지양식을 진단하는 '잠입도형검사(Embedded Figure Test)'에서 검사 점수가 높은 학습자의 특성은?

① 외부의 비판에 민감하게 반응한다.

② 분석적이며, 추리적인 과제를 선호한다.

③ 문제해결력에 명료한 지시를 필요로 한다.

④ 사회적인 내용을 다룬 자료를 잘 학습한다.

10 (가)~(다)에 해당하는 던(Dunn)의 교육정책 평가 기준은?

(가) 정책 집행에 따르는 비용(cost)과 편익(benefit)이 여러 집단에 평등하게 배분되어 있는 정도이다.

(나) 집행되었던 정책이 의도했던 목표를 달성했느냐의 정도이다.

(다) 정책성과가 정책수혜자들의 요구와 환경의 변화에 신축성 있게 대처하는 정도이다.

	(가)	(나)	(다)
①	대응성	능률성	적정성
②	대응성	효과성	적정성
③	형평성	효과성	대응성
④	형평성	능률성	대응성

11 진로발달이론에 대한 설명으로 옳지 않은 것은?

① 파슨스(Parsons)는 개인의 특성, 직업적 특성, 조력활동 등 직업선택에 관련된 3가지 요인을 중시한 특성 요인이론을 제시하였다.

② 로우(Roe)는 직업선택이 개인의 욕구와 관련이 있고 욕구는 부모의 양육방식에서 비롯된다는 욕구이론을 주장하였다.

③ 홀랜드(Holland)의 인성이론에 따르면 직업선택을 결정하는 개인의 흥미유형은 현실형, 탐구형, 심미형, 사교형, 설득형, 관습형 등 6가지로 구분된다.

④ 진즈버그(Ginzberg)의 진로발달이론에서는 직업선택을 자아개념을 실행하는 과정으로 이해하였으며, 전 생애에 걸친 과정으로 보고 발달단계론적으로 접근한다.

12 학교에 대한 정의를 다음과 같이 규정한 학자는?

학교는 인간적인 관계로 특징지어지는 가정과 권위적인 관계로 특징지어지는 사회의 중간에 위치하여, 사회에 나가기 전의 학생들에게 사회생활에 필요한 규범을 잠재적 교육과정을 통하여 학습시키는 장(場)이다.

① 드리븐(Dreeben) ② 뒤르껨(Durkheim)

③ 부르디외(Bourdieu) ④ 파슨즈(Parsons)

13 평생교육의 영역과 교육프로그램이 잘못 연결된 것은?

① 성인 문해교육 − 검정고시, 시간제 등록제 강좌
② 문화 예술교육 − 레저생활 스포츠 프로그램
③ 직업능력향상교육 − 자격인증, 현직직무역량 프로그램
④ 인문교양교육 − 건강심성, 기능적 소양 프로그램

14 다음의 학교제도 개혁안을 제안한 조선의 교육사상가는?

"중앙에는 최고 교육기관으로 태학(太學)을 세우고 중등 교육기관의 성격을 가진 중학(中學)과 사학(四學)을 설치한 다. 제도(諸道)의 감영(監營)에는 역시 중등교육기관의 성격을 가진 영학(營學)을, 지방의 각 주와 현에는 읍학(邑學)을 설치한다. 그리고 중앙의 각 방(坊)에는 방상(坊庠)을, 각 향(鄕)에는 향상(鄕庠)을 설치하여 사(士)의 자제들만 교육하는 것이 아니라 천하의 민(民)을 교육시킨다."

① 유형원   ② 이익
③ 정약용   ④ 홍대용

15 여러 가지 동기이론에 대한 설명으로 옳지 않은 것은?

① 실패했을 때 능력으로 귀인하는 것은 학습된 무력감(learned helplessness)을 형성하는 것과 관련이 있다.
② 자기결정성(self-determination)은 유능감, 통제 욕구, 관계 욕구와 관련이 있으며, 내재적 동기의 기초가 된다.
③ 기대·가치이론에서 내재적 동기, 중요성, 효용가치, 비용 등은 성과에 대한 기대에 영향을 준다.
④ 관찰학습을 통한 간접적 경험도 자기효능감(self-efficacy)을 유발하는 한 방법이다.

16 다음 내용에 해당하는 방어기제의 유형은?

- 공격적·성적 충동을 다루는 만족스러운 방법이다.
- 본능적 욕구 자체는 변화되지 않지만 그 욕구를 충족시킬 수 있는 대상은 바뀔 수 있다.
- 직장 상사에게 야단을 맞은 상사가 부하 직원들에게 분풀이를 하는 경우를 예로 들 수 있다.

① 치환(displacement)
② 반동형성(reaction formation)
③ 보상(compensation)
④ 투사(projection)

17 학교개혁의 한 방법인 학교단위 책임경영제에 대한 설명으로 잘못된 것은?

① 단위학교의 자율성·창의성·책무성을 강조한다.
② 국가 수준의 교육행정 전문가의 개입을 통해 단위 학교 교육의 질을 향상시키기 위해 노력한다.
③ 학교회계제도, 학교운영위원회, 공모교장 및 초빙교사제를 도입하여 운영한다.
④ 교육청에 의한 규제와 지시 위주의 학교경영 방식을 지양하고, 학교경영에 대한 권한을 단위학교에 부여한다.

18 본질주의 교육철학에 대한 설명으로 옳은 것을 모두 고르면?

ㄱ. 교육에서 전통과 고전의 원리를 강조하고 불변의 진리를 인정한다.
ㄴ. 교육을 통해 인류 문화의 주요 요소들을 다음 세대에 전달할 것을 강조한다.
ㄷ. 교육과정의 핵심은 소정의 교과를 철저히 이수하고 자기 것으로 내면화하는 데 있다.
ㄹ. 교육은 현대 세계의 사회적·경제적 세력과 조화를 이루어야 한다.

① ㄱ, ㄴ   ② ㄱ, ㄹ
③ ㄴ, ㄷ   ④ ㄷ, ㄹ

19 다음 교수활동에서 공통적으로 활용하고 있는 교수전략은?

> • 실수나 오류를 교정해 주기
> • 시범을 보이거나 모델을 제공하기
> • 길잡이와 힌트 제공하기
> • 수업자료 조정하기

① 비계설정(scaffolding)
② 강화(reinforcement)
③ 모델링(modeling)
④ 평형화(equilibrium)

20 평가도구의 신뢰도를 높이는 방법으로 옳지 않은 것은?

① 각 문항의 난이도는 높게 유지한다.
② 상이한 점수가 나올 수 있는 범위는 가능한 한 커야 한다.
③ 시험문항수를 가급적 많이 출제한다.
④ 시험 범위가 가능한 한 좁아야 한다.

01 현행 「초 · 중등 교육법 시행령」에 근거한 '특수 목적 고등학교'에 포함되지 않는 학교는?

① 자율 고등학교
② 산업수요 맞춤형 고등학교
③ 국제 계열 고등학교
④ 과학 계열 고등학교

02 다음 설명에 해당하는 교육사회학의 이론은?

> 얼굴이 예쁜 어린 여자아이는 처음에 다른 사람을 통해 '예쁘다'는 말을 들음으로써 자신이 예쁘다는 것을 인식하게 된다. 그리고 이러한 과정이 반복되면 마침내 그녀는 자기를 '예쁜 사람'이라고 단정하고, 그에 걸맞는 행동(역할)을 하게 된다. 이렇게 본다면 '자아'(self)는 결국 자신의 특성 자체에 의해서라기보다는 그에 대한 주변사람들의 평가에 의해 형성된다고 할 수 있다.

① 코드이론
② 상징적 상호작용이론
③ 낙인이론
④ 문화자본론

03 학교조직 유형과 그에 대한 설명으로 옳지 않은 것은?

① 조직화된 무정부 조직 – 학교는 구성원들의 참여가 유동적이고 조직의 목표와 기술이 불명확한 조직이다.
② 규범적 조직 – 학교는 존경, 사명감 등 규범적 권력을 사용하여 구성원들의 높은 헌신적 참여를 유도하는 조직이다.
③ 공공 조직 – 학교는 조직을 이용하는 고객이 가장 큰 혜택을 보는 조직이다.
④ 이완조직 – 학교는 조직 구조 연결이 자체의 정체성과 독립성을 가지고 있어서 느슨하게 결합되어 있는 조직이다.

04 국 · 공립 초 · 중등학교 및 특수학교에 설치되는 학교회계제도에 대한 설명으로 옳지 않은 것은?

① 학교회계의 회계연도는 매년 3월 1일에 시작하여 다음 해 2월 말일에 끝난다.
② 국가의 일반회계나 교육비 특별회계로부터 받은 전입금은 학교회계의 세입원에 해당하지 않는다.
③ 학교의 장은 학교회계 세입세출예산안을 편성하여 회계연도가 시작되기 30일 전까지 학교운영위원회에 제출하여야 한다.
④ 학교회계는 학교 운영과 학교시설의 설치 등을 위하여 필요한 모든 경비를 세출(歲出)로 한다.

05 교육과정 조직원리 중 스코프(scope)에 대한 설명으로 옳은 것은?

① 특정한 시점에서 학생들이 배우게 될 내용의 폭과 깊이를 말한다.
② 교육내용들의 관련성을 바탕으로 같거나 관련 있는 교육내용을 하나의 교과나 단원으로 묶는 것을 말한다.
③ 교육내용을 가르치는 순서를 말한다.
④ 특정한 학습의 종결점이 다음 학습의 출발점과 잘 맞물리도록 교육내용을 조직하는 것이다.

06 고전검사이론에 따른 문항분석에 대한 설명으로 옳은 것은?

① 문항난이도가 +0.5인 경우 문항변별도는 +1이다.
② 문항난이도가 낮은 계수가 산출되면 쉬운 문항이다.
③ 상위집단과 하위집단의 학생이 모두 정답을 하였을 때 문항변별도 지수는 0이 된다.
④ 가장 이상적인 문항반응분포는 문항정답률이 100%일 때이다.

07 다음 설명과 관련된 교육사회학 이론의 주창자는?

> "교육체제는 젊은이를 경제체제로 통합시키는데, 이는 교육체제의 사회적 관계와 생산의 사회적 관계의 대응을 통해서 이루어진다고 우리는 믿는다. 생산작업장의 위계적 위치에 필요한 태도와 인성 특성이 각기 다르므로 그에 상응하는 사회화가 학교에서도 차별적으로 이루어진다."

① 보울스와 진티스(Bowles & Gintis)
② 부르디외(P. Bourdieu)
③ 번스타인(Bernstein)
④ 알뛰세(L. Althusser)

08 실존주의 교육철학에 대한 비판으로 옳은 것은?

① 교육을 지나치게 사회·정치·경제의 논리에 따라 해석하는 경향이 있다.
② 교육이념·교육목표의 중요성은 물론 정의적 차원의 교육적 의의와 가치를 간과하였다.
③ 계획적·연속적 교육의 중요성을 간과하고, 인간의 사회적 존재 양상의 측면을 객관적으로 분석하지 못했다.
④ 도덕적 주장의 정당성을 부정하는 경향이 있고, 교육의 인간화보다 비인간화를 부추길 가능성이 있다.

09 학생들의 독해능력 향상을 위한 상보적 교수(reciprocal teaching)에서 제시한 교수전략이라고 볼 수 없는 것은?

① 조직하기(organizing)
② 질문하기(questioning)
③ 명료화하기(clarifying)
④ 예언하기(predicting)

10 다음 사례에 해당하는 스타인호프와 오웬스(C. Steinhoff & R. Owens)의 학교문화 유형은?

> 학교장은 학생들을 일류대학에 많이 진학하는 것을 목표로 제시하고 교사들을 독려하며, 성적이 향상된 학급의 담임교사에게 포상을 주어 격려한다.

① 공연문화   ② 가족문화
③ 기계문화   ④ 공포문화

11 피어슨(Pearson) 적률상관계수에 대한 설명으로 옳은 것은?

① 다른 조건이 같다면 공분산이 클수록 상관계수는 커진다.
② $r = 0.20$과 $r = 0.40$의 차이는 $r = 0.50$과 $r = 0.70$의 차이와 같다.
③ 상관계수가 0.9일 때 한 변인을 통해 다른 변인을 예측할 수 있는 변량은 약 90%이다.
④ -1.00에 가까울수록 상관계수가 낮으며, $+1.00$에 가까울수록 상관계수가 높다.

12 프로이트(Freud)의 성격발달이론에 대한 설명으로 옳지 않은 것은?

① 리비도(libido)를 통한 원만한 욕구의 충족을 통해 성격이 발달한다.
② 결정론적 입장으로 인생 초기의 경험이 성격형성에 매우 중요하다.
③ 자아(ego)가 강화되어야 현실검증을 통해 현실에 대한 적응력이 높아진다.
④ 성적 갈등 현상을 극복하고 초자아(super-ego)를 형성하는 것은 잠복기이다.

13 해결중심 단기상담에 따를 때, (가)~(다)에 해당하는 대화기술을 바르게 나열한 것은?

> (가) 최근 문제가 일어나지 않은 때는 언제였습니까?
> (나) 그 어려운 상황 속에서 어떻게 견딜 수 있었나요? 어떻게 해서 상황이 더 이상 나빠지지 않았나요?
> (나) 가장 심각했던 최악의 상태를 1점, 당신이 지닌 문제가 다 해결되었을 때를 10점이라고 한다면 지금의 상태는 몇 점이라고 생각하세요?

	(가)	(나)	(다)
①	예외질문	대처질문	기적질문
②	예외질문	대처질문	척도질문
③	기적질문	척도질문	대처질문
④	기적질문	대처질문	예외질문

14 다음 사례에 적용할 수 있는 학습이론이 나머지 셋과 다른 하나는?

① 수학시험의 실패로 시험불안을 형성한 영아는 다음 수학시험을 준비하는 동안 다시 불안에 빠졌다.
② TV 드라마에 나오는 주인공이 슬퍼 우는 모습을 보니 경수도 괜히 슬퍼져 눈물이 흘렀다.
③ 하얀색 쥐를 좋아하는 민서에게 쥐를 계속 보여주면서 시끄러운 철봉 소리를 들려주니까 하얀색 쥐에 대한 공포증이 형성되었다.
④ 신 교사는 교실에 들어오는 학생들을 아침마다 매일 친절하게 맞이한다. 이후 신 교사가 없는 교실에 들어올 때도 학생들은 편안함을 느낀다.

15 교육사회학 이론에 대한 설명으로 옳지 않은 것은?

① 인간자본론은 인간을 하나의 생산수단으로 파악하고, 교육은 증가된 배당금(increased dividends)의 형태로 미래에 되돌려 받을 인간자본에의 투자라고 보았다.
② 저항이론은 학교교육은 사회개혁과 국가발전의 원동력이며, 이를 위해 고급인력, 즉 수월성 교육과 교육개혁이 필요하다고 보았다.
③ 문화재생산론은 학교는 지배집단의 문화자본을 재창조하고 정당화하는 역할을 한다고 보았다.
④ 근대화이론은 학교교육은 태도·가치관·신념 등의 사고방식에 영향을 주어 근대적 행동양식을 터득할 수 있도록 하게 해 줌으로써 근대화에 기여한다고 보았다.

16 토마스와 제미슨(Thomas & Jamieson)의 조직갈등관리 모형에 따를 때 갈등해결전략과 상황의 연결이 잘못된 것은?

① 경쟁 – 조직의 성장에 매우 중요한 문제일 때
② 수용 – 조화와 안정이 특히 중요할 때
③ 협동 – 해결책의 비용이 효과보다 훨씬 클 때
④ 타협 – 복잡한 문제에 대한 일시적 해결책을 얻고자 할 때

17 교육공무원에 포함되는 사람을 모두 고르면?

> ㄱ. 국·공립 학교에 근무하는 교원 및 교육행정직원
> ㄴ. 교육행정기관에 근무하는 장학사
> ㄷ. 국·공립 교육연구기관에 종사하는 교육연구관

① ㄱ, ㄴ   ② ㄱ, ㄷ
③ ㄴ, ㄷ   ④ ㄱ, ㄴ, ㄷ

18 다음 활동에 해당하는 딕과 캐리(W. Dick, L. Carey, & J. Carey)의 체제적 교수 설계 모형의 단계는?

> • 일대일 평가, 소집단 평가, 현장평가(대집단평가)를 실시한다.
> • 평가문항에 오류가 없는지 전문가에게 의뢰한다.

① 준거지향평가의 개발
② 형성평가의 설계 및 실시
③ 교수자료 개발
④ 총괄평가의 설계 및 실시

19 여러 가지 교육평가 모형에 대한 설명으로 옳은 것은?
① 스터플빔(Stufflebeam)은 교육평가를 교육목표의 달성여부를 판단하는 행위로 정의하였다.
② 스크리븐(Scriven)은 프로그램의 과정평가를 프로그램 실행평가와 프로그램 개선평가로 구분하였다.
③ 아이즈너(Eisner)는 교육평가가 예술작품을 평가하듯 교육적 감식안과 교육비평을 통해 이루어져야 한다고 주장하였다.
④ 타일러(Tyler)는 교육평가를 의사결정에 필요한 유용한 정보를 수집하여 의사결정자에게 제공함으로써 의사결정을 돕는 과정으로 보았다.

20 다음 내용과 관련된 교육사적 시기는?

> • 「사립학교규칙」을 제정·공포하여 사립학교 설립, 교원 채용, 교과과정 등 교육 전반에 걸친 통제와 감독을 강화하였다.
> • 「경학원(經學院) 규정」에 의해 성균관을 폐쇄하였다.
> • 「서당규칙」에 따라 서당의 개설 시 도지사의 인가를 받게 하고, 교과서도 총독부가 편찬한 것만을 사용하도록 하였다.

① 1차 조선교육령 시기
② 2차 조선교육령 시기
③ 3차 조선교육령 시기
④ 4차 조선교육령 시기

23

01 다음 설명에 해당하는 교육과정의 조직 원리는?

> • 교육과정 조직에서 종·횡 또는 수직적·수평적 차원의 양면을 보다 조화 있게 반영시켜야 한다.
> • 전인교육은 지·덕·체의 조화로운 발달을 의미하듯, 교육과정 조직에 있어서도 그 어느 한 쪽으로의 치우침이 없는 조화가 유지되어야 한다는 것이다.
> • 이 원리를 확보하기 위해서는 융통성 있는 수업시간계획이나 또는 수업시수 배당계획이 수립되어야 한다. 또한 집단교수(team teaching)도 한 가지 좋은 전략이라고 볼 수 있다.

① 계속성(continuity)
② 계열성(sequence)
③ 균형성(balance)
④ 통합성(integration)

02 조선시대 서당(書堂)의 문자 학습 교재였던 「천자문(千字文)」의 대체서로 출간된 책으로 옳지 않은 것은?

① 신증유합(新增類合)
② 훈몽자회(訓蒙字會)
③ 아학편(兒學編)
④ 동몽선습(童蒙先習)

03 반두라(Bandura)가 주장한 사회학습의 과정은 (   )의 단계로 이루어진다. 빈 칸에 들어갈 알맞은 내용으로 옳은 것은?

① 재생 - 강화 - 주의집중 - 파지
② 재생 - 주의집중 - 파지 - 강화
③ 주의집중 - 재생 - 강화 - 파지
④ 주의집중 - 파지 - 재생 - 강화

04 청소년 비행 발생의 원인을 설명하는 이론 중 낙인이론의 주장에 부합되는 진술은?

① 비행은 문화목표와 제도화된 수단 간의 관계가 불일치할 때 발생한다.
② 비행은 비행집단을 직·간접적으로 자주 접하게 되면 발생한다.
③ 비행은 현재 정상적인 아이가 주위의 잘못된 인식 때문에 발생한다.
④ 비행은 애착, 전념, 참여, 신념 등 사회에 대한 개인의 유대가 약화되었을 때 발생한다.

05 포스트모더니즘(post-modernism)의 교육적 의의로 옳지 않은 것은?

① 소서사(little narrative)적 지식의 정당화
② 공교육 체제에 대한 비판적 시각의 제공
③ 정초주의(fundamentalism)에 입각한 보편적 지식론 중시
④ 차이와 타자성, 다양성의 존중

06 실험연구에서 종속변인에 영향을 미칠 수 있는 외생변인을 잘 통제했을 때 연구 결과에 미치는 영향으로 옳은 것은?

① 내적 타당도가 낮아진다.
② 내적 타당도가 높아진다.
③ 외적 타당도가 높아진다.
④ 내적 타당도와 외적 타당도가 모두 높아진다.

07 다음의 학교교육 사례와 관계있는 교육과정 유형은?

> • 음악 교과 시간에 가곡과 클래식 음악은 가르치나 대중가요는 가르치지 않는다.
> • 사회질서 유지를 위한 공중도덕과 윤리는 가르치나 비판적 사고력을 기르는 철학은 가르치지 않는다.

① 공식적 교육과정(Formal curriculum)
② 잠재적 교육과정(Latent curriculum)
③ 영교육과정(Null curriculum)
④ 교사배제 교육과정(Teacher-proof curriculum)

08 다음 사례의 밑줄 친 부분에 공통적으로 해당하는 척도에 대한 설명으로 옳은 것은?

> • 중간고사 수학시험에서 0점을 받은 학생이 수학을 완전히 모른다고 할 수는 없다.
> • 중간고사 영어시험에서 60점을 맞은 학생이 20점을 맞은 학생보다 영어실력이 3배 높다고 말할 수 없다.

① '같다, 다르다'의 정보만 제공한다.
② 최빈치, 중앙치, 평균치 등의 통계처리가 가능하다.
③ 대소를 나타낼 수는 있으나, 가감승제가 불가능하다.
④ 절대영점과 임의의 단위를 지니고 있다.

09 다음 내용과 관련된 교육정책의 평가 기준은?

> 학생의 흥미를 존중하는 다양한 교육과정을 운영하기 위하여 선택교과목의 수를 대폭 늘리는 정책을 도입하였다. 그러나 학생들은 흥미 있는 과목보다는 점수 따기 쉬운 과목을 선택하는 경향이 생겨나 본래 정책의 취지를 충분히 구현하지 못하였다.

① 효과성(effectiveness)
② 효율성(efficiency)
③ 적정성(adequacy)
④ 대응성(responsiveness)

10 블랜차드와 허시(Blanchard & Hersey)의 지도성을 학생들의 청소지도에 활용할 때, 효과적 지도성 유형과 상황요인을 바르게 연결한 것은?

① 지시형(directing) – 정리정돈을 잘 하고 책임감도 높은 경우
② 위임형(delegating) – 정리정돈을 잘 하나 책임감은 낮은 경우
③ 지도형(coaching) – 정리정돈을 잘 못하고 책임감은 높은 경우
④ 지원형(supporting) – 정리정돈을 잘 못하고 책임감도 낮은 경우

11 다음 내용을 담고 있는 유네스코의 국제미래교육위원회에서 제시한 보고서는?

> 2050년을 바라보면서 교육에 대해 던져야 할 세 가지 핵심 질문은 다음과 같다. 우리가 계속해야 할 것은 무엇인가? 우리가 중단해야 할 것은 무엇인가? 창의적으로 새롭게 만들어내야 할 것은 무엇인가? 전 생애를 통해 양질의 교육을 받을 권리의 보장, 공공의 노력과 공동재(common good)로서의 교육의 강화. 이 두 원칙들은 인류가 지금까지의 성취를 이루게 해준 교육에 기반을 두고 있으며, 이제 2050년과 그 이후를 향해 나아가는 여정에서도 교육이 미래 세대가 자신들의 미래를 다시 상상하고 새롭게 만들 수 있는 힘을 갖도록 하는 데 도움을 줄 것이다.

① 만인을 위한 평생학습(Lifelong Learning for All)
② 학습 : 감추어진 보물(Learning : The Treasure Within)
③ 지구 지식경제에서의 평생학습(Lifelong Learning in the Global Knowledge Economy)
④ 함께 그려보는 우리의 미래 : 교육을 위한 새로운 사회계약(Reimagining our futures together : a new social contract for education)

12 교육예산 편성기법에 대한 설명으로 옳은 것은?

① 품목별 예산제도는 정책이나 계획 수립이 용이하고 집행에 있어서도 융통성을 기할 수 있다.

② 기획 예산제도는 공무원의 재량권을 제한하기 위해 만든 제도이다.

③ 성과주의 예산제도는 단기적인 예산편성을 실행계획과 연결시켜 5년 단위의 예산제도를 기본으로 한다.

④ 영기준 예산제도는 점증주의적 예산과정을 탈피하여 경기변동에 신축성 있게 대응할 수 있다.

13 ADDIE 모형에서 수행목표 명세화, 교수전략의 계열화, 교수매체의 선정 등의 활동이 이루어지는 단계는?

① 분석단계　　　　　② 설계단계
③ 개발단계　　　　　④ 실행단계

14 구성주의 학습 유형에 대한 설명으로 옳지 않은 것은?

① 인지적 도제이론(cognitive apprenticeship) − 학생으로 하여금 자신이 읽은 내용을 요약하고, 의문을 제기하고, 이해가 어려운 부분을 명료화하고, 후속 내용을 예측하게 한다.

② 인지적 유연성이론(Cognitive Flexibility Theory) − 맥락을 벗어난 지식은 지나친 단순화와 일반화의 오류에 빠지기 쉽기 때문에 하이퍼미디어를 활용하여 동일한 자료를 다른 시기에 다른 목적과 관점으로 검토함으로써 다양한 차원에서 지식을 이해하게 한다.

③ 정황학습(anchored learning) − 실제 상황과 관련한 문제해결이 중심이 되는 학습으로, 실제 상황을 모사한 영상매체의 이야기를 통해 문제를 제시한다.

④ 문제중심학습(Problem Based Learning) − 문제는 복잡하고 비구조적이며 실제적인 특성을 지니며, 학습 방식은 자기주도적 학습과 협동학습으로 이루어진다.

15 「평생교육법」에 명시된 평생교육시설 중 학력 인정 시설에 해당되지 않는 것은?

① 학교형태의 평생교육시설
② 학교 부설 평생교육시설
③ 사내대학 형태의 평생교육시설
④ 원격대학 형태의 평생교육시설

16 교육과 사회에 관한 기능이론과 갈등이론의 공통점에 해당하는 것만을 모두 고르면?

> ㄱ. 인간을 사회적으로 만들어지고 움직여지는 수동적 존재로 인식하고 있다.
> ㄴ. 학교교육의 순기능적인 면보다는 역기능적인 면에 더 관심을 가지고 있다.
> ㄷ. 교육은 기존의 사회구조와 문화를 그대로 반영하고 있다고 본다.
> ㄹ. 교사와 학생의 상호작용이나 학교지식 등 학교 내부 문제에 관심을 둔다.

① ㄱ, ㄴ　　　　　② ㄱ, ㄷ
③ ㄴ, ㄹ　　　　　④ ㄷ, ㄹ

17 규준참조평가(norm−referenced evaluation)가 지닌 문제점으로 옳지 않은 것은?

① 무엇을 얼마나 알고 있는지에 관심을 두지 않기 때문에 교수−학습이론에 부적절하다.

② 진정한 의미의 학습효과를 비교할 수 없다.

③ 검사 결과의 통계적 활용이 불가능하다.

④ 경쟁과 분류를 지나치게 조장하여 정서적 부작용과 비인간화를 초래할 수 있다.

18 다음 사실을 통해 추론할 수 있는 대학수학능력시험의 타당도에 대한 설명으로 옳은 것은?

> • 대학수학능력시험에서 우수한 성적을 받은 학생이 대학교에서의 성적도 우수하였다.
> • 대학수학능력시험이 고등학교 교육과정의 범위에서 출제되었다.

① 예언타당도와 내용타당도가 모두 높다.
② 공인타당도와 예언타당도가 모두 높다.
③ 예언타당도와 공인타당도가 모두 높다.
④ 공인타당도와 내용타당도가 모두 높다.

19 다음 설명에 해당하는 상담이론은?

> 인간의 성격을 당위를 강조하는 부모형(P), 객관적인 성인형(A), 충동적인 아동형(C)으로 자아가 3원화되어 있다고 본다. 내담자는 어떤 성격형으로 상호작용에 참여하고 있는지 깨닫도록 가르침을 받는다. 여기에서 초점은 상호작용에서 친밀감을 방해하는 게임(Game)과 어릴 때부터 어른 때까지 가는 일생계획인 생활각본(script)에 있다. 치료의 목표는 내담자가 자신이 원하는 대로 할 수 있는 스크립트와 게임에서 해방된 자율인이 되도록 돕는 데 있다.

① 형태주의 상담
② 교류분석 상담
③ 개인 심리 상담
④ 현실치료 상담

20 현행 「학교폭력예방 및 대책에 관한 법률」 규정에 따를 때 (가)에 해당하는 기구는?

> "학교폭력의 예방 및 대책에 관련된 사항을 심의하기 위하여 「지방교육자치에 관한 법률」 제34조 및 「제주특별자치도 설치 및 국제자유도시 조성을 위한 특별법」 제80조에 따른 교육지원청(교육지원청이 없는 경우 해당 시·도 조례로 정하는 기관으로 한다. 이하 같다)에 (가   )를 둔다. 다만, 그 구성에 있어 대통령령으로 정하는 사유가 있는 경우에는 교육감 보고를 거쳐 둘 이상의 교육지원청이 공동으로 구성할 수 있다."(제12조)

① 학교폭력대책 심의위원회
② 학교폭력대책 자치위원회
③ 학교폭력대책위원회
④ 학교폭력대책 지역위원회

제 04 회

□ 빠른 정답 p.151
🖉 해설 p.96

01 신인문주의 교육사상의 특징에 대한 설명으로 옳지 않은 것은?

① 이성으로 해결할 수 없는 인생의 비밀을 감성적이고 심미적인 태도로 탐구하였다.
② 그리스 고전을 중심으로 인간 본성의 조화로운 발달을 도모하였다.
③ 역사주의, 국가주의, 민족주의 발전에 기여하였다.
④ 고전에 대한 자각적인 비판과 성찰보다는 기계적 모방을 중시하였다.

02 다음 대화에서 교사가 사용한 상담기법은?

> • 학생: 저는 정말로 그 애에게 진심으로 대해 주었는데, 그 애는 저의 마음을 몰라주는 것 같아 너무 속상해요.
> • 교사: 그건 너만이 겪는 아픔은 아닌 것 같구나. 선생님도 예전에 친한 친구가 내 마음과는 다르게 받아들여 마음 상한 적이 있었단다.

① 즉시성   ② 공감적 이해
③ 자기노출   ④ 해석

03 백분위 점수에 대한 설명으로 옳지 않은 것은?

① 서열척도에 해당하며, 규준집단에서 개인의 점수가 그보다 낮은 점수를 얻은 학생들의 백분율을 말한다.
② 평균 부근에서는 실제보다 과소평가되고, 양끝으로 갈수록 실제보다 과대평가된다.
③ 상대적 능력 비교보다는 위치 비교에 주로 활용된다.
④ 학생들의 점수를 자세히 구분하기보다는 보다 넓게 학생들의 점수를 보도록 만드는 장점이 있다.

04 (가)~(다)에 해당하는 학습전략을 바르게 연결한 것은?

> (가) 어떤 정보에 주의를 기울여야 하는지, 나는 어떠한 부호화 전략을 잘 활용하는지를 점검한다.
> (나) 학습한 개념을 비유적으로 표현하거나 관련된 구체적인 사례를 들어본다.
> (다) 기억하려는 정보들을 도표작성, 개요작성, 위계도 작성, 개념도 등을 사용하여 묶는다.

	(가)	(나)	(다)
①	지각	조직화	정교화
②	주의집중	정교화	조직화
③	메타인지	조직화	정교화
④	메타인지	정교화	조직화

05 다음 설명에 해당하는 현대 교육철학의 기본원리는?

> • 전통적인 교육에 반기(反旗)를 들고 등장하였다.
> • 세계의 불확실성과 진리의 상대성이라는 철학적 입장에 바탕을 두고 있다.
> • 교육의 사회적 기능과 문화적 전통을 간과하고, 기초학습 능력의 저하라는 문제점을 드러냈다.

① 아동들은 교과나 지식의 본질적인 개념 등을 전통적인 학문적 훈련방식으로 배워야 한다.
② 교육활동은 아동의 필요와 흥미를 중심으로 이루어져야 하며, 교사는 아동의 전인적 발달을 돕는 안내자이다.
③ 인간의 본질은 이성에 있으므로 교육은 아동의 이성 발달에 관심을 두어야 한다.
④ 아동들이 문화 발전에 필요한 기본적 가치를 배우고, 새로운 사회질서를 창조하게끔 해야 한다.

06 교내장학의 유형에 대한 설명으로 옳은 것은?

① 동료장학 - 교내순시, 수업참관처럼 평상시의 자연스러운 수업활동을 관찰할 수 있다는 장점이 있다.

② 컨설팅장학 - 수업연구(공개) 중심 장학, 협의중심 장학, 연수중심 장학 등이 해당한다.

③ 임상장학 - 교실 내의 교사와 학생 간의 상호작용 및 수업행동에 초점을 둔다.

④ 약식장학 - 수업 분석, 전문서적 탐독, 대학원 수강, 수업에 대한 설문조사 등 각종 자기연찬 활동이다.

07 구성주의 학습에서의 강조점이라고 보기 어려운 것은?

① 지식의 계열성
② 비구조화된 학습과제
③ 학습자의 주인의식
④ 실제적 과제와 맥락 의존적 학습

08 현행 「지방교육자치에 관한 법률」에 따른 교육감 관련 규정으로 옳지 않은 것은?

① 교육감 후보자는 후보자등록신청개시일로부터 과거 2년 동안 정당의 당원이 아니어야 한다.

② 주민은 교육감을 소환할 수 있다.

③ 교육감의 임기는 4년이며, 계속 재임은 3기에 한한다.

④ 교육감은 교육·학예에 관한 소관 사무로 인한 소송이나 재산의 등기 등에 대하여 해당 시·도를 대표한다.

09 ( ) 안에 공통적으로 들어갈 용어로 옳은 것은?

> • 내재적 동기는 ( )의 경험에 기초하여 형성된다.
> • 인간의 심리적 욕구, 즉 유능감(competence), 관계성(relatedness), 자율성(autonomy)이 ( )에 중요한 역할을 하는 요소이다.
> • 자신의 행동을 선택(choice)할 수 있을 때, ( )은 증가한다.

① 자기결정성(self-determination)
② 자아존중감(self-esteem)
③ 자기효능감(self-efficacy)
④ 자아정체감(self-identity)

10 조선시대의 사학(四學)에 대한 설명으로 옳지 않은 것은?

① 성균관 부속학교로, 문묘(文廟)를 두지 않았다.
② 사학 졸업자만이 성균관에 진학할 수 있었다.
③ 「소학(小學)」 선강의 원칙과 교관 근속법이 있었다.
④ 동·서·남·중부 학당을 가리킨다.

11 인지발달에 대한 심리학자들의 주장으로 옳은 것은?

① 비고츠키(Vygotsky)는 구체적 조작기에 탈중심화 현상이 관찰된다고 보았다.

② 피아제(Piaget)는 인지발달을 감각운동기-관계기-차원기-벡터기의 4단계로 설명하였다.

③ 케이즈(Case)는 인지발달을 아동이 과제를 처리하는 데 사용하는 작동기억의 기능적 증가로 설명한다.

④ 파이비오(Paivio)는 또래와의 상호작용보다는 성인과의 상호작용이 인지발달에 유용하다고 보았다.

제 05 회

12 다음의 대안교육 사례와 관련된 지능이론은?

> • 스펙트럼 교실(Spectrum classroom)
> • 키 스쿨(Key school)
> • PIFS(Practical Intelligence for School)
> • Art Propel(Productions, Reflections, and Perceptions of Educational Learning)

① 카텔(Cattel)의 2형태설
② 가드너(Gadner)의 다중지능이론
③ 길포드(Guilford)의 지능구조모형
④ 스턴버그(Sternberg)의 삼원지능이론

13 켈러(J. Keller)의 학습동기이론에 따를 때 다음의 교사 활동과 관련된 동기유발 요소가 나머지 셋과 다른 하나는?

① 학생들이 예기치 못했던 소리나 움직임을 제시한다.
② 역설적 사례를 제시하여 학생들의 지적 갈등을 유발한다.
③ 제목, 주제어 등 다양한 글씨체를 사용하여 강조한다.
④ 학생들에게 수업을 통해 학습한 지식을 적용할 수 있는 교육용 시뮬레이션을 제공한다.

14 다음 내용에 해당하는 타당도 증거는?

> • 타당도 계수를 얻는 데 오랜 시간이 걸리지 않는다.
> • 타당도 계수가 모집단을 잘 대표한다고 보기 어렵기 때문에 적용할 때에는 세심한 주의가 필요하다.
> • 타당성이 입증된 기존의 검사가 없을 경우 타당도를 추정하기 어렵다.

① 공인타당도　　　　② 내용타당도
③ 예측타당도　　　　④ 구인타당도

15 에반스와 하우스(Evans & House)의 행로－목표이론(Path－Goal Theory)에 따를 때, 학교장이 효과적인 지도성을 발휘하기 위해 가장 중요하게 고려해야 할 점은?

① 지도자와 구성원의 관계, 과업구조, 지도자의 지위권력 등 상황변수에 따른 상황의 호의성을 파악해서 행동한다.
② 특정한 지도성이 상황에 적절할 때는 효과적일 수 있지만, 상황에 부적절할 때는 비효과적일 수도 있다.
③ 노력－성과의 기대, 성과－보상의 수단성, 보상 등에 대한 구성원의 지각을 잘 파악해야 한다.
④ 교직원들의 직무준비도와 심리적 준비에 따라 지도자의 과업행동과 관계성 행동을 변화시켜야 한다.

16 과업평가검토기법(PERT)의 장점에 해당하지 않는 것은?

① 효율적인 예산 통제가 가능하며, 최저 비용으로 일정 단축이 가능하다.
② 특정한 과업을 추진하기 위한 세부 작업 활동의 순서와 상호관계를 유기적으로 파악할 수 있다.
③ 회계, 시설, 물자, 성적과 기록 관리를 전산화함으로써 자원 활용을 극대화하고 의사결정을 효율화할 수 있다.
④ 작업 과정의 전모를 파악할 수 있기 때문에 작업 추진에 앞서 애로 사항을 파악할 수 있다.

17 다음 중 밑줄 친 요소에 포함되지 않는 것은?

> 쓰레기통 모형(garbage－can model)은 의사결정에 필요한 4가지 요소가 우연히 서로 다른 시점에 통(can) 안으로 들어와 한 곳에 모일 때 의사결정이 이루어진다고 본다.

① 참여자의 흐름　　　② 자원의 흐름
③ 해결책의 흐름　　　④ 선택기회의 흐름

18 (가)~(다)의 내용에 해당하는 교육평등관의 유형은?

> (가) 사람은 타고난 능력이 다르다고 믿는다.
> (나) 도시 생활 위주의 교과서 내용을 개정하여 농어촌에 관한 내용을 보강한다.
> (다) 교육기회 확대에는 성공했으나 계층 간의 분배구조 변화에는 실패했다는 평가를 받는다.

	(가)	(나)	(다)
①	교육조건의 평등	보상적 평등	보장적 평등
②	보상적 평등	보장적 평등	허용적 평등
③	허용적 평등	교육조건의 평등	보장적 평등
④	허용적 평등	교육조건의 평등	보상적 평등

19 교육 개념 중 성장(growth)의 비유에 대한 설명으로 옳은 것은?

① 교육은 아동의 천부적 잠재력을 자연의 법칙에 따라 나타나도록 하는 것이라고 본다.

② 교사와 학생의 관계에 대한 오해를 야기하고, 권위주의 교육풍토를 조성할 수 있다.

③ 교육을 공적 전통에 입문하는 과정으로 본다.

④ 교육의 과정이 단속적이고 비약적으로 이루어질 수 있음을 가정한다.

20 2022 개정 교육과정에 따른 초등학교 교육과정 편성·운영기준으로 옳지 않은 것은?

① 교육과정은 교과(군)와 창의적 체험활동으로 편성하며, 창의적 체험활동은 자율·자치 활동, 동아리 활동, 진로 활동으로 한다.

② 학교는 입학 초기 및 상급 학교(학년)로 진학하기 전 학기의 일부 시간을 활용하여 학교급 간 연계 및 진로교육을 강화하는 진로연계교육을 편성·운영한다.

③ 1~2학년의 안전교육은 창의적 체험활동을 활용하여 편성·운영한다.

④ 학교는 3~6학년별로 지역과 연계하거나 다양하고 특색 있는 교육과정 운영을 위해 학교자율시간을 편성·운영한다.

제
05
회

□ 빠른 정답 p.151
⬙ 해설 p.101

01 우리나라의 교육사 중 교육용 교재와 관련된 기술로 옳지 않은 것은?

① 권근의 「입학도설(入學圖說)」은 40여 종의 교수용 도표를 사용하여 성리학의 주요 개념을 설명한 성리학 입문서로 서양의 코메니우스(Comenius)가 지은 시각교재인 「세계도회(世界圖繪)」보다 먼저 저술되었다.

② 장혼이 지은 「아희원람(兒戱原覽)」은 백성들의 일상생활과 관련된 다양한 내용을 담은 백과전서적 책으로 '18세기 서당설'의 근거가 되기도 하였다.

③ 최한기가 저술한 「주해수용(籌解需用)」은 서양의 수학을 소개하기 위한 목적으로 일반 산술에서 대수학, 기하학에 이르는 수학 전반을 정리하였다.

④ 최세진의 「훈몽자회(訓蒙字會)」는 한자(漢字) 학습서로서 문자를 구체적인 사물과 관련시켜 만들었으며, 한글 독음(讀音)을 달아 교육의 편의성을 높였다.

02 인간중심 상담이론에 대한 설명으로 옳은 것은?

① 최면요법, 자유연상, 꿈의 분석, 정화, 저항의 분석, 전이, 해석 등이 중요한 치료 수단이다.

② 열등감, 창조적 자아, 우월성의 추구, 생활양식, 허구적 최종 목적론, 사회적 관심, 출생순위를 중시한다.

③ 성장을 위한 적절한 조건이 갖추어지면 누구나 자아실현을 이룰 수 있다고 본다.

④ 정서적 문제를 유발하는 원인이 사건 자체가 아니라 그 사건에 대한 비합리적인 신념 때문이라고 본다.

03 다음 내용을 토대로 볼 때 화이트헤드(Whitehead)의 교육적 주장이 지닌 의미와 가장 거리가 먼 것은?

「교육의 목적(The Aims of Education, 1932)」이라는 저서에서 "교육은 지식의 활용 기술을 습득하는 것이다"라는 명제를 던진 화이트헤드(Whitehead)는 무기력한 지식(innate ideas) 교육에서 벗어나 '삶에 유용한 지식(the art of utilizing knowledge)'을 가르쳐야 함을 강조하고 있다.

① 교양교육보다는 전문교육을 위주로 가르쳐야 한다.

② 아동이 배운 내용을 자신의 현재 삶의 상황인 '지금여기서 적용'할 수 있도록 가르쳐야 한다.

③ 아동이 자신의 삶에서 일어나는 사건들의 의미를 발견하도록 가르쳐야 한다.

④ 관념을 통해서 발견한 사건의 의미를 활용할 수 있도록 가르쳐야 한다.

04 타일러(R. W. Tyler)가 제시한 학습경험의 선정원리로 옳지 않은 것은?

① 기회의 원리   ② 만족의 원리
③ 통합성의 원리   ④ 가능성의 원리

05 다음 사례에 해당하는 신뢰도 추정방법은?

자아존중감에 대한 표준화검사를 제작할 때 우선 자아존중감을 측정하는 서로 다른 두 검사지를 만든다. 이를 동시에 혹은 적당한 간격을 두어 동일한 집단에게 실시하고 두 검사 결과 사이의 상관계수를 측정하여 신뢰도를 얻는다.

① 반분신뢰도   ② 문항내적 합치도
③ 동형검사 신뢰도   ④ 재검사 신뢰도

06 근대 서양의 실학주의 교육사상에 대한 설명으로 옳은 것은?

① 키케로주의적 교육방법을 강조함

② 노작교육의 원리(learning by doing)를 강조함

③ 언어 이전에 사물(things before words)을 강조함

④ '아동의 이해'로부터의 교육을 강조함

07 교육평가 과정에서 나타날 수 있는 평가자의 오류에 대한 설명으로 옳지 않은 것은?

① 근접의 오류는 통계학적 관점에서 보면 평균에의 회귀현상과 관련이 있다.

② 유명 운동선수가 다른 분야에서도 탁월한 능력을 보일 것이라고 보는 것은 인상의 오류에 해당한다.

③ '근면성이 높으면 책임감도 높다.'라고 판단하는 것은 논리적 오류이다.

④ 반동형성이나 투사와 같은 방어기제와 유사한 오류는 대비의 오류이다.

08 비판적 교육철학에 대한 설명으로 옳지 않은 것은?

① 교육이 처해 있는 사회 구조나 제도에 대해 의문을 제기한다.

② 인간 사회 현상을 연구하기 위하여 실증주의 방법을 사용한다.

③ 계몽과 해방이라는 주제에 관심을 두며, 하버마스(J. Habermas), 프레이리(P. Freire) 등이 대표자다.

④ 교육의 상대적 자율성을 강조하면서 경제결정론을 반박한다.

09 딕(Dick)과 캐리(Carey)의 교수체제 설계 모형에 대한 설명 중 잘못된 것은?

① 일반모형의 실행단계가 생략되어 있다.

② 수업전략 선정 단계에서는 가네(Gagné)의 9가지 수업사태를 요약하여 설정한다.

③ 구체적 행동목표 진술은 메이거(Mager)의 진술 방식에 맞춰 도착점 행동, 상황, 수락기준을 포함하여 진술한다.

④ 총괄평가 설계 및 실시 단계에서는 프로그램 제작자가 상대평가나 절대평가를 활용하여 개발된 프로그램의 효과성을 판단한다.

10 「교육기회의 평등」이라는 제목의 콜맨(Coleman) 보고서에 대한 설명으로 옳지 않은 것은?

① 학생의 가정환경 변인 - 학생집단 변인 - 학교특성 변인의 순서로 학업성취에 영향을 주고 있다.

② 교육격차 발생 원인에 대한 설명 중 플라우덴(Plowden)이나 젠크스(Jencks)와 같은 문화환경결핍론에 해당한다.

③ 학교특성 변인은 교육과정 - 교사의 질 - 학교시설의 순으로 학업성취에 영향을 미친다.

④ "교육기회의 평등은 평등하게 효과적인 학교를 의미한다."는 과정의 평등에서 보상적 평등이 대두되는 배경을 제공하였다.

11 스턴버그(R. J. Sternberg)의 지능이론에서 다음 내용에 해당하는 지능의 하위이론은?

- 환경에 적응하거나 환경을 선택하고 변형하는 능력이다.
- 학교교육을 통해서가 아니라 일상의 경험에 의해 획득되는 능력이다.
- 전통적 지능검사의 IQ나 학업성적과는 무관한 능력으로 '암시적 지능'이라고도 한다.

① 상황적 하위이론　　　② 구성적 하위이론

③ 경험적 하위이론　　　④ 성분적 하위이론

12 드웩(Dweck)은 학업성취 상황에서의 목표유형을 수행목표와 숙달목표로 구분하였다. 다음 중 숙달목표를 지닌 학습자의 특성에 대한 설명으로 옳지 않은 것은?

① 학습자 자신의 능력에 대해 타인으로부터 긍정적인 평가를 받고자 한다.

② 학습이 재미있고 즐거워 자신의 능력을 증가시키려는 것 자체에 목표를 둔다.

③ 도전적인 학습과제를 추구하고 타인의 시선에 신경을 쓰지 않는다.

④ 자신이 얼마나 배울 수 있는가에 관심을 갖고 실패에 대한 두려움이 없는 경향을 보인다.

13 다음과 같은 추론에 해당하는 콜버그(Kohlberg)의 도덕성 발달단계는?

> "하인츠(Heinz)가 아내를 살리고자 하는 행동은 자연스러운 일이기 때문에 하인츠를 나쁜 사람이라고 비난하기는 어렵다. 그러나 어떠한 경우라도 법은 지켜져야 한다. 하인츠는 자신의 행동이 법을 어기는 행동이라는 것을 알고 행한 것이며, 따라서 하인츠가 약을 훔친 것은 잘못된 행동이다."

① 개인적 쾌락주의 지향 단계

② 착한 소년/소녀 지향 단계

③ 사회질서와 권위 지향 단계

④ 사회적 계약 지향 단계

14 피아제(Piaget)와 비고츠키(Vygotsky)의 인지발달이론이 지닌 공통점으로 옳은 것은?

① 인지적 도전을 통해 아동의 사고 능력이 발달한다고 보았다.

② 인지발달이 학습에 선행한다고 보았다.

③ 혼잣말(self-talk)이 사고발달에서 핵심적인 역할을 한다고 보았다.

④ 아동의 인지발달 수준에 맞는 내용으로 교육과정을 구성할 것을 강조하였다.

15 매슬로우(Maslow)의 욕구체계이론에 따를 때 가장 욕구 수준이 높은 조직 요인에 해당하는 것은?

① 직책, 지위 승진

② 조직 내에서의 발전

③ 경쟁적인 작업집단, 감독의 질

④ 기본급여, 냉·난방 시설

16 다음 설명에 해당하는 사회학적 개념은?

> • 일상생활과 사회의식 속에 깊이 스며 있는 지배집단의 의미와 가치체계를 말한다.
> • 지배계층의 이익을 정당화하는 의미 또는 상징으로서, 그 자체가 불평등한 것이면서도 현실적으로 당연시되고 있는 상징적 의미와 실제의 구성이다.

① 상징적 폭력(symbolic violence)

② 아비투스(habitus)

③ 반학교문화(counter-school culture)

④ 헤게모니(hegemony)

17 「교육공무원법」 제44조에 규정된 교원의 휴직 사유 중 교원 본인이 원하면 휴직을 명해야 하는 경우는?

① 신체상·정신상의 장애로 장기요양이 필요할 때

② 천재지변이나 전시·사변 또는 그 밖의 사유로 생사(生死)나 소재(所在)를 알 수 없게 된 경우

③ 만 8세 이하 또는 초등학교 2학년 이하의 자녀를 양육하기 위하여 필요하거나 여성 교육공무원이 임신 또는 출산하게 된 경우

④ 「교원의 노동조합 설립 및 운영 등에 관한 법률」 제5조에 따라 노동조합 전임자로 종사하게 된 경우

18 칙센트미하이(M. Csikszentmihalyi)의 몰입(flow) 개념에 따를 때 학습자의 몰입 상태에 해당하는 경우는?

① 과제의 도전 수준과 학습자의 능력수준이 모두 높을 때
② 과제의 도전 수준이 낮고 학습자의 능력수준이 높을 때
③ 과제의 도전 수준이 높고 학습자의 능력수준이 낮을 때
④ 과제의 도전 수준과 학습자의 능력수준이 모두 낮을 때

19 2022 개정 교육과정 학교급별 교육과정 편성·운영의 기준에 대한 설명이다. (가)와 (나)에 알맞은 말은?

> • 초등학교 1학년부터 중학교 3학년까지의 공통 교육과정과 고등학교 1학년부터 3학년까지의 (가) 기반 선택 중심 교육과정으로 편성·운영한다.
> • 학교는 학교급 간 전환기의 학생들이 상급 학교의 생활 및 학습을 준비하는 데 필요한 교육을 지원하기 위해 (나)을(를) 운영할 수 있다.

　　(가)　　　　　(나)
① 학점　　　　자유학기제
② 단위　　　　자유학기제
③ 단위　　　　진로연계교육
④ 학점　　　　진로연계교육

20 캠벨(Campbell)이 제시한 교육정책의 형성과정 모형의 절차들이다. 이를 순서대로 바르게 나열한 것은?

> ㄱ. 보통 국가의 범위에서, 예컨대 특정 위원회, 조사 연구 보고서 등에 의해 선도됨
> ㄴ. 사회적, 경제적, 정치적, 기술공학적 힘이 전국적 또는 전 세계 범위에서 작용함
> ㄷ. 행정부나 입법부 등에 의한 공식적 결정이 이루어짐
> ㄹ. 전국적 또는 지역 단위로 직능단체, 예컨대 교직단체 등이 앞장서서 정책 형성을 위한 운동을 전개함

① ㄱ - ㄴ - ㄷ - ㄹ
② ㄱ - ㄴ - ㄹ - ㄷ
③ ㄴ - ㄱ - ㄷ - ㄹ
④ ㄴ - ㄱ - ㄹ - ㄷ

제 06 회

01 신뢰도 추정 방법 중 내적 일관성 신뢰도 산출방법에 해당하는 것만을 모두 고르면?

> ㄱ. 스피어만(Spearman) 등위차 상관계수
> ㄴ. 크론바흐(Cronbach) α 계수
> ㄷ. 피어슨(Pearson) 적률 상관계수
> ㄹ. 스피어만(Spearman)-브라운(Brown) 공식

① ㄱ, ㄴ 　　　　　② ㄴ, ㄷ
③ ㄴ, ㄹ 　　　　　④ ㄷ, ㄹ

02 교육철학 사조와 강조점의 연결이 옳지 않은 것은?

① 분석적 교육철학 – 교육적 언어와 개념의 명료화
② 본질주의 – 교양과 고전, 파이데이아 제안, 이성 함양
③ 비판이론 – 인간 의식의 사회·경제·정치적 제약조건 분석
④ 포스트모더니즘 – 개인의 감정과 정서, 지식의 상대성

03 표면적 교육과정과 잠재적 교육과정의 차이점을 비교한 것으로 옳지 않은 것은?

① 표면적 교육과정은 지적인 영역을 주로 다루고, 잠재적 교육과정은 정의적 영역을 주로 다룬다.
② 표면적 교육과정은 교사의 지적·기능적 측면과 관련이 있고, 잠재적 교육과정은 학교의 문화풍토와 관련이 있다.
③ 표면적 교육과정은 주로 학교의 의도적 조직 및 계획 하에 학습되고, 잠재적 교육과정은 무의도적으로 은 연중에 학습된다.
④ 표면적 교육과정은 바람직한 내용만을 포함하고, 잠재적 교육과정은 바람직하지 않은 내용을 주로 포함한다.

04 다음 내용과 가장 관련된 교수·학습이론은?

> 문제해결을 빠르게 이해하는 학생에게는 도전적인 과제를 추가로 제공하고, 개념을 천천히 이해하는 학생에게는 기본부터 차근차근 설명하는 학습 데이터를 제공하였더니, 두 학생 모두 학습효과가 높게 나타났다.

① 캐롤(Carroll)의 학교학습모형
② 슬래빈(Slavin)의 직소(Jigsaw)Ⅱ 수업
③ 크론바흐(Cronbach)의 적성-처치 상호작용이론
④ 킬패트릭(Kilpatrick)의 프로젝트기반 수업

05 구성주의에 입각한 수업설계원리로 옳지 않은 것은?

① 학습의 평가는 준거지향 평가에서 벗어나야 한다.
② 현실세계의 문제 상황과 관련된 지식을 제공한다.
③ 수업 과제를 구체적으로 분석하여 사전에 수업목표를 명확히 설정한다.
④ 학습자가 지식을 해석하고 생성할 수 있는 환경을 조성한다.

06 피아제(Piaget)의 세 산(山) 모형실험(가) 및 비이커 실험(나)과 관련된 아동의 인지특성을 바르게 나열한 것은?

	(가)	(나)
①	대상영속성	보존성
②	자기중심성	조합적 사고
③	자기중심성	보존성
④	조합적 사고	자기중심성

07 가네(R. Gagné)의 교수·학습이론에 대한 진술로 옳지 않은 것은?

① 학습목표별 학습과제 분석방법이 다르다고 전제하고, 지적기능은 군집분석을 사용할 것을 제안하였다.

② 학습 영역(learning outcomes)을 언어 정보, 지적 기능, 인지전략, 태도, 운동기능으로 구분한다.

③ 학습자의 내적 학습과정을 지원하기 위한 9가지 외적 교수사태(events of instruction)를 제안한다.

④ 학습 영역을 미시적으로 세분화하여 제시한 메릴(M. D. Merrill)의 구인전시이론(component display theory)의 토대가 되었다.

08 지능이론에 대한 설명으로 옳은 것은?

① 써스톤(Thurstone)의 PMA설 - 지능을 경험 포착, 관계 유출, 상관인 유출의 인지원리를 사용하는 능력으로 파악하였다.

② 스턴버그(Sternberg)의 삼원지능이론 - 지능을 내용 영역, 인지활동, 결과의 세 차원이 상호작용하여 산출해내는 정신능력으로 보았다.

③ 길포드(Guilford)의 지능구조모형 - 지능을 분석적 지능, 창의적 지능, 실제적 지능으로 구성된 종합적 능력으로 보았다.

④ 카텔(Cattell)의 2형태설 - 일반지능을 유동지능, 결정지능으로 구성된 위계적 능력으로 보았다.

09 조선시대의 잡학(雜學)과 그 담당 관서를 바르게 연결한 것은?

① 산학(算學) - 전의감(典醫監)

② 화학(畫學) - 소격서(昭格署)

③ 음양학(陰陽學) - 관상감(觀象監)

④ 역학(譯學) - 형조(刑曹)

10 다음 주장을 전개한 서양의 교육사상가가 중시한 교육적 강조점은?

> • 자연의 질서 속에서는 인간은 모두 다 평등하다. 그러므로 그들의 공통된 천직(天職)은 인간의 상태로 있는 일이다.
> • 인간은 그 무엇으로도 폐기될 수 없는 하나의 권리에 의하여 성년에 도달하고, 자기의 지배자가 되며, 그를 공동체에 가입시키고 있는 계약을 파기하고, 그 공동체를 성립하고 있는 나라를 떠날 자유까지 가지고 있기 때문이다.

① 발달단계에 따른 교육

② 적극적 교육

③ 남녀평등교육

④ 명료 - 연합 - 계통 - 방법의 교수4단계

11 바이너(B.Weiner)의 귀인이론에 근거하여 '교사의 편견'을 원인의 소재, 안정성, 통제 가능성의 세 차원으로 분석할 때 옳은 것은?

	원인의 소재	안정성	통제 가능성
①	내 적	안정적	불가능
②	내 적	불안정	불가능
③	외 적	안정적	가 능
④	외 적	불안정	가 능

12 다음 현상을 설명하는 데 가장 적합한 교육사회학 이론은?

> 영국의 중·상류층 가정에서 사용하는 언어와 학교에서 공식적으로 사용하는 언어의 높은 일치도가 중상류층 자녀들의 높은 학업성취도를 만들어 낸다. 이처럼 하류층 가정은 언어와 문화생활이 학교와 동떨어지기 때문에 자녀들의 학업성취도가 떨어진다.

① 문화재생산론

② 문화적 헤게모니이론

③ 상징적 상호작용론

④ 경제재생산론

13 교육팽창과 관련하여 콜린스(R. Collins)의 계층경쟁론에 대한 설명으로 옳지 않은 것은?

① 교육팽창의 주된 원인을 사회적 원인에서 찾고자 한다.
② '학교교육 → 생산성 향상 → 소득 증대'라는 합리적 인과관계를 주장한다.
③ 학력 상승의 원인에 대한 기술기능이론의 설명에 들어 있는 모순 및 한계점을 비판한다.
④ 고등교육의 팽창 등 학력 인플레이션이나 과잉교육 현상의 원인을 설명하는 데 관심이 많다.

14 (가)~(다)의 주장에 해당하는 학자를 바르게 나열한 것은?

> (가) 교육의 목적은 내재적 가치 추구를 넘어서 개인의 자율성(personal autonomy) 신장이나 개인의 좋은 삶 곧 웰빙(well-being)에 두어야 한다.
> (나) 교육은 합리적 마음을 계발하기 위해 학생을 '지식의 형식'(forms of knowledge)에 입문시키는 성년식이다.
> (다) 교육은 문명에의 입문, 초월과정, 시적(詩的) 대화의 과정이다.

	(가)	(나)	(다)
①	화이트(White)	피터스(Peters)	오크쇼트(Oakeshott)
②	화이트(White)	허스트(Hirst)	피터스(Peters)
③	허스트(Hirst)	피터스(Peters)	오크쇼트(Oakeshott)
④	허스트(Hirst)	화이트(White)	피터스(Peters)

15 다음 내용과 관련된 상담이론은?

> • 인간은 누구나 자신이 삶의 주인이 되어 자신의 인생을 선택할 수 있을 때 행복을 느낀다. 자신의 삶에서 중요한 선택을 스스로 할 수 있고, 선택한 것에 책임질 줄 아는 사람이 행복한 사람이다.
> • 우리가 원하는 것을 아는 방법은 우리의 행동이 어떤 욕구를 충족시키는 결과를 가져왔을 때, 우리의 머릿속 한 구석에 우리의 욕구를 충족시켜 주었던 사진, 즉 '개인적 사진첩(person picture album)'을 저장한다. 이는 '질적인 세계(quality world)'인데, 평생의 동기로 작용한다.

① 형태주의 상담
② 합리적-정의적 상담
③ 현실치료적 상담
④ 개인심리 상담

16 학교 조직의 관료제화를 촉진하는 근거로 옳지 않은 것은?

① 학교 규모의 대형화 추세
② 학교의 조직과 기능의 복잡화 및 행정업무의 계속적 증가
③ 교육목적의 특수성 및 교사의 전문성 강화
④ 상급기관의 개별 학교에 대한 압력 증가와 학교의 획일화 경향

17 호이와 미스켈(W. Hoy & C. Miskel)의 학교풍토 유형에서 개방풍토에 대한 설명으로 옳은 것은?

① 학교장의 관리가 비효율적이지만, 교사들의 업무 수행은 효율적으로 이루어지는 풍토이다.
② 학교장과 교사들 사이에 신뢰는 있지만, 교사들의 전문적인 업무 수행은 미흡한 풍토이다.
③ 학교장이 불필요한 업무만을 강조하기 때문에 교사들이 반감을 가지고 업무를 태만히 하는 풍토이다.
④ 학교장은 교사들의 제안을 잘 받아들이고, 교사들은 업무 달성을 위해 매우 헌신하는 풍토이다.

18 학교 내에서 교사들이 만든 비공식적 조직이 갖는 순기능으로 옳지 않은 것은?

① 업무의 능률적 수행에 기여한다.

② 각 구성원의 업무와 책임 한계가 뚜렷하다.

③ 구성원의 행동기준 확립에 기여한다.

④ 의사전달을 원활화함으로써 조직의 허용적 분위기를 조성한다.

19 B 중학교에서 김 교장이 직면한 사태를 설명할 수 있는 리더십 이론으로 옳은 것은?

> 김 교장은 올해 1월에 A 중학교에서 B 중학교로 전보 발령을 받았다. 그는 A 중학교에서 리더십이 뛰어나 학교를 크게 발전시켰다는 평을 들었었다. 그러나 중진 교사들이 대부분인 B 중학교에서는 리더십을 발휘해도 별다른 성과를 거두지 못했다. 교사들이 "몇 년 후에 승진을 해야 하는데 교장이 내게 해 줄 수 있는 것이 아무 것도 없다."라고 하면서, 김 교장의 지시를 따르지 않고 승진 점수를 취득하는 일에만 몰두했기 때문이다. 그의 리더십도 승진 앞에서는 무용지물이 되어 버린 것이다.

① 제미어와 커(Jermier & Kerr)의 지도성 대체 상황모형

② 만즈와 심스(Mans & Sims)의 초우량 지도성이론

③ 피들러(Fiedler)의 상황적 특성 이론

④ 번즈와 배스(Burns & Bass)의 변혁적 지도성이론

20 (가), (나)에 알맞은 「평생교육법」상의 평생교육기관은?

> • 시·도교육감 및 시장·군수·자치구의 구청장은 관할 구역 안의 주민을 대상으로 평생교육프로그램 운영과 평생교육 기회를 제공하기 위하여 (가)을/를 설치 또는 지정·운영하여야 한다.
>
> • 시장·군수·자치구의 구청장은 읍·면·동별로 주민을 대상으로 하여 평생교육프로그램을 운영하고 상담을 제공하는 (나)을/를 설치하거나 지정하여 운영하여야 한다.

	(가)	(나)
①	평생교육진흥원	평생학습관
②	평생학습관	평생교육진흥원
③	평생학습관	평생학습센터
④	평생교육진흥원	평생학습센터

제 07 회

01 다음 내용과 관련된 학교 관료제의 특징은?

> • 학교 조직의 계속성과 통일성을 유지하는 데는 필수적임
> • 조직을 경직화시키고 목표전도(goal displacement) 현상을 야기할 수 있음

① 몰인정지향성(impersonal orientation)
② 분업과 전문화(specialization)
③ 권위의 계층(hierarchy of authority)
④ 규정과 규칙의 강조(rules & regulations)

02 배로우즈(Barrows)가 제안한 문제 중심 학습(problem-based learning)에 대한 설명으로 옳지 않은 것은?

① 문제는 복잡하고 비구조적이며 실제적인 특성을 지닌다.
② 학습방식은 자기주도적 학습과 협동학습으로 이루어진다.
③ 의과대학과 경영대학의 교육적 요구를 충족시키기 위해 개발되었다.
④ 실행공동체(community of practice)와 정당한 주변적 참여(legitimate peripheral participation)가 학습의 주요 개념이다.

03 다음은 플라톤(Platon)이 저술한 「국가론」의 일부이다. (가)~(다)의 빈칸에 들어갈 말을 바르게 나열한 것은?

> 하나의 국가가 올바르게 생존하기 위해서는 국가를 구성하는 세 계급이 자신의 소임을 다해야 한다. 즉 생산계급이 (가) , 수호계급이 (나) , 지배계급이 (다) 의 미덕을 발휘하면서 서로 조화를 이룰 때 그 국가는 정의가 넘치는 국가가 된다.

	(가)	(나)	(다)
①	지혜	용기	절제
②	본성	습관	이성
③	절제	용기	지혜
④	이성	습관	본성

04 「평생교육법」 제1조에서 규정하고 있는 평생교육의 목적에 해당하지 않는 것은?

① 평생교육의 진흥에 대한 국가 및 지방자치단체의 책임을 정함
② 평생교육제도와 그 운영에 관한 기본적인 사항을 정함
③ 모든 국민이 평생에 걸쳐 학습하고 교육받을 수 있는 의무를 보장함
④ 모든 국민의 삶의 질 향상 및 행복 추구에 이바지함

05 다음 설명에 부합되는 동기이론을 주장한 학자는?

> • 조직의 풍토(climate of organization) 개선에 관심을 둔다.
> • 개인의 성숙이 곧 조직의 성장을 촉진시킨다는 전제 아래 개인(자아실현)과 조직(목적달성)이 서로 상생하는 방법을 제시한다.
> • 인간을 미성숙한 존재로 파악하기에 '공식조직의 욕구'와 성숙한 '인간의 욕구'와의 부조화를 해결해야 한다고 주장한다.

① 아지리스(Argyris)
② 맥그리거(McGregor)
③ 리커트(Likert)
④ 아담스(Adams)

06 사회학습이론의 학습 원리에 해당하지 않는 것은?

① 모델링(modeling)
② 프로그램학습
③ 대리적 강화
④ 자기조절학습

07 서지오바니(Sergiovanni)의 인간자원 장학의 관점으로 옳지 않은 것은?

① 교사 개인의 욕구와 학교목적 및 과업을 결합하는 데 중점을 둔다.

② 의사결정과정에 교사를 참여시켜 교사의 직무만족도를 증가시키고, 더 나아가 학교조직의 효과성을 증대하려는 장학 유형이다.

③ 과학적 관리론적 장학과 인간관계론적 장학을 융합한 형태로, 수정주의 장학, 또는 경영으로서의 장학 형태로 주창되었다.

④ 자아실현적 인간관을 토대로 한 장학의 관점이기에 궁극적인 목표는 교사의 직무만족도에 둔다.

08 다음과 같은 기본가정을 가진 상담이론은?

> • 인간 존재의 가장 중요한 문제는 불안의 문제이다.
> • 인간 존재의 불안 원인은 본질적인 시간의 유한성과 죽음에 대한 불안에서 온다.
> • 문제해결방법은 인간 존재의 참된 의미를 발견하는 것이다.

① 실존주의 상담

② 인간중심 상담

③ 형태주의 상담

④ 현실치료 상담

09 2022 개정 교육과정에서 지향하는 핵심가치에 포함되지 않는 것은?

① 자기주도성

② 창의와 혁신

③ 민주성과 다양성

④ 포용성과 시민성

10 위긴스와 맥타이(Wiggins & Mctighe)가 제안한 교육과정 설계 모형에 대한 설명으로 옳은 것만을 모두 고르면?

> ㄱ. 학업성취 향상을 위한 역행설계(backward design) 방식을 제안함
> ㄴ. 교육목표를 '영속한 이해'에 두고, 학생의 이해력을 신장하려는 교육과정 설계(understanding by design) 모형임
> ㄷ. 바라는 결과의 확인 － 학습경험과 수업의 계획 － 수락할 만한 증거의 결정 순으로 진행함
> ㄹ. 타일러(Tyler)의 목표중심 모형과 브루너(Bruner)의 내용중심 모형을 융합한 모형임

① ㄱ, ㄴ, ㄷ

② ㄱ, ㄴ, ㄹ

③ ㄱ, ㄷ, ㄹ

④ ㄴ, ㄷ, ㄹ

11 다음 사례에 해당하는 교육평가 유형에 대한 설명으로 옳은 것은?

> 영어 시험에서 T점수로 40점 미만에 해당하는 학생을 찾아내어 특별보충 학습 프로그램에 참가하도록 하였다.

① 각 학생들의 개인차는 극복될 수 있다고 가정한다.

② 사전 능력 수준과 관찰 시점에 측정된 능력수준 간의 차이에 관심을 둔다.

③ 검사 점수의 분포는 정상분포곡선을 나타낸다.

④ 학생이 지닌 능력에 비추어 얼마나 최선을 다하였느냐에 초점을 둔다.

12 다음 글에서 밑줄 친 부분에 공통적으로 해당하는 것은?

> • 권근(權近)은 「권학사목(勸學事目)」에서 인륜(人倫)과 세도(世道)에 중요한 책이라 하면서 경외생도(京外生徒)들은 이 책을 먼저 공부한 후에 다른 책을 공부해야 한다고 강조하였다.
> • 이이(李珥)는 「학교모범(學校模範)」에서 다른 유학경전에 앞서 이 책으로 근본(根本)을 배양해야 한다고 하였다.

① 대학(大學)

② 소학(小學)

③ 격몽요결(擊蒙要訣)

④ 입학도설(入學圖說)

13 현행 「지방교육자치에 관한 법률」에 대한 설명으로 옳지 않은 것은?

① 교육감은 교육·학예에 관한 소관 사무로 인한 소송이나 재산의 등기 등에 대하여 해당 시·도를 대표한다.

② 부교육감은 교육부장관이 추천한 사람을 국무총리의 제청으로 대통령이 임명한다.

③ 교육지원청에 교육장을 두되 장학관으로 보하고, 그 임용에 관하여 필요한 사항은 대통령령으로 정한다.

④ 시·도의 교육·학예에 관한 경비를 따로 경리하기 위하여 해당지방자치단체에 교육비특별회계를 둔다.

14 「초중등교육법」 제61조와 「초중등교육법 시행령」 제105조에 규정된 '학교 및 교육과정 운영의 특례' 조항에 해당되는 학교로 교육감이 지정·운영할 수 있는 학교에 포함되지 않는 학교는?

① 영재교육을 위해 특별한 교육과정을 운영하는 학교

② 개별학생의 적성·능력 개발을 위한 다양하고 특성화된 교육과정을 운영하는 학교

③ 학생의 창의력 계발 또는 인성함양 등을 목적으로 특별한 교육과정을 운영하는 학교

④ 학생의 학력향상 등을 위하여 특히 필요하다고 인정되는 공립학교

15 다음과 같은 도덕적 추론에 해당하는 콜버그(Kohlberg)의 도덕성 발달단계는?

> "담배를 피우는 것은 교칙에 위반된다. 따라서 그것은 나쁜 일이다. 그러나 과학자들이 담배를 사람의 몸에 해롭지 않도록 개조한다면 그때에는 도덕적으로 나쁠 것이 없다."

① 처벌-복종 지향 단계

② 시장교환 단계

③ 법과 질서 지향 단계

④ 사회계약 지향 단계

16 다음과 같은 특징을 지닌 현대 교육철학 사조는?

> • '힘이 강한 교육' 강조
> • 현대의 문화적 위기를 극복할 수 있는 미래지향적 교육 강조
> • 행동과학적 지식을 지나치게 중요시하며 인간을 통제 가능한 존재로 전락시킬 수 있음

① 재건주의

② 항존주의

③ 진보주의

④ 본질주의

17 다음은 켈러(Keller)의 학습동기, 학업수행 및 수업영향에 관한 모델을 나타낸 그림이다. (가)~(다)에 해당하는 내용을 바르게 나열한 것은?

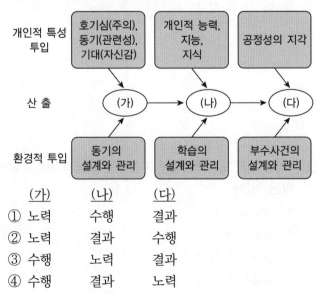

	(가)	(나)	(다)
①	노력	수행	결과
②	노력	결과	수행
③	수행	노력	결과
④	수행	결과	노력

18 애플(M. Apple)이 중시한 헤게모니(hegemony)의 개념으로 옳은 것은?

① 사회변동의 과정에서 나타나는 집합의식이나 규범의 부재 상태

② 설득과 동의를 통해 지배이데올로기를 전파함으로써 불평등구조를 재생산하는 국가기구

③ 지배집단이 지닌 의미와 가치체계로 학교교육을 믿게 하는 지배력 행사방식

④ 하류계층인 노동계급의 학생들이 기존의 학교문화에 저항하고 모순을 극복하기 위해 간파(penetration)를 공유·실천하는 생활양식

20 "교육기회의 평등은 단지 취학의 평등이 아니라 평등하게 효과적인 학교를 의미하는 것이다."라는 콜맨(J. Coleman)의 주장에 가장 부합되는 정책 사례는?

① 중등교육의 보편화를 위한 고교 평준화 정책을 실시한다.

② 무상의무교육을 확대하여 실시한다.

③ 재능예비군(reserve of talent) 또는 인재군(pool ability) 제도를 확대한다.

④ 대학 입시에서 사회적 배려대상자 전형, 기회균형 선발전형을 확대한다.

19 다음 그림에 해당하는 신뢰도 검증 방법은?

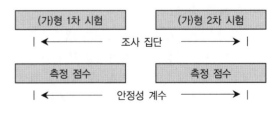

① 반분신뢰도
② 재검사신뢰도
③ 동형검사신뢰도
④ 문항내적합치도

제08회

01 현대 교육철학 사조의 기본 관점을 옳게 설명한 것은?

① 분석철학은 교육의 가치지향성 및 교육적 언어의 역사적·사회적 측면을 소홀히 했다는 비판을 받는다.

② 프랑크푸르트 학파의 철학은 학생 개인의 독자적인 삶과 자유를 존중하고, 추상적이고 보편적인 인간을 지향하는 교육목표를 비판한다.

③ 항존주의 철학은 지식과 지식행위에 내재된 권력적 속성을 폭로하고, 전체화를 추구하는 거대담론(grand narratives)에 반대한다.

④ 실존주의 철학은 교육이론과 교육실천에 숨어 있는 이데올로기적 전제를 드러냄으로써 교육의 자율성을 추구한다.

02 (가)~(다)에 해당하는 교육목표 유형을 바르게 나열하면?

> "수업 전에 명확하게 진술하는 (가)는 수학이나 과학 등 몇몇 과목에는 유용하지만, 문학이나 예술 등의 과목에는 도움이 되지 않는다. 개인이 체험을 통해 알게 되는 지식, 즉 '무언의 앎(tacit knowledge)'을 교육의 목표로 설정할 수 없기 때문이다. 이런 점에서 교육목표는 (가)뿐만 아니라 문제나 조건만 제시하고 그 해결방법은 제시하지 않는 (나), 영화 관람이나 동물원 견학 등 어떤 활동 뒤에 얻어지는 (다) 등을 포함하여야 한다."
>
> – 아이즈너(Eisner)

	(가)	(나)	(다)
①	행동목표	표현적 결과	문제해결목표
②	행동목표	문제해결목표	표현적 결과
③	문제해결목표	표현적 결과	행동목표
④	표현적 결과	문제해결목표	행동목표

03 포트폴리오(portfolio)를 이용한 수행평가에 대한 설명으로 옳은 것은?

① 과정보다는 결과 평가에 중점을 둔다.

② 신뢰도는 높으나, 타당도는 낮은 경향이 있다.

③ 지적 능력은 물론 정의적 특성도 평가할 수 있다.

④ 객관주의 인식론에 바탕을 둔다.

04 좋은 평가도구가 지녀야 할 조건 중 객관도(objectivity)에 대한 설명으로 옳은 것은?

① 측정 방법의 정확성으로 측정결과가 일관성과 안정성이 있는 정도

② 측정하려고 의도하는 대상을 얼마나 충실하게 재고 있느냐의 정도

③ 여러 명의 채점자가 편견 없이 얼마나 공정하게 채점하느냐의 정도

④ 검사를 실시·채점·해석·활용하는 데 소요되는 시간 및 비용에 관련된 효율성

05 피아제(Piaget)의 인지발달이론에서 도식(schema)의 의미로 옳은 것은?

① 인간이 생존하기 위하여 자신의 내부구조를 일정하게 유지하려는 본능적인 경향성을 말한다.

② 새로운 정보나 경험을 접할 때 새로운 정보나 경험을 인식하기 위해 기존 지식의 틀을 수정하는 것을 말한다.

③ 새로운 정보와 경험을 이미 자신에게 구성되어 있는 지식의 틀에 적용하려는 경향성을 말한다.

④ 인간이 환경에서 수많은 정보를 받아들이고 적절히 반응하기 위하여 사용하는 지식의 틀(frame)을 말한다.

06 조선시대 서당(書堂)에 대한 설명으로 옳지 않은 것은?

① 계절을 고려하여 교과목을 운영하였다.
② 개인차에 따른 개별 수업을 실시하였다.
③ 개인이나 마을 주민들이 공동으로 설립 · 운영하였다.
④ 사림(士林)의 근거지로 의리를 중시하는 예교지향(禮敎指向)의 교육체계를 형성하였다.

07 근대 실학주의 교육사조가 지닌 특징으로 옳은 것은?

① 지 · 덕 · 체가 조화를 이룬 전인교육과 개성을 중시하는 인간성 존중의 교육이 강조되었다.
② 현실의 객관적인 관찰에 기초하여 현실 생활에 유용한 실용성을 중시하였다.
③ 취학의 의무가 주창되고 공교육의 기초가 확립되었다.
④ 이성에 의한 사회개혁과 교육에 있어서 아동의 이해를 중시하였다.

08 다음 설명에 해당하는 상담이론의 주창자는?

• 인지적, 정의적, 행동적 접근을 종합한 이론이다.
• 신경증을 비합리적 사고와 행동의 결과로 본다.
• 내담자의 자기 패배적인 인생관을 제거하고 현실적 · 합리적인 인생관을 획득하도록 돕는다.

① 엘리스(A. Ellis)
② 글래써(W. Glasser)
③ 로저스(C. Rogers)
④ 에릭 번(E. Berne)

09 다음의 특징을 지닌 교육예산 편성 및 운용 기법은?

• 예산편성 · 집행에 있어 자율성과 책무성을 강화한다.
• 교육활동은 산출물의 측정이 어렵기 때문에 실제 적용이 어렵다.
• 예산관리에 너무 치중하여 계획을 소홀히 할 수 있다.

① 성과주의 예산제도
② 품목별 예산제도
③ 영기준 예산제도
④ 기획 예산제도

10 교육정책의 수립과 집행 과정에서 추구되는 기본적 가치에 대한 설명의 연결이 옳지 않은 것은?

① 적합성 – 교육정책은 교육의 목표에 부합되고 시대와 사회의 요구에 부응하는 것이 되어야 한다.
② 능률성 – 이치에 맞고 상식이 통하는 것으로, 지성의 원리, 과학적 문제해결, 기획의 논리가 존중되어야 한다.
③ 민주성 – 전횡과 독단을 배제하고 책임과 권한을 분산시키며, 의사결정 과정에 구성원의 참여의 폭을 넓힌다.
④ 책무성 – 공정성 · 준법정신을 토대로 공익 우선의 논리에 따라 업무를 처리하고 그 과정을 투명하게 공개한다.

11 다음 설명에 해당하는 교육정책 결정 모형은?

> • 문제가 복잡하고 불확실하며 갈등이 높을 때 사용되며, 기존 상황과 유사한 대안에 대해 지속적으로 비교함으로써 의사결정을 내린다.
> • 제한된 합리성, 매몰 비용, 정책실현 가능성을 고려한다.
> • 대안의 탐색은 현존 상황과 관련된 것으로 제한된다.
> • 보수적 성격의 모형이며 혁신이 요구되는 사회나 기존 정책이 부재한 사회에는 적용이 불가능하다.

① 최적(optimal) 모형
② 점증(incremental) 모형
③ 합리(rational) 모형
④ 만족(satisfying) 모형

12 학교조직 중 전문적 소양(personal mastery), 세계관(mental model), 비전 공유(building shared vision), 팀학습(team learning), 시스템적 사고(systems thinking) 등의 기반 조성이 요구되는 유형은?

① 학습조직(learning organization)
② 조직화된 무정부(organized anarchy)
③ 이완조직(loosely coupled organization)
④ 전문적 관료제(professional bureaucracy)

13 다음 사례에 해당하는 교육평등의 유형은?

> • 학교가 없는 낙도(落島) 아이들에게 통학을 위한 배편을 무상으로 지원한다.
> • 무상교육의 범위를 고등학교까지 확대한다.
> • 근로청소년을 위한 방송통신학교를 설치한다.

① 허용적 평등
② 보장적 평등
③ 교육조건의 평등
④ 교육결과의 평등

14 교육은 천성(天性)이 비사회적 존재인 개인을 사회적 존재로 만드는 과정이며, 학교교육의 핵심은 사회의 보편적 가치를 가르치는 도덕교육이라고 주장한 교육사상가는?

① 듀이(J. Dewey)
② 뒤르껭(E. Durkheim)
③ 부버(M. Buber)
④ 칸트(I. Kant)

15 다음 사례에 부합되는 표집방법은?

> 대입제도 개선 방안에 대한 설문조사 실시를 위해 전 국민을 교사집단, 학부모집단, 학생집단으로 세분화하여 각 집단으로부터 일정 비율을 고려하여 골고루 표집하였다.

① 유층표집
② 체계적 표집
③ 군집표집
④ 단순무선표집

16 「평생교육법」 제4조에 명시된 평생교육의 이념으로 옳지 않은 것은?

① 모든 국민은 평생교육의 기회를 균등하게 보장받는다.
② 평생교육은 학습자의 자유로운 참여와 자발적인 학습을 기초로 이루어져야 한다.
③ 평생교육은 정치적·개인적 편견의 선전을 위한 방편으로 이용되어서는 아니 된다.
④ 모든 국민의 삶의 질 향상 및 행복 추구에 이바지함을 목적으로 한다.

17 다음과 같은 조건이 충족될 때 일어나는 교수 · 학습 유형은?

> • 학습내용에 관련되는 인지구조가 존재해야 한다.
> • 학습과제가 유의미해야 한다.
> • 학습자가 유의미 학습태세를 갖고 있어야 한다.

① 수용학습
② 구성주의학습
③ 발견학습
④ 완전학습

18 시험의 교육적 기능 중에서 학생들이 교사가 가르친 것을 전부 학습하는 것이 아니라 시험에 출제되는 것 위주로 학습하는 것과 관련된 것은?

① 자격부여
② 경쟁촉진
③ 교육과정 결정
④ 목표와 유인

19 다음 내용과 관련된 학습동기 이론은?

> 내가 배구팀에 들어갈 좋은 기회가 있다면, 그리고 팀에 들어가는 것이 내게 매우 중요하다면, 내 동기는 매우 높다. 그러나 만약 둘 중의 한 요소가 없다면 나의 동기도 마찬가지로 없을 것이다.

① 자기효능감이론
② 목표이론
③ 기대 × 가치 이론
④ 자기결정성이론

20 반두라(Bandura)가 주장한 학습이론의 특징으로 옳은 것만을 모두 고르면?

> ㄱ. 직접 경험보다 간접 경험의 효과를 중시했다.
> ㄴ. 행동주의 학습이론에 비해 인지적 경향성이 강해 학습자 내부에서 학습과정이 진행됨을 암시했다.
> ㄷ. 강화인과 처벌인은 행동의 직접적인 원인이다.
> ㄹ. 새로운 행동의 학습은 외적 강화 없이도 이루어질 수 있다.

① ㄴ, ㄹ
② ㄱ, ㄴ, ㄷ
③ ㄱ, ㄴ, ㄹ
④ ㄱ, ㄴ, ㄷ, ㄹ

01 블로드코프스키(R. J. Wlodkowski, 1999)의 동기이론에 따를 때 성인들이 학습에 참여하는 주된 동기 요소에 해당하지 않는 것은?

① 성공(Success)
② 의지(Volition)
③ 목표(Goal)
④ 즐거움(Enjoyment)

02 다음과 같은 교육단계론을 주장한 교육사상가는?

> 교육은 신체 단련과 덕성 함양, 읽기·쓰기·셈하기 등의 기초교육, 2년간의 신체 및 군사 교육, 20세부터 10년간의 음악 및 산수·기하학·천문학 교육, 5년간의 변증법 및 철학교육, 그리고 행정실무 활동에의 참여라는 순서로 이루어진다.

① 플라톤(Platon)
② 코메니우스(Comenius)
③ 루소(Rousseau)
④ 헤르바르트(Herbart)

03 ( ) 안에 들어갈 가장 알맞은 교육사회학자는?

> • 질문: 자본주의 사회가 경제적 모순에도 불구하고 자연스럽게 유지될 수 있는 근본적 이유는 무엇인가?
> • ( ): 학교가 이데올로기적 국가기구로서 강제력보다는 설득과 동의를 통해 학생들에게 자본주의 사회에 필요한 지식, 기능, 태도 등을 전달하기 때문이다.

① 부르디외(Bourdieu)
② 애플(Apple)
③ 보울스와 진티스(Bowles & Gintis)
④ 알튀세(Althusser)

04 다음에 해당하는 그레그(Gregg)의 교육행정 과정 요소는?

> • 행정과정에서 소위 결재(決裁)에 해당한다.
> • 행정과정의 핵심 요소로서, 여러 가지 대안들 중에서 가장 가치 있다고 생각되는 최선안을 선택하는 일이다.

① 의사결정(decision-making)
② 조정(coordinating)
③ 영향(influencing)
④ 기획(planning)

05 다음 설명에 해당하는 상담기법은?

> • 불안자극과 긴장이완 자극을 연합하는 역조건화를 활용하여 불안자극에 점진적으로 노출시켜 소거시킨다.
> • 불안위계목록의 작성, 이완훈련, 상상하면서 이완하기의 절차로 진행된다.

① 체계적 둔감화(systematic desensitization)
② 행동조형(behavior shaping)
③ 모델링(modeling)
④ 타임아웃(time-out)

06 수업설계에서 학습과제 분석의 의미로 옳은 것은?

① 학습자의 현재 상태와 원하는 상태 간의 격차를 규명·확인하는 것이다.
② 학습자의 지적·정의적 특성 및 학습자의 사회문화적 배경, 학습양식 등을 파악하는 것이다.
③ 최종목표 달성을 위해 학습자가 습득해야 할 지식, 기능, 태도, 인지전략 등을 위계적으로 분석하는 것이다.
④ 수업설계에 영향을 미치는 제반 환경과 교수목적 달성을 위해 필요한 학습환경을 분석하는 것이다.

07 학문중심 교육과정 이론의 주장으로 옳지 않은 것은?

① 교육내용은 지식의 구조를 핵심으로 조직한다.
② 발견과 탐구에 따른 내적 동기유발을 강조한다.
③ 통합성의 원리에 입각한 나선형 교육과정으로 조직한다.
④ 탐구결과보다 탐구과정을 중시한다.

08 「교육공무원법」에 따른 교육공무원의 자격과 임용에 관한 법률 규정으로 옳지 않은 것은?

① 교사는 「유아교육법」과 「초중등교육법」의 규정에 의한 자격이 있는 사람이어야 한다.
② 교육공무원의 임용은 그 자격, 재교육성적, 근무성적, 그 밖에 실제 증명되는 능력에 의하여 한다.
③ 교장은 교육감의 제청으로 대통령이 임용한다.
④ 수석교사는 교육감이 임용한다.

09 (   ) 안에 들어갈 용어로 옳은 것은?

> 과제 미루기, 공부 안하고 걱정하기, 시험결과에 대해 핑계를 대거나 노력하지 않았다고 강조하기 등과 같은 자기장애 전략(self-handicapping strategy)을 보이는 것은 학생들이 (   )을 보호하기 위한 것이다.

① 자아존중감   ② 자기결정성
③ 자아정체감   ④ 자기효능감

10 이완결합조직(loosely coupling organization)으로서 학교가 갖는 특성으로 옳지 않은 것은?

① 조직의 효율적인 운영을 위해서는 신뢰의 원칙이 중요하다.
② 이질적이거나 성격이 다른 요소들이 공존하며 상호간에 영향력이 약하다.
③ 교육행정가는 교육과정, 교육평가, 교수방법, 교육권 등을 관리·통제하는 데에 있어 제한적인 위치에 있다.
④ 교육의 과정은 투입과 산출의 인과 관계를 분명하게 파악할 수 있다.

11 다음 대화내용에 해당하는 상호교류 유형은?

> • 아들: (엄마 없으면 컴퓨터 게임을 하며 놀 수 있는데) "엄마, 시장에 안 가세요?"
> • 엄마: (공부 안하고 또 컴퓨터 게임하려고, 어림도 없지.) "오늘 시장에 안 간다."

① 상보적 교류
② 교차적 교류
③ 암시적 교류
④ 합리적 교류

12 가드너(Gardner)의 다중지능 유형과 그 의미의 연결이 옳지 않은 것은?

① 개인 내적 지능 – 자신에 대한 이해, 통찰, 통제능력
② 대인관계 지능 – 타인에 대한 지식에 따라 행동할 수 있는 잠재능력
③ 논리수학적 지능 – 균형·구성에 대한 민감성, 지각 내용의 변형 능력, 유사한 양식을 감식하는 능력
④ 자연관찰 지능 – 동식물이나 주변 사물을 관찰하여 공통점과 차이점을 분석하는 능력

13 다음과 같은 절차로 전개되는 교수·학습모형은?

> • 목표(goal) 설정 및 핵심기술(Target Skill)의 도출
> • 미션(Mission)의 설정
> • 커버스토리(Cover Story, 표지이야기) 개발
> • 역할(Role) 개발
> • 시나리오 운영(Scenario Operation) 설계
> • 학습자원(Resources)의 개발
> • 피드백(Feedback) 제공

① 목표 기반 시나리오(Goal-Based Scenarios)
② 정착교수(anchored instruction)
③ 문제중심학습(problem-based learning)
④ 인지적 도제 학습(cognitive apprenticeship learning)

14 교육사상가와 그의 교육적 주장이 잘못 연결된 것은?

① 프레이리(P. Freire) - 전통교육을 은행저금식 교육으로 비판하고 문제제기식 교육을 그 대안으로 제시하였다.
② 메를로 퐁티(M. Ponty) - '세계 내 존재'로서의 인간은 신체를 통해 세계를 지각하고 체험하는 주체라고 보았다.
③ 가다머(H. G. Gdamer) - 이해는 역사적으로 주어지는 선입견과 전통을 배경으로 하여 이루어진다고 주장하였다.
④ 듀이(J. Dewey) - 세계 자체가 교육의 장이며, 참다운 교육적 관계는 '나와 그것'의 대상적 관계가 아닌 '나와 너'의 인격적 관계라고 보았다.

15 창의력 계발 기법 중 시넥틱스(Synectics)법에 대한 설명으로 옳은 것은?

① 발견적 문제해결법으로 대인유추, 직접유추, 상징적 유추, 환상유추 등을 이용한다.
② 좋은 점, 나쁜 점, 그리고 좋지도 나쁘지도 않지만 주목할 만한 가치가 있다고 생각되는 점을 차례대로 생각하도록 한다.
③ 대체, 결합, 적용, 수정, 다른 용도로의 적용, 제거, 재배열하기 순으로 주제에 대하여 생각해 본다.
④ 판단 금지, 양(量)의 추구, 자유분방한 분위기, 융합과 개선을 특징으로 한다.

16 브루코오버(W. B. Brookover)의 학교 사회체제 접근 모형에 관한 설명으로 잘못된 것은?

① 학교의 사회·심리적 풍토를 강조한다.
② 학교사회에 대한 거시적 접근방식을 취한다.
③ 학생집단의 특성과 교장, 교사 등 교직원 배경을 투입 변인으로 설정한다.
④ 학교를 분석하기 위해 투입-과정-산출 모형을 도입한다.

17 「지방교육자치에 관한 법률」에 나타난 교육재정에 대한 규정으로 옳지 않은 것은?

① 교육·학예에 관한 경비는 교육에 관한 특별부과금·수수료 및 사용료, 지방교육재정교부금, 해당지방자치단체의 일반회계로부터의 전입금, 유아교육지원특별회계에 따른 전입금, 그 밖의 수입으로서 교육·학예에 속하는 수입의 재원(財源)으로 충당한다.
② 의무교육에 종사하는 교원의 보수와 그 밖의 의무교육에 관련되는 경비는 「지방교육재정교부금법」에서 정하는 바에 따라 국가 및 지방자치단체가 부담한다.
③ 시·도의 교육·학예에 관한 경비를 따로 경리하기 위하여 해당지방자치단체에 교육비특별회계를 둔다.
④ 국가의 교육비보조에 관한 사무는 교육부장관이 관장하며, 특별부과금은 특별한 재정수요가 있는 때에 교육부령으로 정하는 바에 따라 부과·징수한다.

18 다음 설명에 해당하는 타당도 증거는?

> • 타당도 증거 중에서 가장 핵심적인 것이다.
> • 과학적으로 정립되지 않은 심리적 특성을 조작적으로 정의하고, 그 특성을 이론적 가설을 세워서 경험적으로 검증한다.
> • 가장 많은 경험적 증거를 필요로 하는 타당도이다.

① 공인타당도   ② 내용타당도
③ 구인타당도   ④ 예언타당도

20 다음 내용에 부합하는 교육학자는?

> • 교육은 합리적 마음의 계발을 넘어 실천적 이성에 따르는 사회적 실제(social practices)로 입문하는 일이다.
> • 교육을 받는 이유로 실제적 정당화를 중시한다.
> • 이론적 합리성을 강조하는 자유교육과 인간 욕구의 충족을 강조하는 공리주의 교육 간의 변증법적인 통합을 이루는 교육을 강조한다.

① 피터스(Peters)   ② 오크쇼트(Oakeshott)
③ 화이트(White)   ④ 허스트(Hirst)

19 개정 「학교폭력 예방 및 대책에 관한 법률」(시행 2024. 3.1.)에 따른 교육감의 임무로 옳지 않은 것은?

① 교육감은 시·도교육청에 학교폭력의 예방·대책 및 법률지원을 포함한 통합지원을 담당하는 전담부서를 설치·운영하여야 한다.

② 교육감은 학교폭력대책 심의위원회가 처리한 학교의 학교폭력빈도를 학교의 장에 대한 업무수행 평가에 부정적 자료로 사용할 수 있다.

③ 교육감은 학교폭력 등에 관한 조사, 상담, 치유프로그램 운영, 학생 치유·회복을 위한 보호시설 운영, 법률지원을 포함한 통합지원 등을 위한 전문기관을 설치·운영하여야 한다.

④ 교육감은 학교의 장 및 교감을 대상으로 학교폭력 예방 및 대책 등에 관한 교육을 매년 1회 이상 실시하여야 한다.

01 2022 개정 교육과정에서 새로 신설된 내용만을 모두 고르면?

ㄱ. 진로연계학기	ㄴ. 창의적 체험활동
ㄷ. 고교학점제	ㄹ. 자유학기제

① ㄱ, ㄴ
② ㄱ, ㄷ
③ ㄷ, ㄹ
④ ㄱ, ㄴ, ㄷ

02 다음 내용에 해당하는 교육법의 성격은?

> 학교제도와 그 운영에 관한 많은 규정은 공법적 성격이 강하며, 교육당사자들의 교육권, 교육내용, 교육과정의 특수성, 사립학교의 경우 등은 사법적 성격이 강하다.

① 조장적 성격
② 일반법적 성격
③ 윤리적 성격
④ 특수법적 성격

03 다음 설명에 해당하는 교육행정 이론은?

> • 성공적 기업의 요인으로 경영자의 지도성 유형에 대한 관심보다는 전체 조직의 문화에 관심을 두었다.
> • 조직에 대한 헌신, 경력지향, 협동과 팀워크, 신뢰와 집단 충성, 평등주의 등의 공유된 가치로서의 문화를 중시한다.

① 맥그리거(McGregor)의 X · Y이론
② 리커트(Likert)의 체제이론
③ 오우치(Ouchi)의 Z이론
④ 스타인호프와 오웬스(Steinhoff & Owens)의 조직문화론

04 「초중등교육법」 제20조에서 규정하고 있는 학교장의 임무가 아닌 것은?

① 교무를 관리한다.
② 학생을 교육한다.
③ 민원처리를 책임진다.
④ 소속 교직원을 지도 · 감독한다.

05 응용행동분석의 한 기법인 행동조성(shaping)에 대한 설명으로 옳은 것은?

① 어떤 행동 후 싫어하는 자극을 제거함으로써 특정 행동을 증가시킨다.
② 불안위계목록의 작성, 이완훈련, 상상하면서 이완하기의 절차로 공포를 소거시킨다.
③ 상대적으로 선호도가 높은 활동을 강화물로 사용하여 선호도가 낮은 활동을 증가시킨다.
④ 차별적 강화를 이용하여 목표행동에 도달할 때까지 목표와 근접한 행동들을 점진적으로 형성해 간다.

06 다음 중 내용타당도의 의미에 부합되는 질문과 가장 거리가 먼 것은?

① 검사문항들이 측정영역을 대표하고 있는가?
② 검사문항들이 수업목표와 부합되는가?
③ 검사문항들이 측정하려고 의도하는 심리적 특성을 제대로 측정하고 있는가?
④ 검사문항들이 학습과제의 중요 요소들을 잘 포함하고 있는가?

07 타일러(Tyler)가 잠정적 목표 설정 자원으로 제시한 내용에 해당하지 않는 것은?

① 학습자의 심리적 요구
② 사회적 요구와 가치
③ 교과 전문가의 견해
④ 교육철학과 학습심리학적 견해

08 (가)와 (나)에 해당하는 이론의 주창자를 바르게 나열한 것은?

> (가) 교육은 증가된 배당금(increased dividends)의 형태로 미래에 되돌려 받을 인간자본에의 투자이다.
> (나) 미국 고등교육의 계속적 팽창의 원인은 대학의 학위 인정권에 있다. 즉, 대학이 훈련된 전문가 양성보다는 학위 수여에만 전념하고 있기 때문이다.

	(가)	(나)
①	슐츠(Schultz)	로스토우(Rostow)
②	로스토우(Rostow)	카노이(Carnoy)
③	슐츠(Schultz)	콜린스(Collins)
④	콜린스(Collins)	맥클랜드(McClelland)

09 표준점수인 C 점수에 대한 설명으로 옳지 않은 것은?

① 평균치를 5, 표준편차를 2로 한 점수로 상위 16%는 1등급(9점)에 해당한다.
② 정상분포를 0.5 너비 간격으로 9개 부분으로 나눈 다음 각 부분에 순서대로 1부터 9까지 부여한 점수이다.
③ 동일 등급 내 상대적 서열에 대한 상세한 정보를 제공하지 못한다.
④ 상대적 위치를 정밀하게 표현하기 어렵고, 경계선에 위치하는 사소한 점수 차이를 과장할 수 있다.

10 다음과 같은 신념에 기초한 학교지도성의 유형은?

> • 공식화된 권력, 권위, 직원통제를 강조하는 전통적 지도성은 비효과적이라고 본다.
> • 교사들이 스스로 생각하여 해결책을 찾고 의사결정을 하도록 도와준다.
> • 교사들이 스스로를 통제하고 자신의 삶에 진정한 주인이 되어 자율적으로 이끌어 갈 수 있도록 능력을 계발하도록 도와준다.

① 거래적 지도성
② 문화적 지도성
③ 초우량 지도성
④ 변혁적 지도성

11 구성주의 지식론에 근거한 교수설계모형을 모두 고르면?

> ㄱ. 조나센(Jonassen)의 학습환경 설계 모형
> ㄴ. 가네(Gagné)의 목표별 수업이론
> ㄷ. 딕과 캐리(Dick & Carey)의 교수설계 모형
> ㄹ. 메릴(Merrill)의 구인전시이론

① ㄱ
② ㄱ, ㄷ
③ ㄱ, ㄹ
④ ㄴ, ㄷ, ㄹ

12 다음 내용을 강조한 학자는?

> • 인지발달은 성인이나 뛰어난 동료와 같은 타인과의 사회적 상호작용의 결과이다.
> • 언어발달이 사고발달에 선행한다.
> • 학습이 발달을 주도한다.
> • 교육은 미래 지향적이어야 하고, 교수란 아동의 현재 발달 수준보다 조금 앞서는 내용을 가르침으로써 발판(scaffolding)을 제공할 수 있어야 한다.

① 피아제(J. Piaget)
② 비고츠키(L. Vygotsky)
③ 프로이트(S. Freud)
④ 에릭슨(E. Erikson)

13 현행 우리나라 교육재정에 대한 설명으로 옳지 않은 것은?

① 지방교육재정교부금은 보통교부금과 특별교부금으로 구분된다.

② 국·공립학교의 교원의 보수 전액은 국가 및 지방자치단체가 부담한다.

③ 의무교육과 관련된 경비는 교육비특별회계의 재원 중 지방교육재정교부금과 일반회계로부터의 전입금으로 충당한다.

④ 지방교육세 전입금, 담배소비세 전입금, 시·도세 전입금은 해당 지방자치단체의 일반회계로부터의 전입금에 해당한다.

14 「평생교육법」(제23조)에 나타난 학습계좌제에 대한 규정으로 옳지 않은 것은?

① 교육부장관은 국민의 평생교육을 촉진하고 인적자원의 개발·관리를 위하여 학습계좌(국민의 개인적 학습경험을 종합적으로 집중 관리하는 제도를 말한다)를 도입·운영할 수 있도록 노력하여야 한다.

② 교육부장관은 학습계좌에서 관리할 학습과정을 대통령령으로 정하는 바에 따라 평가인정할 수 있다.

③ 교육부장관은 평가인정을 받은 학습과정의 이수결과를 학점이나 학력 또는 자격으로 인정할 수 있다. 이 경우 그 인정 절차 및 방식 등에 필요한 사항은 대통령령으로 정한다.

④ 교육부장관은 평가인정을 받은 학습과정을 설치·운영하는 평생교육기관이 거짓이나 그 밖의 부정한 방법으로 평가인정을 받은 경우 그 평가인정을 취소할 수 있다.

15 다음 설명에 해당하는 성인학습을 위한 방법으로 옳은 것은?

- 듀이(Dewey)의 이론과 미드(Mead)의 상징적 상호작용이론에 영향을 받고 있으며, 경험, 비판적 성찰, 발달이 핵심 요소이다.
- 성인기가 자신의 왜곡된 관점을 수정하는데 필요한 시기라는 점에서 학습 이전과는 확연히 구분되는 인간을 새롭게 만들기 위한 목적으로 제안되었다.
- 학습자의 내부에서 발생하는 인지적 과정을 집중적으로 규명하며, 자신을 구속하는 자기 신념, 태도, 가치로부터 자신을 해방시키는 데 초점을 둔다.

① 콜브(Kolb)의 경험학습(experiential learning)

② 메지로우(Mezirow)의 전환학습(transformative learning)

③ 노울즈(Knowles)의 자기주도적 학습(self-directed learning)

④ 레반즈(Revans)의 실천학습(action learning)

16 다음과 같은 주장을 전개한 현대 교육사상가는?

- 지식의 힘과 권력을 동일하게 보고, 그 관계를 '지식 - 권력'이라고 표현하였다.
- 권력이 개인을 길들이는 방식을 훈육(discipline) 또는 규율(規律)이라고 보았다.
- 권력은 훈육적 도구로 관찰(감시, panopticon), 규범적 판단, 시험을 사용한다.

① 부버(M. Buber)

② 미셸 푸코(M. Foucault)

③ 메를로 퐁티(M. Ponty)

④ 프레이리(P. Freire)

17 반분신뢰도(split-half reliability) 추정에 대한 설명으로 옳은 것은?

① 검사 실시간격에 따라 결과가 다르다.

② 두 번 검사를 시행하지 않고 신뢰도를 추정할 수 있다.

③ 기억 및 연습효과가 결과에 영향을 미친다.

④ 동일한 검사 환경, 검사 동기, 검사 태도의 조성이 어렵다.

18 개화기 이후 우리나라 교육에 대한 설명으로 옳은 것은?

① 정동여학당은 장로교 선교사인 엘러스(A. J. Ellers)가 설립한 우리나라 최초의 근대 여성교육 기관이다.

② 동문학은 영어 통역관 양성을 목적으로 독일인 묄렌도르프(Möllendorf)에 의해 설립된 학교로 갑오개혁 이후 폐교되었다.

③ 광무개혁 이후 중학교 관제가 제정·공포되었다.

④ 고종의 「교육입국조서」 발표 이후 등장한 최초의 근대적 관학은 서우사범학교이다.

19 다음 설명에 해당하는 비행 발생 이론은?

- 인간의 본성에는 비행성향이 있기 때문에 사람은 누구나 잠재적 비행자요 범죄자이다.
- '왜 비행을 저지르는가?'라는 질문보다 '도대체 무슨 힘 때문에 비행을 하지 않고 살아갈 수 있는가?'에 관심을 갖는다.
- 애착(attachment), 집착(commitment), 참여(involvement), 신념(belief) 등이 약화될수록 비행이 일어날 가능성이 높다.

① 아노미이론   ② 사회통제이론

③ 낙인이론   ④ 중화이론

20 "학교교육은 사회평등화 실현에 긍정적인 기여를 한다." 는 주장의 근거로 제시할 만한 학자를 모두 고르면?

ㄱ. 스웰과 하우저(Sewell & Hauser)
ㄴ. 카노이(Carnoy)
ㄷ. 라이트와 페론(Wright & Perrone)
ㄹ. 블라우와 던컨(Blau & Duncan)

① ㄱ, ㄴ   ② ㄱ, ㄹ

③ ㄴ, ㄷ   ④ ㄷ, ㄹ

□ 빠른 정답 p.151
🖉 해설 p.131

01 다음 내용에 해당하는 우리나라의 옛 교육기관은?

- 우리나라 최초의 근대 사립학교임
- 지역주민들에 의해 자주적으로 설립함
- 서당을 개량, 발전시킨 근대 교육기관임

① 원산학사 ② 육영공원
③ 배재학당 ④ 대성학교

02 타일러(Tyler)가 제시한 목표중심평가의 장점으로 옳은 것만을 모두 고르면?

ㄱ. 평가자와 의사결정자의 역할이 명확하게 구분된다.
ㄴ. 교육목표, 교육내용, 교육평가 간의 논리적 일관성을 유지해준다.
ㄷ. 교육목표를 행동적 용어로 진술하여 명확한 평가기준을 제시한다.
ㄹ. 교육목표로 설정되지 않은 부수적 교육활동에 대한 평가가 용이하다.

① ㄱ, ㄴ ② ㄱ, ㄹ
③ ㄴ, ㄷ ④ ㄷ, ㄹ

03 다음 교육활동 사례를 설명하는 데 유용한 학습이론은?

A중학교의 청소가 잘 되지 않는 반에서 담임교사가 열심히 청소하는 학생을 발견하여 칭찬해 주었다. 그 후 그 학생은 계속해서 청소뿐만 아니라 착한 일을 더 열심히 하는 것이 눈에 띄었다.

① 레빈(Lewin)의 장이론
② 쾰러(Köhler)의 통찰학습설
③ 쏜다이크(Thorndike)의 시행착오설
④ 스키너(Skinner)의 조작적 조건화

04 방어기제에 대한 설명이 잘못 연결된 것은?

① 억압(repression) – 현실의 고통을 무의식 속으로 억눌러 버림.
② 투사(projection) – 바라던 것을 얻지 못했을 때 그 가치를 깎아내리거나 인정함.
③ 동일시(identification) – 모방연기나 흉내내기와 같이 타인이나 집단의 가치나 태도를 자랑하거나 따라함.
④ 승화(sublimation) – 자신의 공격적 충동을 사회적으로 승인되는 방식으로 발산함.

05 「초·중등교육법」(시행 2024.4.25.)에 규정된 수석교사의 임무로 옳은 것은?

① 법령에서 정하는 바에 따라 학생을 교육한다.
② 교장을 보좌하여 교무를 관리하고, 학생을 교육하며, 교장이 부득이한 사유로 직무를 수행할 수 없는 때에는 그 직무를 대행한다.
③ 교무를 총괄하고, 민원처리를 책임지며, 소속 교직원을 지도·감독하고, 학생을 교육한다.
④ 교사의 교수·연구 활동을 지원하며, 학생을 교육한다.

06 글래서(W. Glasser)가 주장한 현실치료적 상담이론의 특징으로 옳지 않은 것은?

① 인간은 행동을 선택할 수 있고 이미 행한 모든 행동은 선택에 의한 것이라고 본다.
② 내담자가 성공적인 정체감을 형성하여 자율성을 갖도록 하는 데 목표를 둔다.
③ 내담자의 강점이나 성공경험 등과 예외탐색을 통하여 문제해결능력 향상에 역점을 둔다.
④ 인간은 기본적으로 생존, 자유, 힘, 즐거움, 소속의 욕구를 가지고 있으며, 자신의 욕구를 최대한으로 충족시키기 위해 자신을 통제한다고 가정한다.

07 2022 개정 교육과정의 학교급별 교육과정 편성·운영의 기준으로 옳지 않은 것은?

① 초등학교 1학년부터 중학교 3학년까지의 공통 교육과정과 고등학교 1학년부터 3학년까지의 단위 기반 선택 중심 교육과정으로 편성·운영한다.

② 학교는 학교급 간 전환기의 학생들이 상급 학교의 생활 및 학습을 준비하는 데 필요한 교육을 지원하기 위해 진로연계교육을 운영할 수 있다.

③ 학교는 가정과 학교, 사회에서의 위험 상황을 알고 대처할 수 있도록 체험 중심의 안전교육을 관련 교과와 창의적 체험활동과 연계하여 운영한다.

④ 시·도 교육청과 학교는 필요에 따라 이 교육과정에 제시되어 있는 과목 외에 새로운 과목을 개설할 수 있다. 이 경우 시·도 교육감이 정하는 지침에 따라 사전에 필요한 절차를 거쳐야 한다.

08 지방교육자치의 원리 중 단체 자치의 정신과 가장 관련이 깊은 것은?

① 자주성의 원리
② 지방분권의 원리
③ 주민자치의 원리
④ 전문적 관리의 원리

09 다음 설명과 가장 관계 깊은 상담이론은?

> 사람들은 어떤 사건에 직면하면 자동적으로 떠오르는 생각을 하는데, 이런 사고가 긍정적일 때에는 문제가 없지만 부정적 혹은 역기능적일 때에는 문제가 발생할 수 있다. 이것은 사건에 대하여 생각하고 인식할 때 발생하는 오류 때문이다. 흑백논리, 재앙화, 낙인찍기, 과잉 일반화, 당위적인 사고 등이 그 예이다.

① 벡(Beck)의 인지치료
② 번(Berne)의 상호교류분석 이론
③ 켈리(Kelly)의 개인구념이론
④ 엘리스(Ellis)의 인지·정서·행동치료

10 「평생교육법」제2조의 내용이다. (   ) 안에 들어갈 용어로 옳은 것은?

> • 평생교육이란 학교의 정규교육과정을 제외한 (   ) 등을 포함하는 모든 형태의 조직적인 교육활동을 말한다.
> • (   ) 이란 성인이 자신에게 적합한 직업을 찾고 진로를 인식·탐색·준비·결정 및 관리할 수 있도록 진로수업·진로심리검사·진로상담·진로정보·진로체험 및 취업지원 등을 제공하는 활동을 말한다.

① 성인 문해교육
② 성인 진로교육
③ 직업능력 향상교육
④ 시민참여교육

11 (가)~(다)의 주장을 대표하는 사상가들을 바르게 연결한 것은?

> (가) 사회를 경제적 맥락에서 이해하여 학교를 경제적 불평등을 재생산하는 도구로 본다.
> (나) 학교를 설명하는 데 있어 문화를 경제보다 중요한 것으로 보아 학교를 문화적 재생산 기능으로 해석한다.
> (다) 위의 두 입장을 비판하는 관점으로 학교를 기계론적으로 해석하는 것을 비판한다. 즉, 학교교육의 과정에서 학생들은 단순히 수동적인 존재가 아니라 주어진 것에 저항할 수 있으며 새로운 문화를 형성하기도 하는 적극적인 존재로 해석하는 입장이다.

	(가)	(나)	(다)
①	부르디외 (Bourdieu)	보울스와 진티스 (Bowles & Gintis)	윌리스 (Willis)
②	보울스와 진티스 (Bowles & Gintis)	부르디외 (Bourdieu)	윌리스 (Willis)
③	번스타인 (Bernstein)	부르디외 (Bourdieu)	윌리스 (Willis)
④	보울스와 진티스 (Bowles & Gintis)	번스타인 (Bernstein)	부르디외 (Bourdieu)

12 다음 (가)에 해당하는 컴퓨터의 교육적 활용 형태는?

> 2025년에는 학업성취도 평가가 학생 수준에 맞춰 컴퓨터가 난이도를 조절하는 (가) 방식으로 전환될 전망이다. 이는 문항반응이론을 이용하여 추정한 난이도에 맞춰 개별 학생의 능력 수준에 따라 문항을 다르게 내는 시스템으로, 학생 학업성취 수준이 낮은 것으로 판별되면 저난도 문항을 제시하는 맞춤시험(tailored test)이다. 각 학생의 능력 수준에 맞는 문제로만 구성된 검사를 실시함으로써 적은 수의 문항으로 학생의 능력에 대한 보다 정확한 검사결과를 얻을 수 있는 장점이 있다.

① 컴퓨터 보조수업(Computer Assisted Instruction, CAI)
② 컴퓨터 관리수업(Computer Managed Instruction, CMI)
③ 컴퓨터 적응검사(Computerized Adaptive Testing, CAT)
④ 컴퓨터 이용 검사(Computer-Based Test, CBT)

13 다음과 같은 비판과 관련 있는 현대 교육사조는?

> • 교육의 목표와 이념을 정립하는 일에 소홀하다.
> • 교육의 가치지향성을 충분히 고려하지 못했다.
> • 다양한 교육 현상에 대해 마치 나무는 보고 숲을 보지 못하는 우(愚)를 범하고 있다.

① 항존주의 교육
② 분석적 교육철학
③ 비판적 교육철학
④ 포스트모더니즘 교육

14 가네(Gagné)는 자극의 수용 - 기대 - (사전지식) 작동기억으로 인출 - 선택적 지각 - 유의미 부호화 - 반응 - 강화 - 인출 - 일반화의 9단계를 학습의 과정으로 제시하였다. 다음 중 '유의미 부호화'에 해당하는 교수과정은?

① 자극자료 제시
② 학습안내 제공
③ 성취행동 평가
④ 수행 유도

15 잠재적 교육과정의 특징으로 옳은 것만을 모두 고르면?

> ㄱ. 학생들의 태도, 가치관, 신념의 형성과 관련된 교육과정이다.
> ㄴ. 바람직한 내용뿐만 아니라 바람직하지 못한 내용도 학습된다.
> ㄷ. 학생들이 공식적 교육과정을 배우는 동안 놓치게 되는 기회학습 내용을 의미한다.
> ㄹ. 단기적으로 배우며 어느 정도 일시적인 경향이 있다.

① ㄱ, ㄴ
② ㄴ, ㄷ
③ ㄴ, ㄹ
④ ㄱ, ㄷ, ㄹ

16 칼슨(R. Carlson)의 봉사조직 모형도에서 〈Ⅰ영역〉의 학교에 대한 설명으로 옳은 것은?

		고객의 참여 선택권	
		유	무
조직의 고 객 선발권	유	Ⅰ 영역	Ⅲ 영역
	무	Ⅱ 영역	Ⅳ 영역

① 이론적으로는 가능하지만 실제로 존재하기는 어렵다.
② 시장원리가 지배하고 조직 간 생존경쟁이 치열하다.
③ 대체로 그 존립을 법적으로 보장받고 있는 조직이기에, 외부 환경 변화에 둔감하다.
④ 고객은 의무적으로 참여해야 하는 의무교육기관이 이에 해당한다.

17 헤르바르트(Herbart)가 제시한 체계적 교수 4단계에 맞추어 바르게 나열한 것은?

> ㄱ. 지금까지의 생각들을 하나의 일관성 있는 체계로 배열하는 단계이다.
> ㄴ. 지금까지 습득한 학습내용들을 가지고 구체적인 활동에 적용해 보는 단계이다.
> ㄷ. 수업단원을 구성하는 단일의 사실 또는 구성요소를 주의 깊게 분석하고 이해하는 단계이다.
> ㄹ. 사실들을 서로 연결짓거나 이전에 습득한 정보와 관련짓는 단계이다.

① ㄱ - ㄴ - ㄷ - ㄹ
② ㄷ - ㄱ - ㄹ - ㄴ
③ ㄷ - ㄹ - ㄱ - ㄴ
④ ㄹ - ㄷ - ㄱ - ㄴ

18 학습동기에 관한 자기결정성(self-determination) 이론에 대하여 잘못 설명한 것은?

① 학생들이 어떤 행동이나 활동을 성공적으로 수행할 수 있는 자기 자신의 능력에 대한 신념으로, 성공경험, 대리경험, 언어적 설득, 정서적 안정감이 그 형성 요인이다.
② 학생들의 자율성, 유능감, 관계 유지 욕구를 자극하고 충족시키면 그들의 내재적 동기가 높아진다.
③ 학생들은 자신이 외재적 보상을 받거나 처벌을 피하기 위해서가 아니라 자신의 의지에 의해 그러한 행동을 한다고 믿고 싶어 한다.
④ 학생들은 과제 자체에 대한 흥미 때문에 특정한 과제를 수행하는 경우도 있지만, 외재적 보상 때문에 시작한 행동이 점차 내면화되어 결국 외재적 보상이 없어도 그러한 행동을 지속하는 경우가 많다.

19 수행평가(performance assessment)의 특징으로 옳지 않은 것은?

① 학생 스스로 정답을 작성하거나 행동으로 나타내도록 요구하는 평가이다.
② 적용력, 분석력, 종합력, 평가력과 같은 고등사고능력의 측정을 중시하는 평가이다.
③ 교육목표 달성 여부를 가능한 실제 상황에서 파악하고자 하는 평가이다.
④ 평가 결과는 정상분포곡선으로 나타나는 평가이다.

20 교육적 지도성 이론에 대한 설명으로 옳지 않은 것은?

① 상황적 지도성은 어떤 상황에도 효과적인 단일한 지도성은 없다고 보고, 지도성은 상황적 조건에 의해 결정된다고 본다.
② 구성원 각자가 스스로를 이끌 수 있는 '자율적 지도자'로 만드는 지도성은 초우량 지도성이다.
③ 문화적 지도성은 지도자의 개인적 매력과 어떠한 특별한 매력에 의해 구성원을 움직이는 지도성 유형이다.
④ 변혁적 지도성은 지도자 행동의 비합리적 측면 또는 영감적·비전적·상징적인 측면을 강조함으로써, 지도자가 구성원들의 조직 문제에 대한 인식 수준을 끌어올리기 위해 노력한다.

01 잠재적 교육과정(latent curriculum)의 특징에 대한 설명으로 옳지 않은 것은?

① 교실생활의 군집성, 상찬, 권력구조 등이 학생들의 행동과 학습 결과에 미치는 영향이다.

② 학생들의 태도, 가치관 등 비지적인 정의적 영역의 학습과 관련이 된다.

③ 장기적이고 반복적으로 배우며 영속성을 지닌다.

④ 표면적 교육과정과 서로 대립되고 갈등적인 관계에 있을 때 학생 행동에 강력한 영향을 미칠 수 있다.

02 다음의 내용에 해당하는 교육예산 편성기법은?

- 목표활동중심이며, 학교경영에 구성원의 폭넓은 참여를 유도하여 효과적인 의미소통을 조장한다.
- 각 부문의 모든 사업 활동을 패키지(package)에 기술하고 패키지를 분석하여 우선순위를 결정한다.
- 점증주의적 예산 편성 방식에 벗어나 예산편성의 신축성을 도모할 수 있다.
- 학교경영 계획과 예산이 일치함으로써 교장의 합리적이고 과학적인 학교경영을 지원할 수 있다.

① 기획 예산제도(PPBS)

② 영기준 예산제도(ZBBS)

③ 품목별 예산제도(LIBS)

④ 성과주의 예산제도(PBS)

03 고전검사이론에 근거한 문항변별도에 대한 설명으로 옳은 것만을 모두 고르면?

ㄱ. 문항이 어려울수록 문항변별도는 높아진다.

ㄴ. 정답률이 50%인 문항의 변별도는 +1이다.

ㄷ. 모든 학생이 맞힌 문항의 변별도는 0이다.

ㄹ. 변별도가 0이나 음수가 나오는 문항은 제외시키는 것이 좋다.

① ㄱ, ㄴ   ② ㄴ, ㄷ

③ ㄷ, ㄹ   ④ ㄱ, ㄷ, ㄹ

04 브루너(J. Bruner)의 교수이론에 근거한 수업활동으로 옳지 않은 것은?

① 외재적 보상보다 내재적 동기를 강조한다.

② 선행조직자를 활용하여 각 교과목의 지식의 구조를 학생에게 체계적으로 설명한다.

③ 기본적 개념이나 원리의 이해를 통해 학습 전이의 가능성을 높인다.

④ 아동의 사고방식과 지적 수준을 고려하여 교과의 내용을 제시한다.

05 상담이론에 대한 설명으로 가장 옳지 않은 것은?

① 개인심리 상담은 개인의 활동과 사고는 모두 개인이 선택한 것이기에 스스로에게 책임이 있다고 가정한다.

② 의미요법(logotherapy)과 현존분석(Daseins-analysis)은 인간 실존이 처한 불안 문제를 해결하는 실존주의 상담에서 많이 활용하는 기법이다.

③ 정신분석 상담은 자유연상, 해석, 전이, 꿈의 분석, 실수나 실언·유머의 분석 등의 기법을 사용해서 정서적 곤란이나 부적응을 치료한다.

④ 상호교류분석 상담은 모든 인간은 어버이(P), 어른(A), 어린이(C)의 세 가지 자아상태를 가지고 있다고 가정한다.

06 학업성취도 격차 발생 원인에 관한 사회학자들의 주장으로 가장 옳은 것은?

① 브루크오버(Brookover) – 인간의 지능은 유전되므로 부모의 지능이 자녀의 학업성취도에 영향을 준다.
② 젠센(Jensen) – 학생에 대한 교사의 긍정적 기대가 학생의 학업성취도에 영향을 준다.
③ 콜맨(Coleman) – 학생 가정의 문화적 환경이 학업성취도에 영향을 준다.
④ 부르디외(Bourdieu) – 가정에서 습득한 어법(code)이 학업성취도에 영향을 준다.

07 숙달접근목표(learning goals)를 추구하는 학습자의 사례로 가장 옳은 것은?

① 우리 반에서 은유법을 활용한 동시를 가장 잘 쓰기
② 은유법을 이해하고 응용하여 나만의 동시를 창작하기
③ 선생님과 다른 학생 앞에서 능력 없어 보이는 것 피하기
④ 과제와 관련하여 어떤 오류를 범하거나 잘못도 하지 않기

08 다음의 교육적 주장에 해당하는 교육과정 관점은?

> 비판적 사고력이나 문제해결력은 전통적 교과를 공부한다고 저절로 학습되는 것이 아니라, 실제 생활 장면 속에서의 계속적인 실험과 성공적인 적응을 통해서 획득되는 것이다. 오늘날 우리의 학교교육이 실제적인 현실세계와는 거리가 먼 전통을 지나치게 중시하는 것은 잘못이라고 생각한다. 우리는 학생의 학습을 의미 있도록 만들어 주어야 하며, 이를 위해서는 학생이 그들의 생활과는 거리가 먼 내용을 억지로 배우도록 강요할 것이 아니라 자신에게 관심 있는 내용들을 공부할 수 있도록 해주어야 한다.

① 경험중심 교육과정
② 교과중심 교육과정
③ 학문중심 교육과정
④ 인간중심 교육과정

09 교육평가에 대한 설명으로 옳은 것은?

① 진단평가(diagnostic evaluation)는 교수－학습과정에서의 오류나 미비점을 발견하고 학습결손을 처치·교정하기 위해 실시한다.
② 타당도는 신뢰도의 충분조건, 신뢰도는 타당도의 필요조건에 해당한다.
③ 규준참조평가(norm-referenced evaluation)로 학생들의 성취도를 평가하고자 할 때 평가의 근거가 되는 것은 성취기준(achievement standards)이다.
④ 정적 평가(static assessment)는 혼자서 과제를 해결할 수 있는 발달 수준과 도움을 받아서 과제를 해결할 수 있는 발달 수준을 모두 평가하여 이를 비교한다.

10 다음 사례에 해당하는 교육비의 내역을 우리나라 교육비 분류체계에 근거하여 분석할 때, 공교육비의 총 금액을 산출하는 공식으로 옳은 것은?

구분	학교법인 부담 전입금	학부모 부담 사설학원비	학부모 부담 방과후학교 활동비	학교시설 감가상각비
금액(원)	ㄱ	ㄴ	ㄷ	ㄹ

① ㄱ
② ㄱ + ㄴ
③ ㄱ + ㄷ
④ ㄷ + ㄹ

11 학교교육의 사회적 기능에 대한 기능주의적 관점에 부합되는 것만을 모두 고르면?

> ㄱ. 사회구성원을 선발·분류하여 적재적소에 배치한다.
> ㄴ. 교육은 전체 사회의 한 구성요소이며, 전체 사회의 존속과 유지에 공헌한다.
> ㄷ. 지배집단의 신념과 가치를 보편적 가치로 내면화시킨다.
> ㄹ. 대표적 이론으로는 인간자본론, 지위경쟁론, 근대화이론, 발전교육론 등이 있다.

① ㄱ, ㄴ
② ㄷ, ㄹ
③ ㄱ, ㄴ, ㄷ
④ ㄱ, ㄴ, ㄹ

제 13 회

12 학교조직 경영에 있어 다음과 같은 시사점을 제공하는 교육행정이론은?

> • 비공식적 조직이나 자생적 집단의 중요성
> • 교사 참여 중심의 민주적 지도성
> • 교사 간 의사소통 및 각종 인사제도의 창안
> • 사회적 능률관과 교육을 위한 행정

① 과학적 관리론　　　② 행동과학론
③ 체제이론　　　　　④ 인간관계이론

13 르네상스 시기의 인문주의 교육에 대한 설명으로 옳지 않은 것은?

① 주지주의에 입각한 기능적 인간 양성을 비판하며 등장하였다.
② 북유럽의 인문주의 교육은 개인보다는 사회 개혁에 주된 관심을 가졌다.
③ 남유럽의 인문주의 교육은 사고의 자유, 자기표현 및 창조적 능력의 실현을 강조하였다.
④ 키케로의 문체를 작문의 유일한 표본으로 삼은 사람들은 언어적 형식주의에 빠져 있다는 비판을 받았다.

14 A 교사의 교단일지에 나타난 다음의 교육활동과 관련된 장학의 유형은?

> • 수업을 녹음하거나 녹화하여 분석·평가함
> • 수업과 학급경영에 대해 학생들을 대상으로 한 설문조사를 실시함
> • 전공과목과 관련된 문헌연구를 진행함
> • 대학원 과정 수강을 통하여 전공교과 영역 및 교육학 영역의 전문성을 신장함
> • 교과연구회, 학술회, 강연회 등에 정기적으로 참석함

① 약식 장학　　　　② 동료 장학
③ 컨설팅 장학　　　④ 자기 장학

15 수학성취도 평가를 실시한 결과, 전체 학생의 수학 원점수는 평균이 60, 표준편차가 7인 정규분포로 나타났다. 원점수 67을 받은 학생에 대한 설명으로 옳은 것은?

① Z점수는 +1.5이다.
② T점수는 70이다.
③ 백분위점수는 약 84%이다.
④ 스테나인점수는 6이다.

16 다음 내용에 해당하는 학습이론은?

> • 강화 없이도 학습이 일어날 수 있다.
> • TV에서의 폭력 시청과 아동의 행동과의 관계를 알아보기 위한 연구로부터 출발하였다.
> • 인간의 행동은 보상이나 처벌보다는 자기 조절에 의해 이루어진다.
> • 학습은 개인, 환경, 행동의 삼원적 상호작용에 의해서 이루어진다.

① 인지주의 학습이론
② 인본주의 학습이론
③ 행동주의 학습이론
④ 사회인지 학습이론

17 조선시대의 교육기관 중 성균관(成均館)에 대한 설명으로 옳지 않은 것은?

① 문묘와 명륜당, 동서양재(東西兩齋) 등을 기본으로 하여 강학활동과 각종 의례들이 행해지던 공간이었다.
② 입학자격은 사학(四學)과 향교(鄕校) 졸업생을 원칙으로 하였고 정원은 200명이었다.
③ 경국대전을 비롯하여 학령, 원점절목, 구재학규 등의 여러 규칙을 두어 교육과정과 평가 등을 실시하였다.
④ 아침, 저녁으로 식당에서 도기(到記)에 표기를 하면 원점(圓點) 1점을 부과하였는데 총 300점을 획득해야 문과 대과에 응시할 자격을 주었다.

18 들로어(J. Delors)는 「학습 : 그 안에 담긴 보물(Learning : The Treasure Within)」(1996)을 통해 21세기를 준비하는 네 개의 학습 기둥을 제시했다. 다음 설명에 부합되는 것은?

• 교육의 목표를 개인의 인격 완성에 두고, 개인의 인성을 잘 성숙시키고 도덕적 자율성 신장과 책임감 있는 행동을 하도록 해 주는 학습이다.
• 각 개인의 전인적 발전, 곧 마음과 몸, 지능, 미적 감각, 개인적 책임감, 정신적 가치의 모든 면에서의 조화로운 발전을 통하여 이루어진다.
---

① 존재하기 위한 학습(Learning to be)
② 행동하기 위한 학습(Learning to do)
③ 알기 위한 학습(Learning to know)
④ 함께 살기 위한 학습(Learning to live together)

20 '저항' 개념에 대한 사회학자들의 정의가 바르게 연결된 것은?

① 애플(Apple) − 문제제기식 교육(problem-posing education)
② 프레이리(Freire) − 폭로(exposure)
③ 지루(Giroux) − 상대적 자율성(relative autonomy)
④ 윌리스(Willis) − 반학교 문화(counter-school culture)

19 정보처리 이론 모형도에서 다음의 활동을 모두 포함하는 인지과정에 해당하는 것은?

• 개별적 정보를 도표, 그래프, 개념지도, 개요, 위계도 등으로 묶는다.
• 새로운 정보를 이미 저장되어 있는 선행지식과 연결시키는 작업을 한다.
• 새로운 정보를 시각적인 형태인 그림으로 기억한다.

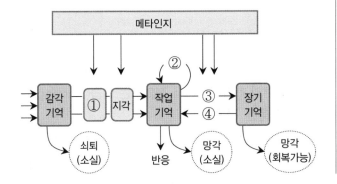

01 우리나라의 「헌법」 제31조에서 보장하고 있는 교육제도의 이념적 원리가 아닌 것은?

① 교육권 균등 보장의 원리
② 교육의 민주성 보장의 원리
③ 교육의 자주성 보장의 원리
④ 교육제도의 법률주의의 원리

02 다음 내용에 해당하는 평생교육 문헌은?

> • 지식기반경제의 도래, 정보통신기술의 활용 및 영향 확대, 인구의 노령화 등 다양한 사회경제적 변화를 배경으로 발표되었다.
> • 평생학습의 목적을 개인의 발달, 사회적 결속, 경제 성장에 두고 있다.

① 세계은행(World Bank), 「지구 지식경제에서의 평생학습(Lifelong Learning in the Global Knowledge Economy)」(2003)
② 경제협력개발기구(OECD), 「만인을 위한 평생학습(Lifelong Learning for All)」(1996)
③ 들로어(Delors), 「학습 : 내재된 보물(Learning: The Treasure Within)」(1996)
④ 다베(Dave)와 스캐거(Skager), 「평생교육과 학교 교육과정(Lifelong Education and School Curriculum)」(1973)

03 프로이트(S. Freud)의 성격발달단계 이론에 대한 설명으로 옳은 것만을 모두 고르면?

> ㄱ. 리비도(libido)의 발생부위와 충족방식에 따라 성격이 달라진다.
> ㄴ. 성격의 기본 구조가 생애 초기에 형성된다.
> ㄷ. 태어나서 죽을 때까지 전 생애를 통한 발달을 주장한다.
> ㄹ. 청소년기는 자아정체감(identity) 형성이 중요한 과제이다.

① ㄱ, ㄴ   ② ㄴ, ㄷ
③ ㄷ, ㄹ   ④ ㄱ, ㄴ, ㄹ

04 개화기 고종이 선포한 「교육입국조서((敎育立國詔書)」의 내용으로 옳지 않은 것은?

① 교육의 3대 강령으로서의 덕양(德養), 체양(體養), 지양(智養)을 제시하였다.
② 유교 경전 중심의 수신 교육에서 벗어나고자 하였다.
③ 학비환입조규를 통해 학교교육 도중에 퇴학생의 발생을 법적으로 규제하였다.
④ 교육의 기회균등 원칙 천명과 영재교육의 필요성을 강조하였다.

05 행동주의 학습이론에서 정의하는 학습(learning)의 개념으로 옳은 것은?

① 자아실현의 과정   ② 장(field)의 변화
③ 인지지도의 변화   ④ 조건 형성의 과정

06 다음 내용과 관련된 고대 그리스의 교육사상가는?

> • 지(知)와 덕(德), 복(福)은 하나라고 주장하였다.
> • 절대적이고 객관적인 진리의 존재를 역설하였다.
> • 교육방법으로 반어법과 산파술을 통한 대화법을 사용하였다.
> • 교사를 젊은이의 영혼을 일깨우는 '등에(쇠파리)'에 비유하였다.

① 소크라테스(Socrates)
② 아리스토텔레스(Aristoteles)
③ 플라톤(Platon)
④ 이소크라테스(Isocrates)

07 피아제(Piaget)의 전조작기에 해당하는 인지발달적 특성으로 옳은 것만을 모두 고르면?

> ㄱ. 대상영속성(object permanence)
> ㄴ. 지연모방(deferred imitation)
> ㄷ. 가상놀이(make-believe play)
> ㄹ. 물활론적 사고(animism)

① ㄱ, ㄴ
② ㄴ, ㄷ
③ ㄷ, ㄹ
④ ㄴ, ㄷ, ㄹ

08 워커(Walker)가 교육과정 개발 과정에서 제시한 숙의(deliberation)에 대한 설명으로 옳은 것은?

① 교육과정 개발 과정의 최종 단계로 선택한 대안을 실천 가능한 것으로 구체적인 교육계획을 세우는 단계
② 교육과정의 현실적 실효성에 대해 각계각층의 다양한 의견을 듣는 공청회 단계
③ 다양한 견해를 표방하고 공통된 합의 기반을 모색하는 단계
④ 교육과정 개발 과정에서 다양한 대안들을 두고 참여자들이 장시간 체계적으로 논의·검토하여 최선의 대안을 선정하는 단계

09 잠재적 교육과정(latent curriculum)의 사례로 옳은 것은?

① 국어 시간에 글짓기 공부를 하면서 문장 표현력이 길러졌다.
② 사회 시간에 현장 학습을 하면서 사회 관찰력이 길러졌다.
③ 우리나라 고등학교에서는 고고학이나 심리학, 철학을 가르치지 않는다.
④ 과학 시간에 모둠별 실험을 하면서 협동심이 길러졌다.

10 다음 내용에 부합하는 현대 교육철학 사조는?

> • 인간의 절대적 자유와 책임을 강조한다.
> • 신(神)보다도 인간 자체의 존엄성과 독자성, 주체성을 강조한다.
> • 인간의 불안과 소외 현상을 다루며 나와 너의 인격적 만남을 통해 이를 극복할 수 있다고 본다.

① 실존주의
② 진보주의
③ 항존주의
④ 포스트모더니즘

11 브론펜브레너(U. Bronfenbrenner)가 주장한 인간발달에 영향을 주는 환경체계에 대한 설명으로 옳은 것만을 모두 고르면?

> ㄱ. 미시체계는 아동의 발달에 직접적으로 영향을 미치는 가장 가까운 환경으로, 아동이 성장하면서 변화한다.
> ㄴ. 중간체계는 아동이 적극적으로 참여하는 두 개 또는 더 많은 수의 환경들 간의 상호관계를 말한다.
> ㄷ. 거시체계는 아동이 속해 있는 사회의 이념, 가치, 관습, 제도 등을 의미한다.
> ㄹ. 연대체계는 개인의 일생 동안에 걸쳐 일어나는 변화와 사회·역사적인 환경의 변화를 말한다.

① ㄱ, ㄴ
② ㄱ, ㄷ, ㄹ
③ ㄴ, ㄷ, ㄹ
④ ㄱ, ㄴ, ㄷ, ㄹ

제14회

12 다음 사례에서 공통적으로 적용되고 있는 응용행동분석 방법은?

> • 영화를 보고 싶어 하는 아들에게 엄마가 "어지러운 네 방을 청소한 다음 영화를 보게 해 줄 거야."라고 말한다.
> • 학생들이 지도 찾기 활동을 좋아한다는 것을 알고 있는 지리교사가 "요약하는 것을 끝내자마자 지도 찾기 활동을 시작할 수 있다."라고 말한다.

① 행동조형(behavior shaping)
② 프리맥의 원리(Premack principle)
③ 부적 강화(negative reinforcement)
④ 타임아웃(time-out)

13 다음 내용에 해당하는 토의 수업 형태는?

> • 3~6명으로 편성된 소집단들이 주어진 주제에 대해 6분 정도 토의하는 형태로 시작하여, 비슷한 결론을 내린 소집단들을 점점 합쳐 가며 토의를 진행하고, 최종적으로 전체가 모여 토의의 결론을 내린다.
> • 필립스(J. D. Phillips)의 6·6법을 많이 활용하며, '윙윙학습' 또는 '와글와글학습'이라고도 부른다.
> • 분반식 토의 형태에 해당한다.

① 배심토의(panel discussion)
② 단상토의(symposium)
③ 버즈토의(buzz learning)
④ 공개토의(forum discussion)

14 여러 가지 상담이론에 대한 설명으로 옳지 않은 것은?

① 정신분석 상담이론은 방어기제와 가족 관계 등의 분석을 통해 내담자를 이해한다.
② 교류분석 상담이론은 상담자가 심리검사를 통해 내담자의 특성을 파악하고, 필요한 자료를 수집하여 제공한다.
③ 현실치료 상담이론은 인간에게는 누구나 소속, 힘, 자유, 즐거움, 생존의 욕구가 있으며, 이 욕구를 충족시켜 주는 효율적인 방법을 찾도록 돕는다.
④ 형태주의 상담이론은 내담자가 알아차림(awareness)을 통해 '지금-여기'의 감정에 충실하거나 미해결 과제를 자각하고 표현하게 하여 비효율적인 감정의 고리에서 벗어나도록 돕는 데 목적을 둔다.

15 다음 상황에서 박 교사가 가장 관심 있는 질문으로 적절한 것은?

> • 박 교사는 성장참조평가(growth-referenced evaluation)를 실시하였다.
> • 학생 A는 학기말 고사에서 백점만점 중 80점을 받았다.

① 학생 A가 받은 80점은 과연 자신이 갖고 있는 능력을 최대로 발휘한 것인가?
② 학생 A가 받은 80점은 학기초보다 어느 만큼 향상된 점수인가?
③ 학생 A는 80점을 받았는데 우리 반 다른 학생들의 점수는 어떤가?
④ 학생 A는 전집영역에 해당하는 문제 중 80%를 달성했다고 볼 수 있는가?

16 교육행정이 지닌 특수적 성격이라고 볼 수 없는 것은?

① 교육행정은 훈련을 받은 전문가에 의해 수행되는 전문적인 활동이다.

② 교육 관련 조직이 그 나름대로의 독자성을 가지고 상호협력한다.

③ 교육효과는 투입과 산출의 문제, 무형적인 성과, 효과의 장기성 등으로 인하여 그 측정이 곤란하다.

④ 교육은 고도의 공익성과 여론에의 민감성을 지닌다.

17 에치오니(A. Etzioni)는 조직에서 구성원들을 복종하게 만드는 권력(power)의 유형과 조직원의 참여(involvement) 유형을 기준으로 조직을 분류하였다. 그의 주장에 따를 때, 학교조직에서의 지배-복종관계로 옳은 것은?

① 강제적 권력 - 소외적 참여

② 규범적 권력 - 타산적 참여

③ 보상적 권력 - 타산적 참여

④ 규범적 권력 - 도덕적 참여

18 현행 「지방교육자치에 관한 법률」에 규정된 지방교육행정기관에 대한 설명으로 옳지 않은 것은?

① 시·도교육청의 장을 교육감이라 한다.

② 부교육감은 해당 시·도의 교육감이 추천한 사람을 교육부장관의 제청으로 국무총리를 거쳐 대통령이 임명한다.

③ 시·도교육청 산하에 시·군 및 자치구를 관할구역으로 하는 하급교육행정기관으로서 교육지원청을 둔다.

④ 교육장은 고위공무원단에 속하는 일반직공무원 또는 장학관으로 보한다.

19 시·도 교육청의 교육비 특별회계 세입 재원 중 중앙정부에서 지원해 주는 경비에 해당하는 것만을 모두 고르면?

ㄱ. 보통교부금
ㄴ. 지방교육세 전입금
ㄷ. 담배소비세 전입금
ㄹ. 특별교부금
ㅁ. 시·도세 전입금
ㅂ. 재산수입, 수수료, 사용료

① ㄱ, ㄹ　　　　② ㄱ, ㄷ, ㄹ
③ ㄴ, ㄷ, ㅁ　　④ ㄴ, ㄷ, ㅁ, ㅂ

20 다음과 같은 주장에 부합되는 교육사회학 연구는?

• 개인의 사회적 지위는 본인의 노력(학교교육)에 의해 결정된다.
• 본인이 받은 교육과 첫 번째 직업경험은 아버지의 교육과 아버지의 직업보다 자신의 직업적 성공에 큰 영향을 미친다.

① 블라우와 던컨(Blau & Duncan)의 연구
② 카노이(Carnoy)의 연구
③ 라이트와 페론(Wright & Perrone)의 연구
④ 보울스와 진티스(Bowles & Gintis)의 연구

01 자연주의 교육사조에 가장 부합하는 교육관에 대한 설명으로 옳은 것은?

① 교육은 새로운 사회질서의 창조를 위해 개인의 사회적 자아실현을 추구해야 한다.

② 교육은 인류 문명의 정수(精髓)를 아동의 발달단계에 맞추어 전수하는 일이다.

③ 교육은 개인의 선(善)한 본성을 사회악으로부터 지키는 일에서 출발해야 한다.

④ 교육은 절대적 진리를 통하여 인간 이성을 회복하는 일이다.

02 (가)와 (나)의 사례에서 두 교사가 활용하고 있는 교수전략을 바르게 나열한 것은?

> (가) A 교사는 수업시간에 집중을 잘하고 질문을 잘하는 학생들에게 싫어하는 숙제를 면제해 주었다.
> (나) B 교사는 "계속해서 3개의 문제를 맞게 풀면 수업이 끝나기 전에 숙제를 시작할 수 있어요."라고 말하며 학생들이 문제풀이에 집중하도록 유도하였다.

	(가)	(나)
①	정적 강화	변동비율 강화
②	부적 강화	고정비율 강화
③	부적 강화	고정간격 강화
④	정적 강화	변동간격 강화

03 학교교육과정 유형으로 '지식의 구조'를 강조할 때 나타나는 장점으로 옳은 것은?

① 학습자의 개별적인 자기 성장을 조장할 수 있다.

② 사전 계획성으로 인해 교사, 학생, 학부모들에게 안정감을 제공할 수 있다.

③ 현실적이고 실제적인 생활문제를 해결할 수 있는 능력을 함양할 수 있다.

④ 높은 학습 전이를 활용하여 지식과 정보의 폭발적 증가에 대비할 수 있다.

04 컨설팅 장학의 원리 중 지위의 고하, 직책의 성격을 막론하고, 교원이 필요로 하는 과제해결의 능력이 있는 사람은 누구나 장학요원이 될 수 있는 것과 관련된 것은?

① 교육성의 원리

② 전문성의 원리

③ 자문성의 원리

④ 일시성의 원리

05 자기결정성(self-determination)이 증가하는 경우에 해당하는 것은?

① 위협과 마감시한(threat & deadlines)에 영향을 받을 때

② 감독과 평가(surveillance & evaluation)를 받고 있을 때

③ 외적 보상(extrinsic reward)이 능력의 향상을 인정하는 정보로 인식될 때

④ 나의 행동이나 운명을 타인이 통제하고 있다는 말(controlling statement)을 들을 때

06 조직 내에서 이루어지는 의사소통에 대한 설명으로 가장 옳은 것은?

① 언어적 의사소통이 비언어적 의사소통보다 더 효과적이다.

② 공식적 의사소통이 극히 제약된 사회에서는 많은 비공식적 의사소통이 발생하게 된다.

③ 수평적 의사소통은 하향적 의사소통과 상향적 의사소통으로 분류된다.

④ 일방적 의사소통은 수신자의 반응이 피드백되어 다시 전달자에게 돌아오는 형태이다.

07 교육 개념의 조작적 정의(operational definition)에 대한 설명으로 옳은 것은?

① 교육을 이미 알고 있는 다른 말로 쉽게 묘사한다.

② 추상성을 제거하고 측정 가능한 형태로 정의한다.

③ 교육의 궁극적인 목적 추구와 관련된다.

④ 언어의 경제성과 논의의 편리성이 중시된다.

08 다음 내용에 해당하는 교육과정 학자는?

> • "교육과정은 그 어원인 쿠레레(Currere)로 되돌아가야 한다."고 주장함
> • 회귀 – 전진 – 분석 – 종합의 자전적 방법론을 제시함
> • 교육과정을 실존적 체험과 반성, 의미 형성과정으로 이해함

① 브루너(Bruner) ② 타일러(Tyler)

③ 아이즈너(Eisner) ④ 파이너(Pinar)

09 다음 설명에 해당하는 학교경영기법은?

> • 행동과학적 지식과 기법을 활용하여, 조직의 목적과 개인의 성장 욕구를 결부시켜 인간의 잠재력을 최대한 개발함으로써, 조직 전체의 변화와 발전을 도모하려는 노력이다.
> • 집단 간의 역동적인 상호작용을 중시하고, 학교조직의 구조, 가치, 신념을 변화시키기 위한 전략을 활용한다.
> • 구체적 기법으로는 감수성 훈련, 그리드 훈련, 팀 구축법, 대면 회합, 과정 자문법 등이 있다.

① 조직개발기법(OD)

② 총체적 질 관리기법(TQM)

③ 인적자원개발(HRD)

④ 목표관리기법(MBO)

10 조선시대의 향교(鄕校)에 대한 설명으로 옳지 않은 것은?

① 현대의 공립학교와 유사한 학교로서 최초의 형태는 고려시대에 있었다.

② 문묘(文廟)를 두었으며, 양반 사족뿐 아니라 일반 평민의 자제들도 입학할 수 있었다.

③ 교관으로는 교수, 훈도, 제독관(提督官)이 있었다.

④ 각 도의 관찰사가 매년 6월에 도내의 교생을 대상으로 도회(都會)를 개최하는 제도가 있었다.

11 매슬로우(Maslow)의 욕구위계이론에 토대하여 욕구를 낮은 단계부터 높은 단계까지 바르게 나열한 것은?

① 안전·보호욕구 – 생리적 욕구 – 소속·애정 욕구 – 존경의 욕구 – 자아실현의 욕구

② 생리적 욕구 – 소속·애정 욕구 – 안전·보호욕구 – 자아실현의 욕구 – 존경의 욕구

③ 생리적 욕구 – 안전·보호욕구 – 소속·애정 욕구 – 존경의 욕구 – 자아실현의 욕구

④ 생리적 욕구 – 안전·보호욕구 – 소속·애정 욕구 – 자아실현의 욕구 – 존경의 욕구

제 **15** 회

12 맥닐(McNeil)의 이론에 토대할 때 다음 사례에서 교사가 사용하고 있는 방어적 수업 방식은?

> •학생: 선생님, 오늘 다루는 내용은 제목만 봐도 어려운 것 같은데요?
> •교사: 걱정마라. 그렇지 않아도 너희들 수준에 비해 좀 어려운 것 같으니 깊이 들어가지는 않을 거야. 간단하게 짚고 넘어갈게.

① 단순화(simplification)
② 신비화(mystification)
③ 생략(ommission)
④ 방어적 단편화(defensive fragmentation)

13 다음 설명에 해당하는 상담 관계의 기본 조건은?

> •상담자가 내담자에 대한 선입견이나 편견을 갖지 않고 있는 그대로 수용하며 한 인간으로 배려한다.
> •상담하러 교사를 찾아온 학생의 잘잘못을 가리지 않고 귀중한 인간으로 대하는 것이다.

① 무조건적 긍정적 관심(unconditional positive regard)
② 공감적 이해(empathic understanding)
③ 일치(congruence)
④ 반영(reflection)

14 로젠탈과 제이콥슨(Rosenthal & Jacobson)이 주장한 것으로, 학생에 대한 교사의 긍정적 기대수준이 긍정적 학업성취를 가져온다는 심리적 현상을 일컫는 말은?

① 자이가닉 효과(Zeigarnick effect)
② 플린 효과(Flynn effect)
③ 낙인효과(labelling effect)
④ 피그말리온 효과(Pygmalion effect)

15 스턴버그(Sternberg)의 성공지능은 성분적 요소, (가), 맥락적 요소로 구성된다. (가)에 해당하는 지능요소에 대한 설명으로 옳은 것만을 모두 고르면?

> ㄱ. 선택적 부호화, 선택적 결합, 선택적 비교와 같이 새로운 과제를 처리하는 통찰력이다.
> ㄴ. 새로운 지식을 획득하고 그 지식을 논리적인 문제해결에 적용하는 능력이다.
> ㄷ. 외부 환경에 대응하는 능력, 현실상황에 적응하거나 환경을 선택하고 변형하는 능력이다.
> ㄹ. 익숙한 과제를 자동적으로 수행하는 능력이다.
> ㅁ. 학교교육을 통해서가 아니라 일상의 경험에 의해서 획득하는 능력이다.

① ㄱ, ㄴ
② ㄱ, ㄹ
③ ㄴ, ㄷ
④ ㄷ, ㅁ

16 포스트모더니즘(post-modernism) 교육철학의 특징으로 옳지 않은 것은?

① 계몽과 해방
② 반정초주의(anti-foundationalism)
③ 소서사(little narrative)의 정당화
④ 주체적 자아의 해체

17 다음과 가장 관련 깊은 교수·학습이론은?

> •대부분의 지식은 복잡하고 다원적인 개념으로 형성되어 있다.
> •지식을 단순화·구조화하여 제시하는 것은 고차적 지식 습득을 오히려 방해한다.
> •지식의 전이는 지식을 단순히 기억해내는 것이 아니라 즉각적으로 재구성하는 것이다.
> •적용 사례들을 제시해 줌으로써 다양한 형태의 지식을 다각도로 체험하게 한다.

① 인지적 도제이론(cognitive Apprenticeship Theory)
② 상보적 교수이론(Reciprocal Teaching Theory)
③ 문제중심학습(Problem Based Learning)
④ 인지적 융통성 이론(Cognitive Flexibility Theory)

18 다음의 절차로 전개되는 협동학습 유형은?

> • 1단계 : 성적과 성별 등을 고려하여 이질적인 4명으로 이루어진 소집단을 구성한다.
> • 2단계 : 소집단 구성원들에게 학습지를 1부씩 배부한다.
> • 3단계 : 1명씩 차례대로 학습과제를 읽고, 읽은 자료를 참조하여 학습과제를 공동으로 해결한다.
> • 4단계 : 소집단 학습 후 퀴즈문제를 통해 개별적으로 형성평가를 실시한다.
> • 5단계 : 개인별 향상 점수를 집단별로 산정하여 결과에 따라 우수팀을 보상한다.

① 직소 Ⅰ
② 직소 Ⅱ
③ 팀경쟁학습(TGT)
④ 성취과제분담학습(STAD)

19 자기조절학습전략(self-regulated learning)의 구성요소 중 동기적 요소에 해당하는 것만을 묶은 것은?

① 숙달목표지향성, 자기효능감, 성취가치
② 행동통제, 도움구하기, 학습시간의 관리
③ 물리적 환경 구조화하기, 정보 탐색하기
④ 시연, 정교화, 조직화 전략, 메타인지전략

20 교육정책 결정 모형 중 최적화 모형(Optimal Model)에 대한 설명으로 옳은 것은?

① 정책결정자의 전지전능성, 최적대안의 합리적 선택, 목표의 극대화, 합리적 경제인을 전제로 한다.
② 직관적 판단과 초합리성을 중시하며, 투입-과정-산출의 제제적 접근을 활용한다.
③ 합리성보다는 우연성에 더 의존하며 조직화된 무정부 상태를 전제로 한다.
④ 몇 가지 대안을 놓고 제한적인 수준에서 결과 예측을 통해 정책을 선택한다.

제 15 회

교육학

정답 및 해설

제1~15회

01 출제영역 >> 서양교육사   난이도 ★★★ 정답 ④

✔정답찾기 중세 대학의 발달 원인은 스콜라철학의 영향, 동·서문화의 교류로 인해 발달된 사라센 문화의 유입, 도시의 발달과 시민계급의 형성으로 인한 세속적 학문의 필요성, 중세의 사상에 만족하지 못한 학자들의 지적 탐구심의 발로 등을 들 수 있다. ①은 (중)고등교육을 담당하였으며, ②는 초등학교인 루두스(ludus)의 교육내용이다. 문법학교에서는 7자유과를 교수하였다. ③은 사범학교적 성격에 해당하는 교육기관은 고급문답학교이며, 본산학교는 가톨릭의 사제(성직자)를 양성하는 고등교육기관에 해당한다.

Tip❶ 로마 제정시대의 학교

수준	학교	수학기간	교육내용	특징
초등	루두스(Ludus, 문자학교)	6~2세	12동판법, 3R's, 체육	사립(학생들의 수업료로 운영)
중등	문법학교(Gramma-ticus) • 그리스어 문법학교 • 라틴어 문법학교	12~16세	7자유과(교양과목), 호머의 시, 문학, 역사	• 고등교육 준비 교육 • 모두 사립(국가 보조로 운영) • 제정시대 교육의 핵심
고등	• 수사학교(Rhetor) • 철학학교(Stoa학파) • 법률학교	16~18세	• 수사학, 라틴어, 그리스어, 문법 • 윤리학, 논리학 • 법학	• 교육목적 : 웅변가 양성 • 수사학교가 대부분을 차지 • 정부 지원과 보조금으로 운영

Tip❷ 중세 전기의 교육 : 기독교 교육기관

수준	학교	특징
초등	(교리) 문답학교	이교도(異敎徒)의 교화와 세례 준비
중등	고급문답학교	문답학교 교사 양성 사범학교
고등	본산학교 (성당학교, 사원학교, 감독학교)	성직자 양성 대학 ⇨교부철학의 중심
초등 ~고등	수도원학교 (승암학교)	내교(고등) / 수도사 양성 대학 외교(초중등) / 지역주민을 위한 교육

02 출제영역 >> 교육행정학   난이도 ★★★ 정답 ②

✔정답찾기 교육행정이론은 과학적 관리론(1910's~1930's) → 인간관계론(1930's~1940's) → 행동과학론(1950's) → 체제이론(1960's) → 대안적 접근(1970's, 해석학적 접근과 급진적 접근)으로 전개되었다. 이 중 인간관계이론은 능률과 획일성(절대적 능률성)을 강조하는 과학적 관리론에 대한 비판으로 등장하였다. 미국 하버드 대학 연구팀인 메이요(Mayo) 박사의 호손실험(Hawthorne Experiments, 1924~1932)에 의해 성립되었으며, 조직 내의 인간관계의 변화(개인의 사회·심리적 욕구와

비공식적 집단 등)가 생산성 향상에 영향을 준다는 이론이다. ①은 행동과학론, ③은 체제이론, ④는 과학적 관리론에 해당한다.

Tip 교육행정이론의 전개과정

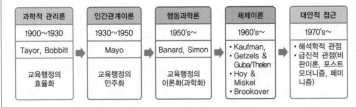

과학적 관리론	인간관계이론	행동과학론	체제이론	대안적 접근
1900~1930	1930~1950	1950's~	1960's~	1970's~
Tayor, Bobbitt	Mayo	Banard, Simon	• Kaufman, • Getzels & Guba/Thelen • Hoy & Miskel • Brookover	• 해석학적 관점 • 급진적 관점(비판이론, 포스트모더니즘, 페미니즘)
교육행정의 효율화	교육행정의 민주화	교육행정의 이론화(과학화)		

03 출제영역 >> 교육심리학   난이도 ☆☆★ 정답 ②

✔정답찾기 밑줄 친 부분은 에릭슨(Erikson)의 심리사회적 위기 제3단계인 '주도성 대 죄책감'이다. 이 단계에 해당하는 프로이트(S. Freud)의 심리성적 발단단계는 남근기이다. 오이디푸스 콤플렉스(Oedipus complex)를 겪는 남근기(phallic stage, 3~5세)의 남아는 거세불안(castration anxiety)으로부터 자아를 보호하기 위해 아버지를 동일시(identification)함으로써 아버지에 대한 적대감을 해소하고 초자아(super-ego)를 형성한다.

Tip 에릭슨(Erikson)의 성격발달단계이론

심리- 사회적 위기	프로이트 (Freud)	덕목	특징
기본적 신뢰 vs. 불신감	구강기	희망	부모로부터의 사랑이 일관적·지속적·동질적일 때 기본적 신뢰 형성 ⇨ 성격발달의 토대 형성
자율성 vs. 수치심(의심)	항문기	의지	혼자 걷기, 배변 훈련 등 자신의 요구와 부모의 요구가 조화를 이룰 때 자율성 발달
주도성 vs. 죄책감	남근기	목적	놀이와 자기가 선택한 목표 행위가 격려를 받을 때 주도성 형성
근면성 vs. 열등감	잠복기	능력	가정일보다 학교에서의 성취에 관심, 인정받을 때 근면성 형성 ⇨ 자아 개념 형성기
자아정체감 vs. 역할 혼미	생식기	충실	급속한 신체 변화와 사회적 요구에 따라 새로운 자아를 탐색, 내적 동질성 확보 시 정체감 형성 ⇨ 심리적 유예기(모라토리움)
친밀감 vs. 고립감	생식기	사랑	친구나 애인, 동료 간 관계 만족 시 친근감 형성
생산성 vs. 침체성	생식기	배려	후세대의 성공적 발달을 돕는 것이 최대 관심
자아 통일 vs. 절망감	생식기	지혜	지나온 생애에 대한 성찰의 시기

04 출제영역 >> 교육행정학   난이도 ☆★★ 정답 ④

✔정답찾기 학교운영위원회는 법정위원회[법률(「초·중등교육법」과 「초·중등교육법 시행령」) 및 조례에 근거하여 설치·운영]로서, 국·공·사립학교 모두 필수적 심의기구에 해당한다. 학교운영위원회 설치의 기본 방향은 학교운영의 자율성 및 책임성 증대로 단위학교 책임경영제를 확립하고, 교직원·학부모·지역 사회 인사의 자발적 참여를 통한 자율적인 학교공동체를 구축하는 데 있다. ④는 「초·중등교육법」제34조(학교운영위원회의 구성·운영)에 따라 학교운영위원회 중 국립학교에 두는 학교운영위원회의 구성과 운영에 필요한 사항은 대통령령(학칙)으로 정하고, 공립학교는 대통령령으로 정하는 범위에서 시·도의 조례로 정하

며, 사립학교는 해당 학교법인의 정관으로 정한다. ①과 ②는 제31조(학교운영위원회의 설치) 제1항, ③은 제32조(기능) 제3항에 해당한다.

Tip 학교운영위원회의 기능(심의사항) − 학교발전기금 조성·운용 및 사용에 관한 사항은 국·공·사립학교 모두 심의·의결사항임.

> 1. 학교헌장과 학칙의 제정 또는 개정(단, 사립학교는 자문)
> 2. 학교의 예산안과 결산
> 3. 학교교육과정의 운영방법
> 4. 교과용 도서와 교육 자료의 선정
> 5. 교복·체육복·졸업앨범 등 학부모 경비 부담 사항
> 6. 정규학습시간 종료 후 또는 방학기간 중의 교육활동 및 수련활동
> 7. 「교육공무원법」 제29조의3제8항에 따른 공모 교장의 공모 방법, 임용, 평가 등 (단, 사립학교는 제외)
> 8. 「교육공무원법」 제31조제2항에 따른 초빙교사의 추천(단, 사립학교는 제외)
> 9. 학교운영지원비의 조성·운용 및 사용
> 10. 학교급식
> 11. 대학입학 특별전형 중 학교장 추천
> 12. 학교운동부의 구성·운영
> 13. 학교운영에 대한 제안 및 건의 사항
> 14. 그 밖에 대통령령이나 시·도의 조례로 정하는 사항

---

05 **출제영역 》 교육심리학**   난이도 ☆☆★   정답 ③

✅**정답찾기** 인본주의 심리학은 제1심리학인 정신분석학의 과거결정론(또는 생물학적 결정론)과 제2심리학인 행동주의 심리학의 환경결정론을 비판하며 등장하였다. 매슬로우(Maslow)의 욕구위계론, 올포트(Allport)의 특질(traits) 이론, 콤즈(Combs)의 인간주의적 교사, 로저스(Rogers)의 비지시적 상담이론 등이 이에 해당한다. 실존주의와 현상학을 토대로, 인간의 선한 본성에 대한 믿음, 자유의지와 자기결정성을 강조하며, 잠재력 계발을 통한 자아실현과 전인(全人)형성을 지향한다. ③은 행동주의 심리학에 해당한다.

Tip 인본주의의 인간에 대한 기본가정(Bugental)

> ① 인간이란 부분의 합보다 크다. 이것은 인본주의의 전체적인 관점을 나타낸다.
> ② 인간은 인간관계의 상황에 존재한다. 인간의 실존은 다른 사람들과의 관계 속에서 나타난다.
> ③ 인간은 자기 자신과 자기의 존재를 의식한다.
> ④ 인간은 자신의 삶에서 수동적인 방관자가 아니라 스스로 삶을 선택하는 존재이다.
> ⑤ 인간은 목적 지향적 존재이다.

---

06 **출제영역 》 교육평가**   난이도 ☆★★   정답 ③

✅**정답찾기** 교육평가는 평가를 실시하는 시기에 따라 '진단평가(수업 전) → 형성평가(수업 중) → 총괄평가(수업 후)'로 전개된다. 형성평가(formative evaluation)는 스크리븐(Scriven)이 「평가의 방법론」에서 처음 사용한 개념으로 교수·학습방법의 개선을 주된 기능으로 하는 평가 유형이다. 수업 중에 실시하는 쪽지시험이나 구두문답 등 교사가 직접 제작한 자작검사를 활용한다. 최근에는 ㄷ과 같이 학생들의 학습을 향상시키기 위한 피드백의 목적으로 수업 도중에 시시각각으로 이루어지는 학습을 위한 '수업에 내재된 평가(embedded assessment)' 또는 '수업 중에 일어나는 평가(on-going assessment)'를 중시한다. 이처럼 형성평가는 수업의 한 형태로 인식해야 한다는 것이 현대적 흐름이다.(VanLehn, 2008). ㄱ은 진단평가, ㄹ은 총괄평가에 해당한다.

---

07 **출제영역 》 교육과정**   난이도 ☆★★   정답 ③

✅**정답찾기** 2022 개정 교육과정에서는 창의적 체험활동을 자율·자치 활동, 동아리 활동, 진로 활동 3개 영역으로 재구조화하여 운영한다. 기존 봉사활동은 동아리 및 진로 활동으로 통합하여 운영한다. ①은 초·중학교 교과(군)별 및 창의적 체험활동의 20% 범위에서 시수 증감, ②는 진로연계학기제 운영, ④는 192학점에 해당한다. 2022 개정 교육과정의 개정 중점사항 중 하나는 고교학점제 기반 맞춤형 교육과정 구현이다. 수업량 적정화(1학점 수업량 50분 기준 16회로 전환) 및 3년간 총 이수학점을 204단위에서 192학점[교과 174학점(필수이수학점 84학점 + 자율이수학점 90학점) + 창의적 체험활동 18학점]으로 적정화하였다. 또한 고교학점제에 부합하는 성장 중심 평가체제를 구축하여 과목 이수기준(수업 횟수 2/3 이상 출석, 학업성취율 40% 이상) 충족 시 학점 취득 및 미이수자 발생 시 보충 이수 지원 방안을 마련하였다.

---

08 **출제영역 》 한국교육사**   난이도 ☆★★   정답 ④

✅**정답찾기** 고구려의 경당(扃堂)은 5세기 장수왕 때 설립되었다고 추측되는 최초의 사학(私學)이다. 독서(讀書)와 습사(習射)를 겸한 문무일치 교육(文武一致敎育)이 이루어졌다. 교육과정으로는 오경(五經), 삼사(三史), 삼국지, 진춘추(晋春秋), 옥편(玉篇), 자통(字統), 자림(字林), 문선(文選) 등이 있었는데, 특히 「문선(文選)」을 중시하였다. 고구려 경당의 기록은 중국의 문헌, 「구당서 동이 고려조」에 처음 기록되어 있다. ①은 백제의 교육, ②는 발해, ③은 통일신라시대의 국학(國學)에 해당한다.

> 일반 민중이 독서를 좋아하여 가난한 서민들까지도 각기 네거리마다 큰 집을 짓고 …… 미혼 자제들이 밤낮으로 여기 모여 글 읽기와 활쏘기를 익힌다. 그들이 읽은 책에는 오경(五經), 삼사(三史), 삼국지, 진춘추(晋春秋), 옥편(玉篇), 자통(字統), 자림(字林), 문선(文選) 등이 있었는데, 특히 「문선(文選)」을 중시하였다.
> − 구당서 동이 고려조(舊唐書 東夷 高麗條)

---

09 **출제영역 》 교육사회학**   난이도 ☆☆★   정답 ④

✅**정답찾기** ④는 규범적 패러다임이 지닌 특징이며, 해석학적 패러다임에서는 사회현상에 대해 변증법적으로 접근한다.

Tip 규범적 접근과 해석학적 접근의 비교

규범적 패러다임	해석학적 패러다임 (현상학적 패러다임)
• '교육'과 '사회'의 관계에 대한 탐구: 거시적 접근	• '교육'의 내적 과정(현상)에 대한 탐구: 미시적 접근
• 연역적 접근(가설−연역적 접근) 위주	• 귀납적 접근 위주
• 양적 연구에 의한 보편적인 이론의 형성	• 질적 연구(해석학적 연구)에 의한 복수 현실(multiple realities; 다양한 실체)의 규명
• 사회현상에 대한 과학적 접근(실증주의적 접근)	• 사회현상에 대한 변증법적 접근
• 인간행위의 규칙지배성을 전제함(법칙정립적 접근: 보편적인 원리·법칙을 규명하고자 함)	• 인간행위의 규칙지배성을 전제하지 않음(개체기술적 접근: 개개인의 특성을 이해하고자 함)

10 출제영역 >> 교육행정학   난이도 ☆☆★   정답 ①

✅정답찾기 공교육비와 사교육비는 운영형태(회계절차)에 따른 구분이며, 공부담 교육비와 사부담 교육비는 교육재원(教育財源)에 따른 구분이다. ②는 사부담 사교육비, ③은 공부담 공교육비, ④는 사부담 사교육비에 해당한다.

Tip 교육비의 종류

구분	교육목적관련(지출형태)	운영형태(회계 절차)	교육재원	예
총교육비	직접교육비	공교육비	공부담교육비	국가(교부금, 보조금, 전입금 등), 지방자치단체, 학교법인 부담 경비
			사부담교육비	수련활동비, 체험학습비, 졸업앨범비, 체육복 구입비
		사교육비	사부담교육비	교재대, 부교재대, 학용품비, 과외비, 피복비, 단체활동비, 교통비, 숙박비 등
	간접교육비	—	공부담교육비	건물과 장비의 감가상각비, 이자 ⇨ 비영리 교육기관이 향유하는 면세의 가치
			사부담교육비	• 학생이 취업할 수 없는 데서 오는 손실 • 교통비, 하숙비(Kiras의 구분)

11 출제영역 >> 교육사회학   난이도 ☆☆★   정답 ④

✅정답찾기 사회적 자본(social capital)은 사람들 사이의 사회적 관계에서 형성되는 것으로, 가정을 중심으로 사회적 자본을 정의한다면, 좁게는 가정 내 부모와 자녀의 관계이고, 넓게는 부모가 가정 밖에서 맺고 있는 사회적 관계의 전체를 의미한다.
콜맨(Coleman)은 가정환경 중 사회적 자본이 자녀의 학업성취도에 영향을 주는 가장 큰 요인으로 보고 있다. ①은 인적 자본, ③은 경제적 자본에 해당하며, ②는 스탠톤-살라자와 돈부쉬(Stanton-Salazar & Dornbusch)가 주장한 학교 내 연줄(사회적 자본)에 해당한다.

Tip 콜맨(Coleman)의 3가지 자본의 유형

경제적 자본 (financial capital)	학생의 학업성취를 도울 수 있는 물적 자원, 부모의 경제적 지원 능력 ⓔ 소득, 재산, 직업
인적 자본 (human capita)	부모의 학력, 학생의 학업성취를 돕는 인지적 환경 제공 ⓔ 부모의 지적 수준, 교육 수준
사회적 자본 (social capital)	부모와 자식 간의 관계 ⇨ 학업성취에 가장 큰 영향 요인 ⓔ • 가정 내 사회적 자본: 자녀에 대한 부모의 관심, 노력, 교육적 노하우, 기대수준 등 • 가정 밖 사회적 자본: 부모의 친구관계, 어머니의 취업 여부, 이웃과의 교육정보 교류 정도 등

12 출제영역 >> 교육의 이해   난이도 ☆★★   정답 ③

✅정답찾기 다베와 스캐거(Dave & Skager)가 제시한 평생교육의 개념특성 20개 가운데 가장 핵심적인 특성은 총체성(전체성, totality), 통합성(integration), 유연성(융통성, flexibility), 민주성(democratization) 등 네 가지이다. 이 중 민주성(democratization)은 기존 교육제도가 선별주의와 정예주의를 지향해온 것에서 벗어나 만인이 공평하게 교육받을 수 있어야 하며, 이를 위하여 교육에 대한 참정권이 차별 없이 인정되어야 한다는 것이다. ①은 융통성, ②는 통합성, ④는 교육가능성에 해당한다.

전체성(totality)은 학교교육과 학교 외 교육(ⓔ 가정, 학원, 사회교육 등)에 중요성과 정통성을 부여하는 것을 의미한다.

Tip 다베(Dave)와 스캐거(Skagger)가 제시한 평생교육의 이념:「평생교육과 학교 교육과정(1973)」

전체성 (총체성, totality)	학교교육과 학교 외 교육(ⓔ 가정, 학원, 사회교육 등)에 중요성과 정통성을 부여한다. ⇨ 학교 외 교육도 공인함을 강조		
통합성 (integration)	다양한 교육활동의 유기적·협조적 관련성을 중시한 것으로, 수직적 교육과 수평적 교육을 평생교육으로 통합한다. ⇨ 보완적 의미를 강조		
	수직적교육	요람에서 무덤까지, 태내·유아·노인교육 ⇨ 교육기회의 통합	
	수평적교육	모든 기관(학교, 직장, 대중매체, 도서관 등)과 모든 장소(가정, 학교, 사회, 직장 등)에서의 교육 ⇨ 교육자원의 통합, 학교 본위의 교육관 지양	
융통성 (유연성, flexibility)	어떤 환경과 처지에서도 학습이 가능하도록 다양한 여건과 제도를 조성한다. ⓔ 원격교육, E-learning, U-learning, M-learning		
민주성 (democratization)	학습자가 원하는 종류와 양의 교육을 자유롭게 받을 수 있도록 뷔페(buffet)식의 다양한 교육과정을 제공한다. ⇨ 학습자(수요자) 중심 교육, '모두를 위한 교육'		
교육 가능성 (교육력, educability)	학습이 효율적으로 전개되도록 학습방법, 체험의 기회, 평가방법 등의 개선에 주목하고 자기주도적 학습을 도모한다.		
보편성 (universality)	성, 계급, 종교, 연령, 학력에 관계없이 누구나 자신의 삶의 질을 향상시키기 위하여 계속하여 교육받을 수 있는 체제를 수립한다는 것이다.		

13 출제영역 >> 교육행정학   난이도 ☆☆★   정답 ④

✅정답찾기 사회수요접근법은 교육을 받고자 하는 사람들에게 교육기회를 보장해 준다는 원칙 아래 교육에 대한 개인적·사회적 수요를 기초로 교육계획을 수립하는 방법이다. ①은 수익률 접근법, ②는 인력수요 접근법, ③은 국제적 비교에 의한 접근법에 해당한다.

Tip 교육기획 접근방법 비교

구 분	사회수요 접근방법	인력수요 접근방법	수익률 접근방법
교육목적	교육 내적 효율성 강조	사회에 대한 성과 강조	보충적 도구
정의	교육에 대한 개인적 또는 사회적 수요를 기초로 교육기획을 세우려는 방법	경제성장 목표달성에 필요한 교육투자 수준을 결정하기 위한 접근법	교육에 투입된 경비, 산출된 효과를 비용으로 계산하여 교육투자의 순위결정
장점	•균등한 교육기회 보장 •심리적 욕구충족	•사회·경제적 목적 충족 •경제인력의 안정적 공급	경제적 측면에서 정교하고 현실적임.
단점	•교육투자에 대한 정책결정이 어렵다. •인력공급 조절실패 가능성이 높다. •교육수요 판단이 어렵다. •수익성 판단이 어렵다.	•사회수요와 인력수요의 차이로 인한 불만 야기 •학교교육과 경제현장과의 괴리 가능성	교육기획에서 필요한 자료는 미래의 수익률이기 때문에 수익률이 가변적인 경우 계획의 신뢰성이 떨어질 수 있다.

14 출제영역 >> 교수·학습이론   난이도 ☆☆★ 정답 ①

✅정답찾기 지적 기능은 방법적(절차적) 지식, 혹은 '~을 할 줄 안다.'에 해당하며, 구어·읽기·수의 사용 등과 같이 기호나 상징을 사용하여 환경과 상호작용할 수 있는 능력으로, 학교학습에서 가장 강조되는 학습영역이다. ②는 학교학습의 기초영역으로 명제적 지식(선언적 지식)에 해당한다. ③은 학교학습의 궁극적 영역으로 현대의 메타인지나 학습전략에 해당하며, ④는 정의적 영역의 학습목표에 해당한다.

Tip 가네(Gagné)가 제시한 학습의 5대 영역

학습 영역	학습된 능력	성취행동	예
언어 정보	저장된 정보의 재생 (사실, 명칭, 강연)	어떤 식으로 정보를 진술하거나 전달하기	애국심의 정의를 기억하기, 사물의 이름 기억하기
지적 기능	개인이 환경을 개념화하는 데 반응하도록 하는 정신적 조작	상징을 사용하여 환경과 상호작용하기	빨간색과 파란색을 구별하기, 수동태를 능동태로 바꾸기
인지 전략	학습자의 사고와 학습을 지배하는 통제과정	기억, 사고, 학습을 효율적으로 관리하기	기말과제를 작성하기 위해 목록카드를 개발하기, 학습방법, 독서방법
태도	어떤 사람, 대상, 사건에 관해 긍정적이거나 부정적인 행위를 하려는 내적 경향	어떤 사람, 대상, 사건에 대하여 가까이하거나 멀리하는 개인적 행위 선택하기	미술관에 가지 않고 대신 록콘서트에 가는 것을 선택하기
운동 기능	일련의 신체적 움직임을 수행하기 위한 능력 및 실행 계획	신체적 계열이나 행위 시범해 보이기	구두끈을 묶기, 배영을 시범해 보이기

15 출제영역 >> 교육철학   난이도 ☆☆★ 정답 ②

✅정답찾기 항존주의 교육사상의 핵심은 영원성과 절대성에 있다. 그래서 항존주의는 인간의 불변적 본질이 이성(理性)이기에 교육의 본질 또한 이성을 도야시키는 것이어야 하며, 이를 위한 학교 교육의 역할로, 절대적 진리가 담긴 교양교육이나 위대한 고전(The Great Books)읽기를 통한 이성의 도야를 강조한다. ①은 진보주의, ③은 본질주의, ④는 재건주의에 해당한다.

Tip 항존주의의 교육원리

① 인간은 서로 다른 환경에 놓여 있다 하더라도 그 본성은 언제 어디서나 동일하다. 따라서 교육도 언제 어디서나 동일해야 한다.
② 이성(理性)은 인간의 최고 속성이다.
③ 교육의 과업은 인간을 현실세계에 적응시키는 일이 아니라, 영원불변하는 진리에 인간을 적응시키는 일이다.
④ 교육은 생활 그 자체나 모방이 아니라 미래의 이상적 생활의 준비다.
⑤ 학생들은 세계의 영원성에 익숙하게 하는 기본적인 과목들을 배워야 한다.
⑥ 학생들은 문학, 철학, 역사, 과학과 같이 여러 시대를 거쳐 인간의 위대한 소망과 성취를 나타낸 위대한 고전들(The Great Books)을 읽어야 한다.

16 출제영역 >> 교육과정   난이도 ☆★★ 정답 ③

✅정답찾기 경험중심 교육과정의 한 유형인 생성(현성) 교육과정(emerging curriculum)은 사전에 계획을 세우지 않고 교육현장에서 학생과 교사가 협력하여 교육과정을 함께 구성하여 '만들어가는 교육과정'을 말한다. 중핵 교육과정(core curriculum)은 중심과정과 주변과정이 동심원적으로 결합된 구조를 갖는 교육과정으로, 교과중심 교육과정과 경험중심

교육과정의 결핍을 보완한 경험중심 교육과정 유형이다. 가장 중요한 것(예 지역사회의 문제)을 중심에, 그 외 나머지 것들(예 교과 지식)을 중심을 둘러싼 주변에 배치하는 형태로, 교과의 선을 없애고 학습자의 요구나 해결해야 할 사회문제를 중심으로 조직하는 것이다.

17 출제영역 >> 교육공학   난이도 ☆★★ 정답 ②

✅정답찾기 교수매체의 선정·활용 모형인 ASSURE에 따르면 교수설계는 '학습자 분석 – 목표진술 – 방법·매체·자료의 선택 – 매체와 자료의 활용 – 학습자 참여 요구 – 평가와 수정'으로 진행된다. 제4단계인 매체와 자료의 활용(Utilize media & materials)에서는 교사가 자료의 사전검토, 환경정비, 학습을 위한 사전준비, 자료 제시 등의 활동을 한다. ②는 학습자의 준비(prepare the learners)로 매체활용 수업의 주제와 내용, 주의집중의 필요성에 대해 학습자를 준비시키는 것을 말한다.

Tip 하이니히(Heinich)와 모렌다(Molenda)의 ASSURE 모형

1. 학습자 특성 분석 (Analyze learners)	학습자의 일반적 특성(예 연령, 학력, 지적 특성, 문화적 요인), 구체적인 출발점행동, 학습 유형(예 정보처리습관, 동기 요소)
2. 목표의 기술 (State objectives)	학습자가 수업의 결과로 획득해야 할 학습경험과 지식 위주로 진술 ⇨ ABCD기법 예 학습대상자(Audience), 행동(Behavior), 학습의 조건(Condition), 평가수준(Degree)
3. 방법 및 매체의 선정 (Select methods & materials)	교수방법(예 강의법, 토의법)의 선정, 교수매체의 선정, 교수자료의 선택
4. 매체와 자료의 활용 (Utilize media & materials)	매체의 점검(preview the materials), 매체의 준비(prepare the materials), 환경의 준비(prepare the environment), 학습자의 준비(prepare the learners), 학습경험의 제공(provide the learning experience) 등 5P의 원칙에 따라 진행 ⇨ 교사활동이 중심
5. 학습자의 수행 요구 (Require learners participation)	연습과 강화 제공 ⇨ 학습자 활동이 중심
6. 평가와 수정 (Evaluate & revise)	학습목표 평가, 매체와 방법의 평가, 교수–학습 과정의 평가, 수정

Tip 매체활용의 5P 원칙

1. **매체의 점검**(preview the materials) : 수업에 사용하고자 하는 매체자료를 사전 검토
2. **매체의 준비**(prepare the materials) : 계획한 수업활동에 알맞게 순서를 조정하거나 자료의 부분적인 제시가 가능하도록 준비
3. **환경의 준비**(prepare the environment) : 매체의 활용이 이루어질 환경을 준비
4. **학습자의 준비**(prepare the learners) : 매체활용 수업의 주제와 내용, 주의집중의 필요성에 대해 학습자를 준비시킴.
5. **학습경험의 제공**(provide the learning experience) : 교수매체를 활용한 학습 경험 제공

18 출제영역 >> 교육사회학   난이도 ★★☆   정답 ④

✅ 정답찾기 사회체제로서의 학교가 지닌 개혁적 기능은 재건주의 철학자들의 입장이기도 하며, 계획적으로 사회 변화를 창조하는 기능을 말한다. 주로 고등교육기관이 담당하고 있는 기능에 해당한다.

💡 Tip 학교의 사회적 기능

문화전계	공인된 태도, 규범, 가치관 등의 생활양식과 행동양식을 포함하는 문화내용을 다음 세대에 전달하는 기능 ⇨ 교육의 1차적 기능
사회통합	• 여러 이질적인 요소들이 각기 고유의 기능을 유지하면서 전체적으로는 모순과 갈등이 없이 조화를 이루며 발전하는 기능 ⇨ 문화전승의 2차적 기능 • 문화전승기능보다 강제성을 띠는 사회적 통제(사회적 제재)의 기능을 갖는다는 점에서 구분된다.
사회이동	개인의 사회적 지위를 수직적으로 이동시켜 주는 중요한 도구이며, 고등교육기관이 몰려 있는 지역으로의 수평적 이동을 촉진하는 기능
사회충원	교육의 가장 현실적이고 구체적인 기능으로, 사회의 존속과 발전을 위해 필요한 인력의 선발, 분류, 배치를 하는 기능
사회선발	교육받은 수준에 따라 사회성원들에게 특정한 지위를 부여하는 기능
사회개혁	새로운 문화를 창조하고 더 바람직한 방향으로 변화시켜 주는 기능

19 출제영역 >> 교육심리학   난이도 ☆☆★   정답 ③

✅ 정답찾기 정보처리학습에서 학습은 유의미한 부호화의 과정을 거쳐 일어난다. 장기기억에 존재하는 정보가 네트워크(network) 구조로 형성된다는 사실은 교사는 학습자에게 개별적인 사실만을 제공해서는 안 되며, 반드시 사실과의 관계성에 대해서도 설명해야 함을 의미한다. 예를 들어, 태양계의 구조를 설명할 때 단순히 '대부분의 행성들이 같은 회전축을 가지고 있다.'라고 설명하는 것보다는, 그러한 사실이 왜 중요하고, 태양계 형성에 어떠한 단서를 주는지에 대해 원리와 관계성을 이해시키려는 노력이 필요하다. ①은 사회학습이론, ②는 행동주의 학습이론, ④는 구성주의 학습이론에 해당한다.

20 출제영역 >> 생활지도와 상담   난이도 ☆☆★   정답 ④

✅ 정답찾기 ④는 엘리스(A. Ellis)의 합리적·정의적 상담이론(RET) 또는 인지·정서·행동치료(REBT)에 해당한다. 이 이론은 인간의 사고(思考)와 정서(情緒)는 밀접하게 연결되어 있으며, 사고가 정서와 행동에 영향을 미친다고 전제한다. 당위적·경직된 사고, 지나친 과장, 자기 및 타인 비하 등과 같은 비합리적 신념은 자기 파괴적이고 패배적인 정서와 행동을 유발하는 원인이라고 보고 논박(dispute)을 통해 비합리적 신념을 합리적 신념으로 변화시켜 줌으로써 부적응을 제거할 수 있다고 주장한다. 한편, 형태주의 상담이론은 펄스(F. Perls)가 주창한 것으로, 상담자가 내담자로 하여금 자신들이 현재를 느끼고 경험하는 것을 무엇이 방해하는지를 알 수 있도록 도움으로써 내담자가 여기(here)-지금(now)을 완전히 경험할 수 있도록 돕는 방법이다. 부적응행동의 원인으로 각성의 결여, 책임의 결여, 환경과의 접촉 상실, 형태 완성 능력의 부족, 욕구의 부인, 자아의 미분화를 들고 있다.

💡 Tip 형태주의 상담이론의 상담기법

빈의자 기법	의자에 앉은 내담자는 옆의 빈 의자에 문제의 인물이나 자기 생활에서 중요한 인물이 앉아 있다고 가정하고 그에게 하고 싶은 얘기, 그에 대한 감정과 갈등(분노, 좌절 등), 해결해야 할 문제 등을 이야기하게 한다. 그리고 의자를 바꿔 앉아서 내담자 자신이 의자에 있는 가상 인물의 입장이 되어 말을 해보게도 한다. 이렇게 양쪽 입장에서 말을 해보는 역할놀이를 통해 양자의 입장을 통합한 전체로서의 자신을 구성하게 된다.
꿈작업	표현되지 못한 감정, 충족되지 못한 욕구, 미완성된 상황이 꿈에 나타난다고 본다. 즉, 지금-여기에서 미해결 과제가 꿈에 나타난다는 것이다. 꿈속에 숨겨진 메시지를 찾아 생활상의 문제를 발견하고 내담자가 자신에 대한 자각을 발전시킬 수 있다.
환상 게임	환상은 고통스럽고 지겨운 현실에서 일시적 해방을 맛보고 즐겁게 하며 환상을 통한 학습은 현실에의 적응을 돕는다. 또 환상을 통해 자신의 미완성된 것, 바라는 것이 드러남으로써 자신을 알게 해주며 창조와 관련되기도 한다.

제 02 회 실전동형 모의고사

Answer

01	②	02	④	03	③	04	④	05	④
06	①	07	③	08	④	09	②	10	③
11	④	12	①	13	①	14	①	15	③
16	①	17	②	18	③	19	①	20	①

01 출제영역 >> 교육과정 난이도 ☆☆★ 정답 ②

정답찾기 블룸(Bloom)은 타일러가 제시한 행동영역의 교육목표를 인지적(cognitive), 정의적(affective), 심동적 영역(psycho – motor domain)으로 세분화하였다. 인지적 영역(cognitive domain)의 교육목표를 복합성(복잡성)의 원리를 기준으로 하위 차원에서 상위 차원으로 위계에 따라 배열하면 '지식 → 이해력 → 적용력 → 분석력 → 종합력 → 평가력'으로 나타난다. ②는 정의적 영역의 목표로 어떤 현상이나 자극에 대하여 긍정적인 반응을 보이는 것을 말한다.

Tip 인지적 영역의 목표 분류(Bloom, 1956)

지식 (Knowledge)	이미 배운 내용(개념, 사실, 원리, 방법 등)을 기억했다가 재생·재인(再認)할 수 있는 능력, 가장 단순한 정보 재생 능력(암기 수준)
이해력 (Comprehension)	지식을 바탕으로 자료의 의미를 파악하는 능력 예 번역(translation), 해석(interpretation), 추리(extrapolation)
적용력 (Application)	특수한 사태, 구체적 사태에 추상 개념(예 개념, 방법, 원리, 학설, 이론)을 사용하는 능력, 추상 개념을 기초로 새로운 문제 사태에 사용하여 문제를 해결할 수 있는(problem solving) 능력
분석력 (Analysis)	주어진 자료를 구성부분으로 분해하고 부분 간의 상호관계와 그것이 조직되어 있는 방법을 발견하는 능력 예 요소분석, 관계분석, 조직원리의 분석
종합력 (Synthesis)	여러 개의 요소나 부분을 전체가 하나가 되도록 묶는 능력, 이전에 경험한 부분들을 새롭고 잘 통합된 전체로 구성된 새로운 자료로 창안해 내는 창의적인 능력(≒ 창의력) 예 독특한 의사전달 방법의 창안 능력, 조작의 계획 및 절차의 창안 능력, 추상적 관계의 추출 능력
평가력 (Evaluation)	어떤 목적을 가지고 아이디어, 작품, 해답, 방법, 소재 등에 관한 가치를 판단하는 능력, 어떤 준거나 규준을 활용하여 자료의 가치를 판단하는 능력 예 내적 준거에 의한 평가, 외적 준거에 의한 평가

Tip 정의적 영역의 목표 분류(Bloom & Krathwohl, 1964)

감수 (感受, Receiving, 수용)	어떤 현상이나 자극에 대하여 긍정적인 반응을 보이는 것. 수동적 반응 예 인지(認知), 자진 감수, 주의집중(선택적 관심)
반응(反應, Responding)	주의집중을 넘어 특정 현상이나 자극에 대해 어떤 활동적·적극적인 반응을 보임. 적극적 반응(≒ 흥미) 예 묵종적(默從的) 반응, 자진반응, 반응에 대한 만족
가치화 (Valuing)	어떤 사물이나 현상·행동에 대하여 그 의미와 가치를 부여하여 내면화하는 행동 예 가치의 수용, 가치의 선호, 가치의 확신
조직화 (Organizing)	여러 가지 가치의 비교와 연관을 통해 가치를 종합하고 자기 나름대로 일관성 있는 가치체계를 확립하는 단계 예 가치의 개념화, 가치체계의 조직
인격화 (Characterization, 성격화)	가치체계를 바탕으로 지속적이고 일관성 있고 확고한 행동이나 생활양식으로 발전하여, 그의 인격의 일부로 내면화되는 단계 예 일반화된 행동태세, 인격화

02 출제영역 >> 교육과정 난이도 ☆☆★ 정답 ④

정답찾기 인간중심 교육과정은 '학생이 학교생활을 하는 동안에 갖는 모든 경험'을 교육과정으로 정의한다. 의도적 경험(표면적 교육과정)과 의도하지 않은 경험(잠재적 교육과정)을 모두 중시하며, 실존주의와 현상학, 인본주의 심리학을 토대로 성립하였다.

Tip 인간중심 교육과정의 장점과 단점

장점	단점
• 전인교육을 통한 전인적 성장 가능 • 학습자의 개별적인 자기성장 조장 • 학습자의 긍정적 자아개념 형성 • 교수·학습 과정에서 개방적·자율적 분위기 조성 • 교육과 교육환경의 인간화에 기여	• 교사들의 투철한 교육관 확립 요구 • 행정적 조건 정비(예 과밀학급 개선, 경쟁적 입시풍토 개선)가 선행되어야 함. • 개인의 성장만을 중시하고 교육과 사회와의 관계를 경시할 수 있음. • 개념이 모호하고 이론 자체가 미비함.

03 출제영역 >> 서양교육사 난이도 ☆☆★ 정답 ③

정답찾기 일상생활 속에서의 교육, 즉 생활도야를 중시한 것은 페스탈로치(Pestalozzi)에 해당한다. 이에 비해 루소(Rousseau)는 전문가에 의한 교육, 즉 전문도야를 중시하였다.

Tip 루소(Rousseau)와 페스탈로치(Pestalozzi) 교육사상의 비교

루소(Rousseau)	페스탈로치(Pestalozzi)
소극적 교육관: 교육은 아동 개인의 직접적 경험의 결과	적극적 교육관: 교육을 통한 아동 능력 계발 가능
학교교육을 부정	학교교육을 긍정: 좋은 가정교육의 연장
개인 중심 교육	개인과 사회의 조화로운 발달 강조
일상적인 삶이 가지는 교육적 가능성 부정: 최선의 교육을 위해서는 탁월한 능력과 인격을 갖춘 부모를 둔 이상적인 가정이 반드시 필요	일상적인 삶이 가지는 교육적 가능성 긍정: 평범한 농부의 가정도 인간적인 유대와 일거리가 있는 한 훌륭한 교육의 장이 될 수 있고, 그를 통해 최선의 교육이 가능 ⇨ 생활 도야
정원사로서의 교사: 아동 성장의 협조자, 안내자	교사의 적극적 역할론 강조: 교사는 '교육의 대기술'을 가지고 아동과 사회를 매개하고 아동을 성인 수준으로 육성하는 자

04 출제영역 >> 교육평가 난이도 ☆★★ 정답 ④

정답찾기 교육평가는 평가기준(준거)에 따라 규준참조평가, 준거참조평가, 성장참조평가, 능력참조평가로 구분한다. 이 중 성장참조평가와 능력참조평가를 자기참조평가(self-referenced evaluation)라고 한다. 자기참조평가(자기지향평가)는 인본적 교육관에 토대를 두며, 교육과정은 자아실현과 전인형성을 목표로 하는 인간중심 교육과정과 관련이 있다.

05 출제영역 >> 교육행정학 난이도 ★★★ 정답 ④

정답찾기 국가교육위원회는 교육과정의 기준과 내용에 관한 기본적인 사항을 정하며, 교육감은 국가교육위원회가 정한 교육과정의 범위에서 지역의 실정에 맞는 기준과 내용을 정할 수 있다. 교육부장관은 교육과정이 안정적으로 운영될 수 있도록 대통령령으로 정하는 바에 따라 후속지원 계획을 수립·시행한다(「초중등교육법」 제23조). 또한 교육감은

교육과정의 운영에 관한 사항을 관장한다.(「지방교육자치에 관한 법률」 제20조)

Tip 교육감의 관장사무 – 「지방교육자치에 관한 법률」 제20조

제20조(관장사무) 교육감은 교육·학예에 관한 다음 각 호의 사항에 관한 사무를 관장한다.
1. 조례안의 작성 및 제출에 관한 사항
2. 예산안의 편성 및 제출에 관한 사항
3. 결산서의 작성 및 제출에 관한 사항
4. 교육규칙의 제정에 관한 사항
5. 학교, 그 밖의 교육기관의 설치·이전 및 폐지에 관한 사항
6. 교육과정의 운영에 관한 사항
7. 과학·기술교육의 진흥에 관한 사항
8. 평생교육, 그 밖의 교육·학예진흥에 관한 사항
9. 학교체육·보건 및 학교환경정화에 관한 사항
10. 학생통학구역에 관한 사항
11. 교육·학예의 시설·설비 및 교구(敎具)에 관한 사항
12. 재산의 취득·처분에 관한 사항
13. 특별부과금·사용료·수수료·분담금 및 가입금에 관한 사항
14. 기채(起債)·차입금 또는 예산 외의 의무부담에 관한 사항
15. 기금의 설치·운용에 관한 사항
16. 소속 국가공무원 및 지방공무원의 인사관리에 관한 사항
17. 그 밖에 당해 시·도의 교육·학예에 관한 사항과 위임된 사항

Tip 교육감의 권한

---

1. **사무집행권**: 교육 및 학예에 관한 모든 사무를 관장·집행한다.
2. **교육규칙 제정권**: 법령 또는 조례의 범위 안에서 그 권한에 속하는 사무에 관하여 교육규칙을 제정·공포할 수 있다.
3. **대표권**: 교육·학예에 관하여 당해 지방자치단체를 대표한다.
4. **지휘·감독권**: 소속 공무원을 지휘·감독하고 법령과 조례·교육규칙이 정하는 바에 의하여 그 임용·교육훈련·복무·징계 등에 관한 사항을 처리한다.
5. **재의요구권(再議要求權)**: 시·도의회 심의·의결사항에 대해 재의를 요구할 수 있다.
6. **제소권**: 시·도의회가 재의결한 사항에 대하여 대법원에 제소할 수 있다.
7. **선결처분권**: 교육위원회 또는 시·도의회가 소집될 시간적 여유가 없거나 의결이 지체되어 의결되지 아니한 때에는 교육감 소관사무 중 의결을 요구하는 사항에 대하여 선결처분을 요구할 수 있다.

---

06 출제영역 >> 서양교육사　　　　난이도 ☆☆★　정답 ①

✅정답찾기 프랑스의 상피에르(Saint Pierre)는 프랑스 최초로 국가관리 교육을 주장하였다. 샤로테(La Chalotais)의 「국민교육론」(1763), 롤랑(Rolland)의 교육개혁안, 콩도르세(Condorcet)의 공교육 조직 계획안(1792), 탈레랑(Talleyland)의 교육개혁안 모두 국가에 의한 국민교육을 강조하였다. 독일에서는 피히테(Fichte)가 「독일국민에게 고함」이라는 연설을 통해 전 국민을 대상으로 학교교육을 의무화하고 국고에 의한 교육비 부담과 국민공통 교육과정 개설, 그리고 남녀공학의 실시를 주장하였다. 훔볼트(Humbolt)는 중등교육개혁, 복선형 학제의 정착, 베를린 대학 창설, 고독과 자유라는 근대적 대학 이념 보급에 공헌하였다. 마지막으로 학교는 위대한 장치라고 본 호레이스 만(Horace Mann)은 「12년보」를 발간하여 빈약한 교육환경 개선과 일반 대중을 위한 공립보통학교 설립, 남녀·빈부의 차 없는 교육실시를 주장하였다.

07 출제영역 >> 교육심리학　　　　난이도 ☆★★　정답 ③

✅정답찾기 잠재학습(latent learnig)은 톨만(Tolman)이 '쥐의 미로찾기 실험'의 결과로 주장한 학습유형으로, 어느 한 순간에 유기체에 잠재되어 있지만 행동(수행)으로 나타나지 않는 학습을 말한다. 강화 없이도 학습이 일어나는 경우의 예에 해당하는 것으로, 학습은 행동의 변화가 아닌 (장소에 대한) 인지지도(cognitive map)의 변화라고 본다. ①은 사회학습, ②와 ④는 행동주의 학습이론에 근거한 이론이다.

Tip 톨만(Tolman)의 학습현상

잠재학습 (latent learning)	• 유기체에 잠재되어 있지만 행동으로 나타나지 않는 학습 • 강화 없이도 학습이 일어난다. → '보상'은 수행변인(학습변인×)
장소학습 (place learning)	• 목표물이 어디에 있는가에 대한 장소를 학습하는 것 • 장소에 대한 인지지도를 형성하여 획득된 과정
보상기대 (reward expectancy)	학습은 보상기대 형성 과정: '이렇게 하면 이런 결과(보상)가 나타날 것'이라는 기대를 형성하는 과정

08 출제영역 >> 생활지도와 상담　　　　난이도 ☆★★　정답 ④

✅정답찾기 형태주의 상담이론은 펄스(F. Perls)가 주장한 상담이론으로, 상담자가 내담자로 하여금 자신들이 현재를 느끼고 경험하는 것을 무엇이 방해하는지를 알 수 있도록 도움으로써 내담자가 여기(here)―지금(now)을 완전히 경험할 수 있도록 돕는 방법이다. 지문에 제시된 상담 기법은 빈 의자기법에 해당한다.

Tip 형태주의 상담이론의 상담기법

빈의자 기법	의자에 앉은 내담자는 옆의 빈 의자에 문제의 인물이나 자기 생활에서 중요한 인물이 앉아 있다고 가정하고 그에게 하고 싶은 얘기, 그에 대한 감정과 갈등(분노, 좌절 등), 해결해야 할 문제 등을 이야기하게 한다. 그리고 의자를 바꿔 앉아서 내담자 자신이 의자에 있는 가상 인물의 입장이 되어 말을 해보게도 한다. 이렇게 양쪽 입장에서 말을 해보는 역할놀이를 통해 양자의 입장을 통합한 전체로서의 자신을 구성하게 된다.
꿈작업	표현되지 못한 감정, 충족되지 못한 욕구, 미완성된 상황이 꿈에 나타난다고 본다. 즉, 지금―여기에서 미해결 과제가 꿈에 나타난다는 것이다. 꿈속에 숨겨진 메시지를 찾아 생활상의 문제를 발견하고 내담자가 자신에 대한 자각을 발전시킬 수 있다.
환상 게임	환상은 고통스럽고 지겨운 현실에서 일시적 해방을 맛보고 즐겁게 하며 환상을 통한 학습은 현실에의 적응을 돕는다. 또 환상을 통해 자신의 미완성된 것, 바라는 것이 드러남으로써 자신을 알게 해주며 창조와 관련되기도 한다.

09 출제영역 >> 교육심리학　　　　난이도 ☆★★　정답 ②

✅정답찾기 위트킨(Witkon)은 학습자의 인지양식을 잠입도형검사(EFT: Embedded Figure Test)를 통해 측정하고, 검사결과 점수가 높은 사람을 장독립형, 점수가 낮은 사람을 장의존형으로 구분하였다. 장독립형은 내적 대상에 의존하는 성향으로, 어떤 사물을 인지할 때 그 사물의 배경이 되는 주변의 장의 영향을 별로 받지 않고 논리적·분석적으로 지각하는 인지유형을 말하며, 장의존형은 외부적 대상에 의존하는 성향으로, 지각 대상을 전체로서 지각하는 인지유형을 말한다. ②는 장독립형, ①, ③, ④는 장의존형에 해당한다.

Tip 장독립형과 장의존형 학습자의 특성 비교(Jonassen 외)

장독립형(Field independence)	장의존형(Field dependence)
• 분석적·논리적·추상적·확산적 지각	• 전체적·직관적·수렴적 지각
• 내적 지향 ⇨ 비사교적	• 외부적 지향 ⇨ 사교적
• 구조를 스스로 창출 ⇨ 비구조화된 자료학습 선호	• 기존의 구조를 수용 ⇨ 구조화된 자료학습 선호
• 비선형적인 Hyper−media 학습에 적합	• 선형적인 CAI 학습에 적합
• 학문 중심 교육과정에 유리	• 인간 중심 교육과정에 유리
• 개인적 성향 ⇨ 대인관계에 냉담, 강의법 선호	• 사회적 성향 ⇨ 대인관계 중시, 토의법 선호
• 사회적 정보나 배경 무시	• 사회적 정보나 배경에 관심
• 개념이나 원리 지향적 ⇨ 실험적	• 사실이나 경험 지향적 ⇨ 관습적·전통적
• 분석을 통한 개념 제시	• 제시된 아이디어를 수용
• 자신의 가설 형성	• 눈에 띄는 특징에 영향을 받음.
• 내적 동기 유발 ⇨ 외부 비판에 적게 영향 받음.	• 외적 동기 유발 ⇨ 외부 비판에 많이 영향 받음.
• 수학, 자연과학 선호 ⇨ 수학자, 물리학자, 건축가, 외과의사와 같은 직업 선호	• 사회 관련 분야 선호 ⇨ 사회사업가, 카운슬러, 판매원, 정치가와 같은 직업 선호
• 자신이 설정한 목표나 강화에 의해 영향	• 외부에서 설정한 목표나 강화에 의해 영향
• 사회적 내용을 다룬 자료에 집중하는 데 외부 도움을 필요로 함.	• 기억조성술 활용방법을 학습할 필요 있음.

---

10 출제영역 >> 교육행정학 　　난이도 ★★ 　정답 ③

✅ **정답찾기** 던(Dunn)은 교육정책의 평가 기준으로 효과성(effectiveness), 능률성(efficiency), 적정성(adequacy), 형평성(equity), 대응성(responsiveness), 적절성(appropriateness)을 제시하였다. 각 평가 기준과 관련된 질문은 '의도한 가치는 성취되었는가?'(효과성), '의도한 가치 창출을 위한 비용은?'(능률성), '정책 결과가 문제를 해결한 정도는?'(적정성−충족성, 노력성), '정책 대상집단에게 비용과 편익은 공정하게 분되었는가?'(형평성), 정책 결과는 정책 대상집단의 요구, 기호, 가치를 만족시키고 있는가?'(대응성), '정책 결과의 실질적인 가치는 어느 정도인가?' (적절성 또는 적합성) 등이다.

Tip 교육정책의 평가기준: 던(Dunn)

적절성 (적합성)	정책목표가 과연 바람직한 것이며 가치 있는 것이냐의 문제
효과성	정책이 의도했던 목표를 달성한 정도
능률성	의도했던 성과를 달성하기 위하여 어느 정도의 노력이 필요했느냐의 문제 → 투입과 산출의 비
대응성	① 정책성과가 정책 수혜자들의 욕구와 선호를 만족시킨 정도, ② 환경 변화에 대응 정도
형평성	정책집행 비용이 여러 집단에 평등하게 배분되어 있는 정도
적정성 (필요성)	정책목표달성이 문제해결에 얼마나 공헌했는가의 정도

---

11 출제영역 >> 생활지도와 상담 　　난이도 ★★ 　정답 ④

✅ **정답찾기** ④는 수퍼(D. Super)의 진로발달이론에 해당한다. 진즈버그(Ginzberg)나 수퍼(Super)의 진로발달이론에서는 직업선택은 1회적인 과정이 아니라 전 생애에 걸친 과정으로 보고 발달단계론적으로 접근한다. 먼저, 진즈버그(Ginzberg)의 진로발달이론은 직업선택은 바람(wish)과 가능성(possibility)과의 타협과정, 즉 흥미, 능력, 가치관 등의 주관적 요소와 현실 세계와의 타협으로 이루어진다고 주장한다. 개인의 진로발

달은 환상기, 잠정기, 현실기의 3단계로 진행되며, 초기 성인기에 완성된다. 한편, 수퍼(Super)의 진로발달이론은 전생애 생애공간이론(life-span life-space theory)으로, 모든 진로이론들 중 가장 포괄적이고 종합적이라는 평을 받는다. 진로발달을 크게 전생애(life-span), 생애역할(life role), 자아개념(self-concept) 등 세 가지 개념으로 이론화하였으며, 이론의 현실에의 접목을 위해 C−DAC(Career Development Assessment and Counseling) 모형을 개발하였다. 진로선택에 있어 타협과 선택을 중시하였으며, 발달 단계를 성장기 − 탐색기 − 확립기 − 유지기 − 쇠퇴기 5단계로 설명한다.

Tip 홀랜드(Holland)의 RIASEC 6각형 모형

직업 환경	성격 특성과 직업적응 방향
현실적(실재형) (Realistic)	운동신경이 잘 발달되었으며, 손을 사용하거나 체력을 필요로 하는 활동을 선호하고 객관적이고 구체적인 과제를 즐긴다.
지적(탐구형) (Investigate)	과업 지향적이고 신중하며 추상적인 일을 즐긴다. 학구적이고 과학적인 영역에서 탁월한 경향이 있다.
심미적(예술형) (Artistic)	내향적이고 비사교적이며 민감하고 충동적이다. 언어적이고 예술적인 영역에서 탁월하며 창의적이고 독창적인 경향이 있다.
사회적(사교형) (Social)	언어 능력과 대인관계 기술이 뛰어나고 다른 사람들과 함께 일하고 또 다른 사람들을 돕는 것을 즐긴다. 사회 지향적이고 명랑하며, 보수적인 경향이 있다.
설득적(기업형) (Enterprising)	남성적인 면이 강하고 타인을 지배하거나 설득하는 능력이 뛰어나다. 비교적 외향적이며, 권력이나 지위 등에 관심이 많다.
전통적(관습형) (Conventional)	틀에 박힌 활동을 좋아하고 법률이나 규칙을 잘 지킨다. 보수적·순응적이고, 사회적인 성향이 있으며, 계산적이고 사무적인 직업을 즐긴다.

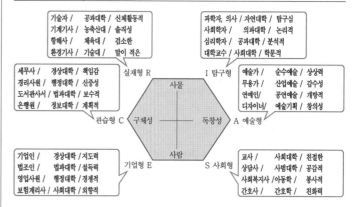

* 표시 순서: 직업 / 전공 / 성격

※ 직업환경 간의 상관 정도: R−I, I−A, A−S, S−E, E−C, C−R은 고상관, I−E, R−S, E−I, C−A는 저상관, R−A, I−C, I−S, A−E, S−C, E−R은 중상관임.

---

12 출제영역 >> 교육사회학 　　난이도 ★★ 　정답 ①

✅ **정답찾기** 드리븐(Dreeben)은 학교를 현대 산업사회에서 요청되는 핵심적인 규범을 효과적으로 사회화하기 위한 기관이라고 보았으며, 학교에서 학생들이 학습해야 할 규범으로, 독립성, 성취성, 보편성, 특수성 등을 제시하였다.

Tip 드리븐(Dreeben)의 학교사회화 내용

독립성 (independence)	• 학교에서 독자적으로 할 일이 있다는 것을 배우게 된다는 것 ⇨ 학문적 학습활동에 적용되는 규범 • 학교에서 과제를 스스로 처리하게 하고 자신의 행동에 책임을 지게 함으로써 습득된다. 예 시험 시 좌석 분리, 시험 중 부정 행위에 대한 처벌을 통해 학습
성취성 (achievement)	• 자기의 노력이나 의도보다는 성과에 따라 대우받는다는 것을 배우는 것 ⇨ 학생들이 최선을 다해 자기 과제를 수행해야 한 다는 전제하에 행동하는 것, 다른 사람들의 성과와 비교하여 자신의 성과를 판단하는 것을 학습 • 공동으로 수행하는 과외활동, 운동 등 경쟁에서 성공을 경험 하는 기회를 제공함으로써 학습
보편성 (universalism)	• 동일 연령의 학생들이 같은 학습내용과 과제를 공유함으로써 형성되는 것 • 같은 연령의 학생들에게 개인 특성에 관계없이 똑같은 규칙 적용을 통해 학습
특수성(specificity, 특정성, 예외성)	동일 연령의 학생들이 다른 학년의 학생과 구별되는 특수한 환 경을 공유하여 개인의 흥미와 적성에 맞는 분야의 교육을 수행 함으로써 학습

13 출제영역 >> 교육의 이해　　　난이도 ★★★　정답 ①

☑정답찾기 「평생교육법」제2조에서는 평생교육을 '학교의 정규교육과정
을 제외한 학력보완교육, 성인 문해교육, 직업능력 향상교육, 성인진로
개발역량향상교육(성인진로교육), 인문교양교육, 문화예술교육, 시민참
여교육 등을 포함하는 모든 형태의 조직적인 교육활동'으로 정의하고
있다. 이 중 ①은 학력보완교육에 해당한다. 검정고시 강좌(중입, 고입,
대입), 독학사 강좌, 학점은행제 강좌, 시간제 등록제 강좌, 대학의 비학
점 강좌 등이 해당한다. 성인 문해교육은 일상생활을 영위하는 데 필요
한 기초능력이 부족하여 가정·사회 및 직업생활에서 불편을 느끼는 자
들을 대상으로 문자해득(文字解得) 능력을 갖출 수 있도록 하는 조직화
된 평생교육 프로그램으로, 기초문해교육, 생활문해교육 등이 이에 해당
한다.

Tip 평생교육 7대 영역

학력 보완 교육	「초·중등교육법」과 「고등교육법」에 따라 학력인정을 받기 위해 필요한 이수 단위 및 학점 취득과 관련된 평생교육 예 검정고시 강좌(중입, 고입, 대입), 독 학사 강좌, 학점은행제 강좌, 시간제 등록제 강좌, 대학의 비학점 강좌 등
성인 문해 교육	일상생활을 영위하는 데 필요한 기초능력이 부족하여 가정·사회 및 직업생 활에서 불편을 느끼는 자들을 대상으로 문자해득(文字解得) 능력을 갖출 수 있도록 하는 조직화된 평생교육 프로그램 예 기초문해교육, 생활문해교육
직업 능력 향상 교육	직업 준비 및 직무역량 개발을 목적으로 하는 교육 ⇨ 직업생활에 필요한 자 격과 조건을 체계적으로 준비하고, 주어진 직무와 역할을 효과적으로 수행할 수 있도록 지원하는 평생교육 예 직업준비 프로그램, 자격인증 프로그램, 현 직 직무역량 프로그램
성인 진로 교육	성인진로개발역량향상교육 ⇨ 성인이 자신에게 적합한 직업을 찾고 진로를 인식·탐색·준비·결정 및 관리할 수 있도록 진로수업·진로심리검사·진 로상담·진로정보·진로체험 및 취업지원 등을 제공하는 활동
인문 교양 교육	인문교육과 교양교육을 결합한 용어 ⇨ 전문적인 능력보다는 전인적인 성품 과 소양을 계발하고 배움 자체를 즐길 수 있는 신체적·정신적 건강을 겸비하 는 것을 지원하는 평생교육 예 건강심성 프로그램, 기능적 소양 프로그램, 인 문학적 교양 프로그램

문화 예술 교육	상상력과 창의력을 촉진하고 창작 활동에 필요한 기능을 익힐 수 있도록 지원하 거나, 생활 속에서 문화예술을 향유할 수 있는 능력을 개발하는 평생교육 예 레 저생활 스포츠 프로그램, 생활문화예술 프로그램, 문화예술향상 프로그램
시민 참여 교육	사회적 책무성과 공익성 활용을 목적으로 민주시민으로서 갖추어야 할 자질 과 역량을 개발하며, 사회통합 및 공동체 형성과 관련된 시민들의 참여를 촉 진하고 지원하는 평생교육 예 시민책무성 프로그램, 시민리더역량 프로그램, 시민참여활동 프로그램

14 출제영역 >> 한국교육사　　　난이도 ☆☆★　정답 ①

☑정답찾기 유형원은 「반계수록(磻溪隧錄)」에서, 과거제 폐지의 대안으
로 방상/향상 ⇨ 사학/읍학 ⇨ 중학/영학 ⇨ 태학으로 이어지는 학교교
육 4단계설을 주장하였다. 그는 교육의 기회균등을 전제로 유교적 능력
주의에 입각하여 단선화된 학교교육을 통해 적재적소의 인물을 양성하
는 공거제(貢擧制) 실시를 주장하였다.

Tip 유형원의 학교단계론

구분	초등		중등		중등		고등	서울과 지방 이원화
서울	방상	⇨	사학	⇨	중학	⇨	태학 ⇨ 진사원	• 초등은 국민보통 교육 • 중등 이후는 능력 주의(양반에 한함)
지방	향상	⇨	읍학	⇨	영학			

15 출제영역 >> 교육심리학　　　난이도 ★★★　정답 ③

☑정답찾기 기대×가치이론(expectancy×value theory)은 기대와 가치가
곱한 만큼 동기화된다고 보는 동기이론이다. 이 이론에서 기대(expectancy)
는 성공할 수 있는 가능성에 대한 개인의 신념과 판단으로 과제난이도
인식, 자기도식(self-schemas) 등의 하위요인으로 구성되며, 가치(value)
는 과제의 가치에 대하여 개인이 갖는 신념으로 중요성(importance), 내
재적 흥미(intrinsic interest), 비용(cost), 효용가치(utility value) 등의 하
위요인으로 구성된다. ③은 가치(보상기대)에 영향을 주는 하위요인에
해당한다.

Tip 기대×가치이론의 구성요소

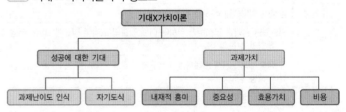

16 출제영역 >> 교육심리학　　　난이도 ☆★★　정답 ①

☑정답찾기 치환(displacement)은 본능적 충동을 충족시켜 줄 수 있는 대
상이 존재하지 않을 경우 다른 대상으로 바꿔 충동을 충족시키려는 방
어기제로, '전위', '대치', '전치' 등으로도 불린다. 본능적 욕구 자체는 변
화되지 않지만 그 욕구를 충족시킬 수 있는 대상을 다른 대상으로 바꾸
는 것이다.

Tip 방어기제(defense mechanism)의 유형

종류	내용	예
합리화 (rationalization)	자신의 행동을 그럴 듯한, 그러나 부정확한 핑계를 사용하여 받아들여질 수 있게 행동을 재해석하는 것 ⇨ ① 여우와 신포도형 합리화, ② 달콤한 레몬형 합리화	이솝우화에서 포도를 딸 수 없었던 여우가 포도가 실 것이라고 결론 내렸던 것
보상 (compensation)	자신의 결함이나 무능, 약점을 장점으로 보충하여 본래의 열등감으로부터 자아를 보호하려는 기제	성적이 낮은 아이가 자신 있는 운동을 열심히 하는 것
승화 (sublimation)	수용될 수 없는 (성적)충동이 사회적으로 받아들여 질 수 있는 충동으로 대체되는 것	타인에 대한 공격성이 권투 선수가 되어 훌륭한 시합을 하는 것으로 대체되는 것
반동형성 (reaction formation)	개인의 내면에서 수용할 수 없는 충동을 정반대로 적극적으로 표현하는 것	위협적인 성적 충동에 사로잡혀 있던 사람이 정반대로 포르노그래피를 맹렬하게 비판하는 것
투사 (projection)	자신이 갖고 있는 좋지 않은 충동을 다른 사람이 가지고 있다고 원인을 돌리는 것 ⇨ 주관의 객관화 현상	내가 그를 미워하는 것이 아니라 그가 나를 미워한다고 표현하는 것
동일시 (identification)	무의식적으로 다른 사람의 특성을 내면화하는 과정, 타인이나 집단의 가치나 태도를 자랑하거나 따라가기 ⇨ 객관의 주관화 현상	남아는 아버지의 생각과 행동을 따라함으로써 남성다움을 학습하는 것, 학생들이 연예인의 행동과 패션을 흉내내는 것
전위(치환) (displacement)	어떤 대상에게 원초아의 충동을 표현하기가 부적절하면 그러한 충동을 다른 대상으로 대체하는 것	아빠에게 꾸중을 들은 아이가 적대감을 아빠에게 표현하지 못하고 동생을 괴롭히는 것
퇴행 (regression)	위협적인 현실에 직면하여 덜 불안을 느꼈던, 그리고 책임감이 적었던 이전 발달단계의 행동을 하는 것	아이가 학교에 가야 한다는 위협에 직면하여 잠자리에서 오줌을 싸는 것
고착 (fixation)	심리적인 성장에서 다음 단계로 발달하지 못하고 현행 단계에 그대로 머물러 있는 현상	5학년 때 부모의 이혼으로 심리적인 발달단계가 5학년 수준에 머물러 있는 것

---

17 출제영역 >> 교육행정학　난이도 ☆☆★　정답 ②

☑ **정답찾기** 학교개혁으로 추진되는 학교재구조화 방안에는 총체적 질관리(TQM), 학교단위 책임경영제(SBM) 등이 있다. 이 중 학교단위 책임경영제는 학교경영의 분권화를 통한 단위학교의 자율경영체제를 구축하는 제도를 말한다. 학교운영권을 단위학교에 위임하여 자율적으로 운영하고 그 결과에 책임을 지는 제도로, 학교운영위원회, 학교회계제도, 공모교장제, 교사초빙제 등이 있다. ②는 국가수준의 개입을 강화하는 것으로 학교단위 책임경영제와 거리가 멀다.

---

18 출제영역 >> 교육철학　난이도 ★★★　정답 ③

☑ **정답찾기** 본질주의는 진보주의의 폐단을 비판(약)하고 그 교육적 한계를 극복하고자 대두된 사상이다. "진보주의는 전통적 교육의 장점인 인류의 문화유산의 전달을 무시하고 아동의 흥미와 자유, 욕구를 지나치게 존중함으로써 학력 저하, 교사의 권위 약화 등의 문제를 초래하였다."는 비판에서 대두되었다. 전체주의 국가의 침략을 막아내는 민주국가의 수호적(守護的) 역할을 담당하고, 학문 중심 교육과정을 탄생시킨

근원적 사상이라고 볼 수 있다. ㄱ은 항존주의, ㄹ은 재건주의 교육철학에 해당한다.

Tip 본질주의 교육원리

① **인류의 문화전수가 교육의 주된 목적이다.** : "학교는 인류의 문화유산 중에서 가장 본질적인(essential) 것을 가르쳐야 한다."
② **교육의 주도권은 아동이 아니라 성숙된 교사에게 있다.** : 교사의 권위 회복 ⇨ 아동의 자발성은 인정
③ **학습은 싫어도 해야 하며, 이를 위해 단련과 도야가 필요하다.** : 아동의 흥미보다 노력과 훈련·탐구 중시, 학교의 전통적인 학문적 훈련방식(계통학습) 강조
④ 교육과정의 핵심은 소정의 교과를 철저하게 이수하고 자기 것으로 만드는 일이다.
⑤ 교육은 사회적 요구와 관심을 중심으로 행해져야 한다.

---

19 출제영역 >> 교육심리학　난이도 ☆★★　정답 ①

☑ **정답찾기** 비계설정(scaffolding, 발판)은 학습의 초기 단계에서 교사가 아동의 학습을 도와주기 위해 사용하는 다양한 방법이나 전략으로, 비고츠키(Vygotsky)가 근접발달영역(ZPD)의 학습전략으로 강조한 개념이다. 효과적인 비계설정은 학습자 스스로 할 수 있도록 지원해 주는 것으로 국한되어야 하며, 문제의 정답을 직접 제공하거나 문제의 해결책을 직접 제시하는 것(⑩ 미완성 그림을 직접 그려주기)은 발판을 잘못 제공하는 것이다. 제시문은 비계설정의 기법 중 모델링(modeling), 길잡이와 힌트, 질문하기 기법에 해당한다. ②는 스키너(B. F. Skinner), ③은 반두라(A. Bandura), ④는 피아제(Piaget)의 용어에 해당한다.

Tip 비계설정(scaffolding)

개념	학습의 초기 단계에서 교사가 아동의 학습을 돕기 위해 사용하는 다양한 방법과 전략
목적	독자적으로 학습하기 어려운 지식이나 기능의 학습을 돕는 것 ⇨ 아동이 지식을 내면화하여 독자적으로 사용할 수 있을 때까지 내면화 과정을 지지해 주는 것
방법	시범 보이기, 기초 기능 개발하기, 모델 제공하기, 오류 교정하기, 틀린 개념을 발견하고 수정하기, 동기 유발하기, 구체적·현실적 목표 제시하기, 피드백 제공하기, 절차 설명하기, 질문하기, 수업자료 조정하기, 소리 내어 생각하기, 길잡이나 힌트(조언과 단서, prompt) 제공하기
구성 요소	① 협동적(공동적)인 문제해결, ② 상호주관성(intersubjectivity), ③ 따뜻한 반응(⑩ 칭찬, 격려 등), ④ 자기조절 증진시키기, ⑤ 심리적 도구(⑩ 언어, 기억, 주의집중 등)와 기술적 도구(⑩ 인터넷, 계산기 등) 활용, ⑥ 근접발달영역 안에 머물기
유의 사항	① 초기 단계에서는 많은 도움을 제공하다가 점점 지원을 줄여 나감(fading), ② 완전한 해답을 제공하지 말 것, ③ 근접발달영역 안에 부합되는 과제를 제시할 것

Tip 교수과정에서의 비계설정(발판)의 유형과 예시

발판의 유형	예시
모델링	• 체육 교사는 농구수업에서 슈팅 시범을 보인다. • 미술 교사가 학생들로 하여금 새로운 화법을 사용하여 그림을 그리도록 말하기 전에 먼저 시범을 보인다.
소리 내어 생각하기	• 수학 교사는 이차방정식 풀이 과정을 칠판에 판서하면서 말로도 똑같이 말한다. • 물리 교사가 칠판에 운동량 문제를 풀면서 자신의 생각을 소리 내어 말한다.

질문하기	• 수학 교사는 이차방정식 문제를 푼 후, 이차방정식에 대한 이해를 높이기 위하여 일차방정식과의 공통점과 차이점에 대한 질문을 던진다. • 물리 교사가 학생들에게 중요한 시점에서 관련 질문을 던짐으로써 학생들이 문제를 보다 구체적으로 이해할 수 있게 한다.
수업자료 조정하기	• 체육 교사는 뜀틀수업에서 처음에는 3단 뜀틀로 연습을 시키다가 학생들이 능숙해지면 4단 뜀틀로 높이를 높인다. • 초등학교 체육 교사가 농구 슛하는 기술을 가르치는 동안 농구대의 높이를 낮췄다가 학생들이 능숙해짐에 따라 농구대의 높이를 높인다.
길잡이와 힌트 (조언과 단서)	• 과학 교사는 태양계의 행성들을 암기할 때, 행성의 앞 글자를 딴 '수금지화목토천해'를 제시한다. • 취학 전 아동들이 신발 끈을 묶는 것을 배울 때 유치원 교사가 줄을 엇갈러 가면서 끼우도록 옆에서 필요한 힌트를 준다.

20 출제영역 >> 교육평가   난이도 ☆☆★   정답 ①

☑ 정답찾기   신뢰도를 높이려면 각 문항의 난이도는 적절하게 유지하고, 문항변별도는 높아야 한다. 문항난이도는 문항의 정답률로 산출되기 때문에 문항난이도가 높으면 학생들의 정답률이 높아져 상위집단 학생과 하위집단 학생을 구별하는 문항변별도가 낮아지게 된다. 그러므로 문항난이도를 적절한 수준(약 50% 또는 0.5)으로 유지할 때 문항변별도가 높아지게 되고(+1.0에 가까워짐) 평가도구의 신뢰도가 향상된다.

Tip   신뢰도에 영향을 주는 요인

검사와 관련된 요인	• 검사의 길이 : 검사의 길이(문항수)가 증가함에 따라 신뢰도 증가한다(단, 문항의 동질성을 전제). • 검사 내용의 범위 : 검사 내용의 범위가 좁을수록(동질성이 유지되어) 신뢰도가 증가한다. • 문항 변별도 : 문항 변별도가 높을수록 신뢰도가 증가한다. • 문항 난이도 : 문항 난이도가 적절할수록 신뢰도가 증가한다. • 가능 점수 범위 : 가능 점수 범위(상이한 점수가 나올 수 있는 범위)가 클수록 신뢰도가 증가한다. 예 4지선다형보다 5지선다형이 신뢰도가 높다. • 문항 표집 : 전체 범위에서 골고루 표집될 때 신뢰도가 높다.
치른 집단과 관련된 요인	• 집단의 동질성 : 동질집단보다 이질집단이 신뢰도가 높다. • 검사 요령의 차이 : 모든 학생들이 일정 수준 이상으로 검사를 치르는 요령을 터득하고 있을 때 신뢰도가 보장된다. • 동기 유발의 차이 : 모든 학생들이 일정 정도의 성취동기를 가지고 검사를 치를 때 신뢰도가 유지된다. • 표본의 크기 : 클수록 신뢰도가 높다.
검사 상황과 관련된 요인	• 시간 제한 : 검사시간이 충분히 주어져야 문항반응의 안정성이 보장된다. • 부정행위 : 부정행위는 방지되어야 한다.
기타	객관적인 채점방법을 사용하여야 한다.

Answer

01	①	02	②	03	③	04	②	05	①
06	③	07	①	08	②	09	①	10	③
11	①	12	④	13	②	14	②	15	②
16	③	17	③	18	②	19	②	20	①

---

01 출제영역 >> 교육의 이해 난이도 ☆☆★ 정답 ①

☑ 정답찾기 「초·중등교육법 시행령」(시행 2024.4.25.) 제76조의 3에는 교육과정 운영과 학교의 자율성을 기준으로 일반 고등학교, 특수목적 고등학교, 특성화 고등학교, 자율고등학교로 구분한다.

특수목적 고등학교	특수 분야(⑩ 과학 계열, 외국어·국제 계열, 예술 계열, 체육계열, 산업수요 맞춤형 고등학교)의 전문적인 교육을 목적으로 하는 고교 ➡ 「초·중등교육법 시행령」 제90조
자율 고등학교	학교 또는 교육과정을 자율적으로 운영할 수 있는 고등학교 ➡ 「초·중등교육법 시행령」 제91조의 3에 따른 자율형 사립고등학교 및 제91조의 4에 따른 자율형 공립고등학교
특성화 고등학교	소질과 적성 및 능력이 유사한 학생을 대상으로 특정 분야의 인재 양성을 목적으로 하는 교육 또는 자연현장실습 등 체험 위주의 교육을 전문적으로 실시하는 고등학교 ➡ 「초·중등교육법 시행령」 제91조
일반 고등학교	특정분야가 아닌 다양한 분야에 걸쳐 일반적인 교육을 실시하는 고등학교로 특수목적고등학교, 특성화고등학교, 자율고등학교에 해당하지 않는 고등학교 ➡ 「초·중등교육법 시행령」 제76조의 3

---

02 출제영역 >> 교육사회학 난이도 ☆★★ 정답 ②

☑ 정답찾기 상징적 상호작용이론은 미드(Mead), 쿠울리(Cooley), 블러머(Blumer) 등에 주창된 이론으로, 개인의 자아에 대한 인식은 타인의 자기 자신에 대한 반응의 결과에서 비롯되며, 타인이 자기 자신을 긍정적 또는 부정적으로 인식하느냐에 따라 개인의 행동이 달라질 수 있다고 보는 이론이다. 제시문은 자아개념은 고정된 것이 아니고 주위의 타인들(거울)과의 상호작용을 통해 형성된 것으로, 타인이 자신을 어떻게 평가하는지를 상상하고 그로부터 자신에 대한 이미지 혹은 자아감정과 태도를 이끌어낸다는 쿠울리(Cooley)의 영상자아(looking-glass self)이론의 사례이다. 즉, 자아개념은 자신에게 영향을 주는 중요한 타인들이 자신을 어떻게 생각하느냐에 영향을 받는다. 타인들이 자기를 귀한 존재로 보고 대우해 주면 긍정적 자아개념이, 하찮은 존재로 대우해 주면 부정적·열등적인 자아개념이 형성된다고 본다. ①은 번스타인(Bernstein), ③은 르마트와 베커(Lemart & Becker), ④는 부르디외(Bourdieu) 등이 주창한 이론이다.

---

03 출제영역 >> 교육행정학 난이도 ☆★★ 정답 ③

☑ 정답찾기 블라우와 스콧(Blau & Scott)은 조직의 수혜자가 누구인가에 따라 조직을 공익조직, 사업조직, 봉사조직, 공공조직으로 분류하였다. 이 중 봉사조직(service organization)은 조직을 이용하는 고객(client)이 가장 큰 혜택을 보는 조직으로, 병원, 학교, 상담소, 복지기관 등이 해당한다. 한편, 공공조직은 일반대중 전체가 이익을 보는 조직으로 공익을 위해 존재하는 조직이다. 군대, 경찰, 행정조직 등이 속해 있으며 '공공복리조직'이라고도 한다. ①은 코헨(Cohen), 올센(Olsen), 마치(March), ②는 에치오니(Etzioni), ④는 웨이크(Weick)가 주창한 조직의 형태이다.

Tip 블라우와 스콧(Blau & Scott)의 조직 분류

공익조직 (mutual-benefit associations, 호혜조직)	조직의 모든 구성원이 수혜를 보는 조직 ⑩ 정당, 노동조합, 종교단체
사업조직 (business concerns)	조직의 소유자나 경영자가 이익을 보는 조직 ⑩ 회사, 기업
봉사조직 (service organizations)	조직을 이용하는 고객이 가장 큰 혜택을 보는 조직 ⑩ 병원, 학교, 상담소, 복지기관
공공조직 (commonwealth organizations, 공공복리조직)	일반대중 전체가 이익을 보는 조직 ➡ 공익을 위해 존재하는 조직 ⑩ 군대, 경찰, 행정조직

---

04 출제영역 >> 교육행정학 난이도 ☆☆★ 정답 ②

☑ 정답찾기 「초·중등교육법」제30조의2(학교회계의 설치) 제2항에 따르면 국가의 일반회계나 교육비 특별회계로부터 받은 전입금은 학교회계의 세입원에 해당한다. ①은 제30조의3(학교회계의 운영) 제1항, ③은 제2항, ④는 제30조의2 제3항에 해당한다.

Tip 학교회계제도의 특징 및 예산 구조

(1) 특징
① 학교회계연도 : 회계연도는 3월 1일부터 다음해 2월 말일까지로 한다. ➡ 학년도와 일치
② 예산배부방식 : 일상경비와 도급경비 구분 없이 표준교육비를 기준으로 총액 배부한다.
③ 예산배부시기 : 학교회계연도 개시 50일 전에 일괄적으로 예산교부 계획을 각 학교에 통보한다.
④ 세출예산 편성 : 재원에 따른 사용목적 구분 없이 학교실정에 따라 자율적으로 세출예산을 편성한다.
⑤ 사용료·수수료 수입처리 : 학교시설 사용료나 수수료 수입 등을 학교 자체 수입으로 처리한다.
⑥ 회계장부관리 : 학교예산에 편성되는 여러 자금(⑩ 교육비 특별회계, 학교운영 자원회계)을 '학교회계'로 통합하고 장부도 단일화한다.
⑦ 자금의 이월 : 집행 후 잔액이 발생하면 다음 회계연도로 잔액을 이월할 수 있다.

(2) 예산 구조

세 입	① 국가의 일반회계나 지방자치단체의 교육비특별회계로부터 받은 전입금 ② 학교운영위원회의 심의를 거친 '학부모부담경비'[❶ 의무교육 이외의 경비, ❷ 수익자부담경비(⑩ 방과후교육활동비, 수련활동비, 교복비, 체육복비, 졸업앨범비 등)] ③ 학교발전기금으로부터 받은 전입금 ④ 국가나 지방자치단체의 보조금 및 지원금 ⑤ 이월금(명시이월비, 사고이월비, 계속비이월) ⑥ 자체 수입[❶ 사용료 및 수수료(학교시설의 사용 또는 수익 허가에 따른 '사용료', 물품의 대부로 인하여 발생하는 수입 및 각종 증명 '수수료') ❷ 물품매각대금(불용결정을 한 '물품대각대금'. ❸ 그 밖의 수입(실습물 매각대금, 이자수입, 교육감이 학교자체 수입으로 정하는 수입)]
세 출	① 인건비, ② 시설(관리)비, ③ 학교운영비(교육활동지원비 등), ④ 일반운영비(사무용품비, 통신비 등), ⑤ 수익자부담경비, ⑥ 예비비

05 출제영역 >> 교육과정   난이도 ☆★★   정답 ①

정답찾기 교육과정을 조직하는 수직적 원리에는 계속성, 계열성, (수직적) 연계성 등이 있으며, 수평적 원리에는 통합성, 다양성, 스코프(범위)가 있다. 이 중 스코프(scope)는 수평적(횡적) 원리로서, 특정한 시점에서 학생들이 배우게 될 내용의 '폭'(교과목의 이름)과 '깊이'(배당시간수)를 말한다. ②는 통합성(integration), ③은 계열성(sequence), ④는 수직적 연계성(연속성, continuity)에 해당한다. 수평적 연계성은 통합성의 원리이다.

06 출제영역 >> 교육평가   난이도 ☆★★   정답 ③

정답찾기 고전검사이론은 학교(교사제작검사)에서 실시하는 문항분석이론이다. 문항난이도(P)는 검사에 나타난 각 문항의 어렵고 쉬운 정도를 말하며, 각 문항에 대한 전체 피험자집단의 반응 중 정답자비율로 산출된다. 문항변별도(ID)는 문항 하나하나가 피험자의 상하능력을 변별해 주는 정도, 즉 상위집단과 하위집단의 구별 정도를 말하며, 상위집단의 정답률에서 하위집단의 정답률을 빼서 산출한다. 문항반응분포는 정답지와 오답지에의 반응학생수로 오답지의 매력도를 나타낸다. 정답지에 50% 반응하고, 나머지 오답지에 골고루 반응할 때 이상적이다. ③의 경우 문항변별도는 정답률의 편차로 산출되므로 상위집단과 하위집단이 모두 정답일 때는 문항변별도가 0이 된다. ①에서 문항난이도가 +0.5(50%)이면 문항변별도는 +1에 가까워지지 +1은 아니다. 문항변별도가 +1이 되려면 상위집단 학생이 모두 정답이고, 하위집단 학생이 모두 오답일 때다. ②의 경우 문항난이도가 낮으면 문항정답률이 낮아지기 때문에 어려운 문항을 의미한다. ④는 문항정답률이 50%이고, 나머지 오답지에 골고루 반응이 분산될 때 가장 이상적인 문항반응분포이다.

07 출제영역 >> 교육사회학   난이도 ☆★★   정답 ①

정답찾기 경제적 재생산이론을 주장한 보울스와 진티스(S. Bowles & H. Gintis)는 「자본주의 미국 사회에서의 학교교육(1976)」에서, 자본주의 제도하의 미국교육은 인종 통합에는 성공하였지만, 계층 통합에는 실패하여 학교가 경제적 불평등을 재생산하는 도구로 전락하였다고 비판한다. 잠재적 교육과정이 지닌 차별적 사회화와 상응원리를 통해 이를 주장하고 있다. 특히, 경제적 재생산이론을 상응이론(Correspondence theory, 대응이론)이라고도 부르는데 그 이유는 교육이 노동구조의 사회관계와 똑같은(대응하는) 사회관계로 운영되고 있다고 보기 때문이다. ②는 문화재생산이론(문화자본론), ③은 코드이론(자율이론), ④는 사회구성체이론에 해당한다.

Tip 상응이론(Correspondence theory, 대응이론)

"교육이 노동구조의 사회관계와 똑같은(대응하는) 사회관계로 운영되고 있다."
1. 교사는 자본가가 노동자에게 요구하는 것처럼 학생에게 순종과 복종을 강요한다.
2. 노동이 외적 보상인 임금을 획득하기 위해 이루어지듯, 교육도 외적 보상인 학업성취의 획득을 위해 이루어진다.
3. 교사는 모든 학생에게 똑같은 학업성취를 요구한다(개인차는 무시하고 개별적인 교수도 없다).
4. 노동자가 자신의 작업내용을 스스로 결정할 수 없듯이 학생들도 자기가 배워야할 교육과정에 대하여 아무런 결정권을 갖지 못한다.
5. 교육은 노동과 마찬가지로 목적이 아니라 수단이다(임금을 얻기 위한 노동, 졸업장을 얻기 위한 교육).

6. 생산현장이 각자에게 잘게 나누어진 분업을 시키듯이, 학교도 계열을 구분하고 지식을 과목별로 잘게 나눈다.
7. 생산현장에 여러 직급별 단계가 있듯이 학교도 학년에 따라 여러 단계로 나뉘어 있다.

08 출제영역 >> 교육철학   난이도 ☆★★   정답 ③

정답찾기 실존주의는 인간 존재의 추상성, 보편성, 전체성을 거부하고 구체성, 특수성을 강조한다. 또, 삶에 대한 주체적 존재인 개개인의 실존의 본질과 구조를 밝히려는 '주체성 회복의 철학'으로, 인간 개개인의 주체적인 자각, 자유로운 선택과 그에 대한 책임을 강조한다. 그렇기에 평균인을 만드는 교육을 부정하고 자아를 실현하는 교육을 중시한다. 특히 자유, 실존, 자아, 개성, 주체성 등의 개념을 중시한다. 이러한 실존주의는 교육을 '만남'으로 보기에 연속적·계획적 측면의 중요성을 간과하고 있으며, 개체성에 주목하기에 실존이 토대하고 있는 사회적 조건이나 상황을 소홀히 하고, 사용하는 용어가 주관성이 강해 이론적 명확성이 부족하다는 비판을 받는다. ①은 비판이론, ②는 분석철학, ④는 포스트모더니즘에 대한 비판이다.

Tip 실존주의 철학의 주요 명제

① 실존은 본질에 선행한다.
② 실존은 자유다.
③ 실존은 주체성이다.
④ 주체성이 진리다.

09 출제영역 >> 교수·학습이론   난이도 ☆☆★   정답 ①

정답찾기 상보적 학습 또는 상보적 교수이론(상호적 교수, Reciprocal Teaching Theory)은 교사와 학생 간 또는 학생 상호 간 대화형태로 학습과정이 전개되는 구성주의 수업형태로서, 주어진 교재의 의미를 보다 정확히 이해하려는 독해(읽기 이해) 능력 향상이 목적이다. 비고츠키(Vygotsky) 이론에 근거하여 상호작용과 발판화를 강조한다. 교사가 먼저 시범을 보인 다음 교사와 학생이 교사역할을 교대로 수행하는 상호작용적이고 구조화된 대화를 포함하고 있다.

Tip 상보적 학습의 수업전략

요약하기 (summarizing)	내용을 학생들이 이해한 대로 자신들만의 용어로 표현하기
질문 만들기 (questioning)	단순 사실의 확인부터 이해, 적용, 분석, 종합, 평가에 이르기까지 다양한 수준의 질문을 직접 만들어보기
명료화하기 (clarifying)	어휘의 뜻을 사전이나 질문을 통해 명확히 파악하기
예측하기 (predicting)	교재 내용 다음에 이어질 내용을 예측하기

10 출제영역 >> 교육행정학 　　난이도 ★★★　정답 ③

☑ 정답찾기 스타인호프와 오웬스(Steinhoff & Owens)는 '비유(metapho)'를 사용하여 학교문화를 가족문화, 기계문화, 공연문화, 공포문화 등 4가지로 유형화하였다. 이 중 제시문은 학교를 '기계'에 비유한 기계문화에 해당한다. 교장은 '기계공', 학교는 목표 달성을 위해 교사들을 이용하는 '기계'에 비유된다. 이러한 학교에서 '학교장'은 학생들을 일류대학에 많이 진학하는 것을 목표로 제시하고 '교사들'을 독려하며, 성적이 향상된 학급의 담임교사에게 포상을 주어 격려한다.

Tip 스타인호프와 오웬스(C. Steinhoff & R. Owens)의 학교문화 유형론

가족문화	'가족'이나 '팀(team)' 같은 학교 ⇨ 교사는 '부모' 또는 '코치', 애정적·우정적·협동적·보호적인 학교
기계문화	'기계'에 비유된 학교 ⇨ 교장은 '기계공', 학교는 목표 달성을 위해 교사들을 이용하는 '기계'
공연문화	학교는 서커스, 쇼 등을 시연하는 '공연장', 교장은 '단장', 공연과 함께 '청중'(학생)의 반응도 중시 ⇨ 훌륭한 교장의 지도 아래 멋진 가르침을 전수하는 공연장으로서의 학교
공포문화	학교는 '형무소', '밀폐된 공간'으로서의 학교 ⇨ 교장은 자신의 위치를 유지하기 위해 수단과 방법을 가리지 않는다.

11 출제영역 >> 교육통계 　　난이도 ★★★　정답 ①

☑ 정답찾기 피어슨(Pearson) 적률상관계수는 두 변인 간의 변화 정도를 비율로 나타낸 것으로, 두 변인(변수)이 모두 연속변인이고, 정규분포를 이루며, 동간척도(또는 비율척도)일 때, 두 변인이 선형(線形) 관계에 있을 때 적용된다. 두 변인의 편차점수의 곱을 전체사례수로 나누어 산출하며, 여러 상관계수의 종류 중에서 가장 엄밀하고 정확하여 일반적으로 사용된다. 이처럼 상관계수는 두 변인 사이의 상관관계를 하나의 값으로 요약하기 위하여 쓰이는 통계적 지수로, 그 범위는 −1.00∼+1.00이며, 상관계수의 부호는 상관의 방향을, 상관의 정도는 상관계수의 절대치의 크기로 규정된다. ②는 상관계수의 크기와 상관관계의 정도와는 비례되지 않기 때문에 가감승제를 계산할 수가 없다. ③은 두 변인의 예언정도를 나타내는 결정계수는 상관계수(r)의 제곱으로 결정된다. 그러므로 r = +0.9일 때 r^2 = 0.81이므로 약 81%를 예측할 수 있다. ④는 둘다 상관계수가 높다고 볼 수 있으며 상관계수가 0일 때 상관이 없다고 볼 수 있다.

12 출제영역 >> 교육심리학 　　난이도 ☆☆★　정답 ④

☑ 정답찾기 프로이트(S. Freud)의 성격발달이론은 심리성적 이론(psycho-sexual theory), 과거 결정론에 해당한다. 개인의 성적 에너지인 리비도(libido)의 발생부위와 충족방식에 따라 성격발달단계를 구강기 - 항문기 - 남근기 - 잠복기 - 생식기의 5단계로 유형화하여 제시하였다. 각 발달단계마다 유아가 추구하는 만족을 충분히 획득해야 다음 단계로 순조로운 이행이 가능하며, 각 발달단계에서 욕구불만을 느끼거나, 그 시기에 느낀 쾌감에 지나치게 몰두하게 되면 다음 발달단계로 넘어가지 못하고 고착(fixation)되어, 성인 시 정신건강에 문제가 발생한다고 보았다. 특히, 성격의 기본구조가 5∼6세인 남근기 이전에 완성되고, 그 이후는 기본구조가 정교화되는 과정으로 보아 초기경험의 중요성을 강조하였다. ④는 남근기에 해당한다.

13 출제영역 >> 생활지도와 상담 　　난이도 ☆★★　정답 ②

☑ 정답찾기 해결중심 상담(단기상담)은 문제를 정의하고 원인을 파악하여 해결방법을 계획하는 기존 상담이론이 지닌 문제중심의 패러다임(Medical model)에서 벗어나, 학생과 함께 해결책을 발견하고 학생의 성공경험을 통하여 강점을 발견·확대시키는 해결 중심적 패러다임(Growth model) 상담모델이다. 상담기법으로 구체적 목표 설정과 질문기법을 주로 활용한다.

Tip 단기상담의 상담기법

첫 상담 이전의 변화에 관한 질문 (면접 전 질문)	상담 전 변화가 있는 경우 내담자의 해결능력을 인정하고, 그러한 사실을 강화하고 확대할 수 있도록 격려하는 기법 ⓔ 처음 상담을 약속할 때는 문제에 대해 심각하게 고민하던데, 지금은 어떠니?
대처질문	문제 이야기에서 해결 이야기를 하도록 돕는 기법으로 아동이 자신의 문제에 대한 모든 설명을 한 것처럼 보이는 시점에서 사용되며, 문제를 극복할 수 있는 힘을 환기시켜 준다.
예외질문	모든 문제상황에는 예외상황이 있다고 보며, 아동의 생활에서 일어난 과거의 경험으로서 문제가 발생할 것이라고 기대하였으나 문제가 발생하지 않은 예외상황을 묻는 질문 ⇨ 예외상황이 해결책을 구축하는 실마리가 된다고 본다. ⓔ 시험을 볼 때마다 불안하다고 했는데, 혹시 불안하지 않은 적은 없었니?
기적질문	문제와 떨어져 해결책을 상상하게 하는 기법으로, 기적질문을 통해 상담자는 아동이 바꾸고 싶어하는 것을 스스로 설명하게 하여 문제에 대한 집착으로부터 벗어나 해결 중심 영역으로 들어가는 것을 돕는다. ⓔ 만약 오늘 밤 기적이 일어난다면, 내일 아침 무슨 일이 일어나 있을 것 같니?
관계질문	기적이 일어난 후의 내담자 주변에 일어난 변화에 관한 질문 ⓔ "이 기적이 일어난 후에 (선생님이, 친구가, 부모님이, 누나가, 기타) 뭐라고 말할까?", "네가 그렇게 변한 것을 그 사람들이 발견했을 때 그 사람들이 어떻게 행동할까?"
척도질문	아동 자신의 관찰, 인상, 그리고 예측에 관한 것들을 1에서 10점까지의 수치로 측정하도록 하는 것으로 문제해결에 대한 태도를 보다 정확하게 알아볼 수 있으며, 이 질문으로 아동의 변화과정을 격려하고 강화해 주는 구체적인 정보를 얻을 수 있다. ⓔ "자 여기 1부터 10까지 있는데, '1'은 모든 상황이 제일 나쁜 것이고 '10'은 바로 기적이 일어난 경우라고 해보자. 너는 지금 어디 있니?"
악몽질문	유일한 문제 중심적·부정적 질문으로, 상황의 악화를 통해 해결의지를 부각시킨다.

14 출제영역 >> 교육심리학 　　난이도 ★★★　정답 ②

☑ 정답찾기 ②는 사회학습이론(관찰학습)의 사례에 해당하며, ①, ③, ④는 고전적 조건화이론의 학습사례에 해당한다. 반두라(Bandura)의 사회학습이론에서는 관찰자가 자신의 행동에 대해서 직접적인 강화를 받지 않더라도 모델이 보상이나 벌을 받는 것을 관찰함으로써 마치 자신이 강화를 받는 것처럼 행동하는 '대리적 학습(간접적 학습)'을 중시한다. 이에 비해 파블로프(Pavlov)의 고전적 조건화이론에서는 '직접경험'을 통한 불수의적 행동, 즉 신경 생리적 반응이나 정서 반응(ⓔ 불안, 기쁨, 공포증 등) 형성을 설명하는 데 유용한 학습이론이다.

제 03 회

15 출제영역 >> 교육사회학 　　난이도 ☆★★ 정답 ②

✅정답찾기 ②는 알렉산더(Alexander)가 제시한 신기능이론에 해당한다. 학교교육을 비판하면서도 동시에 학교교육의 강화를 주장하는 기능이론적 접근으로, 세계자본주의체제 시대에서 교육개혁을 통해 '수월성'을 성취하고 사회통합과 사회분화 등과 같은 사회적 기능을 동시에 이룩하려는 경향이다. 윌리스(Willis)의 저항이론은 학교교육을 통해 사회의 불평등한 구조를 타파할 수 있다는 가능성을 암시하는 탈재생산 논의를 제공하였다. 간파(penetration)와 반학교문화(counter-school culture)를 통해 학생의 능동성, 학교교육의 저항성을 강조한다. ①은 슐츠(T. Schultz), ③은 부르디외(P. Bourdieu), ④는 맥클랜드(McClelland)가 대표적 주창자이다.

16 출제영역 >> 교육행정학 　　난이도 ☆☆★ 정답 ③

✅정답찾기 토마스(Thomas)와 제미슨(Jamieson)은 갈등 당사자가 상황을 어떻게 인지하는가를 분석하여 타협, 경쟁, 협동, 회피, 수용 등 다섯 가지 갈등관리 전략을 제시하였다. ③은 회피(무시)에 적절한 상황이다.

Tip 갈등관리 유형도 및 갈등관리 유형별 유용한 상황

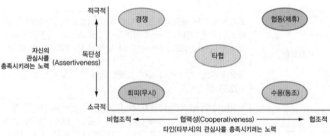

갈등관리 유형	전략이 적절한 상황
경 쟁 (Competing)	• 신속한 결정이 요구되는 긴급상황일 때 • 조직의 성장에 매우 중요한 문제일 때 • 중요한 사항이지만 인기 없는 조치를 실행할 때 • 타인을 부당하게 이용하는 사람에게 대항할 때
회 피 (Avoiding)	• 쟁점이 사소한 것일 때 • 해결책의 비용이 효과보다 훨씬 클 때 • 더 많은 정보를 얻는 것이 꼭 필요할 때 • 사태를 진정시키고자 할 때 • 다른 사람들이 문제해결을 더 효과적으로 해결할 수 있을 때 • 해당 문제가 다른 문제의 해결로부터 자연스럽게 해결될 수 있는 하위갈등일 때
수용(동조) (Accomodating)	• 자기가 잘못한 것을 알았을 때 • 다른 사람에게 더 중요한 사항일 때 • 패배가 불가피하여 손실을 최소화할 때 • 조화와 안정이 특히 중요할 때 • 보다 중요한 문제를 위해 좋은 관계를 유지해야 할 때
협력(제휴) (Collaborating)	• 목표가 학습하는 것일 때 • 합의와 헌신이 중요할 때 • 관점이 다른 사람들로부터 통찰력을 통합하기 위하여 • 양자의 관심사가 매우 중요하여 통합적인 해결책만이 수용될 때 • 관계증진에 장애가 되는 감정을 다루고자 할 때
타 협 (Compromising)	• 목표가 중요하지만 잠재적인 문제가 클 때 • 협력이나 경쟁의 방법이 실패할 때 • 당사자들의 주장이 서로 대치되어 있을 때 • 시간부족으로 신속한 행동이 요구될 때 • 복잡한 문제에 대한 일시적인 해결책을 얻고자 할 때

17 출제영역 >> 교육행정학 　　난이도 ☆☆★ 정답 ③

✅정답찾기 「교육공무원법」(제2조 제1항)에 규정된 교육공무원은 '교육기관'(국립 또는 공립의 학교 또는 기관)에 근무하는 교원 및 조교, 교육행정기관에 근무하는 장학관·장학사, 교육기관·교육행정기관 또는 교육연구기관에 근무하는 교육연구관·교육연구사를 말한다. ㄱ에서 국공립 학교에 근무하는 교육행정직원은 일반직 공무원이지 교육공무원이 아니다.

Tip 공무원의 구분

구분	경력직 공무원	특수경력직 공무원
임용	선발(be selected)	선출(be elected), 특채, 공모, 임명
성격	직업공무원(정년 보장)	비직업공무원(임기 보장)
종류	• 일반직 공무원 ⑩ 행정실장 • 특정직 공무원 ⑩ 교원	• 정무직 공무원 ⑩ 교육감, 교육부장관 • 별정직 공무원

18 출제영역 >> 교수·학습이론 　　난이도 ★★★ 정답 ②

✅정답찾기 형성평가의 설계 및 실시는 수업프로그램의 능률과 효과증진을 위해 수업프로그램의 질을 개선하는 데 필요한 자료를 수집하는 평가로 일대일 평가나 소집단평가, 현장평가를 사용한다.

Tip 딕과 캐리(Dick & Carey)의 체제적 설계모형에서 형성평가와 총괄평가의 비교

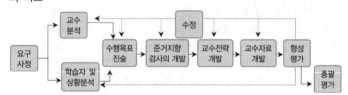

19 출제영역 >> 교육평가 　　난이도 ☆★★ 정답 ③

✅정답찾기 아이즈너(Eisner)의 예술적 비평 모형(connoisseurship and criticism model)은 타일러(Tyler)의 공학적 모형(technological model)의 대안으로 제안된 평가모형이다. 공학적 모형의 부작용을 제거하기 위하여 예술작품을 감정할 때 그 분야의 전문가가 사용하는 방법과 절차를 교육평가에 원용(援用)하려는 접근으로, 교육평가를 예술적 비평에 의해 교육적 대상의 질(質)의 가치를 해명하고 평가하는 질적인 과정으로 파악한다. 교육평가의 구성요소로 평가하려고 하는 교육현상의 미묘하면서도 중요한 자질을 인식하는 전문가(감정가)의 주관적 능력인 '감정술(감식안, 심미안, connoisseurship)'과 일반인의 이해를 돕는 과정으로 기술(description), 해석(interpretation), 평가(evaluation)로 구성된 '교육비평(educational criticism)'을 들고 있다.
①은 타일러(Tyler), ②는 알킨(Alkin), ④는 스터플빔(Stufflebeam) 또는 알킨(Alkin)에 해당한다.

Tip 교육평가에 대한 다양한 관점에 기초한 교육평가모형 비교

관점		대표자	평가에 대한 정의	특징	의의 및 한계
목표 중심적 접근	목표 모형	타일러	미리 설정된 목표가 실현된 정도를 판단하는 것	목표의 실현 정도를 파악하는 데 초점	• 의의: 명확한 평가기준 제시 / 교육목표, 교육과정, 평가 간의 논리적 일관성 확보 • 한계: 행동용어로 진술하기 어려운 목표에 대한 평가의 어려움, 교육의 부수효과에 대한 평가 곤란 / 과정에 대한 평가 소홀
	EPIC 모형	해몬드	목표 달성여부 및 프로그램의 성패에 영향 요인을 평가	행동(3) × 수업(5) × 기관(6)의 차원의 3차원적 평가 구조 제시	목표를 포괄적으로 확대시킴.
가치 판단적 접근	탈목표 평가	스크리븐	프로그램의 실제 효과에 대한 가치 판단	• 프로그램 개선에 관심을 두는 형성평가 중시 • 교육목표 대신 표적집단의 요구 중시(요구근거평가)	• 의의: 타일러 모형의 단점을 보완, 즉 의도하지 않은 부수효과에 대한 평가 가능 • 한계: 평가자의 전문성이 전제되지 않는 한 평가결과를 신뢰하기 어려움.
	종합 실상 평가	스테이크	프로그램의 기술 및 판단 평가	프로그램의 선행요건, 실행요인, 성과요인 등에 대한 기술과 가치판단	크론바흐와 스크리븐의 관점을 통합
	비평적 평가	아이즈너	예술적 비평의 과정	평가자의 교육적 감식안(심미안) 강조	개별적인 교육현상의 고유성을 살리는 평가 제안
경영적 접근 – 의사 결정적 접근	CIPP 모형	스터플빔	의사 결정자에게 필요한 정보를 제공하여 의사결정을 돕는 과정	투입과 산출을 기준으로 전체평가 과정의 효율성을 가늠하는 데 초점	• 의의: 목표와 결과 간에 논리적 일관성 유지 / 평가자의 임무를 의사결정자에게 도움을 주는 것으로까지 확대 • 한계: 기업에 비해 투입과 산출이 가시적·즉각적이지 않은 교육현장에 적용하기 어려움.
	CSE 모형	알킨	의사 결정자에게 의사결정에 필요한 정보제공 과정	CIPP 과정평가를 실행평가와 개선평가로 구분	

Tip 조선교육령의 변화과정

구분	식민지 정책	교육정책
제1차 조선교육령 (1911. 8)	무단통치기	• 식민지 교육의 기본방침 제시: 충량(忠良)한 일본신민의 양성, 시세(時勢)와 민도(民度)에 맞는 교육, 일본어 보급 • 성균관의 폐쇄(1911): 경학원 규정에 의거 • 사립학교 규칙 공포(1911) 및 개정(1915): 민족사학 탄압 강화 ⇨ 학교 설립, 교원 채용, 교과과정 등 교육 전반에 걸친 통제와 감독 강화 • 한성사범학교 폐지 • 서당규칙 공포(1918): 서당 개설 인가제, 총독부 편찬 교재 사용 • 보통학교: 6면 1교주의 정책
제2차 조선교육령 (1922)	문화정책기	• 민족차별교육 실시: 복선형 학제 실시 ⇨ 소학교('국어를 상용하는 자', 즉 일본인만 취학)와 보통학교('국어를 상용하지 않는 자', 즉 한국인만 취학)를 병행 • 교육기간의 연장: 보통학교(4년에서 6년), 고등보통학교(4년에서 5년), 여자고등보통학교(3년에서 4년), 실업학교(2·3년에서 3·4년) ⇨ 일본과 동일하게 운영(형식상) • 조선인과 일본인의 공학(共學)을 원칙으로 한다(외형상). • 조선어와 조선 역사를 필수과목으로 지정 • 보통학교의 확대: '6면 1교주의' 정책에서 '3면 1교주의' 정책으로의 변화, 보통학교가 양적으로 팽창 • 간이학교제 도입: 한국인의 교육열 증가로 보통학교 증설 운동의 확산에 대한 일제의 대응방안 ⇨ 수업연한 2년, 80명 정도의 1개 학급만 설치한 학교, 교육시설이나 교재 미흡, 교육과정의 1/3은 직업훈련 • (일제)사범학교 신설: 남자 6년제, 여자 5년제 • 경성제국대학 설립(1924): 민립대학 설립운동 봉쇄 정책의 일환
제3차 조선교육령 (1938)	황국신민화 정책기 (1936, 국체명징, 내선일체, 인고단련 등 3대 교육방침)	• 민족정신 말살정책: 한글 사실상 폐지(심상과 ⇨ 수의과), 신사참배, 창씨개명, 궁성요배 강요 • 보통학교를 심상소학교로 개칭(1938), '고등보통학교'를 '중학교'로, '여자고등보통학교'를 '고등여학교'로 개칭 • 보통학교(심상소학교): 1면 1교주의 • 복선형학제 폐지: 일본과 동일한 학제 적용 ⇨ 민족차별교육 형식상 폐지 • 역사·지리 과목의 강화(소학교): 철저한 황민화 교육 • 사립중학교 설립 불허 • '국민학교'로 개칭(1941, 국민학교령): 황국신민 양성 목적
제4차 조선교육령 (1943)	황국신민화 정책기 (대륙침략기)	• 군사목적에 합치된 교육: 수업연한의 단축(중학교, 고등여학교, 실업학교를 모두 4년으로), 대학 및 전문학교 전시체제 개편 • 사범학교 교육의 확장: 황국신민 양성 목적 실현 ⇨ 1944년경에 전국에 16개의 관립사범학교가 설립됨으로써 본격적인 초등교원 양성체제가 자리를 잡게 됨. • 조선어와 조선 역사 교육 금지

20 출제영역 >> 한국교육사　　난이도 ☆☆★　정답 ①

✅ **정답찾기** 조선총독부가 조선의 일본 식민지화를 목적으로 제정·공포한 「조선교육령」(1911)은 전문 30조로 구성되었다. 충량(忠良)한 일본신민의 양성, 시세와 민도에 맞도록 교육하며, 일본어 보급을 통한 제국신민의 교육 등 식민지 교육의 기본방침을 제시하고 있다. 제1차 조선교육령 시기에는 성균관의 폐쇄, 한성사범학교 폐지, 「사립학교규칙」 공포(1911) 및 개정(1915), 「서당규칙」(1918) 공포 등의 내용을 담고 있다.

01 출제영역 >> 교육과정 난이도 ★★ 정답 ③

☑ **정답찾기** 균형성(balance)은 교육과정 조직에서 종·횡 또는 수평적·수직적 차원의 양면을 보다 균형 있게 반영시켜야 함을 말한다. 즉 교육과정 조직에 있어 내용이 한쪽에 치우침이 없이 조화를 이룰 수 있도록 조직하는 것을 말한다.

Tip 학습경험(교육내용)의 조직 원리

계속성 (continuity)	동일 내용의 동일 수준 반복 ⇨ 중요 개념·원리 학습, 태도, 운동기능 습득
계열성 (sequence)	동일 내용의 다른 수준 반복(심화·확대) ⇨ 나선형 교육과정(학문중심교육과정)
통합성 (integration)	교육내용을 수평적으로 연관 **예** 3학년 수학과 사회의 관계 ⇨ 교육내용 간의 중복·누락 등 모순 방지
스코프 (scope, 범위)	특정한 시점에서 학생들이 배우게 될 내용의 폭(교과목 이름)과 깊이(배당시간 수)
균형성 (balance)	종·횡 또는 수평적·수직적 차원의 양면을 보다 조화롭게 반영함. **예** 전인교육 도모, 교양교육과 전문교육의 조화 ⇨ 융통성 있는 수업시간 계획, 집단교수(team teaching) 활용
연속성 (continuity)	수직적 연계성, 이전에 배운 내용과 앞으로 배울 내용의 관계성 ⇨ 특정한 학습의 종결점이 다음 학습의 출발점과 잘 맞물리도록 교육내용을 조직함.

02 출제영역 >> 한국교육사 난이도 ☆★★ 정답 ④

☑ **정답찾기** 「동몽선습(童蒙先習)」은 박세무가 저술한 것으로, 오륜(五倫)의 유교적 내용은 물론 우리나라와 중국의 역사도 함께 실려 있는 초학자(初學者)용 책이다. 물론 한자 학습의 효과도 있지만 그보다는 어린이들의 도덕적·인격적 성장에 초점을 두었다고 보는 것이 타당하다.

Tip 서당의 교재

1. 문자학습서 : 천자문과 대체 학습서
   (1) 「천자문」 : 남북조 시대의 양나라 사람 주흥사 저술, 문자 학습서
   (2) 천자문 대체서
      ① 「유합」 : 작자 미상(서거정 說), 가장 먼저 편찬된 천자문 대체서, 총 1523자로 구성
      ② 「신증유합」 : 유희춘 著, 유합을 보완·편찬
      ③ 「훈몽자회」 : 최세진 著, 총 3360자로 구성 ⇨ 문자를 구체적 사물과 관련시켜 제시, 문자에 한글독음을 기록
      ④ 「아학편」 : 정약용 著, 2000자문, 4글자의 상대적인 문구로 배열 ⇨ 유형자(有形字)에서 무형자(無形字)로 학습, 구체적인 명사에서 추상명사 및 대명사, 형용사, 동사 순으로 학습, 유(類)별 분류체계에 따라 학습, 사물이 가진 음양대립적 형식에 따라 문자배열
2. 유학 입문서
   (1) 「동몽선습」 : 박세무 著 ⇨ 유학 내용(오륜)과 우리나라 국사(단군~조선)를 포함
   (2) 「명심보감(明心寶鑑)」 : 어린이들의 인격 수양을 위한 한문 교양서

3. 기타
   (1) 「아희원람」 : 장혼(중인 출신) 著, ⇨ 설화, 민담, 민속놀이, 관혼상제 등 서민들의 일상생활과 관련된 내용을 포함한 백과사전적 저서
   (2) 불가독설(不可讀說) : 정약용, 박지원 등이 「천자문」, 「십팔사략」, 「통감절요」 등을 유해한 책이라며 읽지 말 것을 주장

03 출제영역 >> 교육심리학 난이도 ☆☆★ 정답 ④

☑ **정답찾기** 반두라(Bandura)의 사회인지이론은 행동주의에서 인지이론으로 넘어가는 과도기적 이론으로 평가받고 있다. 사회학습 또는 관찰학습(modeling)으로도 불리는데, 인간 행동의 학습은 실험적인 상황이 아니라 사회생활 속에서 타인(model)의 행동을 관찰하고 모방한 결과라고 보는 이론이다. 이 이론에 따른 학습의 과정은 주의집중, 파지, 재생, 강화의 단계로 진행된다.

Tip 사회적 행동의 학습절차 : 반두라(A. Bandura)

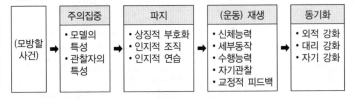

(모방할 사건)	주의집중	파지	(운동) 재생	동기화
	• 모델의 특성 • 관찰자의 특성	• 상징적 부호화 • 인지적 조직 • 인지적 연습	• 신체능력 • 세부동작 • 수행능력 • 자기관찰 • 교정적 피드백	• 외적 강화 • 대리 강화 • 자기 강화

04 출제영역 >> 생활지도와 상담 난이도 ★★★ 정답 ③

☑ **정답찾기** 낙인이론에서는 비행을 법률적·관습적 규범에 어긋나는 본질적인 행위로 보지 않는다. 오히려 비행은 규범의 이행 여부와는 관련이 없는 사회적 반응에 의해서 결정된다고 본다. 즉 개인이 법이나 규범을 지키는 것과는 상관없이 개인을 둘러싼 주변 사람들이 개인을 부정적으로 명명(命名, labeling)한 결과로 인해 개인은 부정적 자아개념을 갖게 되고, 그에 맞춰 행동하다 보니 비행이 상습화·습관화된다고 보는 이론이다. ①은 아노미이론, ②는 차별접촉이론, ④는 사회통제이론에 해당한다.

Tip 비행발생이론 : 사회학적 접근

거시적 접근	아노미 이론 (긴장이론)	• 문화목표와 제도화된 수단과의 괴리에서 비행 발생 • 개혁형, 도피형, 반발형이 비행을 유발	머튼 (Merton)
미시적 접근	사회통제 이론	비행 성향을 통제해 줄 수 있는 개인에 대한 사회적 억제력이나 통제(**예** 애착, 전념, 참여, 신념)가 약화될 때 비행 발생	허쉬 (Hirschi)
	중화이론	사회통제 무력화이론 ⇨ 비행 청소년들은 자신의 비행을 정당화하는 중화기술(**예** 책임의 부정, 가해의 부정, 피해자의 부정, 비난자의 비난)을 통해 죄의식 없이 비행 유발	사이키와 마짜 (Sykes & Matza)
	차별접촉 (교제) 이론	모든 범죄나 비행은 타인, 특히 친밀한 개인적 집단 내에서의 상호작용을 통해 학습 ⇨ 상호작용이론	서덜랜드 (Sutherland)
	낙인(烙印) 이론	• 상징적 상호작용이론에 기초한 이론 ⇨ 타인이 자기 자신을 비행자로 낙인찍은 데서 크게 영향을 받아 비행 발생 • 낙인과정 : 모색단계 → 명료화단계 → 공고화 단계	르마트와 베커 (Lemert & Becker)

05 | 출제영역 >> 교육철학 | 난이도 ☆☆★ | 정답 ③

✓ 정답찾기 포스트모더니즘(post-modernism)은 서양의 근대적 정신과 문화 그리고 근대사회의 구조와 체제가 재구성되는 과정을 설명하는 이론적·사상적 경향으로, 철학을 과학화하려는 분석철학과 거대담론을 중시하는 비판이론에 대한 비판으로 대두되었다. 계몽사상적 이성 혹은 합리성에 대한 비판에서 출발하여 과학이나 언어, 예술, 사회와 문화에 대한 합리적 이해를 가능하게 하는 객관적 근거, 즉 궁극적 법칙이나 구조를 인간의 이성에 의해 찾아낼 수 있다는 신념을 거부하고, 나아가 보편적 이론이나 사상의 거대한 체제의 해체를 주장한다. 지식의 절대적 기초가 존재한다는 정초주의를 비판하는 반정초주의(anti-foundationalism)를 지지하여, 지식의 구성적 관점을 중시하는 구성주의와 상대적 인식론에 가깝다고 할 수 있다.

06 | 출제영역 >> 교육연구 | 난이도 ☆★★ | 정답 ②

✓ 정답찾기 내적 타당도(internal validity)란 어떤 실험결과의 해석에 있어서도 반드시 고려되어야 할 최소한의 요건으로 독립변인이 순수하게 종속변인에 영향을 미치는 정도를 말한다. 외적 타당도(external validity)는 실험결과의 일반화 가능성을 따지는 문제로, 현재의 실험조건을 떠나서 다른 대상, 다른 사태에 어느 정도 일반화시킬 수 있는가를 검토하는 것을 말한다. 한편, 외생변인(오염변인, 가외변인)은 연구하고자 하는 독립변인 이외의 변인으로 종속변인에 영향을 미치는 변인을 말하며, 이를 통제할 때 실험연구의 내적 타당도가 높아진다. 외생변인을 통제한다는 것은 외생변인들의 변량을 거의 영(zero)의 상태로 줄이거나, 변량의 양을 균등하게 하거나 또는 연구하고자 하는 독립변인들의 변량으로부터 유리(遊離)시키는 것을 의미한다.

Tip 외생변인을 통제하는 방법

가외변인의 제거	가장 쉬운 방법으로 모든 가외변인을 제거하는 방법이다.
무선화 방법	피험자들을 각 실험집단이나 조건들에 무선적으로 배치하는 방법으로, 모든 실험집단들을 가외변인의 입장에서 동등하게 만듦으로써 가외변인들의 영향을 통제하는 것이다.
가외변인 자체를 독립변인으로서 연구설계에 포함시키는 방법	가외변인을 제3변인으로 연구설계에 추가시켜서 종속변인에 미치는 영향을 파악하는 방법이다.
통계적 검증 및 통제집단의 구성을 통한 방법	전후통제집단설계처럼 사전검사 측정치를 통계적인 통제 방법으로 활용하는 방법이다.

Tip 내적 타당도와 외적 타당도의 관계

1. 서로 상충하는 면이 있기 때문에 어느 하나가 높아지면 다른 하나는 상대적으로 낮아지는 경향을 보인다.
2. 대체로 내적 타당도가 높은 실험은 외적 타당도가 낮고(왜냐하면 내적 타당도가 높을수록 실험조건에 대한 통제가 엄격해지기 때문에 실험상황과 실제 상황의 차이가 커지기 때문이다.), 반대로 외적 타당도가 높은 실험은 내적 타당도가 낮아진다. 그러나 원칙적으로 내적 타당도가 낮은 실험에 대해서는 외적 타당도를 따질 필요가 없다.

07 | 출제영역 >> 교육과정 | 난이도 ☆☆★ | 정답 ③

✓ 정답찾기 영교육과정(Null curriculum)은 아이즈너(Eisner)가 「교육적 상상력」(1979)에서 제시한 교육과정 유형으로, 겉으로 확인할 수 없는 무형(無形)의 형태로 존재하는 교육과정을 말하며, '배제된(excluded)' 교육과정이라고도 한다. 이는 교육적 가치가 있는데도 불구하고 공적인 문서에 포함되지 않은 교육내용이나 공식적 교육과정에 포함되어 있지만 교수·학습 과정에서 가르쳐지지 않은 교육내용으로서 학생들이 공식적 교육과정을 배우는 동안 놓치게 되는 기회학습 내용을 의미한다. ①은 공적인 문서에 나타난 의도된 교육과정이며, ②는 잭슨(P. W. Jackson)이 「교실생활(Life in classroom)」에서 언급한 교육과정으로 학생들이 학교생활을 하는 동안에 은연중(隱然中)에 갖게 되는 교육과정을 말한다. ④는 교육과정 결정에서 교사의 참여가 배제된 교육과정을 의미하는 것으로 중앙집권형 교육과정 개발 방식의 특징에 해당한다.

08 | 출제영역 >> 교육통계 | 난이도 ☆★★ | 정답 ②

✓ 정답찾기 동간척도(interval scale)는 분류, 서열, 대소, 동간성 정보('얼마만큼 크다 또는 작다')를 제공하는 척도로서, 임의영점(상대영점)과 가상적 단위를 지니고 있으며, 동일한 측정단위 간격에 동일한 차이를 부여하는 척도이다. 상대영점이 있어 가감이 가능하나 절대영점이 없기 때문에 승제는 불가능하다. ①은 명명척도, ③은 서열척도, ④는 비율척도에 해당한다.

Tip 측정치간 비교

구분	의미	예	가능한 통계처리
명명척도	분류(같다, 다르다) 정보 제공	전화번호, 극장 좌석번호, 주민등록번호	최빈치(MO), 사분상관계수, 파이(ϕ)계수, 유관상관계수
서열척도	분류, 대소, 서열(무엇보다 크다, 보다 작다) 정보 제공	학점, 키 순서 번호, 석차점수, 백분위점수, 리커트(Likert) 척도, 구트만(Guttman) 척도	최빈치(MO), 중앙치(Mdn), 등위차 상관계수(스피어만 서열상관계수), 문항난이도 지수
동간척도	• 분류, 대소, 서열, 동간성(얼마만큼 크다) 정보 제공 • 상대영점 소유 ⇨ 가감(+, −)이 가능 • 임의 단위를 지닌 척도	온도계 눈금, IQ점수, 고사의 원점수, 백점만점점수, 써스톤(Thurstone) 척도, 의미변별척도	최빈치(MO), 중앙치(Mdn), 평균치(M), 적률상관계수(Pearson 계수)
비율척도	• 분류, 대소, 서열, 동간성, 비율 정보 제공 • 절대영점 소유 ⇨ 가감승제(+, −, ×, ÷) 가능 • 임의 단위를 지닌 척도	길이, 무게, 시간, 넓이, 백분율, 표준점수(Z 점수, T점수, H점수, C점수, DIQ점수)	최빈치(MO), 중앙치(Mdn), 평균치(M), 적률상관계수(Pearson 계수)

Tip 상대영점과 절대영점의 비교

	속 성	표 현	예
상대영점 (임의영점)	있음 (something)	없음 (nothing)	온도, 고사의 원점수 등 동간척도
절대영점 (자연영점)	없음 (nothing)	없음 (nothing)	길이, 무게, 표준점수 등 비율척도

09 출제영역 >> 교육행정학   난이도 ★★   정답 ①

✅ **정답찾기** 던(Dunn)은 교육정책의 평가 기준으로 효과성(effectiveness), 능률성(efficiency), 적정성(adequacy), 형평성(equity), 대응성(responsiveness), 적절성(appropriateness)을 제시하였다. 각 평가 기준과 관련된 질문은 '의도한 가치는 성취되었는가?'(효과성), '의도한 가치 창출을 위한 비용은?'(능률성), '정책 결과가 문제를 해결한 정도는?'(적정성-충족성, 노력성), '정책 대상집단에게 비용과 편익은 공정하게 배분되었는가?'(형평성), 정책 결과는 정책 대상집단의 요구, 기호, 가치를 만족시키고 있는가?(대응성), '정책 결과의 실질적인 가치는 어느 정도인가?'(적절성 또는 적합성) 등이다. 이 중 제시문의 경우 "본래 정책의 취지를 충분히 구현하지 못하였기" 때문에 효과성(effectiveness)에 문제가 있는 사례에 해당한다.

Tip 교육정책의 평가기준 : 던(Dunn)

적절성(적합성)	정책목표가 과연 바람직한 것이며 가치 있는 것이냐의 문제
효과성	정책이 의도했던 목표를 달성한 정도
능률성	의도했던 성과를 달성하기 위하여 어느 정도의 노력이 필요했느냐의 문제 → 투입과 산출의 비
대응성	① 정책성과가 정책 수혜자들의 욕구와 선호를 만족시킨 정도, ② 환경 변화에 대응 정도
형평성	정책집행 비용이 여러 집단에 평등하게 배분되어 있는 정도
적정성(필요성)	정책목표달성이 문제해결에 얼마나 공헌했는가의 정도

10 출제영역 >> 교육행정학   난이도 ★★★   정답 ③

✅ **정답찾기** 블랜차드와 허시(Blanchard & Hersey)는 지도성 행위를 '과업행위'와 '관계성 행위'로 구분하고, 구성원의 성숙도(준비도)를 상황적 변인으로 간주하는 상황적 지도성이론을 주장하였다. 그에 따르면 효과적인 지도성 유형은 위임형, 지원형, 지도형, 지시형 지도성으로 구분된다. 이 중 동기(심리성숙도 ⑩ 책임감)는 높으나 능력(직무성숙도 ⑩ 정리정돈 능력)은 낮은 경우에는 지도형(설득형) 지도성이 효과적이다. ①은 구성원의 성숙도가 모두 높은 경우(즉, 동기와 능력이 모두 높을 때)이므로 위임형 지도성을, ②는 능력은 적절하나 동기가 낮은 경우이므로 지원형(참여형) 지도성을, ④는 성숙도가 모두 낮은 경우(즉, 동기와 능력이 모두 낮을 때)이므로 지시형(설명형) 지도성을 적용하는 것이 효과적이다.

Tip 블랜차드와 허시(Blanchard & Hersey)의 상황적 지도성

구성원의 성숙도	높다 (M4)	중간이다.		낮다 (M1)
		M3 (중간 이상)	M2 (중간 이하)	
직무성숙도 (능력 or 전문성)	고	고(적절)	저	저
심리적 성숙도(동기)	고	저	고(적절)	저
효과적 지도성 유형	위임형	지원형 (참여형)	지도형 (설득형)	지시형 (설명형)
관계	저	고	고	저
과업	저	저	고	고
특징	구성원의 성숙도 수준이 낮을수록 과업지향성을 높이고, 성숙도 수준이 높을수록 과업지향성을 낮추는 방향으로 지도성을 발휘한다.			

11 출제영역 >> 교육의 이해   난이도 ★★★   정답 ④

✅ **정답찾기** 샤흘레 워크-주드(Sahle-Work Zewde)를 위원장으로 하는 유네스코 국제미래교육위원회가 발표한 「함께 그려보는 우리의 미래: 교육을 위한 새로운 사회계약(Reimagining our futures together : a new social contract for education)」 보고서는 2021년에 발표된 중요한 문서로, 미래의 교육 시스템이 직면한 도전과 이를 해결하기 위한 새로운 방향을 제시하고 있다. 이 보고서는 교육이 인간성과 지구의 지속 가능한 미래를 위해 어떻게 새롭게 재구성되어야 하는지에 대한 논의를 중심으로 구성되었다. ①은 1996년에 경제협력개발기구(OECD)가 제안한 것이고, ②는 1996년 유네스코에서 제안한 들로어(J. Delors) 보고서이며, ③은 2003년 세계은행(World Bank)에서 발간한 보고서이다.

Tip 유네스코 국제미래교육위원회 보고서[샤흘레 워크-주드(Sahle-Work Zewde) 보고서(2021. 11.)] ⇨ 「함께 그려보는 우리의 미래-교육을 위한 새로운 사회계약」

(1) "인류의 미래는 지구의 미래에 달려 있고 이 둘은 지금 위험에 처해 있으므로, 그 경로를 바꾸기 위해 시급한 행동이 필요하다." ⇨ 교육을 위한 '새로운 사회계약*' 제안 & 우리가 서로와, 지구와, 그리고 기술과의 관계 재구축 요청

(2) **핵심 내용**
  ① **새로운 사회계약 필요성** : 교육은 현재의 위기와 불평등을 해결하고, 평화롭고 지속 가능한 미래를 구축하기 위해 새롭게 재구성되어야 함.
  ② **주요 원칙**
    ❶ **평생교육의 권리 보장** : 모든 연령과 삶의 모든 단계에서 양질의 교육 기회를 제공.
    ❷ **공공의 노력(public endeavor)과 교육의 공동재(a common good) 역할** : 교육을 사회적 발전과 공동의 목표 달성을 위한 도구로 강화.
  ③ **교육 혁신 방향**
    ❶ **학교교육의 변혁** : 학교 역할 재정립(포용성과 공정성을 지원하는 공간으로 재구성, 디지털 기술은 학교의 대체재가 아닌 학교변화를 지원하는 도구로 사용, 학교의 지속가능한 발전과 탄소중립 지향하는 공간으로 재구성, 인권과 공정성 보장하는 미래의 모델), 교사는 지식 생산자이자 사회 변혁의 주체로서 자율성과 전문성을 강화 ⇨ 학교의 지속가능성 모델
    ❷ **평생교육 강화** : 전생애에 걸친 양질의 교육권 보장, 다양한 문화·사회적 공간에서 학습기회 확대와 글로벌 연대와 협력 촉구(전 세계적인 협력과 연구를 통해 교육 혁신 촉진 및, 정의롭고 지속 가능한 미래를 위해 교육을 새롭게 재구성)

(3) **교육의 재구성과 혁신**
  ① **계속해야 할 것** : ❶ 전 생애에 걸친 양질의 교육 보장, ❷ 교육의 공공적 목적과 공동재로서의 역할 유지, ❸ 협력과 연대에 기반한 교육 접근
  ② **중단해야 할 것** : ❶ 불평등과 배제적 교육 방식, ❷ 편견과 편향을 강화하는 교육, ❸ 기존의 학교 중심의 고정된 구조(전통적인 학교 모델과 평가 방식 고수)
  ③ **새롭게 만들어내야 할 것** : ❶ 혁신적이고 포용적인 교육 모델(생태적, 다문화적, 다학제적 학습과 디지털 문해력을 강화하는 교육과정 개발), ❷ 교사의 역할 재정립(지식 생산자, 사회 변혁의 주체, 자율성과 전문성 강화, 공동 작업을 통한 교수법 개선), ❸ 학교와 학습 공간의 재설계(학교를 포용과 공정성을 지원하는 공간으로 재구성, 디지털 기술을 활용한 다양한 학습 환경 마련), ❹ 글로벌 연대와 협력 강화(교육을 위한 새로운 사회계약을 지지하는 국제적 협력과 공동 작업 촉구)

적용(실행) (Implement)	개발된 교수 프로그램이나 교수자료를 실제 교육현장에서 활용하고 관리하는 과정 ⇨ 교수−학습의 질 관리, 교사의 부단한 연수와 의지, 행정적·제도적 지원체제 강구
평가 (Evaluation)	교수 프로그램이나 교수자료의 효과성이나 효율성을 측정하는 과정 ⇨ 총괄평가, 프로그램 만족도, 학습자의 지식·기능·태도 등의 변화정도 및 전이

12 출제영역 >> 교육행정학   난이도 ☆☆★   정답 ④

☑ 정답찾기 영(零)기준 예산제도(ZBBS : Zero-Base Budgeting System)는 전년도 예산은 근거가 없는 것으로 간주하고 신규 사업은 물론 계속 사업까지도 계획의 목표를 재평가하여 예산을 재편성하는 제도로서, 전년도 사업을 전혀 고려하지 않고 모든 사업을 제로(zero)에서 다시 시작하는 것으로 간주하여 예산을 편성하는 감축(절감)기능 중심의 예산제도이다. ①은 성과주의 예산제도(PBS), ②는 품목별 예산제도(LIBS), ③은 기획예산제도(PPBS)에 해당한다.

Tip 교육예산의 편성기법

예산제도	의 미	특 징
품목별 예산제도 (LIBS)	예산편성에서 예산을 필요로 하는 영역과 그 내용을 품목별로 세분화하여 지출대상과 그 한계를 명확히 규정하는 제도	통제기능중심, 회계 중심, 금액중심 제도
성과주의 예산제도 (PBS)	예산과목을 사업계획별·활동별로 분류한 다음 각 세부사업별로 예산액을 표시하고, 그 집행 성과를 측정·분석·평가하여 내년 예산 편성에 반영하는 제도	관리기능중심 제도
기획예산 제도 (PPBS)	장기적 기획과 단기적 예산을 세부계획을 통해 유기적으로 연관시켜, 예산배분에 관한 의사결정을 합리적·계량적으로 일관성 있게 행하려는 제도	계획기능중심 제도 ⇨ 품목별 예산제도와 성과주의 예산제도의 단점 보완
영기준 예산제도 (ZBBS)	전년도 사업을 전혀 고려하지 않고 학교계획의 목표에 따라 신년도 사업을 재평가하여 우선순위를 정하여 한정된 예산을 배분하는 제도	감축기능중심 제도

13 출제영역 >> 교수−학습이론   난이도 ☆☆★   정답 ②

☑ 정답찾기 일반적 교수체제 설계모형(ADDIE)에서 A(분석) − D(설계) − D(개발) − I(실행) − E(평가)로 이루어진다. A는 학습내용(What)을 정의하는 과정이며, D는 교수방법(How)을 구체화하는 과정, D는 교수자료를 제작하는 과정, I는 교수자료를 실제 상황에 적용하는 과정, E는 교수방법과 교수자료의 효과성을 결정하는 과정이다. 이 중에서 수행목표 진술, 평가도구 개발, 수업전략의 계열화, 수업전략과 매체선정은 설계단계의 활동이다.

Tip ADDIE 모형

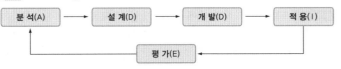

구 분	활동
분석 (Analyze)	요구분석, (학습)과제 분석, 학습자 분석, 환경분석
설계 (Design)	분석의 결과로 얻어진 정보들에 기초하여 효과적인 수업 프로그램의 설계명세서를 만들어 내는 것 ⇨ 행동적 수업목표의 진술(수행목표의 명세화 예 Mager의 진술방식), 평가도구(절대평가) 개발, 교수전략의 계열화, 교수전략과 매체선정의 활동을 통해 교수활동의 청사진 만들기
개발 (Development)	설계명세서에 기초하여 수업 프로그램이나 교수자료를 개발·제작하고, 형성평가를 통해 완성된 자료를 제작해 내는 것 ⇨ 교수−학습자료 개발, 학습형태·방법·밀도·최적의 성취, 형성평가와 보충·심화

14 출제영역 >> 교수−학습이론   난이도 ☆★★   정답 ①

☑ 정답찾기 인지적 도제이론(cognitive apprenticeship theory)은 초보적인 학습자가 전문가인 교사의 학습과제를 해결하는 과정을 관찰하고 모방함으로써 학습과제 해결능력이나 사고과정을 습득하는 것을 말한다. ①은 상보적 교수(reciprocal teaching)에 대한 설명이다. 상보적 교수는 교사와 학생 간 또는 학생 상호 간 대화 형태로 학습과정이 전개되는 수업형태이다. 단기간에 주어진 교재의 의미를 보다 정확히 이해하려는 독해(읽기 이해) 능력 향상이 목적인 구성주의 수업모형으로, 학생들의 읽기와 듣기 이해력 향상을 위한 네 가지 핵심 전략으로 요약(summarizing), 질문(questioning), 명료화(clarifying), 예언(predicting) 등을 중시한다.

Tip 콜린스(R. Collins)가 제시한 인지적 도제이론의 수업절차(MCSARE)

시범보이기 (Mideling)	전문가인 교수자가 시범을 보이고 학습자는 관찰한다. ⇨ 전문가의 수행행동에 초점
코칭 (Coaching)	학습자가 실습을 하고 교수자는 격려해 주며 피드백을 제공한다. ⇨ 학습자의 수행에 초점
발판제공 (Scaffolding)	학습자의 능력을 넘어서는 과제 수행에 대한 발판을 제공한다. ⇨ 학습자의 수행 과제에 초점
명료화 (Articulation)	학습자는 자신이 습득한 지식, 기능, 태도, 사고 등을 종합적으로 연계하여 설명한다.
반성 (reflection)	학습자는 자신이 수행하고 있는 문제해결과정과 전문가의 교수자의 방법과 비교하여 설명한다.
탐색 (exploration)	학습자는 자기 나름의 문제해결전략을 사용하여 전문가다운 자율성을 획득한다. ⇨ 전이 단계

15 출제영역 >> 교육의 이해   난이도 ☆★★   정답 ②

☑ 정답찾기 ①은 초·중·고교, ③과 ④는 대학 학력 인정 평생교육시설에 해당한다.

Tip 「평생교육법」상의 평생교육시설

평생교육시설 구분		유형	설치요건
학교 형태		각종 학교, 기술학교, 방송통신고교 등	교육감에게 등록
사내대학 형태		사내대학(종업원 200명 이상)	교육부장관의 인가
독립형	원격 형태	원격대학	교육감에게 신고
		원격교육	
	지식·인력개발사업 관련	산업교육기관, 학교실습기관	
부설형	사업장 부설	산업체, 백화점 문화센터(종업원 100명 이상) 등	교육감에게 신고
	시민사회단체 부설	법인, 주무관청, 회원 300명 이상인 시민단체	
	언론기관 부설	신문, 방송 등의 언론기관	
	학교 부설	대학이나 전문대학 부설 평생교육원 등	관할청에 보고

16 출제영역 >> 교육사회학 　　　　난이도 ☆☆★　정답 ②

✅ 정답찾기 초기 교육사회학인 기능이론과 갈등이론은 학교 교육의 외부 문제, 즉 학교 교육과 전체 사회를 주로 다루는 거시적 관점을 취한다. 그러기에 학교지식이나 교사와 학생의 상호작용과 같은 학교 내부의 문제는 암흑상자(black box)로 무시한다. 학교 내부 문제를 주로 다루는 미시적 관점을 취하는 것은 신교육사회학의 관점에 해당한다. ㄴ은 갈등이론의 이론적 관점에 해당한다. 갈등이론은 학교교육의 순기능을 다루는 기능이론과 대립되는 관점으로, 학교교육이 지배집단의 문화를 정당화하고 주입하며, 기존 사회의 불평등한 계층구조를 재생산한다고 본다. ㄹ은 신교육사회학에 해당한다.

17 출제영역 >> 교육평가 　　　　　　난이도 ☆☆★　정답 ③

✅ 정답찾기 규준참조평가(상대평가)는 학습자의 성취결과를 그가 속해 있는 집단에 비추어 상대적 위치(집단의 평균점수와 개인의 원점수와의 편차 점수)를 알아보는 방법이며, 준거지향평가(절대평가)는 학습목표를 평가의 기준으로 하여 학습자의 목표달성 여부 또는 그 정도를 확인하는 평가방법이다.
③은 절대평가의 단점에 해당한다. 규준참조평가는 정상분포를 가정하고 있기 때문에 검사 점수의 통계적 활용도가 높다.

Tip 상대평가와 절대평가의 비교

구 분	상대평가	절대평가
평가기준	상대적 순위 (집단의 평균과 편차)	준거 (절대기준, 교육목표)
교육관	선발적 교육관 (선발·분류 중시)	발달적 교육관 (성장·발달 중시)
평가관	측정관	평가관
평가목적	개인차 변별 (상대적 비교, 서열화)	교육목표(도착점행동) 달성도 판단
평가범위	광범위한 범위	보다 규명된 영역
검사의 특징	속도검사(speed test)	역량검사(power test)
원점수에 대한 태도	원점수보다 규준점수 중시	원점수 그 자체를 중시
검사의 기록	규준점수 (석차, 백분위, 표준점수)	원점수와 준거점수
평가의 1차 책임	학습자	교사
강조되는 동기	외재적 동기(경쟁)	내재적 동기 (성취감, 지적 호기심)
적 용	입학시험, 심리검사	각종 자격시험, 초등학교 저학년 평가
지향분포	정상분포곡선	부적편포곡선(좌경 분포)
검사양호도	신뢰도 강조	타당도 강조
문항난이도	다양한 수준 (쉬운 문항과 어려운 문항)	적절한 수준
평가방법	집단 내 상대적 위치 비교 예 상위 10% 이내는 '수'	개인의 수행수준 사정 혹은 분류 예 수업목표 90% 달성이면 '수'
기본가정	개인차 극복 불가능	개인차 극복 가능

18 출제영역 >> 교육평가 　　　　　　난이도 ☆★★　정답 ①

✅ 정답찾기 예언타당도(예측타당도)는 어떤 검사결과가 피험자의 미래 행동이나 특성을 얼마나 정확히 예언하느냐와 관련된 타당도를 말하며, 내용타당도는 평가도구가 평가하려고 하는 내용을 얼마나 충실히 재고 있는가를 논리적으로 분석, 측정하려는 타당도를 말한다.

Tip 타당도 증거의 종류

내용 (content) 타당도		• 검사문항과 교과(교수)목표 또는 교과내용과의 관련성 • 내용(교과) 전문가(예 교과 담당교사)가 느낄 수 있는 문항(내용)의 대표성 • '이원목표 분류표'를 활용하면 효과적이다.
준거 타당도	공인 (concurrent) 타당도	• 현 시점에서 관련 검사와의 일치(공인) 정도 • 상관계수(correlation coefficients)로 나타낸다.
	예언 (prediction) 타당도	• 미래의 성취수준(정도)을 예언하는 정도 • 기대표(expectancy table)로 활용 • 상관계수나 회귀분석을 활용한다.
구인 (construct) 타당도		• 구하려고 하는 변인을 잴 수 있는 충실성의 정도 • 요인분석적 방법(중다특성기법), 상관계수법, 실험설계법, 공변량 구조 방정식 모형 방법 등을 사용한다.

19 출제영역 >> 생활지도와 상담 　　　난이도 ☆★★　정답 ②

✅ 정답찾기 상호교류 분석이론(교류분석 상담)에서는 모든 사람은 어버이(Parent ego : P), 어린이(Child ego : C), 어른(Adult ego : A) 등 세 가지 자아 상태를 가지고 있고, 이 중 어느 하나가 상황에 따라 한 개인의 행동을 지배한다고 가정한다. 이 세 가지 자아 중, 한 자아가 선택적으로 인간관계의 상황이나 의사소통 과정에서 행동의 주된 동력으로 작용하게 되며, 어느 상태에서 어느 자아가 개인의 동력으로 작용하느냐에 따라 의사소통 및 인간관계의 양상이 변화하고, 동시에 문제가 발생할 수 있다. PAC의 활용이 어느 한 틀에 고정될 때 부적응이 발생한다고 본다. 대표자는 에릭 번(E. Berne)이며, 상담기법으로 자아구조 분석, 상호교류 분석, 게임분석, 각본분석을 중시한다.

20 출제영역 >> 교육행정학 　　　　　난이도 ★★★　정답 ①

✅ 정답찾기 기존 각급 학교 내에 설치되었던 '학교폭력대책 자치위원회(학폭위)'가 지닌 문제점, 즉 학교폭력 사안의 증가로 인한 교원 및 학교의 업무 부담 과중, 학부모 위원이 과반수를 차지하고 있는 학폭위의 전문성 부족, 그리고 경미한 사안에 대해서도 학폭위가 열려야만 하는 비효율적 운영 등의 문제점을 해결하기 위하여, 2019년 8월 「학교폭력예방 및 대책에 관한 법률」 일부가 개정되었다. 개정 내용의 핵심은 2020년 3월 1일부터 단위학교 '학교폭력대책 자치위원회'가 폐지되고, 교육지원청에 '학교폭력대책 심의위원회(심의위원회)'를 설치하여 학교폭력 사안을 심의한다는 것이다. 심의위원회의는 10명 이상 50명 이내의 위원으로 구성하되, 전체위원의 3분의 1 이상을 해당 교육지원청 관할 구역 내 학교(고등학교를 포함한다)에 소속된 학생의 학부모로 위촉하여야 한다. ③(법 제7조~제8조)은 학교폭력의 예방 및 대책에 관한 사항을 심의하기 위하여 국무총리 소속으로 설치된 기구(위원장 2명을 포함하여 20명 이내의 위원으로 구성)이며, ④(법 제9조~제10조)는 지역의 학교폭력 문제를 해결하기 위하여 시·도에 설치된 기구(위원장을 1인을 포함한 11인 이내의 위원으로 구성)이다.

Tip 「학교폭력예방 및 대책에 관한 법률」 중 학교폭력대책 심의위원회 규정

1. **학교폭력대책심의위원회의 설치 · 기능(제12조)**
   ① 학교폭력의 예방 및 대책에 관련된 사항을 심의하기 위하여 「지방교육자치에 관한 법률」 제34조 및 「제주특별자치도 설치 및 국제자유도시 조성을 위한 특별법」 제80조에 따른 교육지원청(교육지원청이 없는 경우 해당 시 · 도 조례로 정하는 기관으로 한다. 이하 같다)에 학교폭력대책심의위원회(이하 "심의위원회"라 한다)를 둔다. 다만, 심의위원회 구성에 있어 대통령령으로 정하는 사유가 있는 경우에는 교육감 보고를 거쳐 둘 이상의 교육지원청이 공동으로 심의위원회를 구성할 수 있다.
   ② 심의위원회는 학교폭력의 예방 및 대책 등을 위하여 다음 각 호의 사항을 심의한다.
      1. 학교폭력의 예방 및 대책
      2. 피해학생의 보호
      3. 가해학생에 대한 교육, 선도 및 징계
      4. 피해학생과 가해학생 간의 분쟁조정
      5. 그 밖에 대통령령으로 정하는 사항
   ③ 심의위원회는 해당 지역에서 발생한 학교폭력에 대하여 조사할 수 있고 학교장 및 관할 경찰서장에게 관련 자료를 요청할 수 있다.

2. **심의위원회의 구성 · 운영(제13조)**
   ① 심의위원회는 10명 이상 50명 이내의 위원으로 구성하되, 전체위원의 3분의 1 이상을 해당 교육지원청 관할 구역 내 학교(고등학교를 포함한다)에 소속된 학생의 학부모로 위촉하여야 한다.
   ② 심의위원회의 위원장은 다음 각 호의 어느 하나에 해당하는 경우에 회의를 소집하여야 한다.
      1. 심의위원회 재적위원 4분의 1 이상이 요청하는 경우
      2. 학교의 장이 요청하는 경우
      3. 피해학생 또는 그 보호자가 요청하는 경우
      4. 학교폭력이 발생한 사실을 신고 받거나 보고받은 경우
      5. 가해학생이 협박 또는 보복한 사실을 신고 받거나 보고받은 경우
      6. 그밖에 위원장이 필요하다고 인정하는 경우
   ③ 심의위원회는 회의의 일시, 장소, 출석위원, 토의내용 및 의결사항 등이 기록된 회의록을 작성 · 보존하여야 한다.
   ④ 제2항에 따라 회의가 소집되는 경우 교육장(교육지원청이 없는 경우 해당 시 · 도 조례로 정하는 기관의 장)은 가해학생 · 피해학생 및 그 보호자에게 다음 각 호의 사항을 통지하여야 한다.
      1. 회의 일시 · 장소와 안건
      2. 조치 요청사항 등 회의 결과
   ⑤ 심의위원회는 심의 과정에서 소아청소년과 의사, 정신건강의학과 의사, 심리학자, 그 밖의 아동심리와 관련된 전문가를 출석하게 하거나 서면 등의 방법으로 의견을 청취할 수 있고, 피해학생이 상담 · 치료 등을 받은 경우 해당 전문가 또는 전문의 등으로부터 의견을 청취할 수 있다. 다만, 심의위원회는 피해학생 또는 그 보호자의 의사를 확인하여 피해학생 또는 그 보호자의 요청이 있는 경우에는 반드시 의견을 청취하여야 한다.
   ⑥ 그밖에 심의위원회의 구성 · 운영에 필요한 사항은 대통령령으로 정한다.

3. **학교의 장의 자체 해결(제13조의2)**
   ① 제13조제2항제4호 및 제5호에도 불구하고 다음 각 호에 모두 해당하는 경미한 학교폭력에 대하여 피해학생 및 그 보호자가 심의위원회의 개최를 원하지 아니하는 경우 학교의 장은 학교폭력사건을 자체적으로 해결할 수 있다. 이 경우 학교의 장은 지체 없이 이를 심의위원회에 보고하여야 한다.
      1. 2주 이상의 신체적 · 정신적 치료를 요하는 진단서를 발급받지 않은 경우
      2. 재산상 피해가 없는 경우 또는 재산상 피해가 즉각 복구되거나 복구 약속이 있는 경우
      3. 학교폭력이 지속적이지 않은 경우
      4. 학교폭력에 대한 신고, 진술, 자료제공 등에 대한 보복행위(정보통신망을 이용한 행위를 포함한다)가 아닌 경우
   ② 학교의 장은 제1항에 따라 사건을 해결하려는 경우 다음 각 호에 해당하는 절차를 모두 거쳐야 한다.
      1. 피해학생과 그 보호자의 심의위원회 개최 요구 의사의 서면 확인
      2. 학교폭력의 경중에 대한 제14조제3항에 따른 전담기구의 서면 확인 및 심의

제 **04** 회

Answer

01	④	02	③	03	④	04	④	05	②
06	③	07	①	08	①	09	①	10	②
11	③	12	②	13	④	14	①	15	③
16	③	17	②	18	③	19	①	20	③

01 출제영역 >> 서양교육사   난이도 ☆☆★   정답 ④

✅ **정답찾기** 18세기 계몽주의에 대한 반동에서 출발한 신인문주의는 정의적 측면(주정주의)을 바탕으로 인간 본성의 조화로운 발달을 도모하였다. 계발주의[예 페스탈로치(Pestalozzi), 헤르바르트(Herbart), 프뢰벨(Fröbel)], 국가주의[예 피히테(Fichte), 호레이스 만(Horace Mann)], 과학적 실리주의[예 스펜서(Spencer)]가 이 시기의 대표적인 교육사상에 해당한다. ④는 14~16세기의 구인문주의의 특징에 해당하며, 신인문주의는 로마의 고전보다는 그리스의 문화를, 고전에 대한 기계적 모방보다는 자각적인 비판과 성찰을 중시하였다.

Tip 구인문주의와 신인문주의의 비교

구인문주의	신인문주의
로마 문화	그리스 문화
형식 중시(언어, 문장)	내용 중시(세계관, 인생관)
고전의 기계적 모방	고전의 자각적인 비판
모방적, 이상적	자각적, 비판적, 현실적

02 출제영역 >> 생활지도와 상담   난이도 ★★★   정답 ③

✅ **정답찾기** 자기노출(자기개방)은 내담자의 관심과 관련이 있는 상담자의 사적 경험, 생각, 느낌, 판단, 가치, 정보, 생활철학 등을 솔직하게 노출함으로써 대화를 촉진하는 기법이다. ①은 상담 시간 중에 무엇이 일어나고 있는지를 다루는 기법으로, 현재 내담자와 대화를 하며 상담자가 내적으로 경험하는 것을 활용하여 피드백을 주는 것이다. 관계의 즉시성과 지금-여기의 즉시성이 있다. ②는 '감정이입적 이해' 또는 '내적 준거체제에 의한 이해'라고도 하며, 내담자의 경험·감정·사고·신념을 내담자의 준거체제(내담자의 입장)에 의해서 상담자가 내담자인 것처럼 듣고 이해하는 능력을 말한다. 즉, 내담자의 경험·감정·사고·신념을 내담자의 준거체제(내담자의 입장)에 의해서 상담자가 내담자인 것처럼 듣고 이해하는 능력을 말한다. 공감적 이해가 높으면 대화기법으로 반영(reflection)이 나타난다. ④는 내담자로 하여금 자신의 문제를 새로운 각도에서 이해하도록 그의 생활경험과 행동의 의미를 설명하는 것으로, 내담자가 과거의 생각과는 다른 새로운 참조체제(frame of reference)를 바탕으로 자신의 문제를 바라볼 수 있도록 돕는 것을 말한다.

03 출제영역 >> 교육통계   난이도 ★★★   정답 ④

✅ **정답찾기** 백분위 점수는 전체 사례 수를 100으로 보고 상대적 위치를 나타낸 서열척도로서, 어떤 점수분포에서 한 점수의 누가적(累加的) 위치를 백분율로 나타낸 것이다. 즉, 한 점수가 분포상에서 서열로 따져 몇 %상에 위치하고 있는가를 표시하는 것이다. 서열척도이고, 동간·비

율척도가 아니기 때문에 가감승제가 불가능하고, 집단 속에서 상대적 위치를 나타낼 뿐, 개인의 학업성취도의 상대적 능력을 표시해 주지는 않는다. ④는 C 점수(9분점수)에 해당한다. ③에서 상대적 위치 및 능력 비교에 주로 활용되는 것은 표준점수에 해당한다.

Tip 백분위 점수의 장점과 단점

장점	단점
• 상대적 위치를 정확하게 알려준다 : 능력의 정도를 그대로 표시하는 것은 아니다. • 집단의 크기나 평가의 종류가 다르더라도 서로 비교할 수 있다 : 최고점에서 최하점까지 등위를 매겨서 비교해 보려는 점에서 등위점수와 같으나, 백분위 점수는 집단의 사례 수가 다르면 직접적인 비교가 불가능한 등위점수의 약점을 보완해 준다는 장점이 있다.	• 동간척도·비율척도가 아니기 때문에 가감승제가 불가능하다. 예 80%와 85%의 능력의 차이가 40%와 45%의 능력의 차이와 같지 않다. • 총점 또는 평균 계산이 불가능하다. • 원점수 분포를 백분위점수로 전환할 때, 중간 점수는 과소평가하고 상하의 극단 점수는 과대평가하는 경향이 있다.

04 출제영역 >> 교육심리학   난이도 ☆★★   정답 ④

✅ **정답찾기** 메타인지(상위인지, 초인지, meta-cognition)는 자신의 인지(과정)에 대한 인지(cognition about cognition)로, 주요 기술은 계획(planning), 점검(monitoring), 평가(evaluation)이다. 정교화(elaboration)는 새로운 정보에 의미를 추가하거나 그 정보를 기존 지식과 연결하여 의미를 부여하는 전략으로, 선행지식에 근거하여 새로운 정보에 아이디어를 추가하여 그 의미를 심화시키고 확장하는 전략이며, 조직화(organization)는 별개의 정보들에 질서를 부여하여 기억하는 것으로, 도표 작성, 개요 작성, 위계도 작성, 개념도, 청킹 등이 이에 해당한다.

Tip 정보처리(인지) 과정

주의집중		정보처리의 시작 ⇨ 자극에 의식적으로 집중하는 과정 예 물리적 유형(OHP, 칠판, 교사 등과 같은 수업도구), 강조적 유형(중요함을 강조하기), 감정적 유형(학생을 호명하기), 흥미유발적 유형(지적 호기심을 유발하기), 시범, 불일치 사건, 도표, 그림, 문제, 사고를 자극하는 질문 전략 등
지각		자극에 부여된 의미
시연		반복을 통한 정보 유지 예 유지형 시연, 정교화 시연
부호화		장기기억에 연결하기, 장기기억에 정보를 표상화하는 과정 ⇨ 정보를 유의미(meaningfulness)화 시키기 예 조직화, 정교화 활동
	정교화	새로운 정보에 의미를 추가하거나 그 정보를 기존 지식과 연결하여 의미를 부여하는 전략 예 논리적 추론, 연결적 결합, 예시, 세부사항, 문답법, 노트필기, 요약하기, 유추(analogy), 기억술 활용하기
	조직화	별개의 정보들에 질서를 부여하여 기억하는 것 예 도표 작성, 개요 작성, 위계도 작성, 개념도, 청킹
인출		정보를 의식수준으로 떠올리기

05 출제영역 >> 교육철학   난이도 ☆☆★   정답 ②

✅ **정답찾기** 진보주의는 교사중심·교과중심 교육을 중시한 전통적 교육에 대한 반기(反旗)를 들고 자연주의와 프래그머티즘을 토대로 전개된 아동중심·경험중심 교육으로의 개혁운동을 말한다. 아동 개인의 필요 충족(meeting individual needs), 경험을 통한 학습(learning by doing)을 교육적 슬로로건으로 중시하며, 학습자가 스스로의 경험을 통하여

지식을 습득해야 한다는 '경험에 의한 학습', 즉 경험중심 교육을 핵심적인 원리로 삼고 있다. ①은 본질주의, ③은 항존주의, ④는 재건주의에 해당한다.

Tip 진보주의 교육원리

① 교육은 아동의 현재생활 그 자체이다.
② 지식(반성적 사고)은 실생활의 문제해결을 위한 도구이다. : 도구주의(instru-mentalism)
③ 상대적 진리관·가치관 : 지식은 정적(靜的)인 것이 아니라 지속적 변화상황에서 능동적으로 활용할 도구
④ 교육방법은 교과내용의 주입보다는 문제해결식 학습이어야 한다.
⑤ 교사는 조력자·안내자이다.
⑥ 학교는 경쟁의 장이 아니라 협동하는 공동체사회이다.

06 출제영역 >> 교육행정학　　　　　난이도 ☆☆★　정답 ③

☑ 정답찾기 코간(Cogan), 애치슨(Acheson) 등에 의해 개발·발전된 임상장학(clinical supervision)은 교사와 장학담당자(예 교과 담당 장학사, 교장, 교감) 간의 대면적 관계성과 교사와 교실 내의 실제 행위에 초점을 두는 장학으로 학급단위로 이루어진다. 교사의 전문적 성장과 교실수업 개선을 목적으로 장학담당자와 교사가 수업현장에서 계획협의회, 수업관찰, 피드백 협의회의 과정에 따라 진행하며, 생존기에 있는 초임교사(임용 후 3년 이내)나 갱신기에 있는 경력 교사에게 효과적이다. ①은 약식장학, ②는 동료장학, ④는 자기장학에 해당한다. 한편, 컨설팅장학은 전문성을 갖춘 장학요원들이 교사의 의뢰에 따라 그들이 직무수행상 필요로 하는 문제와 능력에 관해 진단하고, 그것의 해결과 계발을 위한 대안을 마련하며, 대안을 실행하는 과정을 지원 또는 조언하는 활동이다. 특히 수업 컨설팅은 교과 교육 활동만을 영역으로 지원하는 맞춤형 장학 활동으로 의뢰인(교사)의 자발적 요청으로 실시하며, 교실 수업 개선이 주된 목적이다. 착수단계, 수업지원 단계, 실행단계, 평가단계로 진행된다.

Tip 장학 유형의 비교

장학 유형	구체적 형태	장학 담당자
임상 장학	초임교사 혹은 갱신기 교사 대상 수업관련 지도·조언 활동	외부 장학 요원, 전문가, 교장, 교감
동료 장학	수업연구(공개) 중심 장학, 협의 중심 장학, 연수 중심 장학, 동호인 활동 중심 장학, 커플장학	동료 교사
약식 장학	학급 순시, 수업참관	교장, 교감
자기 장학	자기수업 분석 연구, 전문서적 자료 탐독, 대학원 수강, 교과연구회·학술회·강연회 참석, 각종 자기연찬 활동	교사 개인

07 출제영역 >> 교수·학습이론　　　　　난이도 ☆☆★　정답 ①

☑ 정답찾기 구성주의는 상대적 인식론을 바탕으로 학습자의 능동적인 역할과 새로운 아이디어의 적극적인 창안을 강조하는 학습자중심의 학습관이다. 구성주의에서 교수설계는 학습이 일어날 수 있는 상황(context)이나 환경을 설계하는 것이고, 실제와 같이 복잡하고 비구조적인 상황과 맥락을 강조하며, 학습과정에 있어 학습자의 자율성과 권위를 부여한다. ①은 객관주의 지식관에 해당한다. 구성주의는 지식의 상대성, 주관성, 가변성(역사성)을 중시한다.

Tip 구성주의 학습을 촉진하는 일반적인 조건

1. 실제적 과제(authentic task)
2. 협동학습(collaborative learning)
3. 자기성찰(self-reflection)
4. 주인의식(ownership)
5. 중다관점(multiple perspectives)

08 출제영역 >> 교육행정학　　　　　난이도 ☆☆★　정답 ①

☑ 정답찾기 시·도의 교육·학예에 관한 사무의 집행기관으로 시·도에 교육감을 둔다. ①은 「지방교육자치에 관한 법률」 제24조 제1항으로, 정치적 중립성에 해당한다. 과거 1년 동안 정당의 당원이 아니어야 한다. ②는 제24조의2 제1항, ③은 제21조, ④는 제18조 제2항에 해당한다.

09 출제영역 >> 교육심리학　　　　　난이도 ☆★★　정답 ①

☑ 정답찾기 자기결정성 이론(Self-Determination theory)은 데시(Deci), 리안(Ryan) 등에 의해서 주창된 동기이론으로, 인간은 자율적이고자 하는 욕구를 가지고 있고 스스로 원하기 때문에 활동에 참여한다고 본다. 자기결정성은 자신의 의지를 활용하는 과정을 의미하며, 무엇을 어떻게 할 것인지에 대한 자신의 선택이나 자기 통제의 욕구를 말한다. 내재적 동기는 자기결정성의 경험에 기초한다고 보며, 내재적 동기의 형성은 무동기에서 외재적 동기를 거쳐 내재적 동기로 발달한다고 본다. 또한 자기결정성은 자신이 선택할 수 있을 때 증가한다. ②는 자신에 대한 정서적인 반응이나 평가를 말하며, ③은 어떤 과제를 할 수 있는 자기 능력에 대한 신념을 말하며, ④는 자신이 누구이고, 자신의 존재 의미가 무엇이며, 인생을 통해 무엇을 성취하고자 하는지에 관한 생각을 말한다.

Tip 자기결정성 인식에 영향을 주는 요인(Deci & Ryan)

자기결정성과 내적 동기 증가 요인	① 선택(choice)할 수 있을 때, ② 외적 보상(extrinsic reward)이 자기 능력의 인정과 향상이라는 정보(information)로 인식될 때
자기결정성과 내적 동기 감소 요인	① 위협과 마감 시한(threat & deadlines), ② 외적 보상(extrinsic reward)이 통제(control)로 인식될 때, ③ 통제적인 표현(controlling statement), ④ 감독과 평가(surveillance & evaluation)

10 출제영역 >> 한국교육사　　　　　난이도 ☆☆★　정답 ②

☑ 정답찾기 조선시대 교육기관인 사부학당(四部學堂), 즉 사학(四學)은 성균관 부속 중등학교로 문묘를 두지 않은 순수교육기관이었다. 「소학(小學)」을 필수교과로 중시하였으며, 교육의 계속성 확보를 위해 교관이 30개월간 장기근속을 하는 교관구임법(교관근속법)을 운영하였다. ②는 원칙적으로 소과(小科) 합격자만이 성균관에 진학할 수 있었다.

11 출제영역 >> 교육심리학   난이도 ★★★   정답 ③

☑ 정답찾기 ①은 피아제(Piaget), ②는 케이스(Case), ④는 비고츠키(Vygotsky)에 해당한다. 파이비오(Paivio)는 이중부호화 모형을 주장하였다. ③은 피아제(Piaget)의 인지발달단계이론(구조적·질적 접근)과 정보처리이론(과정적·양적 접근)을 결합하여 제시한 케이스(Case)의 실행제어 구조 이론에 해당한다. 케이스는 인지발달단계의 경계선에 위치한 시기의 사고과정을 모형화하기 위하여 사고의 구조적인 측면(Piaget)과 과정적인 측면(정보처리이론)을 통합·기술하여 인지발달을 보다 세련된 학습전략(정보처리전략, 실행제어구조)의 획득으로 파악하였다. 즉, 인지발달은 아동이 과제를 처리하는 데 사용하는 작동기억(working memory) 용량의 증가를 말하는데, 자동화(automatization)와 같이 문제해결 장면에서 사용되는 실행제어구조의 변화를 정보처리 용량의 증가로 보았다. 많은 연습을 통해 자동화(automatization)가 이루어지면 조작공간이 감소하고 저장 공간은 증가하여, 보다 적은 노력으로 많은 정보를 처리할 수 있게 된다. 이처럼 케이스의 이론은 정보처리 용량의 증가를 정보처리의 효율성(processing efficiency)으로 보는 기능적 증가모형(functional capacity growth)에 해당한다.

조작공간(특정 과제 요구량)	
조작공간	저장공간 : 1
조작공간	저장공간(여분) : 2

인지 발달 순서 (전체 용량은 불변이나, 과제요구량이 감소, 조작공간은 감소, 저장 공간은 증가)

Tip 피아제와 케이스의 인지발달이론 비교

피아제(Piaget)	케이스(Case)
• 인지발달에 관한 구조적 접근 • 발달에 관한 일반론적 입장 • 수학과 논리의 형식적 속성의 관점에서 발달을 기술 • 조작가능성 수준으로 발달을 설명 • 아동을 '꼬마 과학자'로 가정 • 4가지 단계(감각운동기 − 전조작기 − 구체적 조작기 − 형식적 조작기)로 제시 ⇨ 질적으로 새로운 구조가 출현한다고 봄.	• 인지발달에 관한 구조적 접근과 과정적 접근의 통합 • 발달에 관한 세부적·미시적 분석 • 정보처리전략의 관점에서 컴퓨터 시뮬레이션이나 과정모형을 바탕으로 발달을 기술 • 아동의 작동기억 용량의 증가로 발달을 설명 • 아동을 '문제 해결자'로 가정 • 4가지 단계(감각운동기 − 관계기 − 차원기 − 벡터기)로 제시 ⇨ 새로운 구조가 출현하는 것이 아니라 각 단계에서 기본 과정들이 복잡한 수준으로 통합되는 것이라 봄.

12 출제영역 >> 교육심리학   난이도 ☆☆★   정답 ②

☑ 정답찾기 미국의 유치원 및 초·중·고등학교에 적용되었던 가드너(Gardner)의 다중지능 개발 교수 전략들이다. 가드너(Gardner)는 지능을 한 문화권 혹은 여러 문화권에서 가치 있게 인정되는 문제를 해결하고 산물을 창조해 내는 능력으로 정의하였다. 그는 단일한 지능에 의해 다른 지적 능력이 모두 형성된다는 전통적인 지능이론을 비판하고, 지능이 분리될 수 있는 여러 개의 독립적인 요소(예 언어지능, 논리−수학지능, 신체운동지능, 시·공간지능, 음악지능, 대인간 지능, 개인 내적 지능, 자연관찰지능, 실존지능)로 구성되어 있다는 다중지능이론(MI)을 주장하였다.

Tip 다중지능 발견 교수 전략

다중지능 개발 프로그램	대상	내용
스펙트럼 교실 (Project Spectrum)	유치원 아동 (취학 전 아동)	• Feldman과 Krechevsky가 공동 연구 • 15가지 코너활동을 통해서 7가지 영역의 다중지능 능력 측정, 어린이의 지능 구성(profile)과 작업 스타일을 1년에 걸쳐 측정 • 초기에 아동의 지적인 강점과 약점을 발견
키 스쿨 (Key School Project)	초등학교 학생	• 인디애나폴리스의 공립초등학교에서 유래 • 아동의 다중지능을 매일 골고루 자극하여 발달 • 주제중심 교수법, 통합교육과정, 비학년제, 프로젝트 접근, 지역사회 자원의 광범한 활용, 포트폴리오에 의한 평가 등 활용
PIFS (Practical Intelligence For School)	중학교 학생	• 스턴버그의 삼원지능과 다중지능의 결합 : 학교에 필요한 실용지능 모형 • 인지개발 수업 모형 : 초인지 기술과 학교의 다양한 교육활동에 대한 학생들의 이해능력 증진
Art Propel	고등학교 학생	• 펜실베니아 주의 피츠버그 주립학교에서 추진된 고등학교 예술 교육과정 및 평가 프로그램 • 음악, 미술, 창작 등 세 가지 형태의 예술 영역에서의 학생들이 예술작품을 만들고 평가 • 창작(production), 지각(perception), 반성적 사고(reflection), 학습(learning)을 중시 • 영역 프로젝트(domain project)와 프로세스 폴리오(process polio)로 구성

13 출제영역 >> 교육심리학   난이도 ☆★★   정답 ④

☑ 정답찾기 켈러(Keller)는 학습동기유발 전략(ARCS이론)으로 주의집중(Attention), 관련성(Relevance), 자신감(Confidence), 만족감(Satisfaction) 등 4가지 동기요소를 제시하였다. 이 중 ①(지각적 각성), ②(탐구적 각성), ③(다양성)은 주의집중, ④(내재적 보상)는 만족감 유지 전략에 해당한다.

Tip 켈러(Keller)의 학습동기유발전략(ARCS)

주의집중 (attention)	지각적 각성 (주의환기)	시청각 효과, 비일상적 사건 제시
	탐구적 각성	문제해결 장려, 신비감 제공
	다양성(변화성)	교수방법의 혼합, 교수자료의 변화
관련성 (relevance)	목적지향성	실용적 목표 제시, 목적 선택 가능성 부여, 목적 지향적인 학습 활용
	필요나 동기와의 부합	학업성취 여부의 기록체제 활용, 비경쟁적인 학습상황 선택 가능
	친밀성	친밀한 사건·인물·사례 활용
자신감 (confidence)	성공기대(학습의 필요조건) 제시	수업목표와 구조 제시, 평가기준 및 피드백 제시, 시험의 조건 확인
	성공체험 (성공기회)	다양한 수준의 난이도 제공, 쉬운 것에서 어려운 것으로 과제 제시
	자기 책임 (자기 조절감)	학습속도 조절 가능, 원하는 부분에로 회귀 가능, 선택 가능하고 다양한 과제의 난이도 제공
만족감 (satisfaction)	내재적(자연적) 보상	연습문제를 통한 적용 기회 제공, 모의상황을 통한 적용 기회 제공
	외재적(인위적) 보상	적절한 강화계획의 활용, 선택적 보상 체제 활용, 정답 보상 강조
	공정성	수업목표와 내용의 일관성 유지, 연습과 시험내용의 일치

14 출제영역 >> 교육평가 　　　난이도 ☆☆★ 　정답 ①

✅ 정답찾기 준거타당도(criterion validity)에는 예언타당도(예측타당도)와 공인타당도(동시타당도)가 있다. 이 중 공인타당도는 현재의 검사 결과와 타당성을 보장받고 있는 현재의 다른 준거 점수 간의 상관 정도로, 현재의 준거와 '공통된 요인'에 관심을 가지며, 새로이 제작된 검사 도구로 기존의 검사 도구를 대체하고자 할 때 사용한다. 경험적 자료를 기초로 하므로 경험적 타당도 또는 통계적 타당도라고도 한다. 공인타당도가 공통성과 현재의 준거를 중시하는 데 비하여, 예측타당도는 예언성과 미래의 준거를 보다 중시한다. 공인타당도의 경우 예를 들어 지능검사와 학력검사의 상관을 찾아내어 지능검사를 학력검사로 대체하려는데 주목적이 있다.

Tip 타당도(증거)의 종류

구분		의미 및 관련 사항
내용(content) 타당도		• 내용(교과) 전문가(예 교과 담당교사)가 느낄 수 있는 문항(내용)의 대표성 • '이원목표 분류표'를 활용하면 효과적이다.
준거 타당도	공인(concurrent) 타당도	• 현 시점에서 관련 검사와의 일치(공인) 정도 • 상관계수(correlation coefficients)로 나타낸다.
	예언(prediction) 타당도	• 미래의 성취수준(정도)을 예언하는 정도 • 기대표(expectancy table)로 활용 • 상관계수나 회귀분석을 활용한다.
구인(construct)타당도		• 구하려고 하는 변인을 잴 수 있는 충실성의 정도 • 요인분석적 방법(중다특성기법), 상관계수법, 실험설계법, 공변량 구조 방정식 모형 방법 등을 사용한다.

15 출제영역 >> 교육행정학 　　　난이도 ★★★ 　정답 ③

✅ 정답찾기 행로-목표이론(Path-Goal Theory)은 동기이론인 기대이론에 기초하여, 지도자가 '상황적 요인(예 구성원의 특성, 환경적 요인)'을 고려하여 목표달성을 위한 적절한 행로를 제시할 때, 그것을 구성원이 어떻게 지각(예 유인가, 보상기대, 성과기대)하느냐에 따라 효과성이 달라진다고 보는 이론이다. ①은 피들러(Fiedler), ②는 레딘(Reddin), ④는 블랜차드와 허시(Blanchard & Hersey)의 상황적 지도성에 해당한다.

Tip 에반스와 하우스(Evans & House)의 행로-목표이론

지도성의 유형	→	상황적 요인	→	구성원의 지각	→	효과성
• 지시적 • 지원적 • 참여적 • 성취지향적 • 가치 중심적		• 구성원 특성(능력, 통제의 위치, 욕구와 동기) • 환경적 요인(과업 특성, 작업집단, 권위체계)		• 노력-성과의 기대(성과기대) • 성과-보상의 수단성(보상기대) • 보상의 유인성(유인가)		• 직무만족 • 동기유발 • 직무수행

지시적 지도성	명료화 행동 : 과업의 수행목적, 이행수단, 수행기준, 타인의 기대, 상벌 등의 명료화를 통해 구성원의 욕구와 선호를 효과적으로 수행과 결부시킨다.
지원적 지도성	구성원의 복지에 관심을 가지며, 친절하고, 지원적인 직무환경을 조성하며, 구성원의 욕구와 선호를 배려하고 지원한다.
참여적 지도성	일에 관련된 문제에 관하여 구성원과 상담하고, 그들의 의견을 구하며, 의사결정에서 구성원의 아이디어를 활용하려고 노력한다.
성취 지향적 지도성	구성원에게 도전적인 목표를 설정해 주고, 개선을 추구하며, 구성원의 욕구와 선호를 효과적인 수행과 결부되도록 한다.
가치 중심적 지도성	구성원이 소중히 생각하는 가치에 호소하고, 자기 효능감과 언행일치 행동을 증대시키며, 자신의 가치기준을 지도자의 비전과 집단의 목적에 기여하는 데 두도록 유도한다.

16 출제영역 >> 교육행정학 　　　난이도 ☆★★ 　정답 ③

✅ 정답찾기 과업평가계획기법(PERT : Program Evaluation and Review Technique, 과업평가검토기법)은 하나의 과업을 달성하는 데 필요한 다수의 세부사업을 단계적 결과와 활동으로 세분화하여 관련된 계획공정을 관계도식(flow chart)으로 형성하고 이를 최종목표로 연결시키는 관리기법이다. 사업의 추진 상황을 시간의 흐름에 따라 일목요연하게 파악할 수 있다는 장점을 지닌다. ③은 정보관리체제(MIS : Management Information System)에 해당한다. 의사결정자가 합리적인 의사결정을 내릴 수 있도록 경영활동에 필요한 정보를 신속하고 정확하게 제공해 주는 체제로, 사무량의 증대, 신속한 사무 처리의 필요, 행정관리의 고도화 요구 등에 부응하여 발달된 개념이다. 학교에서 자동적인 의사결정이 이루어질 수 있도록 프로그램화하여 경영을 지원하는 것을 말한다.

17 출제영역 >> 교육행정학 　　　난이도 ☆☆★ 　정답 ②

✅ 정답찾기 쓰레기통 모형(garbage-can model)은 이러한 조직화된 무질서(organized anarchies) 상태에서 정책 결정이 우발성에 기초하여 이루어지고 있음을 강조한 모형이다. 즉 문제의 우연한 해결을 강조하여 문제, 해결책, 선택기회, 참여자 등 네 요소의 흐름이 서로 다른 시간에 통(can) 안으로 들어와 우연히 동시에 한곳에서 모여질 때 결정이 이루어진다고 본다. 대표적인 전형적 사례가 진빼기 결정(choice by flight), 날치기 통과(choice by oversight)이다. ②는 문제의 흐름에 해당한다.

18 출제영역 >> 교육사회학 　　　난이도 ☆★★ 　정답 ③

✅ 정답찾기 허용적 평등은 모든 사람에게 교육받을 기회, 즉 출발점행동이 동등하게 보장되어야 한다는 것으로, 주어진 기회를 누릴 수 있느냐의 여부는 개인의 능력에 따라 다를 수 있다고 본다. 교육조건의 평등은 학교 시설, 교사의 자질, 학생의 수준, 교육과정의 평등에 중점을 둔다. 제시문은 교육과정의 평등에 관한 내용이다. 마지막으로 보장적 평등은 취학을 가로막는 현실의 경제적·지리적·사회적 장애를 제거하고 취학기회의 실질적 보장에 관심을 둔다.

Tip 교육평등관의 유형

구 분	평등 유형	강조점
기회의 평등	허용적 평등	• 모든 사람에게 동등한 취학기회 보장(기회균등) ⇨ 의무교육 제도 • 개인의 능력에 따른 결과의 차별 인정(능력주의, 업적주의) • 재능예비군(reserve of talent) 또는 인재군(pool ability) 제도 • 제도적 평등(선언적 평등) : 법이나 제도상의 차별 철폐 ⇨ 교육은 특권이 아니라 보편적 권리로 인식 • 「헌법」 제31조 제1항, 「교육기본법」 제4조

기회의 평등	보장적 평등	• 취학을 가로막는 현실의 경제적·지리적·사회적 장애 제거 ⇨ 취학기회의 실질적 보장	
		경제적 장애 제거	① 무상의무교육의 실시, ② 고교무상교육의 전면 시행(2021학년도 이후), ③ 학비보조 및 장학금제 도 운영
		지리적 장애 제거	① 학교를 지역적으로 유형별로 균형 있게 설립, ② 온라인 등교, ③ 스타 스쿨(star school), ④ 도서 벽지, 산골오지(奧地) 등에 학교 설립, 또는 통학 교통편 제공
		사회적 장애 제거	근로청소년을 위한 야간학급 및 방송통신학교의 설치
		• 영국의 1944년 교육법(중등교육 무상화) • 후센(Husen)의 연구: 교육기회 확대에는 성공했으나 계층 간의 분배구조 변화에는 실패	
내용의 평등	과정(교육조건)의 평등	• 콜맨(Coleman): "교육기회의 평등은 단지 취학의 평등이 아니라 평등하게 효과적인 학교를 의미함." • 학교의 교육 여건(예 학교시설, 교육과정, 교사의 자질, 학생 수준)에 있어서 학교 간 차이가 없어야 한다. • 고교평준화 정책(1974): 교육과정, 교사의 자질, 학생 수준에 평등은 실현, 학교시설의 평등은 실패 • 콜맨(Coleman) 보고서(「교육기회의 평등」, 1966): 학생의 가정배경, 학생집단(친구들), 학교시설(학교환경) 중에서 학생의 가정배경이 학생들의 학업성취에 가장 큰 영향을 미친다(문화환경 결핍론). ⇨ 보상적 평등이 대두된 계기	
	결과의 평등 (보상적 평등)	• 교육받은 결과, 즉 도착점행동이 같아야 진정한 교육평등이 실현 ⇨ 최종적으로 학교를 떠날 때 학력이 평등해야 하며, 이를 위해 우수한 학생보다 열등한 학생에게 더 많은 투자를 해야 한다.	
		학생 간 격차 해소	① 능력이 낮은 학생에게 더 좋은 교육 여건 제공 ② 학습부진아에 대한 방과 후 보충지도
		계층 간 격차 해소	① 저소득층 취학 전 아동을 위한 보상교육 ② 교육복지 투자우선지원사업
		지역 간 격차 해소	① 읍·면 지역의 중학교 의무교육 우선실시 ② 농어촌지역 학생의 대학입시 특별전형제
		• 존 롤즈(Rawls)의 「정의론」에 근거: 공정성의 원리, Mini-Maximum(차등의 원리, 최소-극대화의 원리) ⇨ 능력이 낮은 학생에게 더 많은 자본과 노력을 투입, 출발점행동의 문화실조(아동의 불이익)를 (사회가) 보상 • Head Start Project(미국), 교육우선지구(영국, EPA ⇨ EAZ & Eic), Sure Start Program(영국), Fair Start Program(캐나다), Angel Plan Program(일본), 교육우선지역 정책(프랑스, ZEP), 우리나라의 교육복지 투자우선지원사업과 농어촌지역 학생 특별전형제, 기회균등할당제(affirmative action), 교육안전망 구축(edu-safety net) 정책	

Tip 교육의 비유적 개념

구분	관련 예	특징
주형 (鑄型)	• 로크(Locke)의 형식도야: 수동적 백지설 • 행동주의: 왓슨(Watson) - 교육만능설 • 주입(注入) • 도야(陶冶)	• 교사 중심의 전통적 교육관, 상식적인 교육관 • 교사와 아동 간 수직적 관계를 전제 ⇨ 아동은 수동적 존재 • 교육내용 중시 • 단점: 교사와 학생의 관계에 대한 오해, 권위주의 교육풍토 조성
성장 (成長)	• 루소(Rousseau): '자연에 따라서(according to nature)' • 진보주의: "우리는 교과를 가르치는 것이 아니라 아동을 가르친다(We teach children, not subjects)."	• 아동 중심 교육관(새교육 운동), 낭만주의적 교육관 ⇨ 교사는 안내자, 교육의 강조점이 '무엇을 가르칠 것인가'에서 '누구를 가르칠 것인가'로 전환 • 교사와 아동 간 수평적 관계를 전제 ⇨ 아동은 능동적 존재 • 교육방법 중시 • 단점: 교사의 역할을 과소평가
예술 (藝術)	• 교학상장(教學相長) • 줄탁동시(啐啄同時)	• 주형과 성장의 대안적 비유 • 교사와 아동 간 상호작용적 관계
성년식	피터스(Peters): 교육은 미성년자인 학생을 '문명화된 삶의 형식(인류 문화유산)에 입문시키는 일'	• 주형과 성장의 대안적 비유 • 교육내용과 교육방법 모두 중시
만남	• 실존주의, 인본주의 교육 • 볼노브(Bollnow): "만남은 교육에 선행한다."	• '주형, 성장, 예술, 성년식'(의도적 교육을 가정)의 대안적 비유 • 단속적이고 비연속적인 교육(비의도적 교육) 중시

20 | 출제영역 ≫ 교육과정 | 난이도 ★★★ 정답 ③

✅**정답찾기** ③은 2015 개정 교육과정에 해당한다. 2022 개정 교육과정의 경우, 1~2학년의 안전교육은 바른 생활·슬기로운 생활·즐거운 생활 교과의 64시간을 포함하여 교과 및 창의적 체험활동을 활용하여 편성·운영한다.

19 | 출제영역 ≫ 교육의 이해 | 난이도 ☆☆★ 정답 ①

✅**정답찾기** 성장(growth)의 비유는 교육은 아동의 잠재력 및 개성을 자연의 법칙에 따라 나타나게 하는 것으로 정의하며, 루소(Rousseau), 프뢰벨(Fröbel), 듀이(J. Dewey)의 사상과 관련이 있다. 또한, 성장(growth)의 비유는 19세기말 이후 전개된 '새교육 운동'과 해방 후 우리나라 초기 교육에 많은 영향을 주었다. ②는 주형(鑄型), ③은 성년식(成年式), ④는 만남의 비유에 해당한다.

01 출제영역 >> 한국교육사　　난이도 ★★★　정답 ③

✅정답찾기 ③은 홍대용에 해당한다. 최한기는 수학교육을 통한 추리력의 발달과 함께 감각, 기억, 추리의 학습 순서를 강조하였다. ①에서 권근의 「입학도설」(1390)은 17세기 감각적 실학주의자 코메니우스(Comenius)가 저술한 「세계도회」(1658)보다 268년 앞선 것으로, 직관 교수 및 시청각 교수서의 선구적 역할을 하였다.

Tip 최한기의 이기론

기(氣)	우주의 궁극적 실재(本體)로, 활동·변화하는 작용 측면의 기(氣)는 운화기(運化氣), 그 작용으로 이루어지는 형질 측면의 기는 형질기(形質氣)이다.
이(理)	기(氣)에 철저하게 예속된 것으로, 객관적 자연법칙인 유행지리(流行之理)와 인간의 사유(思惟) 활동인 추측지리(推測之理)로 구성되어 있다. 추측지리는 공부의 기본원리로서 사물에 대한 지각을 의미하는 추측 기능을 한다.

02 출제영역 >> 교육행정학　　난이도 ☆☆★　정답 ③

✅정답찾기 인간중심 상담이론(비지시적 상담이론, 고객중심 상담이론, 자아중심 상담이론)에서는 인간은 생득적으로 선(善)하며, 자아실현의 욕구와 의지인 실현경향성(actualizing tendency)을 지니고 있다고 가정하며, 적절한 환경(무조건적이고 긍정적인 존중, 공감적 이해, 진실성)이 제공된다면(if-then) 자기확충을 위한 적극적인 성장력을 지니고 있다고 본다. 그런 환경 속에서 인간은 내적인 자기실현 경향과 일치하는 방식으로 자기실현을 하려 하며, 궁극적으로 충분히 기능하는 인간(fully functioning person)에 도달할 수 있다. ①은 프로이트(Freud)의 정신분석 상담, ②는 아들러(A. Adler)의 개인심리 상담, ④는 앨리스(A. Ellis)의 합리적·정의적 상담에 해당한다.

03 출제영역 >> 교육의 이해　　난이도 ★★★　정답 ①

✅정답찾기 화이트헤드(Whitehead)는 유용성(utility)을 일상적(실용적) 의미가 아닌 지적 탐구를 실천으로 옮기기 위한 유용성의 의미로 이해한다. 즉 생기 없는 관념(innate ideas) 또는 무기력한 지식을 비판하면서 이론적인 것과 실천적인 것의 통합이 이루어질 수 있도록 가르쳐야 한다고 주장한다. 이러한 그의 주장은 전일성(wholeness)의 철학으로 이해될 수 있으며, 이는 이소크라테스(Isocrates), 허스트(Hirst)의 후기 사상(「자유교육을 넘어서」), 듀이(J. Dewey)의 교육사상과 연결될 수 있다고 본다. 그러므로 ①은 교양교육과 전문교육의 통합을 중시한다고 수정되어야 한다.

04 출제영역 >> 교육과정　　난이도 ☆☆★　정답 ③

✅정답찾기 타일러(Tyler)가 제시한 학습경험 선정의 원칙에는 기회의 원리, 만족의 원리, 학습가능성의 원리, 일목표 다경험의 원리, 일경험 다성과의 원리가 있다. ③은 학습경험의 조직 원리에 해당한다.

Tip 타일러(Tyler)가 제시한 학습경험(교육내용)의 선정원리

기회의 원리	목표 달성의 경험을 제공해야 한다. ⇨ 합목적성의 원리
만족의 원리	학생들이 만족을 느낄 수 있는 경험이어야 한다. ⇨ 동기유발
(학습) 가능성의 원리	학습자의 현재 발달 수준에서 경험 가능한 것이어야 한다.
(일목표) 다경험의 원리	하나의 목표달성을 위해 여러 가지 학습경험을 제공해야 한다.
(일경험) 다성과의 원리	하나의 학습경험을 통해 다양한 학습결과를 유발해야 한다.

05 출제영역 >> 교육평가　　난이도 ★★★　정답 ③

✅정답찾기 동형검사 신뢰도(equivalent-form reliability)는 검사문항의 내용은 다르지만 동일한 능력을 측정하는 두 개의 동형검사를 미리 제작하여 같은 집단에 두 번 실시하여 상관계수를 산출하는 방법이다. 표면적으로 내용은 서로 다르지만 두 검사가 측정이론에서 볼 때 '동질적이라고 추정할 수 있는(예 문항 내용, 문항 난이도, 문항 변별도가 거의 비슷하게 제작된)' 문항들로 구성된 동형검사로 구성되어야 하기 때문에 동형성 계수(coefficient of equivalence)라고도 한다. 검사의 내용이 달라짐에 따라 발생하는 오차와 검사 상황이 달라짐에 따라 발생하는 오차를 모두 잡을 수 있다.

Tip 신뢰도 추정방식의 비교

추정방식	검사지의 수	검사실시 횟수	주된 오차요인	통계방법
재검사 신뢰도	1	2	시간간격, 이월효과	적률상관계수 (안정성 계수)
동형검사 신뢰도	2	2(각1)	문항차이 (문항의 동형성)	적률상관계수
반분 신뢰도	1	1	반분검사의 동질성	스피어만-브라운 공식
문항 내적 합치도	1	1	문항의 동질성	KR(이분적 문항), 크론바흐-α 계수 (다분적 문항)
평정자 간 신뢰도	1	1	평정자의 차이	적률상관계수, 백분율

06 출제영역 >> 서양교육사　　난이도 ☆★★　정답 ③

✅정답찾기 실학주의(realism)는 교육의 이론 및 실제에서 관념적인 것보다는 실용성과 실천성을 중시하는 교육사조로, 실생활과 유리(遊離)된 인문주의와 종교개혁의 한계를 비판하며 등장하였다. 현실의 객관적 관찰 위에 실질 도야를 중시하여 현실 사회생활에 필요한 구체적이고 실용적인 지식과 경험을 강조한다. 인문적 실학주의와 사회적 실학주의, 감각적 실학주의 유형으로 전개되었다. 이러한 실학주의는 현실 생활에 대한 이해와 교육의 현실적 적합성을 중시하고, '언어 이전에 사물(things before words)'과 같은 실물교육을 강조하였다. ①은 르네상스기의 인문주의, ②는 19세기 신인문주의 중에 계발주의, ④는 18세기 자연주의에 해당한다.

07 출제영역 >> 교육평가　　　　　　　난이도 ★★★　정답 ①

✅ 정답찾기 ①은 집중경향의 오류에 해당한다. 근접의 오류는 누적된 관찰 기록에 의존하지 않고 학기말에 급하게 평가할 때 나타나는 것처럼 비교적 유사한 항목들이 시간적으로나 공간적으로 가까이 있을 때 비슷하게 평가하는 오류에 해당한다.

Tip 평가자 오류의 유형

집중경향의 오류	평가의 결과가 중간부분에 모이는 경향
인상의 오류	선입견에 따른 오차로, 하나의 특성이 관련이 없는 다른 특성에 영향을 미치는 오류
대비의 오류	어떤 평가특성을 평가자 자신의 특성과 비교하여 평가하는 오류
논리적 오류	논리적으로 전혀 관계가 없는 두 가지 행동특성을 관련이 있는 것으로 판단하여 평가하는 오류
근접의 오류	비교적 유사한 항목들이 시간적으로나 공간적으로 가까이 있을 때 비슷하게 평가하는 오류
무관심의 오류	평가자가 피평가자의 행동을 면밀하게 관찰하지 못할 때 발생하는 오류
의도적 오류	특정 학생에게 특정한 상을 주기 위해 관찰결과와 다르게 과장하여 평가하는 오류
표준의 오류	점수를 주는 표준이 평가자마다 다른 데서 기인하는 오류

08 출제영역 >> 교육철학　　　　　　　난이도 ☆☆★　정답 ②

✅ 정답찾기 비판적 교육철학(비판이론)은 마르크스주의와 정신분석학을 두 근간으로 하는 새로운 형태의 교육사상으로 마르쿠제(Marcuse), 하버마스(Habermas) 등이 주축이 된 프랑크푸르트학파의 사회철학을 일컫는다. "현대사회 문제의 책임은 개인이 아니라 사회 또는 그 체제에 있다."고 보고, 자율적 인간 양성과 해방적 사회 건설을 교육목적으로 추구한다. 사회비판의 규범적 토대를 '의사소통적 합리성' 개념(Habermas)을 통해 새로이 정립하였다는 점에서 교육적 의의를 지니나, 학교교육의 순기능을 평가절하 하였으며, 교육을 지나치게 정치·경제·사회의 논리에 따라 해석하는 경향이 있다는 비판을 받는다. ②에서 비판이론은 과학적 접근, 즉 실증주의적 방법을 비판하고, 사회체제가 지닌 문제와 그 해결에 대한 시각과 관점의 다양성을 인정하는 복수이론적 관점을 강조한다.

Tip 비판이론의 핵심개념(Gibson, 1986)

① 복수이론, ② 이론에 대한 몰두, ③ 과학적 접근의 거부, ④ 계몽(啓蒙), ⑤ 해방(解放), ⑥ 마르크스(Marx) 이론의 수정, ⑦ 도구적 합리성 비판, ⑧ 문화에 대한 관심, ⑨ 개인과 사회의 관계, ⑩ 미학(美學)의 중심성, ⑪ 프로이트(Freud)의 영향, ⑫ 사회적 사태의 설명, ⑬ 언어에 대한 관심

09 출제영역 >> 교수·학습이론　　　　　　난이도 ☆☆★　정답 ④

✅ 정답찾기 '총괄평가(10단계)'는 개발된 프로그램이 효과적인지를 판단하기 위해 실시하는 평가로, 프로그램 제작자가 평가의 공정성 확보를 위해 외부 전문가에 의뢰하여 상대평가나 절대평가를 실시한다. 한편, '형성평가의 설계 및 실시 단계(8단계)'는 수업프로그램의 능률과 효과 증진을 위해 수업프로그램의 질을 개선하는 데 필요한 자료를 수집하는 평가로 일대일 평가나 소집단평가, 현장평가를 사용한다.

Tip 딕과 캐리(Dick & Carey)의 체제적 수업설계 모형

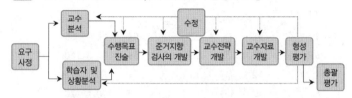

Tip 일반모형(ADDIE)과 딕(Dick)과 캐리(Carey)의 비교

ADDIE 모형	딕과 캐리(Dick & Carey) 모형
모든 교수설계 활동에서 요구되는 기본적인(일반적인) 핵심요소 제시	구체적인 교수설계의 단계와 단계 간의 역동적인 관련성에 초점을 맞추고, 단계별 유의사항에 대한 처방 제시
일반모형	심화모형
실행 단계(I)를 포함	실행 단계(I)를 생략 ⇨ 수업설계자 입장에서 구안된 모형
평가도구 개발은 일반적으로 교수설계의 마지막 단계에서 실시	평가도구 개발은 수행목표 진술(4단계) 바로 다음 단계(5단계)에서 실시 ⇨ 교수목표 – 수행목표 – 평가도구에 이르는 일관성 보장 목적

	Dick & Carey 모형		일반모형 (ADDIE)
단계	제목	내용	
1	일반적 수업목표의 설정 (요구분석 포함)	• 수업 후에 길러질 학생의 성취행동이나 학습성과의 유목을 진술 • 각급 학교 각 학년 대상의 교과서가 이미 선정된 경우는 거의 생략	분석단계 (A)
2	학습과제 분석의 수행	목표의 세분화 및 학습요소의 위계적 분석 ⇨ 학습순서와 계열 결정	분석단계 (A)
3	출발점행동 확인 및 학습자 특성 분석	학생의 선행학습 정도의 확인 및 보충학습 ⇨ 진단평가	분석단계 (A)
4	구체적 행동목표의 진술	• 한 단위 수업 후에 학생이 보여 줄 수행목표(수업목표) 진술 • 메이거(Mager) 진술방식: 상황(조건), 수락기준, 도착점행동	설계단계 (D)
5	준거지향검사의 개발	진술된 목표와 일대일로 대응할 수 있는 절대평가 문항 개발	설계단계 (D)
6	수업전략의 선정	• 목표 도달에 필요한 수업자료와 요소 및 환경을 활용하는 절차 선정: 수업 전 활동 – 정보 제시 – 학습자 참여 – 검사 – 추수활동으로 구성(Gagné의 9가지 수업사태를 요약) • 학습요소별 시간계획, 교수 – 학습집단의 조직, 수업환경 정비 등 포함	설계단계 (D)
7	수업자료의 개발	• 다양한 수업자료를 개발·제시하여 개별화 수업의 효과 증진 • 학습지침, 수업요강, 수업자료, 검사, 교사 지침 개발	개발단계 (D)
8	형성평가의 설계 및 실시	교수설계에 대한 평가 ⇨ 수업 프로그램의 능률과 효과 증진을 위해 수업 프로그램의 질을 개선하는 데 필요한 자료를 수집하는 평가 예 일대일 평가, 소집단평가, 현장평가	개발단계 (D)
9	수업개발의 수정	• 형성평가의 결과를 토대로 수업 프로그램이 지닌 결점을 수정·보완 • 학습과제 분석의 타당성, 학습자의 출발점행동 및 특성분석의 정확성, 구체적 행동목표 진술의 적절성, 검사문항의 타당성 등을 검토	개발단계 (D)

10	총괄평가의 설계 및 실시	수업 프로그램의 절대적 또는 상대적 가치를 평가 ⇨ 외부에 평가 의뢰	평가단계 (E)

---

10 출제영역 >> 교육사회학   난이도 ☆☆★   **정답** ③

☑ 정답찾기 콜맨(Coleman)은 "교육기회의 평등은 단지 취학의 평등이 아니라 평등하게 효과적인 학교를 의미하는 것이다."라고 주장하였다. 이는 과정의 평등을 의미하는 것으로서 교육기회균등은 사람들에게 학교에 접근할 수 있는 기회를 제공하는 것만으로는 불충분하고, 교육시설이나 교사의 질, 교육과정과 같은 교육조건 등에 있어서 학교 간 차이가 없어야 한다는 것을 지적한다. 교육기회균등에 관한 연구로 유명한 콜맨 보고서(Coleman Report, 1966)는 나중에 의도하지 않은 엉뚱한 결과가 나왔지만 사실은 학교 간의 격차에 초점을 두어 학업성적을 결정하는 제반 교육여건, 예를 들어 도서관, 교과서, 교육과정, 교수방법, 교사의 능력 등이 학교에 따라 어떻게 다르며, 이들 조건의 차이가 학생들의 실제 학업성적과 어떤 관련이 있는지를 분석하려 한 것이었다. 그래서 만일 교육격차가 이러한 교육의 과정에서 연유한다면 교육기회균등 정책은 이런 방향으로 수정되어야 한다는 것을 제시하려 했던 것이었다. 그러나 이 연구결과는 상식을 뒤엎는 엉뚱한 결과가 나왔다. 학교의 교육조건의 차이는 학생들의 성적차와 이렇다 할 관련이 없다는 결론이었다. 학교의 교육조건들은 성적 차이에 별다른 영향을 주지 못하며, 오히려 학생들의 가정배경과 친구집단이 훨씬 강력한 영향을 준다는 것이었다. 콜맨 보고서는 몇 년 뒤에 젠크스(Jencks, 1972)에 의해서 다시 면밀히 분석되었으나 결과는 마찬가지였다. 그 결과 결과의 평등, 즉 보상적 평등이 대두되었다. ③은 학교특성 변인은 교사의 질 → 학생구성 특성 → 기타 학교변인(학교의 물리적 시설, 교육과정 등)의 순으로 학업성취에 영향을 미치는 그 전체적 영향은 10% 정도로 미미한 수준이다.

---

11 출제영역 >> 교육심리학   난이도 ☆☆★   **정답** ①

☑ 정답찾기 스턴버그(Sternberg)의 삼원지능이론(Trichic theory of intelligence, 삼두이론, 삼위일체이론)은 지적 행동이 일어나는 사고과정의 분석을 활용하여 지능을 파악한 정보처리적 접근 방법으로, 보다 완전한 지능이 되기 위해서는 개인(IQ), 행동(창의력), 상황(적용력) 등세 가지 요소를 고려해야 한다고 주장한다. 이를 위해 스턴버그는 지능의 역할을 설명하는 성분적(분석적)·경험적(창조적)·맥락적(상황적) 요소를 제시하였다. 이 중 상황적 하위이론(contextual subtheory)은 외부환경에 대응하는 능력이나 현실상황에 적응하거나 환경을 선택하고 변형하는 능력이다. ②와 ④는 분석력, ③은 창의력에 해당한다.

Tip 스턴버그(R. J. Sternberg)의 삼원지능이론

지능의 3요소	하위이론	성공지능
성분적 요소	요소하위이론	분석적 능력
경험적 요소	경험하위이론	창의적 능력
맥락적 요소	상황하위이론	실제적 능력

---

12 출제영역 >> 교육심리학   난이도 ☆★★   **정답** ①

☑ 정답찾기 목표이론(목표지향이론)은 목표(goals)가 동기유발의 원인이라고 보는 견해이다. 목표는 개인이 이루고자 하는 성과 또는 성취하려는 욕망이라고 정의하며, 학생들의 동기와 학습에 영향을 미치는 목표유형을 학습목표(learning goal, 또는 숙달목표)와 수행목표(performance goal)로 구분한다. 학습목표는 과제이해, 즉 학습 과정 및 학습활동 자체에 초점을 두는 목표이며, 수행목표는 개인이 지닌 능력을 남과 비교함으로써 동기화되는 목표이다. ①은 수행(접근)목표에 해당한다.

---

13 출제영역 >> 교육심리학   난이도 ☆★★   **정답** ③

☑ 정답찾기 4번째 단계는 법과 질서를 준수하는 도덕성의 단계이다. 사회 전체적 권위와 질서지향적인 특성을 지니며, 법은 절대적이고 사회질서는 유지되어야 한다는 의식을 지닌다. ①은 2단계, ②는 3단계, ④는 5단계에 해당한다.

Tip 콜버그(Kohlberg)의 도덕성 발달단계 이론

수준	단계	내용
제1수준 (인습 이전 수준) ⇨ 전도덕기 (무율성 / 힘의 윤리, 자기중심성의 윤리)	1. 벌과 복종에 의한 도덕성(주관화 – 처벌회피 지향)	• 복종과 처벌회피 지향적 특성 ⇨ 강력한 권위(물리적 힘)에의 무조건적 복종(힘 = 진리), 적자생존의 원리 • 벌을 피하기 위해 규칙에 복종 • 구체적·표면적·물리적 결과만으로 도덕 판단
	2. 자기중심의 욕구충족을 위한 수단으로서의 도덕성(상대화 – 칭찬받기 위한 도덕성)	• 상대적(개인적) 쾌락주의의 특성 • 개인적 욕구충족의 수단 : 자기 자신의 욕구만족 여부에 따라 도덕적 가치 판단 ⇨ 도구적 상대주의 • 인간관계를 시장원리와 동등시(1 : 1 교환관계 중시) ⇨ 가언명령(假言命令)
제2수준 (인습수준) ⇨ 타율도덕기 (타인의 윤리)	3. 대인관계에서의 조화를 위한 도덕성(객체화 – 비난회피 지향)	• 착한 아이(good boy) 지향, 사회적 조화가 핵심 • 타인의 승인을 구하고 관계를 중요시 ⇨ 여성들의 도덕성(배려 지향)의 단계, 청소년의 윤리
	4. 법과 질서를 준수하는 도덕성(사회화 – 질서 지향)	• 사회 전체적 권위와 질서 지향적인 특성 • 법은 절대적이며 사회질서는 유지되어야 함. ⇨ 개인적 문제보다 전체적 의무감 중시
제3수준 (인습 이후 수준) ⇨ 자율도덕기 (원리의 윤리)	5. 사회계약 및 법률복종(법칙주의 지향)으로서의 도덕성(일반화 – 사회계약 지향)	• 사회계약(좋은 사회) 지향형 ⇨ 법과 질서도 가변적(법의 정신 & 민주적 제정 과정 중시) • 공공복리 증진을 위한 사회 공평자의 입장 취함(공리주의적 사고). • 가치기준의 일반화, 세계화
	6. 양심 및 보편적 도덕원리에 대한 확신으로서의 도덕성(궁극화 – 원리 지향)	• 도덕원리 지향적 특징 • 양심의 결단, 윤리관의 최고 경지 예 황금률(the Golden Rule), Kant의 정언명령 • 보편적 도덕원리인 양심에 따라 행동

제
06
회

14 출제영역 >> 교육심리학 　　난이도 ☆★★ 정답 ①

☑정답찾기 인지발달에 관해 피아제(Piaget)는 개인적(인지적) 구성주의에, 비고츠키(L. Vygotsky)는 사회적(문화적, 변증법적) 구성주의에 해당한다. 두 이론의 공통점은 학습자의 능동적 자발성을 인정하고, 인지발달이 학습자와 환경 간의 상호작용을 통해 이루어짐을 주장한 점이다. ②와 ④는 피아제(Piaget), ③은 비고츠키(L. Vygotsky)에 해당한다.

Tip 피아제와 비고츠키 이론의 비교

Piaget	구 분	Vygotsky
관념론	배경철학	유물론
개인적(인지적) 구성주의	지식관	사회(문화)적 · 변증법적 · 맥락적 구성주의
물리적 환경에 관심	환경관	역사적 · 사회적 · 문화적 환경에 관심
학습자가 발달에 주체적 역할 (꼬마 과학자)	아동관	사회적 영향이 발달에 주요한 역할 (사회적 존재)
평형화를 중시 (개인 내적 과정)	구조의 형성	내면화를 중시 (대인적 과정에 의한 개인 간 의미구성)
사고(인지발달)가 언어에 반영	사고와 언어	사고와 언어는 독립 → 연합 → 언어가 사고에 반영
발달의 보편적 · 불변적 계열 ⇨ 결정론적 발달관	발달적 진화	사회구조와 유기체구조 간의 역동적 산물 ⇨ 발달단계 변화 가능
발달의 포섭적 팽창	발달양태	발달의 나선적 팽창
발달의 개인차에 관심 없음	개인차	발달의 개인차에 관심 있음
발달이 학습에 선행	발달과 학습	학습이 발달에 선행
자기주도적 (self-directed) 발견	수업	교사안내수업 (guided-learning)
다른 아동(또래)과의 상호작용 ⇨ 아동 스스로 인지적 갈등 극복	상호작용	유능한 아동이나 어른과의 상호작용 ⇨ 타인에 의한 사회경험의 내면화
정적 평가	평가	역동적 평가
현재지향적 접근 ⇨ 현재 아동의 발달단계에 맞는 내용 제시	학습	미래지향적 접근 ⇨ 현재 발달수준보다 조금 앞서는 내용 제시
발생학적 인식론 (인지능력의 결과에 관심)	연구방법	발생학적 실험방법 (인지능력의 형성과정에 관심)
안내자(환경조성자)	교사역할	촉진자(성장조력자)

15 출제영역 >> 교육행정학 　　난이도 ☆☆★ 정답 ②

☑정답찾기 인간은 항상 무엇인가를 원하는(욕구하는) 존재(wanting being)로 파악한 매슬로우(Maslow)는 인간의 욕구가 동기를 유발하는 요인으로 보았다. 그는 인간에게 중요한 순서(위계)에 따라 인간의 욕구를 5단계로 구분하여 저수준의 욕구부터 고수준의 욕구까지 생리적 욕구(1단계) − 안전 · 보호 욕구(2단계) − 애정 · 소속 · 사회적 욕구(3단계) − 존경욕구(4단계) − 성장욕구(5단계)의 순으로 제시하였다. 이 중 성장욕구는 자아실현의 욕구, 지적 욕구, 심미적 욕구를 포함한다. 이 중 도전적인 직무, 조직 내에서의 발전, 일의 성취는 자아실현욕구에 해당한다. ①은 존경욕구, ③은 사회적 욕구, ④는 생리적(기본적) 욕구에 해당한다. 안전 · 보호 욕구에 해당하는 사례는 직업의 안정을 들 수 있다.

16 출제영역 >> 교육사회학 　　난이도 ☆★★ 정답 ④

☑정답찾기 헤게모니(hegemony)는 애플(M. Apple)이 문화적 헤게모니 이론에 활용한 그람시(A. Gramsci)의 개념으로, 지배집단이 지닌 의미와 가치체계를 말한다. 그에 따르면 학교는 지배 이데올로기를 정당화하는 역할을 한다고 보았으며, 헤게모니는 '학교교육이 교육의 기회를 공정하게 제공하고 능력에 따라 사회계층을 결정하게 한다.'고 믿게 하는 지배력 행사방식을 말한다. ①, ②는 부르디외(P. Bourdieu)의 문화자본론, ③은 윌리스(Willis)의 저항이론의 핵심용어이다.

Tip 용어 설명

아비투스 (habitus)	개인에게 내면화(무의식적으로 체질화)되어 있는 문화능력(문화적 취향, 심미적 태도, 의미체계)으로, 지속성을 지니는 무형(無形)의 신체적 성향이나 습성 ⇨ 부르디외(Bourdieu)의 문화자본론
상징적 폭력 (symbolic violence)	한 계급이 지닌 특정한 아비투스를 다른 계급이 받아들이게 하는 것 ⇨ 부르디외(P. Bourdieu)의 문화자본론
반학교문화 (counter-school culture)	노동계급의 학생들(사나이, lads)이 기존의 학교문화에 저항하고 모순을 극복하기 위해 간파(penetration)를 일상생활 속에서 실천하는 학교문화에 반항하는 저항적인 하위문화 ⇨ 윌리스(Willis)의 저항이론

17 출제영역 >> 교육행정학 　　난이도 ☆☆★ 정답 ③

☑정답찾기 「교육공무원법」 제44조(휴직)에 대한 내용이다. 휴직(休職)은 교육공무원으로서 신분을 보유하면서 그 담당업무 수행을 일시적으로 해제하는 행위로, 임용권자(⑩ 교육감)가 직권으로 휴직을 명하는 직권휴직과 본인의 원(願)에 의하여 허가를 얻어 실시하는 청원휴직이 있다. ③은 교원 본인이 원하면 휴직을 명해야 하는 청원휴직에 해당하며, 나머지(①, ②, ④)는 직권휴직에 해당한다

Tip 휴직의 유형 및 기간

직권휴직	청원휴직
① 병휴직(요양, 공상): 요양(불임 · 난임 포함하여 1년 이내, 1년 연장 가능), 공상(3년 이내) ② 병역의무(병역): 복무기간 만료 시까지 ③ 생사소재 불명(행불): 3월 이내 ④ 교원노조 전임자: 전임기간 ⇨ 임용권자의 동의가 있는 경우 가능 ⑤ 기타 의무수행(의무): 복무기간	① 해외유학(연구 · 연수): 3년 이내, 학위취득 시 3년 연장 가능 ② 외국기관 고용: 고용기간 *③ 육아휴직: 만 8세 이하 또는 초등학교 2학년 이하의 자녀 양육, 임신 또는 출산 ⇨ 남교원 1년 이내, 여교원 3년 이내 *④ 입양: 만 19세 미만의 아동 입양(단, ③의 아동은 제외), 입양자녀 1명에 6개월 이내 *⑤ 불임 · 난임으로 인하여 장기간의 치료가 필요한 경우 ⑥ 국내연수(연수): 교육부장관(교육감)이 지정한 기관, 3년 이내 ⑦ 가족간호(간호): 1년 이내(재직기간 중 3년 이내) ⑧ 배우자 동반: 3년 이내, 3년 연장 가능 ⑨ 학습연구년: 재직기간 10년 이상인 교원이 자기개발을 위한 학습 · 연구 등의 경우 ⇨ 1년 이내(재직기간 중 1회만) *③~⑤의 경우 본인이 원하면 휴직을 명하여야 함.

18 출제영역 >> 교육공학　　　　　　난이도 ★★★　정답 ①

✅정답찾기 몰입(flow)은 개인이 자신이 하고 있는 일에 빠지게 되는 심리상태로, 칙센트미하이(M. Csikszentmihalyi)는 '최적의 경험'으로 정의한다. 몰입 경험의 특징은 어떤 외적인 보상을 위해서가 아니라 몰입 그 자체를 추구하는 자기목적성을 가진다. 칙센트미하이(M. Csikszentmihalyi)는 개인의 능력 수준(skill level)과 도전 과제의 난이도 수준(challenge level)을 기준으로 플로우 8채널 모델(M. Csikszentmihalyi)을 제시하였다. 이 주장에 따르면 몰입은 능력(skill level)과 과제(challenge level)라는 두 변수가 모두 높을 때 경험하는 심리적 상태라고 할 수 있다. ②는 느긋함(지루함, boredom), ③은 불안(anxiety), ④는 무관심(apathy)의 상태에 해당한다.

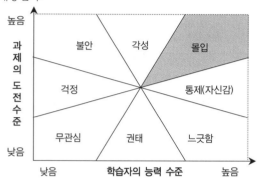

19 출제영역 >> 교육과정　　　　　　난이도 ★★★　정답 ④

✅정답찾기 2022 개정 교육과정의 개정 중점사항 중 하나는 고교학점제 기반 맞춤형 교육과정 구현이다. 수업량 적정화(1학점－수업량 50분 기준 16회 이수) 및 3년간 총 이수학점을 204단위에서 192학점[교과 174학점(필수이수학점 84학점 + 자율이수학점 90학점) + 창의적 체험활동 18학점]으로 적정화하였다. 또한 고교학점제에 부합하는 성장 중심 평가체제를 구축하여 과목 이수기준(수업 횟수 2/3 이상 출석, 학업성취율 40% 이상) 충족 시 학점 취득 및 미이수자 발생 시 보충 이수 지원 방안을 마련하였다. 또한 학교급 전환시기의 진로연계교육을 강화하였다. 학교급 간 교과 내용 연계와 진로 설계, 학습 방법 및 생활 적응 등을 지원하기 위한 진로연계학기를 신설하여, 상급학교 진학하기 전(초6, 중3, 고3) 2학기 중 일부 기간을 활용하여 진로연계학기를 운영한다.

Tip❶ 진로연계학기 운영 예시

Tip❷ 학교급별 교육과정 편성·운영의 기준(기본사항)

가. 초등학교 1학년부터 중학교 3학년까지의 공통 교육과정과 고등학교 1학년부터 3학년까지의 학점 기반 선택 중심 교육과정으로 편성·운영한다.
나. 학교는 학교 교육과정 편성·운영 계획을 바탕으로 학년(군)별 교육과정 및 교과(군)별 교육과정을 편성할 수 있다.
다. 학년 간 상호 연계와 협력을 통해 학교 교육과정을 유연하게 편성·운영할 수 있도록 학년군을 설정한다.
라. 공통 교육과정의 교과는 교육 목적상의 근접성, 학문 탐구 대상 또는 방법상의 인접성, 생활양식에서의 연관성 등을 고려하여 교과(군)로 재분류한다.

마. 고등학교 교과는 보통 교과와 전문 교과로 구분하며, 학생들의 기초소양 함양과 기본 학력을 보장하기 위하여 보통 교과에 공통 과목을 개설하여 모든 학생이 이수하도록 한다.
바. 교과와 창의적 체험활동의 내용 배열은 반드시 따라야 할 학습 순서를 의미하는 것은 아니며, 학생의 관심과 요구, 학교의 실정과 교사의 필요, 계절 및 지역의 특성 등에 따라 각 교과목의 학년군별 목표 달성을 위해 지도 내용의 순서와 비중, 교과 내 또는 교과 간 연계 지도 방법 등을 조정하여 운영할 수 있다.
사. 학업 부담을 적정화하고 의미 있는 학습 활동이 이루어질 수 있도록 학기당 이수 교과목 수를 조정하여 집중이수를 실시할 수 있다.
아. 학교는 학교급 간 전환기의 학생들이 상급 학교의 생활 및 학습을 준비하는 데 필요한 교육을 지원하기 위해 진로연계교육을 운영할 수 있다.
자. 범교과 학습 주제는 교과와 창의적 체험활동 등 교육 활동 전반에 걸쳐 통합적으로 다루도록 하고, 지역사회 및 가정과 연계하여 지도한다.

> 안전·건강 교육, 인성 교육, 진로 교육, 민주시민 교육, 인권 교육, 다문화 교육, 통일 교육, 독도 교육, 경제·금융 교육, 환경·지속가능발전 교육

차. 학교는 가정과 학교, 사회에서의 위험 상황을 알고 대처할 수 있도록 체험 중심의 안전교육을 관련 교과와 창의적 체험활동과 연계하여 운영한다.
카. 학교는 필요에 따라 계기 교육을 실시할 수 있으며, 이 경우 계기 교육 지침에 따른다.
타. 학교는 필요에 따라 원격수업을 실시할 수 있으며, 이 경우 원격수업 운영 기준은 관련 법령과 지침에 따른다.
파. 시·도 교육청과 학교는 필요에 따라 이 교육과정에 제시되어 있는 과목 외에 새로운 과목을 개설할 수 있다. 이 경우 시·도 교육감이 정하는 지침에 따라 사전에 필요한 절차를 거쳐야 한다.
하. 특수교육 대상 학생에 대해서는 이 교육과정 해당 학년군의 편제와 시간(학점 배당)을 따르되, 학생의 교육적 요구를 고려하여 특수교육 교육과정의 교과(군) 내용과 연계하거나 대체하여 수업을 설계·운영할 수 있다.

20 출제영역 >> 교육행정학　　　　　　난이도 ☆☆★　정답 ④

✅정답찾기 교육정책이란 정부가 공권력(公權力)을 배경으로 국가교육의 기본 방향을 제시하고 교육행정의 기본 방향을 정립한 것으로, 교육활동에 관한 국가의 기본 방침이나 기본 지침을 말한다. 이러한 교육정책은 캠벨(Campbell)의 주장에 따르면 기본적인 힘의 단계(ㄴ) → 선행운동 단계(ㄱ) → 정치적 활동 단계(ㄹ) → 입법화의 단계(ㄷ)를 거쳐 결정된다.

Tip 캠벨(Campbell)의 교육정책 결정단계

1. 기본적인 힘 (basic forces)	전국적·전세계적 범위에서 발생하는 중요한 정치적·경제적·사회적·기술공학적 힘(영향력)이 교육정책 결정에 작용하는 단계이다.
2. 선행운동 (antecedent movements)	기본적 힘에 대해 반응하는 단계로, 교육에 대하여 상당한 주의를 끄는 각종의 운동(예 교육개혁 건의서, 연구보고서)이 선행적으로 전개된다.
3. 정치적 활동 (political action)	정책결정에 선행되는 공공의제에 관한 토의나 논쟁이 이루어지는 단계로 매스컴을 통하여 일반시민의 여론을 조직화하고 정당의 정책으로 되어 정책결정기관을 자극하여 교육정책 형성의 분위기를 조성하고 공식적인 입법의 준거로서 작용하기도 한다.
4. 입법화 (formal enactment)	행정부나 입법부에 의한 정책형성의 최종단계로, 지금까지의 기본적인 사회적 조건의 변화나 전국적인 선행운동의 조직 및 정부 내외의 정치적 활동과 같은 단계들은 입법단계에 이르러 비로소 정점을 이루게 된다.

제 06 회

제 07 회 실전동형 모의고사

Answer

01	③	02	②	03	④	04	③	05	③
06	③	07	①	08	④	09	③	10	①
11	③	12	①	13	②	14	①	15	③
16	③	17	④	18	②	19	①	20	③

01 출제영역 >> 교육평가 난이도 ★★ 정답 ③

☑ 정답찾기 신뢰도 추정 방법의 하나인 내적 일관성 신뢰도(internal consistency reliability)는 하나의 검사를 구성하는 부분검사 또는 개별 문항들이 재고자 하는 특성을 얼마나 일관성 있게 재고 있는가를 보여 주는 수치로, 반분신뢰도와 문항내적 합치도로 구분된다. 반분신뢰도는 한 개의 검사를 어떤 대상에게 실시한 후 이를 적절히 두 부분으로 나누어서 독립된 검사로 취급하여 이들의 상관계수를 산출하는 방법이며, 문항내적 합치도(문항내적 일관성 신뢰도)는 검사 속의 문항을 각각 독립된 한 개의 검사 단위로 생각하고 그 합치성·동질성·일치성을 종합하여 상관계수로 나타내는 방법이다. ㄴ은 문항내적 합치도, ㄹ은 반분신뢰도 교정공식에 해당한다. ㄱ은 두 변인이 서열척도일 때 상관계수를 산출하는 방법에 해당하며, ㄷ은 두 변인이 동간·비율척도일 때 신뢰도 산출 방법으로, 재검사 신뢰도와 동형검사 신뢰도 산출에 사용한다.

Tip 신뢰도 추정방식의 비교

추정방식		검사지의 수	검사 실시 횟수	주된 오차요인	통계방법
재검사 신뢰도		1	2	시간간격, 이월효과	적률상관계수 (안정성 계수)
동형검사 신뢰도		2	2 (각 1)	문항차이 (문항의 동형성)	적률상관계수 (동형성 계수)
내적 일관성 신뢰도	반분 신뢰도	1	1	반분검사의 동질성	스피어만─브라운 공식
	문항 내적 합치도	1	1	문항의 동질성	KR─20, 21(이분적 문항), 크론바흐─α 계수, Hoyt계수(다분적 문항)
평정자간 신뢰도		1	1	평가자의 차이	적률상관계수, 백분율

02 출제영역 >> 교육철학 난이도 ☆★★ 정답 ②

☑ 정답찾기 본질주의는 인류의 본질적 문화유산을 중시하고, 미래생활 대비교육이며, 교사중심 교육을 강조한다. 또 민족적 경험이 엄선되어 체계화되었다고 생각하는 교과와 교재를 중시하며, 아동의 노력과 훈련을 중시(계통학습)한다. ②는 항존주의에 해당한다.

03 출제영역 >> 교육과정 난이도 ☆☆★ 정답 ④

☑ 정답찾기 표면적 교육과정은 바람직한 내용만을 포함하고, 잠재적 교육과정은 바람직한 내용뿐만 아니라 바람직하지 않은 내용도 포함한다.

Tip 표면적 교육과정과 잠재적 교육과정의 비교

구분	표면적 교육과정 (제1의 교육과정)	잠재적 교육과정 (제2의 교육과정)
교육방법	학교의 의도적·계획적 조직 및 지도하의 학습	학교생활에서의 무의도적으로 학습
학습영역	인지적 영역	정의적 영역(태도·가치관) ⇨ 인간교육
학습경험	교과, 교재	학교의 문화와 풍토, 생활경험
학습기간	단기적·일시적·비영속적인 경향	장기적·반복적·영속적인 경향
교사의 역할	지적·기능적 영향	인격적·도덕적 감화 ⇨ 학생의 동일시 대상
학습내용	가치지향적인 내용 (바람직한 내용)만 포함	가치지향적인 것과 무가치적·반사회적인 내용 (바람직하지 못한 내용) 모두 학습

04 출제영역 >> 교수·학습이론 난이도 ★★★ 정답 ③

☑ 정답찾기 크론바흐와 스노우(Cronbach & Snow)가 제시한 적성(특성)·처치 상호작용모형(ATI 또는 TTI)은 개별화 학습모형으로, 학습자의 학습능력(적성, 특성, aptitude)의 유형에 따라 학습지도(처치, treatment)를 달리하여 학습지도의 최적화를 도모하려는 방법이다. 적성(aptitude)은 학생 개개인이 가지고 있는 개인적 특성, 즉 지능, 인지양식, 학습양식, 자아개념, 학습속도, 성적, 개념수준, 성취동기, 불안수준 등을 말하며, 처치(treatment)는 학습과정의 구성, 전개, 제시방법 등과 같은 수업형태와 절차를 의미한다. 즉, 학습자의 적성이나 특성에 따라 수업의 효과를 낼 수 있는 방법이 다르다고 보며, 학습의 결과는 학습자의 적성 또는 특성과 교사가 행하는 처치 또는 수업방법의 상호결과로 나타난다고 보는 이론이다.

05 출제영역 >> 교수·학습이론 난이도 ☆★★ 정답 ③

☑ 정답찾기 구성주의는 상대적 인식론을 바탕으로 학습자의 능동적인 역할과 새로운 아이디어의 적극적인 창안을 강조하는 학습자 중심의 학습관이다. ③은 행동주의에 토대를 둔 객관주의 교수모형에 해당한다. 구성주의에 토대를 둔 교수모형에서는 아이즈너(Eisner)가 제시한 문제해결목표나 표현적 결과 등도 교육목표로 중시한다.

06 출제영역 >> 교육심리학 난이도 ☆★★ 정답 ③

☑ 정답찾기 세 산 모형실험은 전조작기 유아가 다른 사람의 관점에서 해석하지 못하는 인지적 능력의 한계인 자기중심적 사고(egocentrism)를 밝히기 위한 실험이다. 세 개의 산의 모형을 책상 위에 두고 유아에게 A, B, C, D의 서로 다른 위치에서의 산의 모습을 보여 준 후 유아를 A에 앉히고 인형을 C에 앉힌 다음 유아에게 산들이 어떻게 보이는가를 묻는다. 그리고 나서 유아에게 C에 앉은 인형은 어떤 산의 모습을 보겠느냐고 묻는다. 이때 유아는 C에 앉은 인형도 A에 앉은 자신과 동일한 산의 모습을 본다고 말한다. 한편 비이커 실험은 구체적 조작기 아동의 액체의 양 보존성(conservation)을 이해하는 능력을 평가하기 위해 고안한 실험이다. 두 개의 동일한 비이커(A와 B)에 같은 양의 물을 채운 뒤, A

비이커의 물을 모양이 다른(좁고 긴 형태 또는 넓고 낮은 형태) 비이커 (C)에 옮긴 후 아이에게 "A와 C의 물의 양이 같은가?"라고 질문한다. 이때 전조작기 아동은 "양이 다르다"고 대답하며, 구체적 조작기 아동은 "양이 같다"고 대답한다. 이처럼 보존성은 사물의 위치나 모형 등 외형이 달라도 그 본질인 물리적 속성(예 양, 부피, 길이 등)은 변하지 않는다는 것을 이해하는 능력을 말한다.

Tip 피아제(Piaget)의 실험과 인지발달단계

실험 유형	내용	관련개념	출현 시기
대상영속성 실험	영아가 가지고 놀던 인형을 천으로 가리기	대상 영속성	감각 운동기
세 산(山) 모형실험	A와 C의 위치에서 본 산의 모습 알아보기	자아 중심성	전 조작기
액체(양) 실험	같은 양이 담긴 두 개의 컵 속에 물 중 하나를 모양이 다른 컵 속에 넣었을 때의 양을 비교해 보기	보존성	구체적 조작기
유목화 실험	남자아이가 많은가 아이가 많은가 비교해 보기	유목화	구체적 조작기
액체 (색깔 조합) 실험	무색무취의 4개의 병과 한 병에 들어 있는 액체를 섞어 황색의 액체를 만들어 보기	조합적 사고 (추리)	형식적 조작기

---

07 출제영역 >> 교수·학습이론 난이도 ☆★★ 정답 ①

정답찾기 ①은 위계분석에 해당한다. 군집분석에 해당하는 학습목표는 언어정보이다. 태도는 통합분석(종합분석), 운동기능은 절차(단계)분석에 해당한다. 이처럼 가네(Gagné)는 수업목표에 따라 과제분석 방법 및 교수방법이 달라야 한다고 주장한다.

Tip 가네(Gagné)의 목표별 수업이론

학습목표 영역 (Bloom)	학습목표 유형 (Gagné)	학습과제 분석	학습방법 유형
인지적 영역	언어정보	군집(집락) 분석	유의미 수용학습
	지적 기능 (8가지)	위계분석	신호학습 ⇨ 자극반응 연결학습 ⇨ 연쇄학습 ⇨ 언어연상학습 ⇨ 변별학습 ⇨ 개념학습 ⇨ 원리학습 ⇨ 문제해결학습(고차적 원리학습)
	인지전략		연습
정의적 영역	태도	통합분석	강화, 대리적 강화, 동일시
심동적 영역	운동기능	절차(단계) 분석	반복적 연습

---

08 출제영역 >> 교육심리학 난이도 ☆☆★ 정답 ④

정답찾기 카텔(Cattell)은 지능을 구성하고 있는 요인들이 위계를 이루고 있다고 가정하는 2형태설을 주장하였다. 즉, 서스톤(Thurstone)이 가정한 기본정신능력(PMA)인 특수요인에 영향을 주는 일반지능요인을 유동지능(fluid intelligence)과 결정지능(crystallized intelligence)으로 구분하여, 상층부에는 일반요인, 하층부에는 특수요인이 자리한다고 보았다. ①은 스피어만(Spearman)의 2요인설, ②는 길포드(Guilford)의 지능구조모형, ③은 스턴버그(Sternberg)의 삼원지능이론에 해당한다.

Tip 카텔(Cattell)의 2형태설(2층이론)

유동지능 (gf, fluid general intelligence)	• 선천적 요인(예 유전, 성숙 등 생리적 요인)에 의해 영향을 받는 지능으로 뇌 발달과 비례하는 능력이다. • 기억력, 지각능력 등 모든 문화권에서의 보편적인 능력으로 탈문화적 내용에 해당한다. • 청소년기까지는 발달하나 그 이후부터는 점차 쇠퇴한다.
결정지능 (gc, crystallized general intelligence)	• 환경적 요인(예 경험, 학습)에 의해 영향을 받는 지능으로 문화적 환경과 경험에 의해 발달하는 능력이다. • 어휘이해력, 수리력, 일반지식 등 문화적 내용에 해당한다. • 교육기회의 확대 등으로 청소년기 이후에도 계속 유지되거나 상승한다.

---

09 출제영역 >> 한국교육사 난이도 ★★★ 정답 ③

정답찾기 전문기술관을 양성하는 잡학(雜學)은 고려 말부터 국자감이 유학전문기관인 성균관으로 변경되면서 국자감의 율·서·산학이 해당 관서로 이관되어 십학(十學)으로 통합되었다(공양왕 원년, 1389). 이런 경향은 조선시대에도 계속 이어져 잡학(雜學)은 주로 중인계급을 대상으로 예조(禮曹)가 아닌 해당 관청의 주관하에 실시되었다. ①은 호조(戶曹), ②는 도화서(圖畫署), ④는 사역원(司譯院)에 해당하며, 전의감은 의학(醫學), 소격서는 도학(道學), 형조는 율학(律學)을 담당한다.

Tip 조선시대 잡학의 종류와 담당 관청

과목	목표	담당관청	비고(과거)
의학	의원 양성	전의감, 혜민서	의과
율학	법률 집행관리	형조	율과
음양학	천문, 지리	관상감	음양과
역학	통역관	사역원	역과
산학	회계 관리	호조	
이학(吏學)	외교문서 작성	승문원	태종 이후 폐지
도학	노장사상 연구	소격서	천민입학 허용
악학	악사(樂士)	장악원	천민입학 허용
화학	화공 양성	도화서	천민입학 허용
유학	하급관리	예조	양반층 업무
무학	무인	병조	양반층 업무
자학	문서 정리, 교정	교서관	태종 이후 폐지

---

10 출제영역 >> 서양교육사 난이도 ☆☆★ 정답 ①

정답찾기 제시문은 18세기 자연주의 교육사상가 루소(J. J. Rousseau)가 지은 「에밀(Emile)」의 일부이다. 루소(Rousseau)는 「에밀(Emile)」에서 신체훈련 − 감각교육 − 지식교육 − 도덕·종교교육으로 이어지는 발달단계에 따른 소극적 교육을 강조하였다. 그러나 여성교육에 있어서는 태어날 때부터 남성과 여성은 다르게 태어났기에 여성교육과 남성교육은 달라야 한다는 남녀별학(男女別學)의 관점을 강조하였다. ②는 페스탈로치(J. H. Pestalozzi), ③은 플라톤(Platon), ④는 헤르바르트(Herbart)에 해당한다.

제 07 회

11 출제영역 >> 교육심리학   난이도 ☆☆★   정답 ③

✅ 정답찾기 '교사의 편견'은 외적-안정적-통제 가능한 차원의 귀인에 해당한다. ①은 능력, ②는 기분, ④는 타인의 도움에 해당한다.

Tip 귀인화 과정의 확대모형

안정성 \ 소재		내부	외부
안정	통제 가능	평소의 노력	교사의 편견
	통제 불가능	능력	과제 난이도
불안정	통제 가능	즉시적 노력	타인의 도움
	통제 불가능	기분	재수(운)

차원 분류 (통제소재 - 안정성 - 통제 가능성)	실패 이유
내적 - 안정적 - 통제 불가능(능력)	적성이 낮다.
내적 - 안정적 - 통제 가능(평소의 노력)	평소에 절대 공부를 하지 않았다.
내적 - 불안정 - 통제 불가능(기분)	시험 당일에 아팠다.
내적 - 불안정 - 통제 가능(즉시적 노력)	그 시험을 위해 공부를 하지 않았다.
외적 - 안정적 - 통제 불가능(과제난이도)	학교의 요구 사항이 너무 높다.
외적 - 안정적 - 통제 가능(교사의 편견)	교사가 편파적이다.
외적 - 불안정 - 통제 불가능(재수 또는 운)	운이 나빴다.
외적 - 불안정 - 통제 가능(타인의 도움)	친구들이 도와주지 않았다.

12 출제영역 >> 교육사회학   난이도 ☆☆★   정답 ①

✅ 정답찾기 학교는 지배계급의 문화를 재생산함으로써 불평등한 계급사회를 재생산하고 있다는 문화적 재생산 이론(문화자본론)의 내용이다. 대표자는 번스타인(Bernstein), 부르디외(P. Bourdieu)가 있다. 번스타인(Bernstein)은 코드 이론(code theory)에서 학교 언어인 '세련된 어법'을 가정에서 자연스럽게 습득한 중류계급의 자녀들이 '제한된 어법'을 쓰는 노동계급의 아동보다 유리하다고 주장한다. ②는 지배집단이 지닌 의미와 가치체계인 헤게모니(hegemony)를 통해 학교는 지배 이데올로기를 정당화하는 역할을 하고 있다고 주장하며, ③은 사회구조나 정치구조 또는 사회의 신념체계는 교사·학생 간의 상호작용을 통해 영향을 미친다고 보고, ④는 학교교육은 차별적 사회화를 통해 자본주의 사회의 불평등한 계급구조를 재생산하는 도구라고 본다.

Tip 번스타인(Bernstein)의 구어양식(code type) 비교

어법	의미	주사용계층
세련된 어법 (공식어)	• 보편적 의미(말의 복잡함, 어휘의 다양, 언어의 인과성·논리성·추상성 탁월) • 문장이 길고 수식어 많다. 문법 적절, 전치사·관계사 많이 사용, 감정이 절제된 언어	중류계층
제한된 어법 (대중어)	• 구체적 의미(내용보다는 형식 측면, 화자의 정서적 유대를 통한 의사소통, 구체적 표현) • 문장이 짧고 수식어 적다. 문법 졸렬, 속어·비어 많음, 문장 이외에 표정, 목소리 크기, 행동으로 감정을 표현	하류계층 (노동계층)

13 출제영역 >> 교육사회학   난이도 ★★★   정답 ②

✅ 정답찾기 ②는 인간자본론에 해당한다. 지위경쟁론(계층경쟁론)은 학교교육, 즉 학력의 가치를 생산성(學力) 향상이라는 경제적 동기보다는 특정학교 출신자(學歷)임을 증명하는 일종의 '문화화폐'인 사회적 지위 자산으로서 기능을 중시한다. 그 결과 학력(學歷), 즉 졸업장이나 신임장이 사회적 지위 획득의 중요한 수단으로 작용하기 때문에 사람들은 경쟁적으로 높은 학력을 취득하려고 노력하는 탓에 학력이 계속 상승한다고 보는 이론이다.

14 출제영역 >> 교육의 이해   난이도 ★★★   정답 ①

✅ 정답찾기 화이트(White)는 집단이나 전체의 위협에서 '개인이 자유롭고, 자율적인 선택'을 할 수 있게 하는 교육을 중시하였고, 피터스(Peters)는 「윤리학과 교육」(1966)에서 교육을 합리적 마음을 계발하기 위하여 공적 전통으로 입문하는 성년식이라고 보았다. 또한, 피터스(Peters)에게 영향을 미친 오크쇼트(M. Oakeshott)는 교육개념을 문명의 입문으로서의 교육, 초월과정으로서의 교육, 대화로서의 교육으로 나누어 설명하였다. 문명의 입문은 초월의 과정 없이는 불가능하며, 대화도 문명의 전승과정에서 불가피하게 요청되는 활동으로 간주되기 때문이다. 한편, 허스트(Hirst)는 '지식의 형식에의 입문'을 강조한 피터스(R. S. Peters)의 입장을 넘어 '사회적 실제에의 입문으로서의 교육'(education as initiation as into social practices, 실제적 교육철학)을 주장하였다.

15 출제영역 >> 생활지도와 상담   난이도 ☆★★   정답 ③

✅ 정답찾기 글래써(W. Glasser)가 「마음의 정류장」(1981)과 「당신의 삶을 효율적으로 통제하시오」(1984)에서 주장한 현실치료 기법은 인간 본성의 결정론적 견해를 부정하고 인간의 자기 결정을 중시하는 상담기법으로, '통제이론' 또는 '선택이론'이라고도 불린다. 인간은 궁극적으로 자기 결정적 존재로, 자신의 삶에 대한 책임을 지며, 상담의 궁극적인 목적은 내담자가 현실적이고 책임질 수 있는 행동을 하게함으로써 성공적인 정체감을 계발할 수 있도록 하는 데 있다. 오늘날 많은 청소년들이 자신의 책임을 회피하게 되면서 정서적·행동적 문제가 많이 나타나고 있다. 많은 학자들이 검증해 온 바와 같이 이 이론은 학생들이 자신의 욕구 충족을 위해 올바른 선택을 할 것을 강조하고 있다는 점에서 학생상담에 효과적이라 할 수 있다.

16 출제영역 >> 교육행정학   난이도 ☆☆★   정답 ③

✅ 정답찾기 관료제(Bureaucracy)는 조직 구조에 관심을 갖고 최소의 인적·물적 자원으로 조직의 목적을 달성하고자 한 이론이다. 학교가 관료제적 성격을 띠게 되는 이유로는 1) 학교 규모의 대형화 추세, 2) 학교의 조직과 기능의 복잡화, 3) 행정업무의 계속적 증가, 4) 상급기관의 개별 학교에 대한 압력 증가와 학교의 획일화 경향, 5) 학부모와 지역사회 집단이 학교정책의 수립과 학교가 달성해야 할 책임성에 대한 평가의 참여 경향 등이 있다. ③은 학교조직의 전문적 성격에 해당한다.

Tip 학교관료제의 순기능과 역기능(Hoy & Miskel)

학교관료제의 특징	순기능	역기능
분업과 전문화	숙련된 기술과 전문성 향상	피로, 권태감 누적 ⇨ 생산성 저하
몰인정성 (공평무사성)	합리성 증대	사기 저하
권위의 계층	원활한 순응과 조정	의사소통의 장애
규칙과 규정의 강조	계속성과 통일성 확보	목표전도(동조과잉) 현상, 조직의 경직성
경력 지향성	동기 유발, 유인가	업적과 연공제 간의 갈등

Tip 비공식적 조직의 순기능과 역기능

순기능	• 구성원들의 심리적 불만 해소 ⇨ 귀속감·안정감 부여 • 공식적 조직의 불충분한 의사전달을 원활화 ⇨ 조직의 허용적 분위기 조성 • 공식적 조직의 책임자에게 자문과 협조적 역할 • 공식적 조직에 융통성 부여, 개방적 풍토 조성 • 구성원 간 협조와 지식·경험의 공유 ⇨ 직무의 능률적 수행에 기여 • 구성원의 행동기준 확립에 기여
역기능	• 적대 감정의 유발로 인한 공식적 조직의 기능 방해 • 파벌 조성 등의 정실인사(情實人事)의 계기 • 왜곡된 정보·소문·자료 등에 의한 구성원들의 사기 저하

17 출제영역 >> 교육행정학　　난이도 ★★★　정답 ④

☑ **정답찾기** 호이와 미스켈(Hoy & Miskel)은 핼핀과 크로프트(Halpin & Croft)가 주장한 조직풍토론의 문제점을 보완하기 위해 OCDQ−RE를 제작, 교장과 교사의 행동특성을 각 3가지로 분류하고 그에 따른 학교풍토를 개방풍토, 참여풍토, 무관심(일탈)풍토, 폐쇄풍토 등 4가지로 분류하여 제시하였다. 이 중 개방풍토(open climate)는 교사와 교장이 모두 개방적인 풍토를 형성함으로써, 조직구성원들이 극도로 높은 사기를 나타내는 상황을 나타내는 가장 바람직한 풍토이다. 또, 학교장은 교사들의 제안을 잘 받아들이고, 교사들은 업무 달성을 위해 매우 헌신하는 풍토이다. ①은 참여풍토, ②는 일탈(무관심)풍토, ③은 폐쇄풍토에 해당한다.

Tip 호이와 미스켈(Hoy & Miskel)의 학교조직풍토론

구 분		학교장 행동	
		개방(지원적)	폐쇄(지시적·제한적)
교사 행동	개방(협조적·친밀적)	개방풍토	참여풍토
	폐쇄(방관적)	무관심(일탈)풍토	폐쇄풍토

행동특성			풍토 유형			
			개방풍토	참여풍토	무관심풍토	폐쇄풍토
교사 행동	개방	협동적	고	고	저	저
		친밀적	고	고	저	저
	폐쇄	방관적	저	저	고	고
교장 행동	개방	지원적	고	저	고	저
	폐쇄	지시적	저	고	저	고
		제한적	저	고	저	고

18 출제영역 >> 교육행정학　　난이도 ★☆☆　정답 ②

☑ **정답찾기** 비공식적 조직은 현실의 인간관계를 중심으로 비합리적·감정적·대면적 측면에서 이루어진 자연발생적 조직을 말한다. ②는 공식적 조직의 순기능에 해당한다. 비공식적 조직은 조직의 책임을 무효화시킬 우려가 있다. ①의 경우는 구성원 간 협조와 지식·경험의 공유로 인해 직무의 능률적 수행에 기여함이 가능하다.

19 출제영역 >> 교육행정학　　난이도 ★★★　정답 ①

☑ **정답찾기** 김 교장의 리더십이 학교별 상황에 따라 어떤 상황에서는 중요한 영향을 주기도 하고, 다른 상황에서는 왜 아무런 영향을 주지 못하는지를 설명할 수 있는 것은 리더십 대체(대용) 상황 이론이다. 제미어와 커(Jermier & Kerr, 1978)가 주창한 이론으로, 지도자의 과업수행은 지도자가 가지고 있는 그 어떤 것에 의존하지 않고 구성원의 특성, 과업의 특성, 조직 특성 등에 달려 있다고 본다. 즉 어떤 상황에서는 지도자 행동의 영향력을 대용(substitute)하거나 무력화(neutralization)하는 것들이 있고, 다른 상황에서는 지도자 행동의 영향력을 대용하거나 무력화하는 것이 존재하지 않는다. 예를 들어, 우수한 교사를 보상할 수 있는 힘을 갖고 있지 못한 것은 학교장의 지도자 행동을 제약하는 상황이며, 학교장이 제공하는 보상에 교사들이 무관심한 것은 학교장의 행동을 무력화하는 상황적 조건이다. 이 이론은 지도자의 행동이 어떤 상황에서는 중요한 영향을 주는 데 반해, 다른 상황에서는 왜 아무런 영향을 주지 못하는지를 이해하는 데 많은 도움을 주고 있다.

대체(대용) 상황	지도성이 작용하지 않는(불필요 또는 지도성을 대신하는) 상황 예 교사들이 경험, 식견, 능력이 우수한 경우
억제 상황	지도성을 제한(예 지도자의 권력이 약하거나 보상을 제공하지 못함)하거나 무력화시키는(예 학교장의 보상에 대한 교사들의 무관심) 상황

Tip 지도성 이론 비교

슈퍼 (초우량) 리더십 이론	조직 구성원들이 스스로를 통제하고 자신의 삶에 진정한 주인이 되어 자율적으로 이끌어 갈 수 있도록 능력을 계발하는 지도성 기법으로 자율적 지도성을 지향한다.
상황적 특성 이론	지도성의 효과는 지도성 유형과 지도자와 구성원의 관계, 과업구조, 지도자의 지위권력 등 '상황의 호의성(상황변수, situation's favorableness)'의 결합에 따라 결정된다고 본다.
변혁적 리더십 이론	지도자가 구성원에게 잠재능력을 개발하도록 도움을 주어 조직의 변화 및 혁신을 도모하려는 지도성 기법으로 지도자가 지닌 카리스마, 감화적 행위, 지적 자극, 개별적 관심 등을 강조한다.

제 07 회

20 출제영역 >> 교육의 이해   난이도 ★★★   정답 ③

✅ 정답찾기 평생교육 업무를 담당하는 관련 기구는 국가와 시·도는 평생교육진흥원, 시·군·구는 평생학습관, 읍·면·동은 평생학습센터이다. 관련 법률의 내용은 다음과 같다.

> - **제19조(국가평생교육진흥원)** ① 국가는 평생교육진흥과 관련된 업무를 지원하기 위하여 국가평생교육진흥원(이하 "진흥원"이라 한다)을 설립한다.
> - **제20조(시·도평생교육진흥원의 운영 등)** ① 시·도지사는 대통령령으로 정하는 바에 따라 시·도평생교육진흥원을 설치 또는 지정·운영하여야 한다.
> - **제21조(시·군·구평생학습관 등의 설치·운영 등)** ① 시·도교육감 및 시장·군수·자치구의 구청장은 관할 구역 안의 주민을 대상으로 평생교육프로그램 운영과 평생교육 기회를 제공하기 위하여 평생학습관을 설치 또는 지정·운영하여야 한다.
> - **제21조의3(읍·면·동 평생학습센터의 운영)** ① 시장·군수·자치구의 구청장은 읍·면·동별로 주민을 대상으로 하여 평생교육프로그램을 운영하고 상담을 제공하는 평생학습센터를 설치하거나 지정하여 운영하여야 한다.
> - **제20조의3(노인평생교육시설 설치 등)** ① 국가·지방자치단체 및 시·도교육감은 관할 구역 안의 노인을 대상으로 평생교육프로그램 운영과 평생교육 기회를 제공하기 위하여 노인평생교육시설을 설치 또는 지정·운영할 수 있다.

01 출제영역 >> 교육행정학 난이도 ☆☆★ 정답 ④

✅ 정답찾기 베버(Weber)는 관료제(bureaucracy)를 계층제의 형태를 갖고 합법적 지배가 제도화되어 있는 대규모 조직의 집단관리현상으로 정의한다. 관료제의 특징으로는 분업과 전문화, 계층제(권위의 위계), 몰인정적 합리성, 법규(규정과 규칙)에 의한 행정, 경력지향성 등을 들 수 있다. 이 중 규정과 규칙(합법성)은 조직 내의 구성원의 모든 활동은 법규(法規)에 의해 규제된다는 것으로, 긍정적으로는 조직의 계속성과 통일성 확보에는 도움을 주지만 조직의 구성원들이 표준적인 행동양식에 지나치게 동조하는 동조과잉(over-conformity) 또는 목표전도현상(goal displacement)의 문제를 유발하기도 한다.

Tip 학교관료제의 순기능과 역기능(Hoy & Miskel)

학교관료제의 특징	순기능	역기능
분업과 전문화	숙련된 기술과 전문성 향상	피로, 권태감 누적 ⇨ 생산성 저하
몰인정성 (공평무사성)	합리성 증대	사기 저하
권위의 계층	원활한 순응과 조정	의사소통의 장애
규칙과 규정의 강조	계속성과 통일성 확보	목표전도(동조과잉) 현상, 조직의 경직성
경력 지향성	동기 유발, 유인가	업적과 연공제 간의 갈등

02 출제영역 >> 교수·학습이론 난이도 ☆★★ 정답 ④

✅ 정답찾기 문제 중심 학습(문제기반 학습, problem-based learning; PBL)은 구성주의 학습의 한 형태로 실제적 상황에서 직면할 수 있는 '비구조화된 문제로 시작하는 수업'이라고 할 수 있다. 학습자로 하여금 실제 생활과 관련된 복잡하고 비구조화된 문제를 통해 문제해결력 및 그와 관련된 지식(예 개념, 원리, 법칙 등)을 학습하도록 하는 것으로, 의학교육과 경영교육 분야에 근원을 둔 독창적 교육 방법이었으나, 구성주의에 접목되어 학교교육에 활발하게 도입·적용되고 있다. 문제해결을 위한 전략적 사고를 신장시켜 주는 수업모형으로 실제성(authenticity), 즉 실제생활과 긴밀하게 관련된 구체적이고 복잡한 문제가 제기되며, 문제해결을 위해 자기주도적 학습(self-directed learning)과 협동학습(cooperative learning)으로 진행된다. ④는 상황학습이론(situated learning theory)에 해당한다. '교실수업'에 대한 대안적 모형으로, 학교에서 배운 지식을 실제 사용되는 맥락(context)에의 참여와 실천을 통한 문제해결 과정 및 경험과 학습을 중시한다. 학습 전이에 있어서 상황학습은 학습 상황과 실제 상황이 유사할 때 학습이 촉진되는 상황적 전이를 강조하여 추상적 형태의 지식 제공보다는 구체적이고 실제적인 지식 제공을 중시한다.

03 출제영역 >> 서양교육사 난이도 ☆☆★ 정답 ③

✅ 정답찾기 플라톤(Platon)이 「국가론」에서 해명하고자 했던 것은 "어떻게 사는 것이 올바른 삶인가?"라는 질문이다. 이 질문은 개인의 도덕적인 삶에 관한 질문인 동시에, 정의를 최고이념으로 하는 이상적인 국가의 존재방식에 대한 질문이다. 그는 개인과 국가는 크기만 다를 뿐 그 구조와 기능이 동일하다고 생각하였다. 그래서 국가를 구성하는 세 계급인 생산계급, 수호계급, 지배계급이 절제, 용기, 지혜로 와야 하고 서로 조화를 이룰 때 그 국가는 올바르게 잘 사는 국가, 정의로운 국가가 될 수 있다. 이처럼 한 개인의 영혼을 구성하는 세 부분인 욕구, 의지, 이성이 절제, 용기, 지혜로 와야 하고 서로 조화를 이룰 때 그 개인의 삶은 올바른 삶, 정의로운 삶이라고 할 수 있다. 본성, 습관, 이성은 아리스토텔레스(Aristoteles)가 행복(eudaimonia)의 요소로 제시한 것이다.

개인	덕	사회	교육 단계	교육 중점
머리 (이성)	지혜	지배계급 (철학자)	(35세~) 국가 통치에 대한 행정실무 경험	
			제4기(30~35세) 변증법, 철학 ⇨ 통치자 양성 과정	철학(변증법) 교육
가슴 (의지)	용기	수호계급 (군인)	제3기(20~30세) 4과[음악, 기하학, 산수(수학), 천문학] ⇨ 성적 불량 시 군인계급에 종사	수학교육
허리 이하 (욕망)	절제	생산계급 (노동자)	제2기(18~20세) 군사훈련 ⇨ 성적 불량 시 생산계급 종사	(신체 및 군사훈련)
			제1기(~18세) 체육, 음악, 3R's	음악교육
세 부분의 조화	정의	세 계급의 조화		

04 출제영역 >> 교육의 이해 난이도 ☆☆★ 정답 ③

✅ 정답찾기 평생학습권은 의무가 아니라 권리로서의 의미를 갖는다. 그러므로, ③은 모든 국민이 평생에 걸쳐 학습하고 교육받을 수 있는 '권리'를 보장함으로 수정되어야 한다.

Tip 「평생교육법」 제1조(교육목적)

제1조(목적) 이 법은 「헌법」과 「교육기본법」에 규정된 평생교육의 진흥에 대한 국가 및 지방자치단체의 책임과 평생교육제도와 그 운영에 관한 기본적인 사항을 정하고, 모든 국민이 평생에 걸쳐 학습하고 교육받을 수 있는 권리를 보장함으로써 모든 국민의 삶의 질 향상 및 행복 추구에 이바지함을 목적으로 한다.

05 출제영역 >> 교육행정학 난이도 ☆☆★ 정답 ①

✅ 정답찾기 아지리스(Argyris)의 미성숙 - 성숙이론은 조직의 풍토(climate of organization) 개선에 관심을 두는 동기이론으로, 개인의 성숙이 곧 조직의 성장을 촉진시킨다는 전제 아래 개인(자아실현)과 조직(목적달성)이 서로 상생하는 방법을 제시한다. 기본명제는 공식조직에서는 본질적으로 인간을 미성숙한 존재로 파악하기 때문에 '성숙한 인간의 욕구와 공식조직의 욕구 사이에는 불일치가 존재한다.'고 보고, 이러한 부조화로 인해 조직구성원들의 좌절감, 실패감, 편견, 갈등이 야기된다고 주장한다. 그러므로 인간 상호 간의 대인관계 증진, 직무 확인, 지시적 지도성에서 참여적·구성원 중심으로의 변화 등을 통해 부조화를 해결해야 한다고 강조한다. ②는 X-Y이론, ③은 관리체제이론, ④는 공정성이론을 주장하였다.

06 출제영역 >> 교육심리학　　　　난이도 ☆★★　정답 ②

✅정답찾기 반두라(Bandura)의 사회인지이론은 사회학습 또는 관찰학습(modeling)으로도 불리는데, 인간의 행동은 실험적인 상황이 아니라 사회생활 속에서 타인(model)의 행동을 관찰하고 모방한 결과라고 보는 이론이다. 관찰자가 자신의 행동에 대해서 직접적인 강화를 받지 않더라도 모델이 보상이나 벌을 받는 것을 관찰함으로써 마치 자신이 강화를 받은 것처럼 행동하는 대리적 강화(간접적 강화)를 중시한다. 또한 모델의 행동이 관찰자의 행동을 통제하는 것이 아니라 관찰자 자신의 내적인 인지적 규제(자기규제 또는 자기조절)에 의해 학습이 일어나기 때문에 자기조절(self-regulation)을 통한 자기효능감(self-efficacy) 형성을 중시한다. ②는 스키너(Skinner)의 조작적 조건형성이론에 토대를 둔 개별화학습에 해당한다.

07 출제영역 >> 교육행정학　　　　난이도 ☆★★　정답 ②

✅정답찾기 인간자원론적(인적자원론적) 장학은 목적적 인간관(자아실현적 인간관)을 토대로 한 장학의 관점이기에 궁극적인 목표는 교사의 직무만족도에 둔다. 그러기에 의사결정과정에 교사를 참여시켜 학교조직의 효과성을 증대시키고, 더 나아가 교사의 직무만족도를 증가시키려는 장학 유형이다. 이에 비해 도구적 인간관(사회적 인간관)에 토대를 둔 인간관계론적 장학의 관점은 학교의 효율성에 최종 목적을 둔다. ②는 인간관계론적 장학에 해당한다.

Tip 인간관계론적 장학과 인간자원론적 장학의 차이

인간관계론적 장학 (사회적 인간관 / 도구적 인간관)	의사결정 과정에 교사들의 참여(Y이론) ⇨ 교사들의 직무만족도 향상 ⇨ 학교교육의 효과성 증대
인간자원론적 장학 (자아실현적 인간관 / 목적적 인간관)	의사결정 과정에 교사들의 참여(Y이론) ⇨ 학교교육의 효과성 증대 ⇨ 교사들의 직무만족도 향상

08 출제영역 >> 생활지도와 상담　　　　난이도 ☆★★　정답 ①

✅정답찾기 실존주의 상담이론은 실존주의 철학에 토대를 둔 상담이론으로 대표적 주창자는 프랭클(V. Frankl)이다. 인간 존재의 불안(실존적 신경증)을 가장 중요한 문제로 간주하고, 인간 존재의 참된 의미를 찾아(will to meaning) 자아실현을 목표로 하는 상담이론이다. 인간은 본성적으로 의지의 자유(自由), 의미(意味)를 추구하는 존재이며, 주체적으로 삶을 감당해 나간다고 보고, 내담자의 증상 자체나 과거의 심리적 타격에 관심을 두는 것이 아니라, 증상에 관한 내담자의 태도에 관심을 둔다. 현존분석과 의미요법을 중시한다. 주요 상담기법으로는 역설적 의도, 반성제거법, 소크라테스 대화법, 태도수정기법 등을 사용한다. ②는 로저스(Rogers), ③은 펄스(Perls), ④는 글래써(Glasser)가 대표자이다.

09 출제영역 >> 교육과정　　　　난이도 ★★★　정답 ③

✅정답찾기 2022 개정 교육과정에서 지향하는 핵심가치는 자기주도성(주도성, 책임감, 적극적인 태도), 창의와 혁신(문제해결, 융합적 사고, 도전), 포용성과 시민성(배려, 소통, 협력, 공감, 공동체의식)이다. 이러한 가치를 바탕으로 추구하는 인간상은 자기주도적인 사람, 창의적인 사람, 교양 있는 사람, 더불어 사는 사람이다. 또한 우리 교육이 지향해야 할 가치와 교과 교육 방향과 성격을 기초로 미래 사회의 변화에 대응할 수 있는 핵심역량으로 자기관리 역량, 지식정보처리 역량, 창의적 사고 역량, 심미적 감성 역량, 협력적 소통 역량, 공동체 역량을 중시한다.

10 출제영역 >> 교육과정　　　　난이도 ★★★　정답 ②

✅정답찾기 위긴스와 맥타이(Wiggins & McTighe, 2005)의 후진설계모형(backward design)은 '거꾸로 설계 모형', '역방향 설계 모형'이라고도 불리며, 전통적인 타일러(Tyler) 방식과 비교할 때 2단계와 3단계의 순서가 역전되어 있는 모형이다. ㄷ의 경우 바라는 결과의 확인(교육목표) – 수용할 만한 증거의 결정(교육평가) – 학습경험과 수업의 계획의 순으로 설계한다. '학생의 이해력을 신장'하는 교육과정 설계(understanding by design) 모형으로, 목표를 마음속에 품고 시작하여 그것을 향해 나아가는 모양으로 설계하는 교육과정 혹은 단원 설계의 접근방식이다. 타일러(Tyler)의 목표중심모형과 브루너(Bruner)의 내용중심모형을 융합한 모형으로, 교육목표 – 교육과정 – 수업 – 교육평가의 일체화를 강조한다.

11 출제영역 >> 교육평가　　　　난이도 ☆★★　정답 ③

✅정답찾기 제시문은 점수결과를 표준점수인 T점수로 나타내었기에 상대평가(규준참조평가)에 해당한다. 규준참조평가(norm-referenced evaluation, 상대평가)는 개인의 성취수준을 비교집단의 규준에 비추어 판단하는 평가방법이다. 규준(norm)은 평가를 실시한 집단의 평균치를 의미하며, 개개인의 성적을 이 '평균치로부터의 이탈도(편차점수, $x = X - M$)'로 표시한다. 개인차 변별, 즉 개인의 집단 내 상대적 위치에 대한 정보 파악이 용이하다. 검사 결과가 정상분포를 지향하기에, 통계적으로 유용하게 활용할 수 있는 장점이 있다. ①은 절대평가(준거참조평가), ②는 성장참조평가, ④는 능력참조평가에 해당한다.

12 출제영역 >> 한국교육사　　　　난이도 ☆☆★　정답 ②

✅정답찾기 「소학(小學)」은 중국 송대 주자의 제자 유자징이 편찬한 유학 입문서이다. 책의 구성은 내편 4편[입교(立敎), 명륜(明倫), 경신(敬身), 계고(稽古)]과 외편 2편[가언(嘉言), 선행(善行)]으로 모두 6편 19장으로 편성되어 있다. 조선 시대에서는 소학(小學)에서 대학(大學)으로 이어지는 단계를 밟아 교육하는 '소학-대학 계제론'을 강조하였다. 특히 권근은 「권학사목(勸學事目)」에서 사부학당에서는 소학을 먼저 공부해야 한다는 소학선강(小學先講)의 원칙을 제시하였으며, 율곡 이이는 「학교모범」(총16항)의 '독서' 조항에서 "독서의 순서는 먼저 「소학(小學)」으로 근본을 배양한 뒤 「대학(大學)」과 「근사록」으로 큰 틀을 잡고, 그 다음으로 「논어」·「맹자」·「중용」 및 5경을 읽되 틈틈이 역사책과 선현들의 성리학 서적을 읽어 의지와 취향을 넓히고 식견을 정밀하게 한다."고 주장하였다. 소학은 사학의 승보시(陞補試), 생원시와 진사시의 복시 단

계에서의 학례강(學禮講), 문과 복시 단계에서의 전례강(典禮講), 무과의 전시(殿試), 잡학의 취재(取才)의 시험과목이기도 하였다. 우리나라 학자들이 「소학」에 상응하는 유학입문서로 만든 저서로는 율곡 이이의 「격몽요결(擊蒙要訣)」, 이덕무의 「사소절(士小節)」, 안정복의 「하학지남(下學指南)」이 있다. ①은 사서(四書)의 하나로 유교의 목적과 정무(政務)의 근본을 서술한 경전이다. 본래 「예기(禮記)」 49편 가운데 제42편이었지만, 다른 편들과 달리 구체적인 사상을 기술하고 있어 주희(朱熹)가 「사서집주(四書集註)」의 하나로서 「대학장구(大學章句)」를 지어 주석을 가하고, 「소학」에 대응한 대학 교육의 목적과 방법을 분명히 하였다. 이 책은 강령(綱領)과 조목(條目)이 뚜렷이 제시되어 있고 체계가 엄밀하여 의론체(議論體)인 「논어」와 「맹자」와 차별된다. 교육의 목적인 3강령[명명덕(明明德), 신민(新民), 지어지선(止於至善)]과 그 달성하는 방법인 8조목[격물(格物), 치지(致知), 성의(誠意), 정심(正心), 수신(修身), 제가(齊家), 치국(治國), 평천하(平天下)]을 제시하면서 「시경」과 「서경」 등의 말을 인용하여 해설하고 있다. ④는 권근이 17세기 감각적 실학주의자 코메니우스(Comenius)가 저술한 「세계도회」(1658)보다 268년 앞서 서술한 책(1390)으로, 직관 교수 및 시각적 교수서의 선구적 역할을 하였다. 대학, 중용 등 성리학 입문서로, 천인심성합일지도(天人心性合一之圖) 등 40여 종의 교수용 도표를 사용하여 성리학의 주요 개념을 설명하고 있다.

13 출제영역 >> 교육행정학　　　　난이도 ★★★　　정답 ②

✅ 정답찾기 부교육감은 해당 시·도의 교육감이 추천한 사람을 교육부장관의 제청으로 국무총리를 거쳐 대통령이 임명한다[「지방교육자치에 관한 법률」 제30조(보조기관) 제2항] ①은 제18조(교육감) 제2항, ③은 제34조(하급교육행정기관의 설치 등) 제3항, ④는 제38조(교육비특별회계)에 해당한다.

Tip 「지방교육자치에 관한 법률」 중 부교육감 관련 규정

> **제30조(보조기관)** ① 교육감 소속하에 국가공무원으로 보하는 부교육감 1인(인구 800만 명 이상이고 학생 150만 명 이상인 시·도는 2인)을 두되, 대통령령으로 정하는 바에 따라 「국가공무원법」 제2조의2의 규정에 따른 고위공무원단에 속하는 일반직공무원 또는 장학관으로 보한다.
> ② 부교육감은 해당 시·도의 교육감이 추천한 사람을 교육부장관의 제청으로 국무총리를 거쳐 대통령이 임명한다.
> ③ 부교육감은 교육감을 보좌하여 사무를 처리한다.
> ④ 제1항의 규정에 따라 부교육감 2인을 두는 경우에 그 사무 분장에 관한 사항은 대통령령으로 정한다. 이 경우 그중 1인으로 하여금 특정 지역의 사무를 담당하게 할 수 있다.
> ⑤ 교육감 소속하에 보조기관을 두되, 그 설치·운영 등에 관하여 필요한 사항은 대통령령으로 정한 범위 안에서 조례로 정한다.
> ⑥ 교육감은 제5항의 규정에 따른 보조기관의 설치·운영에 있어서 합리화를 도모하고 다른 시·도와의 균형을 유지하여야 한다.

14 출제영역 >> 교육의 이해　　　　난이도 ☆☆★　　정답 ①

✅ 정답찾기 자율학교는 「초중등교육법」 제61조(학교 및 교육과정 운영의 특례), 「초중등교육법 시행령」 제105조에 해당하는 학교형태로서, 국립·공립·사립의 초등학교·중학교 및 고등학교를 대상으로 학교 또는 교육과정을 자율적으로 운영할 수 있는 학교를 말한다. 교육감이 지정·운영하되, 다만, 국립학교 및 교육감이 입학전형을 실시하는 지역의 후기학교(일반계 고교)를 자율학교로 지정하고자 하는 경우에는 미리

교육부 장관과 협의해야 한다. 학습부진아(학업에 어려움을 겪는 학생) 등에 대한 교육을 실시하는 학교, 개별학생의 적성·능력을 고려한 열린 교육 또는 수준별 교육과정을 운영하는 학교, 특성화중학교, 특성화고등학교, 산업수요 맞춤형 고등학교, 농어촌학교로 교육감이 지정·운영하는 학교 등이 해당된다.

Tip 「초중등교육법시행령」의 자율학교 규정

> **제105조(학교 및 교육과정 운영의 특례)** ① 교육감은 다음 각 호의 어느 하나에 해당하는 국립·공립·사립의 초등학교·중학교·고등학교 및 특수학교를 대상으로 법 제61조에 따라 학교 또는 교육과정을 자율적으로 운영할 수 있는 학교(이하 "자율학교"라 한다)를 지정·운영할 수 있다. 다만, 국립학교를 자율학교로 지정하려는 경우에는 미리 교육부장관과 협의해야 한다.
> 1. 학업에 어려움을 겪는 학생에 대한 교육을 실시하는 학교
> 2. 개별학생의 적성·능력 개발을 위한 다양하고 특성화된 교육과정을 운영하는 학교
> 3. 학생의 창의력 계발 또는 인성함양 등을 목적으로 특별한 교육과정을 운영하는 학교
> 4. 특성화중학교
> 5. 산업수요 맞춤형 고등학교 및 특성화고등학교
> 6. 「농어업인 삶의 질 향상 및 농어촌지역 개발촉진에 관한 특별법」 제3조제4호에 따른 농어촌학교
> 7. 그 밖에 교육감이 특히 필요하다고 인정하는 학교
> ② 자율학교를 운영하려는 학교의 장은 다음 각 호의 사항이 포함된 신청서를 작성하여 교육감에게 제출하여야 한다.
> 1. 학교운영에 관한 계획
> 2. 교육과정 운영에 관한 계획
> 3. 입학전형 실시에 관한 계획
> 4. 교원배치에 관한 계획
> 5. 그 밖에 자율학교 운영 등에 관하여 교육감이 정하여 고시하는 사항
> ③ 제2항에도 불구하고 교육감은 학생의 학력향상 등을 위하여 특히 필요하다고 인정되는 공립학교를 직권으로 자율학교로 지정할 수 있다. 이 경우 지정을 받은 학교의 장은 지체 없이 제2항 각 호의 사항을 작성하여 교육감에게 제출하여야 한다.
> ④ 자율학교는 5년 이내로 지정·운영하되, 교육감이 정하는 바에 따라 연장 운영할 수 있다.
> ⑤ 교육부장관 또는 교육감은 자율학교의 운영에 필요한 지원을 하여야 한다.
> ⑥ 제1항부터 제5항까지에서 규정한 사항 외에 자율학교의 지정 및 운영에 필요한 사항은 교육감이 정하여 고시한다.

15 출제영역 >> 교육심리학　　　　난이도 ☆★★　　정답 ④

✅ 정답찾기 콜버그(Kohlberg)의 도덕성 발달이론에 따를 때 제5단계는 사회계약 및 법률복종으로서의 도덕성의 단계이다. 법이나 규칙을 사회질서 유지를 위한 절대적인 도구로 생각하지 않고 융통성 있는 도구로 생각한다. 즉 법의 가변성, 예외성을 인정한다. 도덕적으로 옳은 행위는 단순히 사회질서를 유지하기 위한 것이 아니라 '좋은 사회'를 지향하는 행위이며, '좋은 사회'란 사회구성원 모두의 이익을 위해서 자유롭게 참여하는 사회계약을 통해 성립한다고 본다. 그러므로 옳은 행위는 사회 전체의 비판적인 고려(에 자유·생명 등 특정한 개인의 기본권리 보호, 민주적 과정과 절차)를 통해 합의된 법규와 질서에 부합하는 행위이며, 법이 사람들의 요구를 충족시키지 못할 경우 사회구성원의 비판적인 숙고(熟考)에 의해 법규들은 재정립이 가능하다고 본다. '최대 다수의 최대 행복'이라는 공리주의적 사고가 지배하는 시기이다. ①은 1단계, ②는 2단계, ③은 4단계에 해당한다.

제 08 회

Tip 콜버그(Kohlberg)의 도덕성 발달단계

수준	나이	단계	내용
제1수준 (인습 이전 수준) ⇨ 전도덕기 (무율성 / 힘의 윤리, 자기 중심성의 윤리)	0~ 6세	1. 벌과 복종에 의한 도덕성(주관화- 처벌회피지향)	• 복종과 처벌회피 지향적 특성 ⇨ 강 력한 권위(물리적 힘)에의 무조건적 복종(힘=진리), 적자생존의 원리 • 벌을 피하기 위해 규칙에 복종 • 구체적·표면적·물리적 결과만으로 도덕 판단
		2. 자기중심의 욕구 충족을 위한 수단 으로서의 도덕성 (상대화-칭찬 받 기 위한 도덕성)	• 상대적(개인적) 쾌락주의의 특성 • 개인적 욕구충족의 수단 : 자기 자신 의 욕구만족 여부에 따라 도덕적 가 치판단 ⇨ 도구적 상대주의 • 인간관계를 시장원리와 동등시(1 : 1 교 환관계 중시) ⇨ 가언명령(假言命令)
제2수준 (인습수준) ⇨ 타율 도덕기 (타인의 윤리)	6~ 12세	3. 대인관계에서의 조화를 위한 도덕 성(객체화-비난 회피 지향)	• 착한 아이(good boy) 지향, 사회적 조화가 핵심 • 타인의 승인을 구하고 관계를 중요시 ⇨ 여성들의 도덕성(배려 지향)의 단 계, 청소년의 윤리
		4. 법과 질서를 준수 하는 도덕성(사회 화-질서 지향)	• 사회 전체적 권위와 질서 지향적인 특성 • 법은 절대적이며 사회질서는 유지되 어야 함. ⇨ 개인적 문제보다 전체적 의무감 중시
제3수준 (인습 이후 수준) ⇨ 자율 도덕기 (원리의 윤리)	12세 ~	5. 사회계약 및 법률 복종(법칙주의 지 향)으로서의 도덕 성(일반화-사회 계약 지향)	• 사회계약(좋은 사회) 지향형 ⇨ 법과 질서도 가변적(법의 정신 & 민주적 제정 과정 중시) • 공공복리 증진을 위한 사회 공평자의 입장 취함 (공리주의적 사고) • 가치기준의 일반화, 세계화
		6. 양심 및 보편적 도덕원리에 대한 확신으로서의 도 덕성(궁극화-원 리 지향)	• 도덕원리 지향적 특징 • 양심의 결단, 윤리관의 최고 경지 예 황금률(the Golden Rule), Kant의 정언명령 • 보편적 도덕원리인 양심에 따라 행동

16 출제영역 >> 교육철학　　　　난이도 ☆☆★　정답 ①

☑ 정답찾기 재건주의는 인류의 위기의식(예 인종갈등, 빈부갈등, 이념갈등 등)에서 출발하여 오늘날의 문화를 재점검함으로써 이상적인 문화에 대한 전망을 굳히고, 이를 위하여 교육이 선도적으로 이바지할 수 있는 바탕을 마련하자는 교육철학이다. 대표자는 카운츠(Counts), 브라멜드(Brameld)이다. 브라멜드(Brameld)는 재건주의를 '진보주의, 본질주의, 항존주의 교육사상들의 장점을 절충해서 미래사회 건설에 역점을 두고 현대적 위기 극복을 위해 세운 교육사상'이라고 정의하고 있다.

Tip 재건주의 교육원리

① 교육은 문화의 기본적 가치를 실현시키는 새로운 사회질서를 창조하는 일에 전념해야 하며, 동시에 현대 세계의 사회적·경제적 세력과 조화를 이루어야 한다. ⇨ 교육개혁을 통한 사회문화의 재건, 즉 파형(破型)의 기능을 중시
② 새로운 사회는 진정으로 민주적인 사회가 되어야 하며, 이러한 사회는 민주적인 방법으로 실현되어야 한다. ⇨ 재건주의는 민주적인 질서가 자리 잡고 부(富)의 공정한 분배가 이루어지는 복지사회를 이상으로 추구
③ 아동, 학교, 교육 등은 사회적·문화적 세력에 의해 확고하게 조건지어진다. ⇨ 사회적 자아실현인 추구

④ 교사는 재건주의자들이 제시하는 새로운 사회건설의 긴급성과 타당성을 학생들에게 민주적인 방법(예 참여와 의사소통, 토론 등)으로 확신시켜 주어야 한다.
⑤ 학교는 학생들의 미래를 준비하도록 도와하는 미래지향적 교육을 해야 한다.
⑥ 교육의 목적과 수단은 문화적 위기를 극복할 수 있도록 철저하게 개조되어야 하고, 행동과학의 연구가 발견해낸 제 원리들에 맞아야 한다.

17 출제영역 >> 교육심리학　　　　난이도 ★★★　정답 ①

☑ 정답찾기 켈러(Keller)의 ARCS이론은 학습동기의 중요성을 체계적으로 제시하고자 하는 시도로 학습동기 설계 및 개발의 구체적인 전략들을 밝혀내기 위한 기본적인 틀을 제공한다. 그는 학습이론(예 행동주의, 인지주의)과 학습동기 연구를 통합하여 어떻게 하면 보다, 효과적·효율적인 교수 상황을 제공할 수 있는가를 밝혀주고 있다. 켈러는 "한 개인의 행동은 개인적 특성(person)과 환경(environment)과의 상호작용에 의하여 나타난 결과이다."라고 설명하면서 행동을 'B=f(P & E)'라는 공식으로 나타냈다. 이 공식은 개인적 특성과 환경이 노력 – 수행 – 결과에 미치는 영향을 설명해 주고 있다. 이러한 켈러의 학습동기, 학업수행 및 교수 영향에 관한 이론은 한 개인이 어떤 과제를 해결하려는 '노력'과 실제로 행하는 '수행', 그 수행의 '결과'에 영향을 미치는 개인 특성 변인(P)과 환경 변인(E)을 통합한 거시적 이론이라고 볼 수 있다. 특히 이 이론은 환경 변인으로 세 가지 형태의 교수설계, 즉 동기설계, 학습설계, 우연성 설계를 소개하고 있다. 켈러는 부여된 교수·학습 상황에 적용할 수 있는 우수한 교수자료의 개발은 이 세 형태를 이해하고 활용할 때 가능하다고 주장한다. 이러한 이론적 배경을 기초로 하여 켈러는 학습동기 유발을 위한 체제적인 교수설계 모형으로 ARCS 모형을 제시하였다.

Tip 켈러(Keller)의 동기 유발 전략(ARCS 모델)

주의 집중 (attention)	지각적 각성(주의환기)	시청각 효과, 비일상적 사건 제시
	탐구적 각성	문제해결 장려, 신비감 제공
	다양성(변화성)	교수방법의 혼합, 교수자료의 변화
관련성 (relevance)	목적지향성	실용적 목표 제시, 목적 선택 가능성 부여, 목적지향적인 학습 활용
	필요나 동기와의 부합	학업성취 여부의 기록체제 활용, 비경쟁적인 학습상황 선택 가능
	친밀성	친밀한 사건·인물·사례 활용
자신감 (confidence)	성공기대(학습의 필요조건) 제시	수업목표와 구조 제시, 평가기준 및 피드백 제시, 시험의 조건 확인
	성공체험 (성공기회)	다양한 수준의 난이도 제공, 쉬운 것에서 어려운 것으로 과제 제시
	자기 책임 (자기 조절감)	학습속도 조절 가능, 원하는 부분으로 회귀 가능, 선택 가능하고 다양한 과제의 난이도 제공
만족감 (satisfaction)	내재적(자연적) 보상	연습문제를 통한 적용 기회 제공, 모의상황을 통한 적용 기회 제공
	외재적(인위적) 보상	적절한 강화계획의 활용, 선택적 보상 체제 활용, 정답 보상 강조
	공정성	수업목표와 내용의 일관성 유지, 연습과 시험내용의 일치

18 출제영역 >> 교육사회학　　　　난이도 ☆★★　정답 ③

☑정답찾기 헤게모니(hegemony)는 애플(M. Apple)이 교육사회학 이론에 활용한 그람시(A. Gramsci)의 개념으로, 지배집단이 지닌 의미와 가치체계를 말한다. 이처럼 학교는 지배 이데올로기를 정당화하는 역할을 한다고 보았으며, 헤게모니는 '학교교육이 교육의 기회를 공정하게 제공하고 능력에 따라 사회계층을 결정하게 한다.'고 믿게 하는 지배력 행사 방식이다. ①은 뒤르껭(E. Durkheim)의 아노미(Anomie), ②는 알뛰세(L. Althusser)의 이념적 국가기구(Ideological State Apparatus), ④는 윌리스(Willis)의 반학교문화(counter-school culture)에 해당한다.

19 출제영역 >> 교육평가　　　　난이도 ☆☆★　정답 ②

☑정답찾기 재검사 신뢰도(전후검사 신뢰도)는 동일한 검사를 시간 간격을 두고 두 번 실시하여 그 전후의 결과에서 얻은 점수를 기초로 상관계수를 산출하는 방법으로 '전후검사 신뢰도'라고도 한다. 전후 검사에서 나온 점수의 안정성에 관심을 갖기 때문에 '안정성 계수'라고도 한다.

Tip 신뢰도 추정방식의 비교

추정방식	검사지의 수	검사실시 횟수	주된 오차요인	통계방법	
재검사 신뢰도	1	2	시간간격, 이월효과	적률상관계수 (안정성 계수)	
동형검사 신뢰도	2	2 (각1)	문항차이 (문항의 동형성)	적률상관계수 (동형성 계수)	
반분 신뢰도	1	1	반분검사의 동질성	스피어만-브라운 공식, 루론(Rulon)공식	동질성 계수
문항 내적 합치도	1	1	문항의 동질성	KR-20, 21(이분적 문항), 호이트(Hoyt) 계수, 크론바흐-α 계수 (다분적 문항)	

20 출제영역 >> 교육사회학　　　　난이도 ★★★　정답 ①

☑정답찾기 제시문에 언급된 콜맨(J. Coleman)의 주장은 교육의 과정적 평등(교육조건의 평등)에 해당한다. 즉, 교육의 평등은 단지 취학의 평등만이 아니라 평등하게 효과적인 학교에의 취학을 의미한다는 것이다. 이처럼 교육조건의 평등은 학교의 시설, 교사의 자질, 교육과정, 학생의 수준 등에 있어서 학교 간의 차이가 없어야 평등한 교육이 실현된다는 의미로, 1974년부터 시행한 고교평준화 정책이 이에 해당한다. ②는 보장적 평등, ③은 허용적 평등, ④는 결과적(보상적) 평등에 해당한다

구분	평등 유형	강조점
기회의 평등	허용적 평등	• 모든 사람에게 동등한 취학기회 보장(기회균등) ⇨ 의무교육제도 • 개인의 능력에 따른 결과의 차별 인정(능력주의, 업적주의) • 재능예비군(reserve of talent) 또는 인재군(pool ability) 제도 • 제도적 평등(선언적 평등): 법이나 제도상의 차별 철폐 ⇨ 교육은 특권이 아니라 보편적 권리로 인식 • 「헌법」 제31조 제1항, 「교육기본법」 제4조

		• 취학을 가로막는 현실의 경제적·지리적·사회적 장애 제거 ⇨ 취학기회의 실질적 보장	
보장적 평등	경제적 장애 제거	① 무상의무교육의 실시, ② 고교무상교육의 전면 시행(2021학년도 이후), ③ 학비보조 및 장학금제도 운영	
	지리적 장애 제거	① 학교를 지역적으로 유형별로 균형 있게 설립, ② 온라인 등교, ③ 스타 스쿨(star school), ④ 도서 벽지, 산골오지(奧地) 등에 학교 설립, 또는 통학 교통편 제공	
	사회적 장애 제거	근로청소년을 위한 야간학급 및 방송통신학교의 설치	

• 영국의 1944년 교육법(중등교육 무상화)
• 후센(Husen)의 연구: 교육기회 확대에는 성공했으나 계층 간의 분배구조 변화에는 실패

과정 (교육조건)의 평등	• 콜맨(Coleman): "교육기회의 평등은 단지 취학의 평등이 아니라 평등하게 효과적인 학교를 의미함." • 학교의 교육 여건(웹 학교시설, 교육과정, 교사의 자질, 학생 수준)에 있어서 학교 간 차이가 없어야 한다. • 고교평준화 정책(1974): 교육과정, 교사의 자질, 학생 수준의 평등은 실현, 학교시설의 평등은 실패 • 콜맨(Coleman) 보고서(「교육기회의 평등」, 1966): 학생의 가정배경, 학생집단(친구들), 학교시설(학교환경) 중에서 학생의 가정배경이 학생들의 학업성취에 가장 큰 영향을 미친다(문화환경 결핍론). ⇨ 보상적 평등이 대두된 계기

내용의 평등

결과의 평등 (보상적 평등)	• 교육받은 결과, 즉 도착점행동이 같아야 진정한 교육평등이 실현 ⇨ 최종적으로 학교를 떠날 때 학력이 평등해야 하며, 이를 위해 우수한 학생보다 열등한 학생에게 더 많은 투자를 해야 한다.

학생 간 격차 해소	① 능력이 낮은 학생에게 더 좋은 교육 여건 제공 ② 학습부진아에 대한 방과 후 보충지도
계층 간 격차 해소	① 저소득층 취학 전 아동을 위한 보상교육 ② 교육복지 투자우선 지원 사업
지역 간 격차 해소	① 읍·면 지역의 중학교 의무교육 우선실시 ② 농어촌지역 학생의 대학입시 특별전형제

• 존 롤즈(Rawls)의 「정의론」에 근거: 공정성의 원리, Mini-Maximum(차등의 원리, 최소-극대화의 원리) ⇨ 능력이 낮은 학생에게 더 많은 자본과 노력을 투입, 출발점행동의 문화실조(아동의 불이익)를 (사회가) 보상
• Head Start Project(미국), 교육우선지구(영국, EPA ⇨ EAZ & Eic), Sure Start Program(영국), Fair Start Program(캐나다), Angel Plan Program(일본), 교육우선지역 정책(프랑스, ZEP), 우리나라의 교육복지 투자우선지원사업과 농어촌지역 학생 특별전형제, 기회균등할당제(affirmative action), 교육안전망 구축(edu-safety net) 정책

제.08회

Answer

01	①	02	②	03	③	04	③	05	④
06	④	07	②	08	①	09	①	10	②
11	②	12	①	13	②	14	②	15	①
16	④	17	①	18	③	19	③	20	③

---

01 출제영역 >> 교육철학 　　　　난이도 ☆☆★ 　정답 ①

✅ 정답찾기 분석적 교육철학(분석철학)은 언어와 개념에 사물의 본질이 들어 있으며, 언어 분석이 곧 철학의 사명이고, 사고의 논리적 명료화가 철학의 목적이라고 주장한다. 교육학의 성격이나 교육학의 용어·개념·원리·이론 등을 논증하고 명확히 하는 데 공헌하였지만, 사변철학과 규범철학의 영역을 소홀히 함으로써 바람직한 세계관이나 윤리관 확립에는 도움을 주지 못했다는 비판을 받는다. ②는 실존주의, ③은 포스트모더니즘, ④는 비판이론(프랑크푸르트 학파의 사회철학)에 해당한다.

---

02 출제영역 >> 교육과정 　　　　난이도 ☆★★ 　정답 ②

✅ 정답찾기 아이즈너(Eisner)는 「교육적 상상력」(1979)에서 교육활동에서는 행동목표(behavioral objectives)뿐만 아니라 문제해결목표(problem-solving objectives), 표현적 결과(expressive outcomes) 등도 중시되어야 한다고 주장하였다. 그는 교육목표는 구체적이고 교육내용의 선정 이전에 설정해야 한다는 타일러(Tyler)의 행동목표 중심적 견해를 비판하면서, 교육의 과정에서 문제해결목표, 표현적 결과도 고려해야 할 것을 주장하였다. (나)는 미리 정해진 해결책이 아니라 정해지지 않은 수많은 해결책 중의 하나 또는 그 이상으로 도출된 목표를 말하며, (다)는 어떤 활동 도중에 또는 끝난 후에 얻어진 바람직한 결과를 말한다.

Tip 아이즈너(Eisner)의 교육목표 분류

종류	특징	평가방식
행동목표 (behavioral objectives)	• 학생의 입장에서 진술 ⇨ 수업 전 진술 • 행동 용어 사용 • 정답이 미리 정해져 있다.	• 양적 평가 • 결과의 평가 • 준거지향검사 이용
문제해결 목표 (problem-solving objectives)	• 일정한 조건 내에서 문제의 해결책 발견 • 정답이 정해져 있지 않다. • 수업 전 진술	• 질적 평가 • 결과 및 과정의 평가 • 심미안 & 교육적 비평 사용
표현적 결과 (expressive outcomes)	• 조건 없다. • 정답 없다. • 활동의 목표가 사전에 정해지지 않고 활동하는 도중 형성 가능	• 질적 평가 • 결과 및 과정의 평가 • 심미안 & 교육적 비평 사용

---

03 출제영역 >> 교육평가 　　　　난이도 ☆☆★ 　정답 ③

✅ 정답찾기 포트폴리오(portfolio) 평가는 자신이 쓰거나 만든 작품을 지속적이면서도 체계적으로 모아 둔 개인별 작품집 혹은 서류철을 이용한 평가방법이다. 하나 이상의 분야에서 학생의 노력, 진보, 성취 정도를 보여주는 학생과제 수집물, 개인별작품집을 활용한 평가방식으로, 학습자의 지적 능력뿐만 아니라 정의적 특성을 평가할 수 있는 전인적 평가도구로 활용된다. ①은 학습 과정과 결과를 종합적으로 평가하며, 특히

과정에서의 성찰과 발전에 중점을 둔다. ②는 신뢰도, 객관도, 실용도는 낮으나, 타당도는 높은 경향이 있다. ④는 구성주의 인식론에 바탕을 둔다.

---

04 출제영역 >> 교육평가 　　　　난이도 ☆☆★ 　정답 ③

✅ 정답찾기 한 개의 평가도구가 좋은 평가도구(검사도구)가 되기 위해서는 타당도, 신뢰도, 객관도, 실용도와 같은 기준을 충족시켜야 한다. 이 중 객관도(objectivity)는 '채점자 간 신뢰도'로서, 측정의 결과에 대한 여러 검사자가 어느 정도로 일치된 평가를 하느냐의 정도를 말한다. ①은 신뢰도(reliability)로 측정의 오차(standard error of measurement)가 얼마나 적은가의 정도이다. ②는 타당도(validity)로 측정 대상의 정직성, 진실성을 말한다. ④는 실용도(usability)로 검사의 경제성을 말한다.

---

05 출제영역 >> 교육심리학 　　　　난이도 ☆★★ 　정답 ④

✅ 정답찾기 도식(schema, schemes)은 인지발달에서 평형화의 욕구가 충족되어 구조화되고 조직화된 상태로 유기체가 가지고 있는 외부환경에 대한 '심리적인 이해(지각이나 반응)의 틀'을 말한다. 사고의 기본단위로서, 대상을 표상할 때 혹은 그에 대해 생각할 때 사용하는 조직화된 사고체계를 의미한다. 초기에는 감각운동적 차원에서부터 구성되며, 성장함에 따라 지각적·개념적 차원으로 확대되는 데 개념적 차원의 도식을 일반적으로 인지구조(schemata)라고 한다. ①은 평형화(equilibrium), ②는 조절(accommodation), ③은 동화(assimilation)에 해당한다.

---

06 출제영역 >> 한국교육사 　　　　난이도 ☆☆★ 　정답 ④

✅ 정답찾기 서당은 향촌에 설치된 민간의 자생적인 사설 초등교육기관이다. 오늘날의 사립(私立) 초등학교에 해당하며 설립 주체에 따라 유지독영서당, 훈장자영서당, 향촌공영서당 등 다양한 형태로 존재하였다. 범계급적 교육기관으로 그 기원은 고구려 경당에서 비롯되었으며 고려시대에는 경관(經館), 서사(書舍) 등으로 불리었다. 여름에는 시 읽고 짓기, 봄·가을에는 사기와 고문, 겨울에는 경서 읽기 등 계절에 따라 교육내용을 달리 운영하였다. ④는 서원(書院)에 해당한다.

---

07 출제영역 >> 서양교육사 　　　　난이도 ☆☆★ 　정답 ②

✅ 정답찾기 17C 실학주의(realism)는 교육의 이론 및 실제에서 관념적인 것보다는 실용성과 실천성을 중시하는 교육사조로, 실생활과 유리(遊離)된 인문주의와 종교개혁의 한계를 비판하며 등장하였다. 인문적 실학주의, 사회적 실학주의, 감각적 실학주의의 3가지 유형이 있으며, 현실의 객관적 관찰 위에 실질 도야를 중시하여 현실 사회생활에 필요한 구체적이고 실용적인 지식과 경험을 강조한다. 대표자로는 비베스(Vives), 몽테뉴(M. Montaigne), 로크(Locke), 베이컨(Bacon), 코메니우스(Comenius) 등이 있다. ①은 인문주의(르네상스), ③은 종교개혁, ④는 자연주의 교육에 해당한다.

08 출제영역 >> 생활지도와 상담　　　　난이도 ☆☆★　정답 ①

☑정답찾기 엘리스(A. Ellis)의 합리적·정의적 상담이론(RET) 또는 인지·정서·행동치료(REBT)에서는 인간의 사고(思考)와 정서(情緒)는 밀접하게 연결되어 있으며, 사고가 정서와 행동에 영향을 미친다고 전제한다. 당위적·경직된 사고, 지나친 과장, 자기 및 타인 비하 등과 같은 비합리적 신념은 자기 파괴적이고 패배적인 정서와 행동을 유발하는 원인이라고 보고 논박(dispute)을 통해 비합리적 신념을 합리적 신념으로 변화시켜 줌으로써 부적응을 제거할 수 있다고 주장한다. 상담과정은 ABCDE 모형으로 설명될 수 있다. ②는 현실치료적 상담, ③은 비지시적 상담, ④는 교류분석 상담의 주창자이다.

Tip 엘리스(A. Ellis)의 REBT 이론의 과정 − ABCDE 모형

A	B (부적응의 원인)	C (부정적 정서·행동)	D (상담자의 역할)	E (긍정적 정서·행동)
선행 사건	비합리적 신념 (irB)	결과	논박 (Dispute) (irB → rB)	효과

09 출제영역 >> 교육행정학　　　　난이도 ★★★　정답 ①

☑정답찾기 성과주의 예산제도(PBS : Performance Budgeting System)는 올해의 사업성과나 실적으로 내년도 예산을 편성하는 방식으로 관리 기능 중심의 예산편성기법이다. 통제 기능 중심의 품목별 예산제도의 단점을 보완하고 예산 편성 및 집행의 효율성과 성과를 제고하기 위해 등장하였다. 예산과목을 기능별(목표별·활동별)로 나누고, 각 기능별로 다시 사업계획 및 세부사업으로 분류한 다음 각 세부사업에 대한 사업량을 수량(예산액)으로 표시하고, 단위사업을 수행하는 데 소요되는 원가계산을 통해 예산을 편성하는 기법이다.

10 출제영역 >> 교육행정학　　　　난이도 ★★★　정답 ②

☑정답찾기 ②는 합리성에 해당한다. 능률성(efficiency)은 투입을 극소화시키거나 산출을 극대화시키는 뜻에서의 경제적 효율성뿐만 아니라 교육 및 교육행정조직에 있어서 조직구성원의 심리적 욕구를 충족시키는 사회적 능률성도 의미한다.

11 출제영역 >> 교육행정학　　　　난이도 ☆☆★　정답 ②

☑정답찾기 점증모형은 린드블롬(C. Lindblom)과 윌다브스키(Wildavsky) 등이 주장한 것으로 다원주의 사회에서의 정책결정모형에 해당하며 합리적 모형의 비현실성을 비판하며 등장한 모형이다. 기존의 상황과 유사한 소수의 대안 중에서 기존 정책보다 약간 개선된 대안을 선택하는 정치적 합리성을 중시하는 모형이다. 적극적 선(善)의 추구보다는 소극적 악(惡)의 제거에 관심을 갖는 보수적 모형으로, 혁신이 요구되는 사회에는 부적절하고, 기존정책이 부재한 개도국에는 적용이 불가능하다는 단점이 있다.

Tip 교육정책 모형(의사결정의 산출 모형) 비교

의사결정 모형	주창자	내용	특징
합리적 (이상적) 모형	리츠 (Reitz)	• 모든 대안 중 '최선의 대안' 모색 ⇨ 고전적 모형(classical model) • 정책 결정자의 전능성(全能性), 최적 대안의 합리적 선택, 목표의 극대화, 합리적 경제인 전제	• 객관적 합리성 추구 • 정형적 문제해결에만 적용 • 비정형적 문제해결에는 현실적으로 실현 불가능(비현실적) • 경제적 합리성 • 전체주의 체제에 적합
만족화 모형	• 사이먼 (Simon) • 마치 (March)	현실적으로 만족할 만한 해결책 선택	• 주관적 합리성 추구 • 제한된 합리성(bounded rationality), 행정적 합리성 • 보수적 모형
점증적 모형	• 린드블롬 (Lindblom) • 윌다브스키 (Wildavsky)	• 다원적이고 합의지향적 민주사회의 의사결정모형 • 기존정책보다 약간 개선된(점증된) 대안 선택	• 소극적 악의 제거 추구 • 정치적 합리성, 제한된 합리성 • 보수적 모형 • 민주주의 체제에 적합
혼합(관조) 모형 (제3의 모형)	에치오니 (Etzioni)	합리적 모형(정형적 문제 / 장기전략 / 기본방향 설정) + 점증적 모형(비정형적 문제 / 단기전략 / 세부적인 결정)	• 이론적 독자성이 없다. • 합리성 + 실용성 • 자율 사회체제에 적합
최적화 모형	드로어 (Dror)	• 만족화 모형과 점증적 모형의 한계 보완 ⇨ 체제접근 모형 • 합리적 모형 + 점증적 모형: 합리적 모형에 근접 • 주어진 목표에 가장 알맞은 모형 선택 ⇨ 규범적 최적화 지향	• 초합리성 중시(엘리트의 영감, 비전 중시) ⇨ 혁신적 정책결정의 이론적 근거 마련 • 유토피아적 모형 • 혁신적 사회체제에 적합
쓰레기통 모형	• 코헨 (Cohen) • 마치 (March) • 올센 (Olsen)	• 문제의 우연한 해결 • 문제, 해결책, 선택기회, 참여자의 흐름의 우연한 조합으로 해결 圆 날치기 통과, 진빼기 결정	• 비합리적 의사결정모형 • 조직화된 무질서(목표의 모호성, 불분명한 방법, 구성원의 유동적 참여)를 전제

12 출제영역 >> 교육행정학　　　　난이도 ☆☆★　정답 ①

☑정답찾기 센게(P. Senge)가 제시한 학습조직은 조직 구성원이 지속적으로 학습하며, 이를 통해 조직이 끊임없이 변화하고 성장할 수 있도록 만드는 조직을 말한다. 지속적인 경영 혁신의 필요성이 높아짐에 따라 등장한 개념으로, 학습조직을 구축하기 위해서는 전문적 소양(personal mastery), 세계관(mental model), 비전 공유(building shared vision), 팀 학습(team learning), 시스템적 사고(systems thinking) 등의 기반 조성이 요구된다(1990). ②는 코헨(M. Cohen), 올센(Olsen), 마치(March), ③은 웨이크(Weick), ④는 홀(R. H. Hall), 호이와 미스켈(Hoy & Miskel)이 주장하였다.

117

Tip 용어설명

이완 조직	웨이크(Weick)가 주장 ⇨ 조직의 하위체제와 활동들이 느슨하게 결합되어 있으며 하위체제 간의 활동이 관련성은 있으나 독립성을 유지하고 있는 상태를 말한다. 학교조직에서 이루어지는 다양한 과업이나 활동들이 약하게 연결되어 있고, 단위부서들은 분리되어 독자적인 역할과 기능을 수행하여 행정가의 일사불란(一絲不亂)한 통제가 어렵다고 본다.
조직화된 무질서	코헨(Cohen), 올센(Olsen), 마치(March)의 주장 ⇨ 학교는 목표의 모호성, 불분명한 과학적 기법, 구성원의 유동적 참여를 특징으로 하며, 의사결정이 우연적·비합리적으로 이루어진다.

전문적 관료제	홀(Hall), 호이와 미스켈(Hoy & Miskel)의 주장 ⇨ 학교는 관료적 성격과 전문적 성격을 공유하고 있다.		
	구분	전문성 정도	
		높음	낮음
	관료성 정도 높음	베버적 이상형	권위주의형
	관료성 정도 낮음	전문형	무질서형(혼돈형)

13 출제영역 ≫ 교육사회학　　난이도 ☆☆★　정답 ②

✅정답찾기 보장적 평등관은 기회의 평등의 한 유형으로, 교육기회를 허용해도 지리적·경제적·사회적 장애 등 제반 장애로 인해 교육기회를 받을 수 없는 사람에게 학교를 다닐 수 있도록 보장해 주고, 교육(취학)을 가로막는 제반 경제적·지리적·사회적 장애를 제거함으로써 누구나 학교에 다닐 수 있는 교육기회를 보장해 주어야 한다는 관점이다.

Tip 보장적 평등과 보상적 평등의 비교

유형	실현 정책	비고
보장적 평등 (기회의 평등)	① 무상의무교육의 실시 ② 학비보조 및 장학금 제도 운영	경제적 장애 극복
	학교를 지역적으로 유형별 균형 있게 설립	지리적 장애 극복
	근로청소년을 위한 야간학급 및 방송통신학교의 설치	사회적 장애 극복
보상적 평등 (결과의 평등)	① 능력이 낮은 학생에게 더 좋은 교육 여건 제공 ② 학습부진아에 대한 방과 후 보충지도	학생 간 격차 해소
	① 저소득층 취학 전 아동을 위한 보상교육 ② 교육(복지) 투자우선지역 사업 ③ 대학입학에서의 기회균등 할당제 실시	계층 간 격차 해소
	① 읍·면 지역의 중학교 의무교육 우선실시 ② 농어촌지역 학생의 대학입시 특별전형제	지역 간 격차 해소

14 출제영역 ≫ 교육사회학　　난이도 ★★★　정답 ②

✅정답찾기 뒤르껭(Durkheim)은 교육을 미성숙한 인간에 대한 성인들의 영향력을 행사하는 사회화(socialization)로 정의한다. 즉 전체 사회와 특수 사회에서 구성원들이 지녀야 할 집합의식(collective image, 집합표상)인 지적, 도덕적, 신체적 제반 특성을 내면화하는 과정이 교육이며, 그 기능은 보편적 사회화와 특수적 사회화에 있다고 보았다.

Tip 뒤르껭(Durkheim)의 사회화 유형

구분	개념
보편적 사회화	• 사회 전체적인 가치와 규범(집합표상)을 새로운 세대에 내면화하는 것 • 사회 구성원들의 동질성 확보를 위한 사회화 ⇨ 사회유지 • 전체 사회가 요구하는 신체적·도덕적·지적 특성의 함양
특수적 사회화	• 특정 사회체제(분업화된 사회집단)에 부응하는 가치와 규범, 능력을 내면화하는 것 • 개인이 속하게 되는 특수 환경(직업집단)이 요구하는 신체적·도덕적·지적 특성의 함양 • 사회가 분화·발전함에 따라 요구되는 지식과 기술 습득

15 출제영역 ≫ 교육연구　　난이도 ☆★★　정답 ①

✅정답찾기 유층표집(stratified sampling)은 전집이 가지고 있는 중요 특성을 기준으로 여러 개의 하위집단으로 구분하고 그 하위집단의 내부는 균일하게 하고 하위집단 간은 불균일하게 하여 각 하위집단으로부터 무선표집을 하는 방법이다. 하위집단으로 분할해 가는 것을 유층화라 하며, 이 유층화는 연구목적에 따라서 임의적으로 이루어지나, 하위집단의 표본추출은 단순무선표집으로 이루어진다. 지문은 비례유층표집에 해당한다.

Tip 유층표집과 군집표집

구 분	유층표집	군집표집
하위집단 간	이질적이다.	동질적이다.
하위집단 내부	동질적이다.	이질적이다.
표본 추출 단위	사례(개인)	집단
특 징	• 표집오차가 가장 작다. • 비례유층표집과 비비례유층표집으로 구분한다.	• 각 하위집단이 모집단의 축도(縮圖)가 된다. • 하위집단 중 어떤 집단은 집단 전원이 표집 대상이 되고, 어떤 집단은 집단 전원이 표집 대상에서 제외된다.

16 출제영역 ≫ 교육의 이해　　난이도 ☆★★　정답 ④

✅정답찾기 「평생교육법」상의 이념은 기회균등(①), 자율성(②), 정치적 중립성(③), 그에 상응한 사회적 대우("일정한 평생교육과정을 이수한 자에게는 그에 상응하는 자격 및 학력인정 등 사회적 대우를 부여하여야 한다.") 등이다. ④는 법 제1조에 명시된 「평생교육법」의 제정 목적으로, "이 법은 「헌법」과 「교육기본법」에 규정된 평생교육의 진흥에 대한 국가 및 지방자치단체의 책임과 평생교육제도와 그 운영에 관한 기본적인 사항을 정하고, 모든 국민이 평생에 걸쳐 학습하고 교육받을 수 있는 권리를 보장함으로써 모든 국민의 삶의 질 향상 및 행복 추구에 이바지함을 목적으로 한다."고 명시하고 있다.

17 출제영역 ≫ 교수·학습이론　　난이도 ☆★★　정답 ①

✅정답찾기 오수벨(Ausubel)의 유의미 수용학습은 교사가 주로 언어적 방법에 의해 학습 자료를 학생의 발달단계에 적절하게 제시하여 학습자가 지적 학습을 이루도록 하는 설명식 수업을 말한다. 이에 따르면 수업은 교사가 제시하는 새로운 명제나 아이디어(논리적 유의미성)가 학습

자의 머릿속에 이미 조직되어 존재하고 있는 보다 포괄적인 인지구조(잠재적 유의미성) 속으로 동화 또는 일체화되는 포섭의 인지과정이라고 할 수 있다. 이를 위해서 학습자는 유의미 학습태세(심리적 유의미성)를 갖출 때 학습이 보다 효과적으로 진행될 수 있다. ③은 브루너(Bruner), ④는 블룸(Bloom)이 주장한 교수이론에 해당한다.

Tip 유의미 학습을 위한 3가지 조건

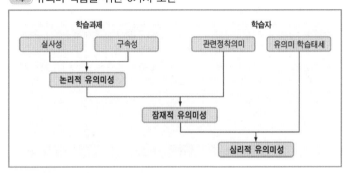

---

18 출제영역 >> 교육사회학   난이도 ☆☆★   정답 ③

☑ **정답찾기** 몽고메리(Montgomery)가 제시한 시험의 교육적 기능은 자격부여, 목표와 유인, 선발, 경쟁촉진, 교육과정 결정, 학습 성취의 확인과 미래 학습의 예언이다. 이 중 교육과정 결정 기능은 시험에 출제비중이 높은 과목이 중심과목이 되며 그렇지 못한 과목은 주변과목이 되는 것을 말한다. 예컨대, 교사는 자신이 가르치는 것을 학생들이 학습하기를 기대하지만, 학생들은 시험에 나올 것으로 예상되는 내용 위주로 공부한다.

Tip 시험의 교육적 기능과 사회적 기능

교육적 기능	① 자격 부여, ② 목표와 유인, ③ 선발, ④ 경쟁 촉진, ⑤ 교육과정 결정(선택적 교수와 학습), ⑥ 학업성취의 확인과 미래 학습의 예언
사회적 기능	① 사회통제, ② 사회적 선발, ③ 지식의 공식화와 위계화, ④ 사회질서의 정당화와 재생산, ⑤ 문화의 형성과 변화정에 교사들의 참여(Y이론) ⇨ 학교교육의 효과성 증대 ⇨ 교사들의 직무만족도 향상

---

19 출제영역 >> 교육심리학   난이도 ★★★   정답 ③

☑ **정답찾기** 기대－가치이론(expectancy-value theory)은 인간은 자신이 성공할 것이라는 기대에 그 성공에 대해 개인이 부여하는 가치를 곱한 값만큼 동기화된다는 이론이다. 기대구인(expectancy construct)과 가치요인(value components)이 두 가지 핵심요소이다. 즉, "내가 이 과제를 할 수 있을까?"라는 물음에 대한 답과 관련된 과제를 수행했을 때 성공 가능성에 대한 개인이 가지는 신념과 "내가 왜 이 과제를 해야 하지?"라는 물음에 대한 답과 관련된 과제 가치에 대하여 개인이 가지는 신념으로 구성된다. 앳킨슨(Atkinson), 브룸(Vroom)이 대표적 주창자이다.

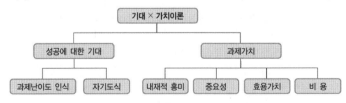

---

20 출제영역 >> 교육심리학   난이도 ☆★★   정답 ③

☑ **정답찾기** ㄷ은 스키너(Skinner)의 조작적 조건화 이론에 해당한다. 반두라(Bandura)는 강화인과 처벌인은 행동의 간접적 원인으로 작용하여 학습자의 기대에 영향을 준다고 본다.

Tip 스키너(Skinner)와 반두라(Bandura) 이론의 비교

구 분	Skinner	Bandura
인간행동의 결정요인	기계론적 환경결정론: 환경이 인간행동을 결정하는 '일방적' 관계를 제시함.	상호작용적 결정론: 인간행동은 개체(person)의 인지특성과 행동(behavior), 환경(environment)이 상호작용한 결과
인간의 합리성에 대한 견해	논의 자체를 거부(연구 대상에서 제외)	인간은 합리적으로 행동을 계획하는 것이 가능
인간본성에 대한 견해	자극－반응의 객관적 관점에서 설명 가능	환경으로부터의 객관적 자극에 반응할 때 주관적 인지 요인이 관여: 주관적 관점과 객관적 관점 모두 수용
기본가정	인간의 자기통제능력 부정	인간의 자기통제능력 긍정
강화와 학습	외적 강화가 수반되어야 학습 가능	외적 강화 없이 학습 가능
강화와 처벌에 대한 해석	강화인과 처벌인을 행동의 직접적인 원인으로 봄.	강화인과 처벌인은 기대를 갖게 한다고 봄(행동의 간접적 원인).
학습에 대한 관점	관찰 가능한 행동의 변화	이전과는 다른 행동을 나타내 보일 수 있도록 하는 정신구조의 변화
공통점	① 경험이 학습의 중요한 요인임에 동의함. ② 행동에 대한 설명에서 강화와 처벌의 개념을 포함함. ③ 학습을 촉진하기 위해 피드백이 중요함에 동의함.	

제
09
회

01	③	02	①	03	④	04	①	05	①
06	③	07	③	08	④	09	①	10	④
11	③	12	③	13	①	14	④	15	①
16	②	17	④	18	③	19	②	20	④

01 출제영역 >> 교육의 이해　　난이도 ★★★　정답 ③

☑정답찾기 블로드코프스키(R. J. Wlodkowski)의 성인학습 동기 이론 (Adult Motivation for Learning, 1999)에 따를 때 성인들이 학습에 참여하는 동기 요소는 성공(Success), 의지(Volition), 가치(Value), 즐거움(Enjoyment)이다. 이 네 요소를 바탕으로 그는 성인학습자의 학습프로그램에 대한 참여를 '성공 + 의지'의 유형, '성공 + 의지 + 가치'의 유형, '성공 + 의지 + 가치 + 즐거움'의 유형으로 구분하여 제시하였다. ③의 목표(goal)를 제시한 사람은 홀(C. O. Houle, 1961)이다. 그는 성인학습자의 평생교육 참여 동기를 '목표지향성', '활동지향성', '학습지향성'으로 유형화하였다.

02 출제영역 >> 서양교육사　　난이도 ★★　정답 ①

☑정답찾기 플라톤(Platon)은 「국가론」에서 국가의 이데아(Idea)를 구현하기 위한 기능을 크게 생산기능, 수호기능, 통치기능으로 구분하고, 생산계급은 절제의 미덕, 수호계급은 용기, 통치계급은 지혜를 지녀야 함을 강조한다. 즉, 생산자와 수호자, 통치자가 조화를 이룰 때 그 국가는 올바르게 잘 사는 국가, 즉 정의(justice)로운 국가가 된다. 또한, 지혜로운 철학자인 지배계급 육성을 위한 교육단계를 4단계로 제시하였다. 제1·2기는 기초교육(국민교육), 제3·4기는 고급(엘리트)교육에 해당하며, 고급교육은 남녀 동등교육을 강조하였다.

Tip 플라톤의 교육단계설 : 「국가론」

개인	덕	사회	교육단계	
머리 (이성)	지혜	지배계급 (철학자)	(35세~) 국가 통치에 대한 행정실무 경험	
			제4기(30~35세) 변증법, 철학 ⇨ 통치자 양성 과정	
가슴 (의지)	용기	수호계급 (군인)	제3기(20~30세) 4과[음악, 기하학, 산수(수학), 천문학] ⇨ 성적 불량 시 군인계급에 종사	
허리 이하 (욕망)	절제	생산계급 (노동자)	제2기(18~20세) 군사훈련 ⇨ 성적 불량시 생산계급 종사	
			제1기(~18세) 체육, 음악, 3R's	
세 부분의 조화	정의	세 계급의 조화		

03 출제영역 >> 교육사회학　　난이도 ☆★　정답 ④

☑정답찾기 알뛰세(L. Althusser)의 자본주의 국가론(사회구성체 이론)에 따르면, 국가는 억압적 국가기구(예 경찰, 법원)와 이데올로기적 국가기구(예 가정, 학교, 교회, 대중매체)로 구성된다. 학교는 이데올로기적 국가기구의 하나로서 지배이데올로기의 전파와 내면화를 통해 자본주의 사회의 불평등구조를 재생산하는 기구이다. 즉, 강제력이 아니라 동의에 의한 권력의 행사를 통해 국가 유지에 공헌하고 있는 것이다. ①은 학교

교육이 지배계급이 선호하는 문화자본(아비투스)을 교육과정에 담아 계급적 불평등을 정당화하고 있기 때문이라고 보며, ②는 학교가 문화적 헤게모니의 매개자로서 보이지 않는 가운데 사회를 통제하고 있기 때문이라고 본다. ③은 학교가 잠재적 교육과정을 통하여 노동의 사회적 분업을 차별적으로 재생산하고 있기 때문이라고 본다.

Tip 알뛰세(L. Althusser)의 국가기구 유형

억압적(강제적) 국가기구	경찰, 군대, 정부, 사법제도 등 국가유지를 위해 물리적 힘을 행사하는 사회기구 ⇨ 마르크스(Marx)가 중시
이념적 (이데올로기적) 국가기구	학교, 대중매체, 교회, 가정, 문화 등 설득적 방법으로 지배이데올로기를 국민들에게 전파·내면화하기 위한 사회기구 ⇨ 알뛰세(Althusser)가 중시

04 출제영역 >> 교육행정학　　난이도 ☆☆★　정답 ①

☑정답찾기 그레그(Gregg)는 「행정과정의 요소(The Administrative Process)」 (1957)에서 행정과정에서의 지도성·집단과정·인간관계 등을 강조하고, 지시나 지휘 대신에 영향과 의사소통의 용어를 사용하였다. 이 중 행정과정의 핵심요소로서 의사결정(decision-making)을 중시하였다.

Tip 그레그(Gregg)의 행정과정론

의사결정 (Decision-making)	목표 수립, 수단 선택, 결과 판정 등을 결정하는 일 ⇨ 교육행정 과정의 핵심 요소
기획 (Planning)	합리적 행동을 예정하고 준비하는 과정, 행동의 목적과 수단 사이에 일관성을 유지하고 서로 상충되는 요소 사이에 조화와 균형을 유지
조직 (Organizing)	공동목표 달성을 위한 분업적 협동체제의 구성 ⇨ 과업과 자원을 배분하는 과정
의사소통 (Communicating)	조직의 문제해결을 위해 부서 간·개인 간의 정보, 의견, 아이디어를 교환하는 일
영향 (Influencing)	권력의 행사뿐만 아니라 구성원에 대한 설득과 교육, 협의와 참여를 통해 협동적으로 공동목표를 추구해 나가도록 자각하는 것 ⇨ 지도성(leadership)의 발휘 과정
조정 (Coordinating)	조직 내의 공동목표 달성을 지향하는 구성원의 노력을 통합·조절하는 일
평가 (Evaluating)	조직체나 각 부분의 효과를 측정하는 과정, 목표달성 여부를 결정하고 감시하는 기능

05 출제영역 >> 생활지도와 상담　　난이도 ☆☆★　정답 ①

☑정답찾기 체계적 둔감화(systematic desensitization)는 웰페(Wölpe)의 상호제지이론에서 중시하는 상담기법으로 파블로프(Pavlov)의 고전적 조건화를 활용, 불안을 약화시키는 방법이다. ②와 ④는 스키너(Skinner)의 조작적 조건화, ③은 반두라(Bandura)의 사회학습이론에 따른 상담기법이다.
②는 강화를 이용해서 목표행동을 점진적으로 형성하는 기법으로, 목표행동에 대한 점진적 접근(successive approximation)의 원리와 학습결과에 대한 차별강화(선택적 강화), 정적 강화, 계속적 강화를 이용한다. ③은 바람직한 모델의 행동을 관찰하여 흉내내는 방법이며, ④는 부적 벌의 한 유형으로 '(일시적) 격리'라고도 하며, 바람직하지 못한 행동을 감소시키기 위해 정적 강화를 받을 수 있는 기회를 박탈하거나 강화받을 수 있는 장면에서 추방하는 방법이다.

06 출제영역 >> 교수·학습이론   난이도 ☆★★   정답 ③

정답찾기 일반적 교수체제 설계모형인 ADDIE 모형에 따라 수업을 설계할 때 분석단계에서 수행해야 할 활동은 요구 분석, (학습)과제 분석, 학습자 분석, 환경 분석이 있다. 이 중 과제 분석은 학습요소의 상호 위계적 관계를 표시한 수업지도(instructional map)로 학습목표 분석과 하위기능을 분석하는 것이다.
①은 요구 분석, ②는 학습자 분석, ④는 환경 분석에 해당한다.

요구분석	• 문제를 확인하는 과정으로 현재의 상태(what is)와 원하는 상태(what should be) 간의 격차를 규명·확인하는 과정이다. 요구분석을 통해서 최종 수업목표(instructional goal)가 도출되며, 이는 효과적인 수업설계를 실행하기 위한 준거가 된다. • 요구분석의 기법 : 자원명세서 조사(학습자의 특성과 욕구 조사), 사용분석(기존 프로그램의 사용정도와 효율성 조사), 설문조사(관련 집단의 견해 조사), 구조화된 집단(명목집단, 초점집단, 델파이 패널집단) 등
학습과제 분석	학습요소의 상호 위계적 관계를 표시한 수업지도(instructional map)로, 학습목표 분석과 하위기능 분석으로 구성된다.
학습자 분석	학습자의 특징(예 출발점행동, 지적 능력, 배경, 지능, 동기, 학습양식, 나이, 성별 등)을 파악하는 것으로, 학습자의 어떠한 특성이 효과적인 수업을 위해 고려되어야 하는지를 결정하는 것이다.
환경분석	수업설계과정에서 고려되어야 할 제반환경과 학습환경에 대해 파악하는 것으로, 교수설계 과정에 필요한 기자재 시설, 경비 등과 학습이 일어나는 학습장(교실, 실험실 등의 교수-학습 공간)의 매체, 시설 등을 분석하는 것이다.

07 출제영역 >> 교육과정   난이도 ☆☆★   정답 ③

정답찾기 학문중심 교육과정은 교육목표를 지적 수월성(intellectual excellence) 함양이나 탐구능력 계발에 둔다. 교육내용으로 '지식의 구조', 즉 각 교과의 기본적인 아이디어나 개념 및 원리를 강조하며, 지식의 구조를 조직하는 원리로 계열성의 원리(③)에 입각한 나선형 교육과정(spiral curriculum)을 중시한다. 인지주의 학습이론에 근거하여, 발견에 따른 내적 동기 유발을 강조한다. 통합성(integration)은 수평적 조직의 원리에 해당하며, 한 영역의 한 가지 내용이나 경험·능력들이 다른 여러 영역의 그것들과 어떻게 상호 관련을 시키도록 하느냐에 관한 원리이다. 여러 가지 교육내용이나 학습경험들이 상호 연결되어 통합됨으로써 보다 효율적인 학습과 성장·발달을 촉진할 수 있도록 조직하는 것이다. 이에 비해 계열성(sequence)은 수직적 조직의 원리에 해당하며, 선행학습보다 후행학습의 내용이 확대·심화되도록, 즉 학습량이 보다 많아지고 수준도 높아지도록 조직하는 것을 말한다.

08 출제영역 >> 교육행정학   난이도 ☆☆★   정답 ④

정답찾기 교육공무원은 '국·공립의 교육기관, 즉 유치원, 초등학교, 중학교, 고등학교에 근무하는 교원 및 조교', '교육행정기관에 근무하는 장학관 및 장학사', '교육기관, 교육행정기관 또는 교육연구기관에 근무하는 교육연구관 및 교육연구사'를 말한다. ④에서 수석교사는 교육부장관이 임용한다(제29조의 4 제1항). ①은 제6조(교사의 자격), ②는 제10조(임용의 원칙), ③은 제29조의 2(교장의 임용)에 해당한다.

09 출제영역 >> 교육심리학   난이도 ☆★★   정답 ①

정답찾기 자아존중감(자존감, self-esteem)은 자기가치(self-worth)라고도 한다. 모든 사람은 자기가치를 보호하려는 욕구를 가지고 태어났다는 가정하에 자기 자신에 대한 정서나 감정적 반응, 혹은 자기 자신에 대한 평가를 말한다. 학생들은 자기가치를 보호하기 위해서 자기장애(self-handicapping) 전략이나 행동 패턴을 보인다고 코빙톤(Covington)은 주장한다.

자기결정성 (self-determination)	무엇을 어떻게 할 것인지에 대한 자신의 선택이나 자기통제의 욕구로, 자신의 의지(will)를 활용하는 과정을 말한다.
자아정체감 (self-identity)	'나는 누구인가?'에 대한 해답으로, 자아개념이 보다 구조화되어서 자신의 독특성에 대한 자각을 한 상태를 말한다.
자기효능감 (self-efficacy)	개인이 어떤 행동이나 활동을 성공적으로 수행할 수 있는 자신의 능력(개인적 유능감)에 대한 신념으로서, 성공경험, 대리경험, 언어적 설득, 정서적 안정감이 형성 요인이다.

10 출제영역 >> 교육행정학   난이도 ☆☆★   정답 ④

정답찾기 이완조직(이완결합체제)은 웨이크(Weick)가 개념화한 것으로, 조직의 하위체제와 활동들이 느슨하게 결합되어 있으며 하위체제 간의 활동이 관련성은 있으나 독립성을 유지하고 있는 상태를 말한다. 즉, "서로 연결은 되어 있으나 각자가 독립성을 유지하면서 어느 정도 분리되어 있는 모습"을 말한다. 학교조직을 이완결합체제라고 보는 이유는 학교조직에서 이루어지는 다양한 과업이나 활동들이 약하게 연결되어 있고, 단위부서들은 분리되어 독자적인 역할과 기능을 수행하며, 학교에서 교육과정과 교수방법은 매우 일반적으로 규정되어있을 뿐이고, 실제 교실에서 교사들은 교육내용과 교수방법에 대한 상당한 재량권을 갖기 때문이다. 그래서 웨이크는 학교에서는 행정가의 일사불란(一絲不亂)한 통제가 어렵다고 보아 '통제나 힘의 윤리'보다는 '믿음과 신뢰의 윤리(logic of confidence)'를 통한 운영을 중시하고 있다. ④는 과학적 관리론에 토대를 둔 관료제 조직의 특성에 해당하며, 학교는 교육의 과정을 공장의 생산 과정과 달리 투입과 산출의 인과 관계를 분명하게 파악할 수 없다.

11 출제영역 >> 생활지도와 상담   난이도 ★★★   정답 ③

정답찾기 번(E. Berne)의 상호교류 분석이론에 따르면, 의사교류의 유형에는 상보적 의사교류(complementary transaction), 교차적 의사교류(crossed transaction), 암시적 의사교류(ulterior transaction)가 있다. 이 중 암시적(이면적, 이중적) 의사교류는 상대방의 하나 이상의 자아상태를 향해서 사회적 교류와 잠재적(심리적)인 교류의 양쪽이 동시에 작용하는 복잡한 교류이다. 즉, 의사거래에 작용하는 자아상태 중 겉으로 표현되어 나타나는 사회적 자아와 실제로 내면에서 기능하는 심리적 자아가 서로 다르면서 동시에 일어나는 의사거래 유형을 말한다.

12 출제영역 >> 교육심리학   난이도 ☆★★   정답 ③

☑정답찾기 ③은 공간적 지능에 해당한다. 논리수학적 지능은 대상과 상징, 그것의 용법 및 용법 간의 관계 이해, 추상적 사고능력, 문제 이해능력에 해당한다.

Tip 가드너(Gardner)의 다중지능 유형, 핵심능력, 관련 직업의 예, 유명인 및 교수전략

언어적 지능 (linguistic intelligence)	단어의 의미와 소리에 대한 민감성, 문장 구성의 숙련, 언어 사용방법의 통달 **예** 시인, 연설가, 교사 / Eliot ⇨ 브레인스토밍, 이야기 꾸며 말하기(storytelling)
논리-수학적 지능 (logical-mathematical intelligence)	대상과 상징, 그것의 용법 및 용법 간의 관계 이해, 추상적 사고능력, 문제 이해능력 **예** 수학자, 과학자 / Einstein ⇨ 소크라테스 문답법, 체계적으로 생각하기
음악적 지능 (musical intelligence)	음과 음절에 대한 민감성, 음과 음절을 리듬이나 구조로 결합하는 방법과 음악의 정서적 측면 이해 **예** 음악가, 작곡가 / Stravinsky ⇨ 노래하기, 리듬치기
공간적 지능 (spatial intelligence)	시각적 정보의 정확한 지각, 지각내용의 변형능력, 시각경험의 재생능력, 균형·구성에 대한 민감성, 유사한 양식을 감식하는 능력 **예** 예술가, 항해사, 기술자, 건축가, 외과의사 / Picasso ⇨ 그림, 그래프 또는 심상(image)으로 그려보기
신체-운동적 지능 (bodily-kinesthetic intelligence)	감정이나 의도를 표현하기 위해 신체를 숙련되게 사용하고 사물을 능숙하게 다루는 능력 **예** 무용가, 운동선수, 배우 / Graham ⇨ 몸동작으로 말하기, 연극으로 표현하기
대인관계 지능 (inter-personal intelligence)	타인의 기분, 기질, 동기, 의도를 파악하고 변별하는 능력, 타인에 대한 지식에 따라 행동할 수 있는 잠재능력 **예** 정치가, 종교인, 사업가, 행정가, 부모, 교사 / Gandhi ⇨ 협동학습
개인 내적지능 (자기성찰 지능) (intra-personal intelligence, 개인이해지능)	자신에 대한 이해, 통찰, 통제능력 **예** 소설가, 임상가 / Freud ⇨ 수업 중 잠깐(1분) 명상하기, 자신의 목표 설정하기
자연관찰 지능 (naturalist intelligence)	동식물이나 주변 사물을 관찰하여 공통점과 차이점을 분석하는 능력 **예** 동물행동학자, 지리학자, 탐험가 / Darwin ⇨ 곤충이나 식물의 특징 관찰하기
실존지능 (영적인 지능) (existentialist intelligence)	• 인간의 존재 이유, 삶과 죽음, 희로애락, 인간의 본성 및 가치에 대해 철학적·종교적 사고를 할 수 있는 능력 **예** 종교인, 철학자 • 뇌에 해당부위(brain center)가 없고, 아동기에는 거의 출현하지 않는다. ⇨ 반쪽 지능

13 출제영역 >> 교수·학습이론   난이도 ★★★   정답 ①

☑정답찾기 제시문과 같은 절차로 진행되는 교수·학습 모형은 생크(Schank)의 목표기반 시나리오(GBS ; Goal-Based Scenarios)이다. 실제적인 과제(authentic task)를 해결하는 과정에서 다양하고 복잡한 학습환경에 내재되어 있는 지식과 기능을 획득할 수 있도록 하고, 학습자의 능동적인 참여활동(자기주도적 학습)과 협동학습을 강조하는 구성주의 인식론에 토대를 둔 학습자 중심의 교육모형이다. 다양한 도구와 정보를 제공받으며, 주어진 실제적 과제를 수행하는 과정에서 사전에 설

정된 목표를 달성해가는(Learning by Doing) 시뮬레이션 학습모형으로 '역동적 기억 이론(Dynamic memory theory)'과 '사례기반 추론학습'을 근간으로 하며, 목적지향성, 기대실패(expectation failure), 사례기반의 문제해결과정 등의 특징을 지닌다.

14 출제영역 >> 교육철학   난이도 ☆★★   정답 ④

☑정답찾기 ④는 실존주의 교육사상가 부버(M. Buber)에 해당한다. 그는 인간을 참다운 관계 형성을 통해 자신의 실존을 형성해가는 창조자로 보고, 소외를 인격적 만남의 관계(I-You)가 비인격적 대상적 관계(I-it)로 변하는 것으로 정의하였다. 그리고 소외 극복을 위해서 하시디즘을 토대로 대화를 통한 참다운 인격적 관계 회복을 강조하였다. 한편, 듀이(J. Dewey)는 교육은 생활이고, 성장이며, 경험의 계속적 재구성 과정이며, 사회적 과정, 전인적 과정으로 정의하고 있다.

Tip 하시디즘(Hasidism)

유대교의 경건주의적 신비운동, 율법(律法)의 형식보다 내면성을 중시하는 18C 계몽주의 시대 폴란드에서 발생한 유대교 개혁운동 ⇨ 성속일여(聖俗一如) 운동, 인간과 타자(他者)들과의 관계에서 신(神)의 뜻 발견

15 출제영역 >> 교육심리학   난이도 ☆★★   정답 ①

☑정답찾기 시넥틱스법(synectics)은 고든(Gordon)이 개발한 것으로 서로 관련이 없는 것을 연결(관계, 비유, 유추)시켜 창의력을 계발하는 기법이다. 대인유추, 직접유추, 상징적 유추, 환상적 유추 등의 비유법(유추법)을 활용하여 고정관념을 깨뜨리고 새로운 대안을 창출하는 방법이다. ②는 드 보노(E. de Bono)의 PMI 기법, ③은 에버를(Eberle)의 스캠퍼(SCAMPER) 기법, ④는 오즈번(Osborn)의 브레인스토밍(brainstorming) 기법에 해당한다.

16 출제영역 >> 교육행정학   난이도 ★★★   정답 ②

☑정답찾기 브루코오버(Brookover)는 학교에 대한 사회체제 접근 모형에서 학교의 사회체제를 분석하기 위한 준거로 투입-과정-산출 모형을 도입하였다. 이는 학교사회에 대한 미시적 접근으로, 과정변인이 산출인 학습효과(**예** 학업성취도, 자아개념 등)에 가장 큰 영향을 준다는 '학교(교사) 결핍론'에 해당한다. 그는 과정변인으로 학교의 사회·심리적 풍토(**예** 학생, 교사, 교장의 학교에 대한 기대지각, 평가 등)와 학교의 사회적 구조(**예** 학교에 대한 교사의 만족도, 학부모 참여도, 학습프로그램의 다양성, 학교장의 수업지도 관심도 등)를 들었다. 한편 퍼셀(Persell)은 사회구조-교육제도-교수학습으로 전개되는 거시적 모형을 주장하였다.

Tip 학교체제의 구성요소

투입변인	① 학생집단특성, ② 교직원(교장, 교사, 행정직원) 배경
과정변인	① 학교의 사회적 구조(**예** 학교에 대한 교사의 만족도, 학부모 참여도, 교장의 수업지도 관심도 등), ② 학교의 사회적 풍토(**예** 학생, 교사, 교장의 학교에 대한 기대지각, 평가)
산출변인	학습효과(**예** 성적, 자아개념, 자신감 등)

17 출제영역 >> 교육행정학   난이도 ★★★   정답 ④

☑정답찾기 ④는 「지방교육자치에 관한 법률」 중 제39조(교육비의 보조)와 제40조(특별부과금의 부과·징수)에 관한 조항이다. 이 중 제36조의 규정에 따른 특별부과금은 특별한 재정수요가 있는 때에 조례로 정하는 바에 따라 부과·징수한다. ①은 제36조(교육·학예에 관한 경비), ②는 제37조(의무교육경비 등) 제1항, ③은 제38조(교육비특별회계)에 해당한다.

Tip 「지방교육자치에 관한 법률」 제4장(교육재정)

> **제36조(교육·학예에 관한 경비)** 교육·학예에 관한 경비는 다음 각 호의 재원(財源)으로 충당한다.
> 1. 교육에 관한 특별부과금·수수료 및 사용료
> 2. 지방교육재정교부금
> 3. 해당지방자치단체의 일반회계로부터의 전입금
> 4. 유아교육지원특별회계에 따른 전입금
> 5. 제1호부터 제4호까지 외의 수입으로서 교육·학예에 속하는 수입
>
> **제37조(의무교육경비 등)** ① 의무교육에 종사하는 교원의 보수와 그 밖의 의무교육에 관련되는 경비는 「지방교육재정교부금법」에서 정하는 바에 따라 국가 및 지방자치단체가 부담한다.
> ② 제1항의 규정에 따른 의무교육 외의 교육에 관련되는 경비는 「지방교육재정교부금법」에서 정하는 바에 따라 국가·지방자치단체 및 학부모 등이 부담한다.
>
> **제38조(교육비특별회계)** 시·도의 교육·학예에 관한 경비를 따로 경리하기 위하여 해당지방자치단체에 교육비특별회계를 둔다.
>
> **제39조(교육비의 보조)** ① 국가는 예산의 범위 안에서 시·도의 교육비를 보조한다.
> ② 국가의 교육비보조에 관한 사무는 교육부장관이 관장한다.
>
> **제40조(특별부과금의 부과·징수)** ① 제36조의 규정에 따른 특별부과금은 특별한 재정수요가 있는 때에 조례로 정하는 바에 따라 부과·징수한다.
> ② 제1항의 규정에 따른 특별부과금은 특별부과가 필요한 경비의 총액을 초과하여 부과할 수 없다.

18 출제영역 >> 교육평가   난이도 ☆☆★   정답 ③

☑정답찾기 구인타당도(construct validity)는 타당도 증거 중 가장 핵심적인 것으로, 과학적으로 정립되지 않은 것을 준거로 하여 검사가 의도한 특성을 재어 주고 있는가를 어떤 가설을 세워서 경험적으로 검증하거나 논리적으로 따져보는 것을 말한다. 구인타당도에서 구인(construct)이란 구성요인, 구성개념을 의미하는 것으로, 직접 측정하거나 관찰하는 것이 불가능한 인간의 인지적, 심리적 특성을 말한다. 구인타당도는 요인분석적 방법, 상관계수법, 실험설계법, 공변량 구조 방정식 모형, 수렴−변별타당도 방법 등을 사용하여 추정한다.

Tip 타당도(증거)의 종류

구분		의미 및 관련 사항
논리적 타당도 (논리성)	내용 (content) 타당도	• 내용(교과) 전문가(ⓓ 교과 담당교사)가 느낄 수 있는 문항(내용)의 대표성 • '이원목표 분류표'를 활용하면 효과적이다.
경험적 타당도 (상관성)	준거 타당도 — 공인 (concurrent) 타당도	• 현 시점에서 관련 검사와의 일치(공인) 정도 • 상관계수로 나타낸다.
	예언 (prediction) 타당도	• 미래의 성취수준(정도)을 예언하는 정도 • 기대표(expectancy table)로 활용 • 상관계수나 회귀분석을 활용한다.
	구인 (construct) 타당도	• 구하려고 하는 변인을 잴 수 있는 충실성의 정도 • 요인분석 방법(중다특성기법), 상관계수법, 실험설계법, 공변량 구조 방정식 모형 방법 등을 사용한다.

19 출제영역 >> 교육행정학   난이도 ☆★★   정답 ②

☑정답찾기 교육감은 학교폭력대책 심의위원회가 처리한 학교의 학교폭력빈도를 학교의 장에 대한 업무수행 평가에 부정적 자료로 사용하여서는 아니 된다(제11조 제5항). ①은 제1항, ③은 제9항, ④는 제13항에 해당한다.

Tip 「학교폭력 예방 및 대책에 관한 법률」 제11조(교육감의 임무)

> ① 교육감은 시·도교육청에 학교폭력의 예방·대책 및 법률지원을 포함한 통합지원을 담당하는 전담부서를 설치·운영하여야 한다.
> ② 교육감은 관할 구역 안에서 학교폭력이 발생한 때에는 해당 학교의 장 및 관련 학교의 장에게 그 경과 및 결과의 보고를 요구할 수 있다.
> ③ 교육감은 관할 구역 안의 학교폭력이 관할 구역 외의 학교폭력과 관련이 있는 때에는 그 관할 교육감과 협의하여 적절한 조치를 취하여야 한다.
> ④ 교육감은 학교의 장으로 하여금 학교폭력의 예방 및 대책에 관한 실시계획을 수립·시행하도록 하여야 한다.
> ⑤ 교육감은 제12조에 따른 심의위원회가 처리한 학교의 학교폭력빈도를 학교의 장에 대한 업무수행 평가에 부정적 자료로 사용하여서는 아니 된다.
> ⑥ 교육감은 제17조제1항제8호에 따른 전학의 경우 그 실현을 위하여 필요한 조치를 취하여야 하며, 제17조제1항제9호에 따른 퇴학처분의 경우 해당 학생의 건전한 성장을 위하여 다른 학교 재입학 등의 적절한 대책을 강구하여야 한다.
> ⑦ 교육감은 대책위원회 및 지역위원회에 관할 구역 안의 학교폭력의 실태 및 대책에 관한 사항을 보고하고 공표하여야 한다. 관할 구역 밖의 학교폭력 관련 사항 중 관할 구역 안의 학교와 관련된 경우에도 또한 같다.
> ⑧ 교육감은 학교폭력의 실태를 파악하고 학교폭력에 대한 효율적인 예방대책을 수립하기 위하여 학교폭력 실태조사를 연 2회 이상 실시하고 그 결과를 공표하여야 한다.
> ⑨ 교육감은 학교폭력 등에 관한 조사, 상담, 치유프로그램 운영, 학생 치유·회복을 위한 보호시설 운영, 법률지원을 포함한 통합지원 등을 위한 전문기관을 설치·운영하여야 한다.
> ⑩ 교육감은 제14조제3항에 따른 전담기구 구성원의 학교폭력 관련 전문성 향상을 위한 교육 등을 실시할 수 있다.
> ⑪ 교육감은 관할 구역에서 학교폭력이 발생한 때에 해당 학교의 장 또는 소속 교원이 그 경과 및 결과를 보고하면서 축소 및 은폐를 시도한 경우에는 「교육공무원법」 제50조 및 「사립학교법」 제62조에 따른 징계위원회에 징계의결을 요구하여야 한다.
> ⑫ 교육감은 관할 구역에서 학교폭력의 예방 및 대책 마련에 기여한 바가 큰 학교 또는 소속 교원에게 상훈을 수여하거나 소속 교원의 근무성적 평정에 가산점을 부여할 수 있다.
> ⑬ 교육감은 학교의 장 및 교감을 대상으로 학교폭력 예방 및 대책 등에 관한 교육을 매년 1회 이상 실시하여야 한다.
> ⑭ 제1항에 따라 설치되는 전담부서의 구성과 제8항에 따라 실시하는 학교폭력 실태조사, 제9항에 따른 전문기관의 설치 및 제13항에 따른 교육의 실시에 필요한 사항은 대통령령으로 정한다.

제 **10** 회

20　출제영역 >> 교육의 이해　　　난이도 ★★★　정답 ④

☑정답찾기 허스트(Hirst)는 「교육, 지식 그리고 사회적 실제」(Education, Knowledge and Practices, 1993)라는 논문에서 이론적 합리성을 강조하는 자유교육과 인간 욕망의 충족을 강조하는 공리주의 교육 간의 변증법적인 통합을 이루는 '사회적 실제에 기반을 둔 교육'을 주장하였다. 그는 학교교육과 실제적 삶의 괴리를 극복하기 위해 학교교육이 추구하는 추상적(이론적) 합리성(이성)이 실제에 활용되는 실천적 합리성(이성)을 중시하였다. 즉, 교육에서 강조되어야 할 이성(합리성)은 자유교육론자가 말하는 '이론적(합리적) 이성'이 아니라 '실천적 이성'이어야 한다는 것이다. 그리하여 교육에서 추구해야 할 가치는 우리가 살고 있는 합리적인 사회적 실제에 입문함으로써 실제적인 삶을 사는 데 요구되는 실천적 이성이나 판단력을 기르는 일임을 강조하였다.

①은 공적 전통에의 입문, 즉 합리적 이성을 계발하는 교육을 강조하였고, ②는 (바람직한 정신)문명에의 입문, (현세적 관심사로부터) 초월하는 과정으로서의 교육, (심미적) 대화로서의 교육을 중시하였다. ③은 집단이나 전체의 위협을 넘어서 개인의 자율성(personal autonomy) 신장이나 개인의 좋은 삶 곧 웰빙(well-being)을 추구하는 교육을 강조하였다.

제 11 회 실전동형 모의고사

Answer

01	②	02	④	03	③	04	①	05	④
06	③	07	④	08	③	09	①	10	③
11	①	12	②	13	②	14	④	15	②
16	②	17	②	18	③	19	②	20	②

---

01 출제영역 >> 교육과정 난이도 ☆★★ 정답 ②

☑ 정답찾기 2022 개정 교육과정의 개정 중점에서 ㄱ은 초·중·고 공통적으로 신설된 것이며, ㄷ은 고등학교만 신설되었다. ㄴ과 ㄹ은 개정사항에 해당한다. ㄴ의 경우 봉사활동은 동아리 및 진로 활동으로 통합되었고, 자율·자치활동, 동아리활동, 진로활동 등 3개의 영역으로 재구조화되었다. ㄹ의 경우 자유학년제는 폐지되고, 주제선택 및 진로탐색활동 2개 영역, 102시간 운영으로 개편되었다.

---

02 출제영역 >> 교육행정학 난이도 ★★★ 정답 ④

☑ 정답찾기 법이 어떠한 이익을 중심으로 보호하느냐에 따라 공익(公益)을 보호하는 공법과 개인의 사익(私益)을 보호하는 사법으로 구분된다. 즉, 공법(公法)은 공적인 생활관계를 규율하는 법으로, 국가기관과 공공단체를 하나의 당사자로 보고 있으며 국가기관과 국가기관 사이의 관계 또는 국가기관과 공동단체와 국민 간의 관계를 규율한다. 이에 비해 사법(私法)은 국민들과의 사적인 관계를 규율하는 법으로, 국민의 권리와 의무를 규정한다. 이렇게 볼 때 교육법은 공법과 사법의 구별이 불명확한 특수법적 성격을 가지고 있다.

Tip 교육법의 성격

조장적 성격	인간을 육성하는 교육에 관한 법규이므로 비권력적이고 지도·조언·육성의 성격이 강함
특별법& 일반법적 성격	• 다른 모든 일반법에 대하여 특별법적 성격 ⇨ 교육법 우선 원칙 • 「교육기본법」은 다른 교육관계 법률에 대하여 일반법적 성격
특수법적 성격	공법과 사법의 구별이 불명확함 ⇨ 학교제도와 그 운영 등은 공법적 성격이 강하나, 교육권이나 교육내용, 사립학교 등은 사법적 성격이 강함
윤리적 성격	국가와 민족에 대한 의무와 책임이 다른 법률에 비하여 현저하게 강조되는 윤리적 성격이 강함
사회법적 성격	의무교육과 교육기회균등이 개인의 사회 경제적 지위 향상을 위한 필수적 조치이며, 「헌법」에서 평생교육의 진흥 의무를 부과하는 것은 사회복지 증진을 위한 사회법적 성격이 강함

---

03 출제영역 >> 교육행정 난이도 ☆★★ 정답 ③

☑ 정답찾기 오우치(Ouchi)는 조직혁신을 위해 중간 수준의 문화, 즉 조직구성원들이 공유하는 비전을 중시한다. 그의 주장에 따르면 성공하는 조직은 장기간의 고용, 완만한 승진, 참여적 의사결정, 집단결정에 대한 개인적 책임, 전체 지향과 같은 독특한 문화적 특성을 지니고 있다.

Tip 조직문화의 수준(Hoy & Miskel, 1996)

조직문화 유형	문화수준	특 징
묵시적 가정으로서의 문화	심층수준 (추상수준)	조직구성원들 사이에 공공연하게 이야기하거나 거론하지 않아도 당연한 것으로 받아들임. 예 인간·진리·인간관계·환경 등에 대한 본질
공유된 가치로서의 문화	중간수준	조직구성원들이 공유하는 가치 예 개방성, 진리, 협력, 친밀감 ⇨ 오우치(Ouchi)가 중시한 문화
규범으로서의 문화	표면수준 (구체수준)	조직구성원들이 조직목적 실현을 위해 마땅히 따라야 하는 원리나 법칙으로 성문화되지 않은 비공식적 기대 속에서 구성원들의 행동을 규제 예 동료를 지원하라, 동료들과 인화하라.

---

04 출제영역 >> 교육행정학 난이도 ☆☆★ 정답 ①

☑ 정답찾기 「초·중등교육법」제20조에 나타난 학교장의 임무는 교무를 총괄하고, 민원처리를 책임지며, 소속 교직원을 지도·감독하며, 학생을 교육한다. 교장의 임기는 4년으로 하며, 1차에 한하여 중임할 수 있다. 단, 공모교장으로 재직하는 횟수는 이에 산입하지 아니한다. ①은 교감의 임무에 해당한다.

Tip 교직원의 임무 – 「초·중등교육법」제20조

1. 교장은 교무를 총괄하고, 민원처리를 책임지며, 소속 교직원을 지도·감독하며, 학생을 교육한다.
2. 교감은 교장을 보좌하여 교무를 관리하고 학생을 교육하며, 교장이 부득이한 사유로 직무를 수행할 수 없는 때에는 그 직무를 대행한다. 다만, 교감이 없는 학교에서는 교장이 미리 지명한 교사(수석교사를 포함한다)가 교장의 직무를 대행한다.
3. 수석교사는 교사의 교수·연구활동을 지원하며, 학생을 교육한다.
4. 교사는 법령이 정하는 바에 따라 학생을 교육한다.
5. 행정직원 등 직원은 법령에서 정하는 바에 따라 학교의 행정사무와 그 밖의 사무를 담당한다.

---

05 출제영역 >> 교육심리학 난이도 ☆☆★ 정답 ④

☑ 정답찾기 행동조성(shaping, 조형)은 강화를 이용해서 목표행동을 점진적으로 형성하는 기법으로, 학생이 한 번도 해본 적이 없거나 거의 하지 않는 행동을 여러 단계로 나누어 강화시킴으로써 점진적으로 바람직한 행동을 학습할 수 있게 하는 방법을 말한다. 학습내용 조직의 계열성에 해당하는 점진적 접근(successive approximation)의 원리와 학습결과에 대한 차별강화(differential reinforcement), 정적 강화, 계속적 강화를 이용한다.

①은 부적 강화(negative reinforcement), ②는 고전적 조건화의 체계적 둔감화(systematic desensitization)에 해당하며, ③은 정적 강화의 한 유형인 프리맥의 원리(Premack principle)에 해당한다.

06 출제영역 >> 교육평가　　　　　　난이도 ★★★　정답 ③

☑정답찾기 내용타당도는 평가도구가 평가하려는 내용(⑩ 교육목표, 학습내용)을 얼마나 충실히 측정하고 있는가를 논리적으로 분석, 측정하려는 타당도를 말한다. 교육평가에서 측정하고자 하는 목표를 얼마나 충실히 측정하고 있는가, 문항곤란도가 대상 집단에게 적절한가, 문항표본이 전체집단을 잘 대표하고 있는가, 검사문항들이 학습과제의 중요 요소들을 잘 포함하고 있는가 등을 확인하는 것과 관계있는 타당도 증거이다. ③은 구인타당도에 해당한다.

07 출제영역 >> 교육과정　　　　　　난이도 ☆☆★　정답 ④

☑정답찾기 타일러(Tyler)는 잠정적 목표 설정 자원으로 학습자의 요구, 사회적 요구와 가치, 교과 전문가의 견해를 제시하였다. ④는 잠정적 목표를 걸러내는 목표거름체(screen)에 해당한다.

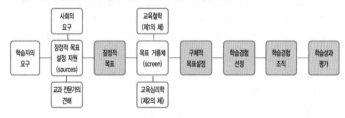

08 출제영역 >> 교육사회학　　　　　　난이도 ☆☆★　정답 ③

☑정답찾기 (가)는 슐츠(Schultz)의 인간자본론, (나)는 콜린스(Collins)의 지위경쟁론에 해당한다. 로스토우(Rostow)는 발전교육론, 맥클랜드(McClelland)는 근대화이론, 카노이(Carnoy)는 문화적 제국주의 이론의 주창자이다.

1. 기능이론

주요이론	내용	대표자
합의론적 기능주의	학교는 전체 사회 유지를 위한 긍정적 기능(사회화, 선발, 배치) 수행	뒤르켕, 파슨스, 드리븐
기술기능 이론	• 학교는 산업사회의 기술발달에 기여 • 고학력 사회는 고도산업사회의 결과, 학교는 산업사회를 지탱하는 핵심적인 장치	클라크, 커
인간 자본론	• 교육을 통해 사회·경제발전에 필요한 인적 자본 생산(완전노동시장을 전제) • 교육은 '증가된 배당금(increased dividends)'의 형태로 미래에 되돌려 받을 인간자본에의 투자이며, 인간이 교육을 통해 지식과 기술을 갖추게 될 때 인간의 경제적 가치는 증가하게 된다. • 교육수준의 향상 ⇨ 개인의 생산성 증대 ⇨ 개인의 소득 능력 향상(경제적 이익 보장) ⇨ 사회·경제적 발전	슐츠, 베커
발전 교육론	교육은 국가의 정치·경제·사회발전의 수단, 국가발전을 위하여 교육의 양과 질을 계획적으로 조절할 것을 주장	로스토우
근대화 이론	베버(Weber)의 사회심리학적 측면에서 교육을 통한 근대적 가치관 형성 중시(도덕적 근대화를 중시)	맥클랜드, 잉켈스
신기능 이론	학교개혁을 통한 교육의 수월성 강조 ⇨ 교육팽창을 생태학적 세계 체제이론의 관점에서 국제경쟁에 대한 각 국가의 적응과정으로 파악	알렉산더

2. 갈등이론

주요이론	내용	대표자
경제적 재생산 이론	• 마르크스 경제 결정론적 입장에서 교육을 이해(학교는 계급적 불평등을 재생산하는 도구) ⇨ 학교는 잠재적 교육과정을 통해 계층에 기초한 성격적 특징을 차별적으로 사회화함 • 상응이론(correspondence theory) : 교육이 노동구조의 사회관계와 똑같은 사회관계로 운영됨 • 학교교육의 실패 원인은 교육체제 자체에 있는 것이 아니라 순치(順治)된 노동력을 양성하려는 자본주의 경제에 그 원인 ⇨ 학교개혁보다 근원적인 사회개혁을 우선함	보울스, 진티스
종속이론	제국주의적 관점에서 교육을 이해	카노이
급진적 저항이론	교육을 통한 의식화 및 인간성 해방 강조(학교개혁보다 사회개혁을 우선)	일리치, 라이머, 프레이리, 실버맨
지위(권력) 경쟁론	학교교육의 팽창과정을 지위, 권력 및 명예를 위한 집단 간의 경쟁의 결과로 파악	베버, 콜린스

3. 신교육사회학

주요이론		내용	대표자
문화재생산 이론 (문화자본론)		학교는 지배집단의 문화자본(아비투스와 제도적 문화자본)을 재생산	부르디외, 번스타인
문화적 헤게모니 이론		학교는 지배집단이 지닌 헤게모니의 매개자	애플, 그람시
사회구성체 이론 (자본주의 국가론)		학교는 설득과 동의를 매개로 지배집단의 이데올로기를 전수하는 이념적 국가기구 역할	알뛰세
문화제국주의 이론		학교는 강대국의 문화접변을 통해 신식민 질서를 강화	카노이
탈재생산 이론	저항 이론	간파, 반학교문화를 통한 탈재생산의 가능성 논의	윌리스
	자율 이론	문화전달이론이라고도 함 ⇨ 교육과정 형성과 경제적 힘의 관계 규명	번스타인
상징적 상호작용 이론		학교 및 교실에서의 인간관계와 상호작용 연구	쿠울리, 미드, 블러머

09 출제영역 >> 교육통계　　　　　　난이도 ☆★★　정답 ①

☑정답찾기 C점수(9분점수)는 평균치를 5, 표준편차를 2로 한 점수이다. 상위 4%가 9점으로 1등급에 해당한다.

Tip 표준점수의 종류

구 분	개 념	산출공식
Z 점수	• 편차($x = X - M$)를 그 분포의 표준편차(σ)의 단위로 나눈 척도 ⇨ 과목 간의 성적 비교에 사용 • 평균(M)이 0이고 표준편차(σ)를 1로 한 점수 • 가장 대표적인 표준점수 : 평균(M = 0)을 중심으로 상대적 위치를 표시	$Z = \dfrac{X - M}{\sigma}$
T 점수	• 평균치를 50, 표준편차를 10으로 통일한 점수 • 가장 신뢰롭고 널리 활용 ⇨ 과목 간의 성적 비교에 사용한다. • 점수분포는 20~80점 범위 내이다. ⑩ 미국의 SAT나 GRE에서의 표준점수는 평균 500, 표준편차 100의 가상 분포를 사용하고 있다.	$T = 50 + 10Z$

126

C 점수 (9분 점수)		・평균치를 5, 표준편차를 2로 한 점수 ・스테나인(Stanine) 점수 : 원점수를 9개 부분으로 나누 어 최고점 9, 최저점 1, 중간점이 5로 한 점수 ・구간척도이다. ・해석 시 주의가 요구된다. **예** 9점은 1등급, 1점은 9등급	C = 5 + 2Z
	장점	① 표준점수 가운데 가장 이해하기 쉽다. ② 수 리적인 조작이 용이하다. ③ 소수점이 없는 정수 점수를 제공한다. ④ 점수의 범위를 나타내므로 평균을 계산할 수 있다. ⑤ 미세한 점수 차이의 영향을 적게 받는다. 즉 학생들의 성적을 미세하 게 구분하기보다는 범위에 기초하여 점수를 해 석한다. **예** 백분위 45와 55에 해당하는 점수를 C점수로 표시하면 모두 5가 된다.	
	단점	① 9개의 점수만 사용하므로 상대적 위치를 정 밀하게 표현하기 어렵다. ② 경계선에 위치하는 사소한 점수 차이를 과장할 수 있다. **예** 백분위 88에 해당하는 C점수는 7이지만, 백분위 89에 해당하는 C점수는 8이다. ③ 원점수를 C점수로 환산하면 정보가 상실된다. **예** IQ를 C점수로 표 시하면 IQ가 127보다 더 높은 학생들의 C점수는 모두 9가 된다.	
H 점수		・평균치를 50, 표준편차를 14로 한 점수 ・T점수의 범위가 20~80점 범위밖에 되지 않는 문제점을 보완한 점수	H = 50 + 14Z
DIQ 점수		평균치를 100, 표준편차를 15로 한 점수	DIQ = 100 + 15Z

---

10 출제영역 >> 교육행정학   난이도 ☆★★   정답 ③

✓정답찾기 초우량(super) 지도성은 만즈(Mans)와 심스(Sims)가 공식화된 권력, 권위, 직원통제를 강조하는 전통적 지도성이 비효과적이라고 비판하면서 현대의 조직은 자율적 지도성(self-leadership)을 개발・이용하는 초우량 지도성을 필요로 한다는 주장에서 비롯되었다. 조직 구성원들이 스스로를 통제하고 자신의 삶에 진정한 주인이 되어 자율적으로 이끌어 갈 수 있도록 능력을 계발하는 지도성 기법으로, 자율적 지도성을 지향하는 것이 그 특징이다. Super-leadership(초우량 지도성)이라고 부르는 것은 그 본질상 지도성에 있어 수월성을 추구하고 자율적 지도성을 강조하기 때문이다. ②는 서지오바니(Sergiovanni), ①과 ④는 번즈와 배스(Burns & Bass)가 주장한 지도성이론이다.

---

11 출제영역 >> 교수・학습이론   난이도 ☆★★   정답 ①

✓정답찾기 조나센(Jonassen)은 구성주의 학습환경 설계 모형(CLEs)에서 학습환경 설계 시 고려해야 할 요소들과 학습환경을 정교화하는 방안을 포괄적으로 제시하였다. ㄴ, ㄷ, ㄹ은 객관주의 인식론에 토대를 둔 설계 모형이다. ㄴ은 행동주의와 인지주의(정보처리이론)에, ㄷ과 ㄹ은 인지주의(정보처리이론)에 토대를 둔 설계모형이다. 객관주의 인식론의 심리학적 토대는 행동주의 학습이론과 인지주의 중 정보처리학습이론이 해당된다.

Tip 조나센(Jonassen)의 구성주의 학습환경 설계 모형

구성주의 학습환경 설계 시 고려 요소		① 문제 / 프로젝트의 맥락, 표상(제시), 조작공간, ② (문제 / 프로젝트의) 관련 사례, ③ 정보 자원, ④ 인지적 도구, ⑤ 대 화 / 협력 도구, ⑥ 사회적 / 맥락적 지원
구성주의 학습환경의 정교화 방안	교수활동	모델링(modeling), 코칭(coaching), 비계설정(scaffolding)
	학습자 활동	의미의 명료화(articulation), 성찰(reflection), 탐구(exploration)

---

12 출제영역 >> 교육심리학   난이도 ☆☆★   정답 ②

✓정답찾기 비고츠키(Vygotsky)의 인지발달이론은 사회문화적(맥락적, 변증법적) 구성주의의 입장이다. 인지발달은 사회문화적 맥락(context)의 영향을 받는다고 주장하였으며, 근접발달영역(ZPD)의 개념에 기초를 둔 이론으로, 오늘날 인지적 도제이론, 협동학습, 구성주의 학습이론에 중요한 토대를 제공하고 있다. ①은 개인적(인지적) 구성주의, ③은 심리 성적이론, ④는 심리 사회적이론을 주장하였다.

---

13 출제영역 >> 교육행정학   난이도 ★★★   정답 ②

✓정답찾기 「지방교육자치에 관한 법률」제37조(의무교육경비 등)에 따르면, "① 의무교육에 종사하는 교원의 보수와 그 밖의 의무교육에 관련되는 경비는 「지방교육재정교부금법」이 정하는 바에 따라 국가 및 지방자치단체가 부담한다. ② 제1항의 규정에 따른 의무교육 외의 교육에 관련되는 경비는 「지방교육재정교부금법」이 정하는 바에 따라 국가・지방자치단체 및 학부모 등이 부담한다."로 규정되어 있다.
①은 「지방교육재정교부금법」제3조 제1항, ③은 제11조(지방자치단체의 부담) 제1항, ④는 제11조 제2항에 해당한다.
②의 경우 국・공립학교의 교원의 보수가 아닌 의무교육기관(국・공・사립의 초・중학교)의 교원의 보수로 수정해야 한다.
③의 경우, "의무교육 외 교육과 관련된 경비는 교육비특별회계 재원 중 지방교육재정교부금, 일반회계로부터의 전입금, 수업료 및 입학금으로 충당한다."

Tip 지방교육재원의 분류

국가 지원	지방 교육 재정 교부금 (※ 규모가 제일 큼)	보통 교부금	・(재원) 해당 연도의 내국세[목적세 및 종합부동 산세, 담배에 부과되는 개별소비세 총액의 100분 의 20 및 다른 법률에 따라 특별회계의 재원으 로 사용되는 세목(稅目)의 해당 금액은 제외] 총 액의 2,079/10,000의 97/100에 해당하는 금액 과 해당 연도의 「교육세법」에 따른 교육세 세입 액 중 「유아교육지원특별회계법」제5조 제3항과 「고등・평생교육지원특별회계법」제6조 제1항에 서 정하는 금액을 제외한 금액 ・(교부기준) 기준재정수입액이 기준재정수요액에 미치지 못하는 지방자치단체에 그 부족한 금액 을 기준으로 하여 총액으로 교부 ・종전의 봉급교부금(**예** 의무교육기관의 봉급)과 증액교부금(**예** 저소득층학생 지원금, 중식지원 금, 특성화고교 학생들의 실습지원금)을 흡수・ 통합한 금액

	특별 교부금	• (재원) 해당 연도 내국세 총액의 2,079/10,000 의 3/100에 해당하는 금액 • (교부기준) ① 재원의 60/100 : 전국에 걸쳐 시행하는 교육 관련 국가시책사업으로 따로 재정지원계획 을 수립하여 지원하여야 할 특별한 재정수요 가 있거나 지방교육행정 및 지방교육재정의 운용실적이 우수한 지방자치단체에 대한 재 정지원이 필요할 때(국가시책사업수요 또는 우수 지방자치단체에 교부) ② 재원의 30/100 : 기준재정수요액의 산정방법 으로 파악할 수 없는 특별한 지역교육현안에 대한 재정수요가 있을 때(지역교육현안수요) ③ 재원의 10/100 : 보통교부금의 산정기일 후 에 발생한 재해로 인하여 특별한 재정수요가 생기거나 재정수입이 감소하였을 때 또는 재 해를 예방하기 위한 특별한 재정수요가 있는 때(재해대책수요 또는 재정수입 감소)
	국고 보조금	국고사업 보조금
지방 부담	담배소비세 전입금	특별시·광역시 담배소비세 수입액의 45/100(45%)
	시·도세 전입금	특별시세 총액의 10%, 광역시세·경기도세 총액 의 5%, 나머지 도세 총액의 3.6%
	지방교육세 전입금	등록세율·재산세액의 20%, 자동차세액 30%, 주 민세균등할의 10~25%, 담배소비세의 43.39%, 레저세액의 40%
	기타전입금 (지원금· 보조금 포함)	도서관 운영비, 학교용지부담금, 보조금 등
자체 수입		학생입학금 및 수업료(고등학생에 한함), 사용료 및 수수료 수입, 재산수입

지방자치단체(시·도)의 일반 회계로부터의 전입금

14 출제영역 >> 교육의 이해 　　난이도 ★★★　정답 ④

☑정답찾기 학습계좌제(「평생교육법」 제23조)는 성인들이 개별적으로 취득한 다양한 교육과 학습경험을 누적기록·관리하고 이를 객관적으로 인증하기 위한 제도이다. 일종의 '성인용 학습기록부'에 해당하는 것으로 국민의 개인적 학습경험을 종합적으로 집중관리하는 제도를 말한다. ①은 제1항, ②는 제2항, ③은 제3항, ④는 제4항에 해당한다. ④는 취소할 수 있는 권장사항이 아니라, 취소해야만 하는 의무사항에 해당한다.

Tip 학습계좌제(「평생교육법」 제23조)

① 교육부장관은 국민의 평생교육을 촉진하고 인적자원의 개발·관리를 위하여 학습계좌(국민의 개인적 학습경험을 종합적으로 집중 관리하는 제도를 말한다)를 도입·운영할 수 있도록 노력하여야 한다.
② 교육부장관은 제1항의 학습계좌에서 관리할 학습과정을 대통령령으로 정하는 바에 따라 평가인정할 수 있다.
③ 교육부장관은 제2항에 따라 평가인정을 받은 학습과정의 이수결과를 학점이나 학력 또는 자격으로 인정할 수 있다. 이 경우 그 인정 절차 및 방식 등에 필요한 사항은 대통령령으로 정한다.
④ 교육부장관은 제2항에 따라 평가인정을 받은 학습과정을 설치·운영하는 평생교육기관이 다음 각 호의 어느 하나에 해당하면 그 평가인정을 취소할 수 있다. 다만, 제1호에 해당하는 경우에는 평가인정을 취소하여야 한다.
1. 거짓이나 그 밖의 부정한 방법으로 평가인정을 받은 경우
2. 제2항에 따라 평가인정 받은 내용을 위반하여 학습과정을 운영한 경우
3. 제2항에 따른 평가인정의 기준에 이르지 못하게 된 경우

⑤ 교육부장관은 제4항제2호 및 제3호에 따라 평가인정을 취소하고자 할 경우에는 대통령령으로 정하는 기간과 절차에 따라 평생교육기관의 장에게 시정을 명하여야 한다.
⑥ 교육부장관은 제5항에 따라 시정명령을 하는 경우에는 평생교육기관의 장에게 시정명령을 받은 사실을 공표할 것을 명할 수 있다.
⑦ 교육부장관 및 지방자치단체의 장은 제16조의2에 따른 평생교육이용권으로 수강한 교육이력을 학습계좌를 통해 관리할 수 있다.
⑧ 교육부장관은 학습계좌의 운영을 위하여 필요한 경우에는 관계 행정기관등의 장에게 필요한 자료의 제공을 요청할 수 있다. 이 경우 자료의 제공을 요청받은 관계 행정기관등의 장은 특별한 사유가 없으면 이에 따라야 한다.

15 출제영역 >> 교육의 이해 　　난이도 ★★★　정답 ②

☑정답찾기 메지로우(Mezirow)의 (관점)전환학습(transformative learning)은 미드(Mead)의 상징적 상호작용이론(역할실행, 인성이론)과 듀이(Dewey)의 경험이론에 토대한 학습이론으로, 학습이란 하나하나의 표피도식인 의미도식을 바꾸는 일이 아니라 그 전체를 지배하는 의미관점을 바꾸는 일이라고 본다. 성인기가 자신의 왜곡된 관점을 수정하는 데 필요한 시기라는 점에서 학습 이전과는 확연히 구분되는 인간을 새롭게 만들기 위한 목적으로 제안되었다. 경험, 비판적 반성, 개인의 발달을 학습의 핵심요소로 본다. ① 콜브(Kolb)의 경험학습은 듀이(Dewey)의 경험과 반성을 중심으로 한 학습의 순환모형(경험 → 관찰 → 반성 → 행위)을 토대로 전개되는 성인학습을 위한 이론에 해당하며, ③ 노울즈(Knowles)의 자기주도적 학습은 안드라고지(Andragogy)를 실현하는 구체적인 도구로, 학습의 전 과정을 학습자가 주도권을 가지고 스스로 진행하는 학습형태에 해당한다. ④ 레반즈(Revans)의 실천학습은 조직구성원이 팀을 구성하여 동료와 촉진자(facilitator)의 도움을 받아 실제 업무의 문제를 해결함으로써 학습을 하는 훈련을 말한다.

16 출제영역 >> 교육철학 　　난이도 ☆☆★　정답 ②

☑정답찾기 미셸 푸코(M. Foucault)는 학교는 그 구성원들을 눈에 잘 띄게 감시할 수 있도록 설계된 원형감옥(panopticon)과 유사하다고 보았다. 그는 지식의 힘과 권력을 동일하게 보고, 그 관계를 '지식-권력'이라고 표현하였다. 지식과 권력은 떼려야 뗄 수 없는 하나의 복합체로 본 그는 권력이 개인을 길들이는 방식을 훈육(규율)이라고 정의하고, 훈육을 위한 도구로 관찰(감시), 규범적 판단, 시험(검사)을 제시하였다. ①은 실존주의, ③은 (실존적) 현상학, ④는 비판이론에 해당하는 사상가이다.

Tip 미셸 푸코(M. Foucault)의 훈육론(규율론)

관찰 (감시)	규율이 효과적으로 행사되기 위해 그 구성원들을 관찰하고 감시 ⇨ 학교는 그 구성원들을 눈에 잘 띄게 감시할 수 있도록 설계된 원형감옥(panopticon)과 유사
규범적 판단	모든 규율체제는 일정한 규범을 정하고 이에 위반되었을 때 처벌을 가하는 방식으로 구성원을 통제
시험 (검사)	모든 사람들을 동일한 사람과 다른 사람으로 구분하기 위하여 계산 가능한 모습으로 분석하는 방법 ⇨ 시험을 통해 인간을 규격화함으로써 사람을 정상과 비정상으로 구분 & 사람들을 기존 질서에 순응하도록 길들임

17 출제영역 >> 교육평가　　　　　난이도 ★★★　정답 ②

✅정답찾기 반분신뢰도는 한 개의 검사를 어떤 대상에게 실시한 후 이를 적절히 두 부분으로 나누어서 독립된 검사로 취급하여 이들의 상관계수를 산출하는 방법으로, 동질성 계수라고도 한다. 가장 경제적인 신뢰도 추정방법으로, 재검사 신뢰도가 부적당하거나 동형검사를 만들기 어려울 때 사용하며, 검사를 양분하는 방법(**예** 전후법, 기우법, 단순무작위법, 문항특성법)에 따라 신뢰도 계수가 다르게 추정된다. ①, ③, ④는 재검사 신뢰도에 해당하며, ④는 동형검사 신뢰도에도 해당한다.

기우법	짝수번 문항과 홀수번 문항으로 나누는 방법
전후법	전체 검사를 문항 순서에 따라 전과 후로 나누는 방법 ➪ 속도검사에는 사용하지 않는 것이 좋다.
단순 무작위법	무작위로(random) 분할하는 방법
문항 특성법	문항특성(문항 난이도와 문항 변별도)에 의하여 나누는 방법 ➪ 가장 바람직한 방법

18 출제영역 >> 한국교육사　　　　　난이도 ☆☆★　정답 ③

✅정답찾기 갑오개혁(1894)과 광무개혁(1897~1904)은 전통적인 교육에서 탈피, 근대적인 교육을 이룩하려는 시도였다. 갑오개혁은 1894년(고종 31) 7월 27일부터 1895년 7월 6일까지 김홍집 내각에 의해 추진된 근대화 개혁 운동으로, 전통적 교육과 근대적 교육의 전환점이 된 계기가 되었다. 갑오개혁 이후 근대 교육이념인 교육기회의 균등이 천명되고 서구식 학교제도가 도입된다. 그 후 광무개혁이 추진되고 1899년에 의학교, 중학교, 상공학교 관제 등이 마련된다. ①은 감리교 선교사 스크랜튼(Scranton)이 1886년 설립한 이화학당이다. 정동여학당(정신여학교)은 1887년 설립되었다. ②의 동문학은 정부의 외교 고문인 독일인 묄렌도르프(P. G. von Möllendorf)에 의해 세워진 학교로 영어 통역관 양성을 목적으로 한 교육기관이었다. 1883년에 개교하여 1884년 3월에 첫 졸업생 20명을 배출한 후 육영공원이 설치되면서(1886) 폐교되었다. ④는 한성사범학교가 해당한다. 서우사범학교는 1907년 서우학회가 설립한 1년 과정의 속성 사립사범학교였다. 서우학회는 황해도와 평안도 출신의 박은식, 김달하, 이갑, 주시경, 신채호 등이 참여하여 설립(1906. 10.)한 애국계몽의 단체였다.

Tip 근대적 신학제의 수립 – 교육입국조서 공포 이후~1905년

학교관제	제정·공포일	학교관제	제정·공포일
1. 한성사범학교 관제	1895. 4. 16.	8. 보조공립소학교 규칙	1896. 2. 20.
2. 외국어학교 관제	1895. 5. 10.	9. 의학교 관제	1899. 3. 24.
3. 성균관 관제	1895. 7. 2.	10. 중학교 관제	1899. 4. 4.
4. 소학교령	1895. 7. 19.	11. 상공학교 관제	1899. 6. 24.
5. 한성사범학교 규칙	1895. 7. 23.	12. 외국어학교 규칙	1900. 6. 27.
6. 성균관 경학과 규칙	1895. 8. 9.	13. 농상공학교 관제	1904. 6. 8.
7. 소학교 규칙 대강	1895. 8. 12.		

19 출제영역 >> 생활지도와 상담　　　　　난이도 ☆☆★　정답 ②

✅정답찾기 사회통제이론은 애착, 전념, 참여와 신념 등 비행성향을 통제해 줄 수 있는 사회적 억제력이나 가족, 학교, 지역사회의 사회적 유대가 약화될 때 비행이 발생한다고 보는 이론이다.

Tip 비행발생이론 : 사회학적 접근

거시적 접근	아노미 이론 (긴장이론)	• 문화목표와 제도화된 수단과의 괴리에서 비행 발생 • 개혁형, 도피형, 반발형이 비행을 유발	머튼 (Merton)
미시적 접근	사회통제 이론	비행 성향을 통제해 줄 수 있는 개인에 대한 사회적 억제력이나 통제(**예** 애착, 전념, 참여, 신념)가 약화될 때 비행 발생	허쉬 (Hirschi)
	중화이론	사회통제 무력화이론 ➪ 비행 청소년들은 자신의 비행을 정당화하는 중화기술(**예** 책임의 부정, 가해의 부정, 피해자의 부정, 비난자의 비난)을 통해 죄의식 없이 비행 유발	사이키와 마짜 (Sykes & Matza)
	차별접촉 (교제) 이론	모든 범죄나 비행은 타인, 특히 친밀한 개인적 집단 내에서의 상호작용을 통해 학습 ➪ 상호작용이론	서덜랜드 (Sutherland)
	낙인(烙印) 이론	• 상징적 상호작용이론에 기초한 이론 ➪ 타인이 자기 자신을 비행자로 낙인찍는 데서 크게 영향을 받아 비행 발생 • 낙인과정: 모색단계 → 명료화단계 → 공고화단계	르마트와 베커 (Lemert & Becker)

20 출제영역 >> 교육사회학　　　　　난이도 ☆☆★　정답 ②

✅정답찾기 학교교육과 사회평등과의 관계에 대한 사회학자들의 주장은 학교교육 자체가 사회평등화를 실현할 수 있는 제도적 장치라고 보는 평등화 기여론(기능론적 입장)과 학교교육은 지배층의 이익에 봉사하는 장치로 사회적 불평등을 재생산한다고 보는 불평등 재생산이론(갈등론적 입장), 그리고 학교교육은 평등화에 관한 의미가 없다고 보는 무효과론(무관론)으로 구분된다. 블라우와 던컨(Blau & Duncan)은 본인이 받은 학교교육과 첫 번째 직업경험은 아버지의 교육과 아버지의 직업보다 자신의 직업적 성공에 큰 영향을 미친다는 직업지위 획득모형을 주장하였다. 또한 스웰과 하우저(Sewell & Hauser)는 학생의 학교교육에서의 노력과 직업지위 획득의 매개변인으로 사회심리적 변인, 즉 '의미 있는 타인들(부모)'의 격려를 제시하였다. 이는 평등화 기여론의 대표적 사례에 해당한다. ㄴ과 ㄷ은 불평등 재생산이론에 해당한다.

Tip 학교교육과 사회이동의 관련성에 관한 사회학적 주장

기능이론 (평등화 기여론)	Blau & Duncan의 지위획득 모형	객관적인 변인, 즉 학교교육(본인의 노력)이 사회이동(출세)에 결정적인 역할
	Swell & Hauser의 위스콘신 모형	사회심리적 변인, 즉 '의미 있는 타인들(significant others **예** 부모)'의 격려가 노력과 직업지위의 매개변인으로 작용
	해비거스트 (Havighurst)	학교교육은 사회적 상승이동(개인이동과 집단이동)을 촉진함으로써 사회평등화에 기여
	인간자본론 (Schultz)	교육은 개인의 생산성 증대 및 소득 증대를 통해 소득분배 평등화에 기여

	Bowles & Gintis	가정의 사회 · 경제적 배경이 사회적 지위를 결정
갈등이론 (불평등 재생산론)	Stanton—Salazar & Dornbusch의 연줄모형	학교 내의 사회적 자본(사회적 네트워크)이 교육 및 직업 획득에 영향(학생의 능력 ×)
	카노이 (M. Carnoy)	교육수익률(교육의 경제적 가치)의 교육단계별 변화 분석을 통해 교육이 지배층의 이익에 봉사한다는 것을 규명 ⇨ 교육수익률이 높은 경우(학교발달 초기)는 학교교육 기회가 중상류층에게만 제한, 교육수익률이 낮은 경우(학교발달 후기)는 학교교육 기회가 하류층에게도 보편화
	라이트와 페론 (Wright & Perrone)	교육수준이 소득에 미치는 영향 연구를 통해 교육이 상층집단에게는 도움이 되나, 하층집단에게는 큰 의미가 없음을 규명 ⇨ 교육의 수익은 노동계급보다 관리자 계급, 백인 여성과 흑인 남성보다는 백인 남성에 있어서 더 크다.
	노동시장 분단론 (이중노동 시장론)	노동시장은 분단(⑩ 내부시장과 외부시장, 대기업과 중소기업)되어 노동시장마다 능력이 직업적 성취에 미치는 영향이 다르며, 개인의 능력이 아닌 인적 특성(⑩ 성별, 계급, 인종, 출신지역)이 지위획득에 영향을 줌.
무효과론 (무관론)	젠크스 (Jencks)	가정배경, 지적 능력, 교육수준, 직업지위를 다 동원해도 개인 간의 소득차이를 제대로 설명할 수 없었다. ⇨ "학교는 평등화에 관한 한 의미가 없다(School doesn't matter)."고 결론지었다.
	버그 (Berg)	교육수준이 개인의 직업생산성에 영향을 준다는 근거를 찾을 수 없다.
	치스위크와 민서 (Chiswick & Mincer)	1950년부터 1970년까지 미국의 소득분배상황과 교육분배상황을 비교 · 분석 ⇨ 교육의 불평등은 일관성 있게 개선되었으나, 소득의 불평등은 개선되지 않았다(양자는 무관).
	부동 (Boudon)	교육기회의 확대는 사회적 불평등을 감소시키지 않으며, 이는 교육기회의 불평등 분배가 호전되어도 마찬가지였다.
	앤더슨 (Anderson)	미국, 스웨덴, 영국의 자료를 분석하였으나, 세 나라 모두 교육수준과 사회이동수준의 관계는 매우 낮게 나타났다. ⇨ 교육은 사회이동에 영향을 주는 많은 요인들 가운데 하나일 뿐이며, 그것도 영향력이 낮은 요인에 불과하다.
	써로우 (Thurow)	미국의 소득분배와 교육분배상황을 비교했으나 아무런 관계가 없었다. ⇨ 소득분배구조 개선을 학교교육에 기대하는 것은 부질없는 일이며 가장 비효과적인 방법이다.

Answer

01	①	02	③	03	④	04	②	05	④
06	③	07	①	08	②	09	①	10	②
11	②	12	③	13	②	14	②	15	①
16	②	17	③	18	①	19	④	20	③

01　출제영역 >> 한국교육사　　　　　난이도 ☆☆★　정답 ①

☑ 정답찾기 1883년에 설립된 원산학사는 주민(덕원읍민들의 자발적 헌금)과 개화파 관료(정현석)가 협동하여 설립한 것으로, 개량서당을 확대한 것이다. 정부의 설립인가를 받았으며 문예반과 무예반으로 나누어 초등학교 및 중학교 과정을 교육하였다. ②는 1886년에 설립된 관립 신식학교로, 외교 교섭에 필요한 영어 어학연수가 주목적이었다. ③은 1885년 감리교 선교사 아펜젤러(H. P. Appenzeller)가 설립한 최초의 근대적 선교 사학으로, 근대식 남학교의 효시에 해당한다. ④는 1907년 안창호가 설립한 민족사학으로 민족지도자 양성을 주된 목적으로 하였다.

02　출제영역 >> 교육평가　　　　　난이도 ☆★★　정답 ③

☑ 정답찾기 타일러(Tyler)의 목표달성모형에서 평가는 설정된 행동목표와 학생의 실제 성취수준을 비교하는 활동이다. 설정된 교육목표를 행동적 용어로 세분화(이원목표 분류)하기에 교육목표와 학생 성취 간의 합치 여부를 체계적이고 논리적으로 검증 가능하다. 그러나 행동용어로 진술하기 어려운 목표에 대한 평가가 어렵고, 의도하지 않은 부수적 교육효과 평가가 곤란하다는 단점이 있다. ㄱ은 스터플빔(Stufflebeam)이나 알킨(Alkin)의 교육평가모형에 해당하며, ㄹ은 스크리븐(Scriven)의 탈목표평가 모형에 해당한다.

03　출제영역 >> 교육심리학　　　　　난이도 ☆☆★　정답 ④

☑ 정답찾기 지문의 상황에서 교사의 칭찬(정적 강화)이 결과적으로 학생의 착한 일(행동)을 증가시켰다. 이처럼 스키너(Skinner)의 조작적 조건형성이론은 조작적 행동은 그 행동에 수반되는 결과(강화와 벌)에 의해 통제된다고 보는 이론이다.

04　출제영역 >> 교육심리학　　　　　난이도 ☆☆★　정답 ②

☑ 정답찾기 ②는 합리화(rationalization)에 해당한다.
합리화(rationalization)는 그럴듯한 구실이나 변명을 통해 난처한 입장이나 실패를 정당화하려는 자기기만 전략으로, 여우와 신포도형(sour grape), 달콤한 레몬형(sweet lemon)이 있다. 여우와 신포도형은 불만족한 현실을 과소평가하는 것이고, 달콤한 레몬형은 불만족한 현실을 긍정 또는 과대평가하는 전략으로, 불만족한 현재 상태를 원래부터 바라던 것이었다고 정당화하는 것이다. 투사(projection)는 자신의 불만이나 불안을 해소하기 위해 남에게 감정이나 책임을 전가하는 방어기제로서, 자신의 욕구나 감정, 태도 등을 타인의 내부에서 발견하려는 것이다.

05　출제영역 >> 교육행정학　　　　　난이도 ☆☆★　정답 ④

☑ 정답찾기 수석교사는 교사 자격증을 소지한 사람으로서 15년 이상의 교육경력(「교육공무원법」 제2조제1항제2호 및 제3호에 따른 교육전문직원으로 근무한 경력을 포함한다)을 가지고 교수·연구에 우수한 자질과 능력을 가진 사람 중에서 대통령령으로 정하는 바에 따라 교육부장관이 정하는 연수 이수 결과를 바탕으로 검정·수여하는 자격증을 받은 사람이어야 한다(「초중등교육법」 제20조 제3항). ①은 교사, ②는 교감, ③은 교장의 임무이다.

Tip 교직원의 임무(「초중등교육법」 제20조)

① 교장은 교무를 총괄하고, 민원처리를 책임지며, 소속 교직원을 지도·감독하며, 학생을 교육한다.
② 교감은 교장을 보좌하여 교무를 관리하고 학생을 교육하며, 교장이 부득이한 사유로 직무를 수행할 수 없는 때에는 그 직무를 대행한다. 다만, 교감을 두지 아니하는 학교의 경우에는 교장이 미리 지명한 교사(수석교사를 포함한다)가 그 직무를 대행한다.
③ 수석교사는 교사의 교수·연구 활동을 지원하며, 학생을 교육한다.
④ 교사는 법령이 정하는 바에 따라 학생을 교육한다.
⑤ 행정직원 등 직원은 법령에서 정하는 바에 따라 학교의 행정사무와 기타의 사무를 담당한다.

06　출제영역 >> 생활지도와 상담　　　　　난이도 ☆☆★　정답 ③

☑ 정답찾기 글래서(W. Glasser)의 현실치료기법은 '통제이론' 또는 '선택이론'이라고도 한다. 인간은 궁극적으로 자기 결정적 존재이고 삶에 대한 책임을 지는 존재이며, 내담자가 현실적이고 책임질 수 있는 행동을 하게 하고 성공적인 정체감을 계발하도록 하여 궁극적인 자율성을 형성하도록 돕는 상담이론이다. 상담과정은 WDEP의 과정, 즉 바람(Wants) − 지시와 행동(Direction & Doing) − 평가(Evaluation) − 계획과 활동(Planning)의 순서대로 진행된다. ③은 해결중심적 단기상담에 대한 설명이다.

Tip 상담의 절차(WDEP)

1. 바람 (Wants)	내담자가 자신의 바람, 욕구(웹 소속의 욕구, 힘의 욕구, 자유의 욕구, 즐거움의 욕구, 생존의 욕구)를 탐색하기
2. 지시와 행동 (Direction & Doing)	욕구충족을 위한 내담자의 현재 행동에 초점 맞추기 ⇨ 모든 행동 중 통제 가능한 활동(acting)과 생각(thinking)에 주목하기
3. 평가 (Evaluation)	내담자로 하여금 자신의 행동을 3R(현실성, 책임성, 공정성)을 기준으로 평가해 보도록 하기
4. 계획과 활동 (Planning)	내담자가 자신의 실패행동을 성공적으로 바꾸는 구체적인 계획을 수립하여 활동하기

07　출제영역 >> 교육과정　　　　　난이도 ☆★★　정답 ①

☑ 정답찾기 2022 개정 교육과정은 고등학교의 경우 단위가 아닌 학점 기반 선택 중심 교육과정으로 편성·운영한다. 종전의 단위(1단위 수업량 50분 기준 17회 수업) 기반 방식에서 학점(1학점 수업량 50분 기준 16회 수업) 기반 방식으로 전환하였다. 또한 총 이수학점을 3년간 204단위에서 192학점*으로 적정화하였다. 과목 이수기준은 수업 횟수 2/3 이상 출석과 학업성취율 40% 이상 충족 시 학점을 취득하고, 미이수자 발생 시 보충 이수를 지원한다.
*교과 174학점[필수이수학점 84학점 + 자율이수학점 90학점] + 창의적 체험활동 18학점

① 초등학교 1학년부터 중학교 3학년까지의 공통 교육과정과 고등학교 1학년부터 3학년까지의 학점 기반 선택 중심 교육과정으로 편성·운영한다.
② 학교는 학교 교육과정 편성·운영 계획을 바탕으로 학년(군)별 교육과정 및 교과 (군)별 교육과정을 편성할 수 있다.
③ 학년 간 상호 연계와 협력을 통해 학교 교육과정을 유연하게 편성·운영할 수 있도록 학년군을 설정한다.
④ 공통 교육과정의 교과는 교육 목적상의 근접성, 학문 탐구 대상 또는 방법상의 인접성, 생활양식에서의 연관성 등을 고려하여 교과(군)로 재분류한다.
⑤ 고등학교 교과는 보통 교과와 전문 교과로 구분하며, 학생들의 기초소양 함양과 기본 학력을 보장하기 위하여 보통 교과에 공통 과목을 개설하여 모든 학생이 이수하도록 한다.
⑥ 교과와 창의적 체험활동의 내용 배열은 반드시 따라야 할 학습 순서를 의미하는 것은 아니며, 학생의 관심과 요구, 학교의 실정과 교사의 필요, 계절 및 지역의 특성 등에 따라 각 교과목의 학년군별 목표 달성을 위해 지도 내용의 순서와 비중, 교과 내 또는 교과 간 연계 지도 방법 등을 조정하여 운영할 수 있다.
⑦ 학업 부담을 적정화하고 의미 있는 학습 활동이 이루어질 수 있도록 학기당 이수 교과목 수를 조정하여 집중이수를 실시할 수 있다.
⑧ 학교는 학교급 간 전환기의 학생들이 상급 학교의 생활 및 학습을 준비하는 데 필요한 교육을 지원하기 위해 진로연계교육을 운영할 수 있다.
⑨ 범교과 학습 주제는 교과와 창의적 체험활동 등 교육 활동 전반에 걸쳐 통합적으로 다루도록 하고, 지역사회 및 가정과 연계하여 지도한다.

안전·건강 교육, 인성 교육, 진로 교육, 민주시민 교육, 인권 교육, 다문화 교육, 통일 교육, 독도 교육, 경제·금융 교육, 환경·지속가능발전 교육

⑩ 학교는 가정과 학교, 사회에서의 위험 상황을 알고 대처할 수 있도록 체험 중심의 안전교육을 관련 교과와 창의적 체험활동과 연계하여 운영한다.
⑪ 학교는 필요에 따라 계기 교육을 실시할 수 있으며, 이 경우 계기 교육 지침에 따른다.
⑫ 학교는 필요에 따라 원격수업을 실시할 수 있으며, 이 경우 원격수업 운영 기준은 관련 법령과 지침에 따른다.
⑬ 시·도 교육청과 학교는 필요에 따라 이 교육과정에 제시되어 있는 과목 외에 새로운 과목을 개설할 수 있다. 이 경우 시·도 교육감이 정하는 지침에 따라 사전에 필요한 절차를 거쳐야 한다.
⑭ 특수교육 대상 학생에 대해서는 이 교육과정 해당 학년군의 편제와 시간(학점 배당)을 따르되, 학생의 교육적 요구를 고려하여 특수교육 교육과정의 교과(군) 내용과 연계하거나 대체하여 수업을 설계·운영할 수 있다.

---

08 출제영역 >> 교육행정학   난이도 ☆★★   정답 ②

정답찾기 지방교육자치제의 기본 원리에는 지방분권, 민중통제(주민자치), 교육행정의 분리·독립, 전문적 관리의 원리가 있다. 이 중 지방분권의 원리는 중앙의 획일적 통제를 지양하고 각 지역사회의 실정에 맞고 다양한 요구에 부합하는 교육행정을 실시하려는 것을 의미하며, 이는 지방교육조직(시·도교육청)이 중앙교육조직(교육부)에서 독립하여 운영하는 '단체 자치의 원리'에 해당한다.

Tip 지방교육자치제의 기본 원리

지방분권의 원리 (단체자치의 원리)	중앙의 획일적 통제를 지양하고 각 지역사회의 실정에 맞고 다양한 요구에 부합하는 교육행정을 실시하려는 것으로, 교육의 특수성 제고, 자율·자치 함양, 교육에 대한 개성화 추구 등을 목적으로 한다.
민중통제의 원리 (주민자치의 원리)	민중(주민)에 의해 스스로 운영되어야 한다는 것으로, 지역 민중이 그들의 대표를 통하여 교육정책을 심의·의결하는 것을 의미한다. 대의민주정치 이념과 상통하는 원리로, 교육행정의 민주화를 위한 필수적인 조건이다.

자주성의 원리	교육행정을 일반행정으로부터 분리·독립하여 운영한다는 것으로, 교육의 자주성·전문성·중립성을 보장하려는 원리이다. 교육행정 기구, 인사, 재정, 장학 등을 일반행정과 분리하여 자주적으로 운영한다는 것이다.
전문적 관리의 원리 (전문성의 원리)	전문적 지도 역량을 가진 사람들에 의해 교육행정을 운영하여야 한다. 예 교육감 제도

---

09 출제영역 >> 생활지도와 상담   난이도 ☆★★   정답 ①

정답찾기 벡(Beck)의 인지치료는 우울증을 정보처리과정에서의 편견과 왜곡으로 설명하려는 인지적 이론으로 인간의 행동을 정보처리모형과 현상학적 접근에 바탕을 두고 개념화한 것이다. 즉, 하나의 상황은 다양한 생각을 유발하고, 그 생각에 따라 다양한 감정이 생기는 것으로 간주하고, 우리가 경험한 상황에서 느낀 생각이 왜곡되었다면 그 왜곡을 고쳐서 감정을 좋게 하는 치료법이다.

Tip 아론 벡(A. Beck)의 인지치료 상담의 주요 용어

자동적 사고 (automatic thoughts)	어떤 사건에 당면하여 자동적으로 떠오르는 생각, 스트레스를 유발하는 환경적 자극과 심리적 문제 사이에 개입되어 있는 인지적 요소 예 인지삼제(cognitive triad) – 자신, 앞날, 세상에 대한 부정적·자동적 사고
역기능적 인지도식	현실 적응에 도움이 되지 않는 내담자의 기본적인 생각의 틀과 그 내용 ⇨ 부정적인 자동적 사고를 활성화시키고 인지적 오류를 발생시키는 원인
인지적 오류 (cognitive errors)	어떤 경향이나 사건을 해석하고 받아들이는 과정에서 생기는 추론 또는 판단의 오류, 현실을 제대로 지각하지 못하거나 사실이나 그 의미를 왜곡하여 받아들이는 것 예 흑백논리, 과잉 일반화, 선택적 추상화, 의미 확대 및 의미 축소, 임의적 추론, 사적인 것으로 받아들이기

---

10 출제영역 >> 교육의 이해   난이도 ★★★   정답 ②

정답찾기 「평생교육법」 제2조(정의)에 따르면 "평생교육"이란 학교의 정규교육과정을 제외한 학력보완교육, 성인 문해교육, 직업능력 향상교육, 성인 진로개발역량 향상교육, 인문교양교육, 문화예술교육, 시민참여교육 등을 포함하는 모든 형태의 조직적인 교육활동을 말한다. 이 중 개정 법률에서 새롭게 추가된 '성인 진로개발역량 향상교육(성인 진로교육)'은 성인이 자신에게 적합한 직업을 찾고 진로를 인식·탐색·준비·결정 및 관리할 수 있도록 진로수업·진로심리검사·진로상담·진로정보·진로체험 및 취업지원 등을 제공하는 활동을 말한다. ①은 일상생활을 영위하는데 필요한 문자해득(文字解得)능력을 포함한 사회적·문화적으로 요청되는 기초생활능력 등을 갖출 수 있도록 하는 조직화된 교육프로그램을 말한다.

---

11 출제영역 >> 교육사회학   난이도 ☆★★   정답 ②

정답찾기 교육과 사회를 보는 갈등론적 관점은 크게 경제적 재생산이론, 문화적 재생산이론 그리고 탈재생산이론 등 세 가지 입장으로 구분된다. 보울스와 진티스(Bowles & Gintis)는 경제적 재생산이론, 부르디외(Bourdieu)는 문화적 재생산이론, 윌리스(Willis)는 탈재생산이론으로 분류되는 '저항이론'의 주창자이다.

12 출제영역 >> 교육공학　　　　　난이도 ★★★　정답 ③

☑정답찾기 컴퓨터적응검사(computerized adaptive testing, CAT)는 적은 수의 문제를 가지고 학생의 능력을 정밀하게 추정하는 맞춤 시험(tailored test)으로 빠른 시간 안에 수험생의 능력모수를 추정할 수 있는 정확성과 효율성이 장점이다. 고전검사이론에 따라 모든 학생에게 같은 문항을 제공하는 것이 아니라, 문항반응이론(item response theory)을 이용하여 추정한 난이도에 맞추어 각각 수험생의 능력에 맞게 문항을 제공하는 맞춤 시험(tailored test)이다. ①은 컴퓨터가 교사의 역할을 담당하여 학습자에게 새로운 내용을 가르치고 확인하는 프로그램이며, ②는 컴퓨터를 직접 수업에 활용하지 않으나, 컴퓨터를 활용하여 교수-학습활동을 기록·분석하고 학업 진전 상황을 기록하여 교사의 수업활동을 지원하는 방식이다. ④는 컴퓨터를 이용한 모든 검사를 말한다. 컴퓨터 화면을 통하여 여러 가지 색상과 글자, 사진, 동영상 등 다양한 문항제시[메 정보활용형, 매체(미디어) 활용형, 도구조작 및 모의상황(시뮬레이션)형, 대화형 등]가 가능하여 지필검사로는 측정하지 못했던 능력들을 측정할 수 있다는 장점이 있다. 한편, 컴퓨터화 검사(Computerized Test, CT)는 지필검사와 동일한 내용과 순서로 시행되는 검사를 말한다.

13 출제영역 >> 교육철학　　　　　난이도 ☆☆★　정답 ②

☑정답찾기 분석적 교육철학은 언어와 개념에 사물의 본질이 들어 있으며, 언어 분석이 곧 철학의 사명이고, 사고의 논리적 명료화가 철학의 목적이라고 주장한다. 교육학의 성격이나 교육학의 용어·개념·원리·이론 등을 논증하고 명확히 하는 데 공헌하였지만, 사변철학과 규범철학의 영역을 소홀히 함으로써 바람직한 세계관이나 윤리관 확립에는 도움을 주지 못했다는 비판을 받는다.

14 출제영역 >> 교수·학습이론　　　　　난이도 ★★★　정답 ②

☑정답찾기 가네(Gagné)의 교수사태 9단계 중 5단계는 학습안내 제공하기이다. 교사는 통합교수를 통해 학습을 안내하고, 학습자는 의미적 부호화를 수행하는 단계이다. 학습안내는 중요한 자극특징과 관련된 정보를 장기기억으로 전이시키는 단계로, 학습할 과제의 모든 요소를 통합시키는 데 필요한 방법을 제시하는 단계이다. 이 단계에서 이전 정보와 새로운 정보를 적절히 통합시키고 그 결과를 장기기억에 저장할 수 있도록 학생들은 도움이나 지도를 받아야 하는데, 이를 통합교수라고 한다. ①은 4단계, ③은 8단계, ④는 6단계에 해당한다.

Tip 학습의 인지처리과정 9단계 : 가네(Gagné)

구분	학습단계	수업사태	기능
학습을 위한 준비	1. 주의집중	주의집중 시키기	학습자로 하여금 자극에 경계하도록 한다.
	2. 기대	학습자에게 목표 알리기	학습자로 하여금 학습목표의 방향을 설정하도록 한다.
	3. (장기기억 정보) 작동 기억을 통해 재생	선행학습의 재생 자극하기	• 선행학습능력의 재생을 자극한다. • 학습자가 새로운 정보를 학습하는 데 필요한 기능을 숙달하는 단계이다.

	4. 선택적 지각	학습과제에 내재한 자극 제시	• 중요한 자극특징을 작동기억 속에 일시 저장하도록 한다. 메 학습내용과 관련된 개념의 예를 들어 설명하기, 운동기능의 시범, 영상자료 보여주기 • 학습자에게 학습할 내용, 즉 새로운 내용을 제시하는 단계이다.
정보 (기술)의 획득과 수행	5. 의미론적 부호화	학습 안내 (학습 정보 제공)하기	• 자극특징과 관련된 정보를 장기기억으로 전이시킨다. • 학습할 과제의 모든 요소를 통합시키는 데 필요한 방법을 제시하는 단계이다. • 이전 정보와 새로운 정보를 적절히 통합시키고 그 결과를 장기기억에 저장할 수 있도록 학생들은 도움이나 지도를 받아야 하는데, 이를 통합교수라고 한다.
	6. 재생 (인출)과 반응	성취행동 유도하기 (연습문제 풀기)	• 개인의 반응 발생기로 저장된 정보를 재현시켜 반응행위를 하도록 한다. • 통합된 학습의 요소들이 실제로 학습자에 의해 실행되는 단계로, 이 단계에서 학습자가 실제로 새로운 학습을 했는지를 증명하는 기회를 준다.
	7. 강화 (피드백)	피드백 제공하기	• 학습목표에 대해 학습자가 가졌던 기대를 확인시켜 준다. ⇨ 정보적 피드백, 즉 반응에 대한 정오판단보다는 오답인 경우 이를 수정할 수 있는 보충설명을 제공 • 수행이 얼마나 성공적이었고 정확했는지에 대한 결과를 알려주는 단계이다.
재생과 전이	8. 재생을 위한 암시 (단서에 의한 인출)	성취행동 평가하기 (형성평가)	• 이후의 학습력 재생을 위하여 부가적 암시를 제공한다. • 다음 단계의 학습이 가능한지를 알기 위한 평가를 실시한다.
	9. 일반화	파지 및 전이 높이기	• 새로운 상황으로의 학습전이력을 높인다. • 새로운 학습이 다른 상황으로 일반화되거나 적용할 수 있는 경험을 제공해야 하며, 반복과 적용을 특징으로 한다.

15 출제영역 >> 교육과정　　　　　난이도 ☆★★　정답 ①

☑정답찾기 잠재적 교육과정(latent curriculum)이란 학교에서 의도하지 않았던 학습결과를 초래하는 교육과정으로, 학교의 상황을 통하여 학생들이 은연중(隱然中)에 가지게 되는 경험의 총체(總體)를 말한다. 학교에서 의도했으나 의도와는 다른 학습결과를 초래하는 경우나 학교에서 의도하지 않았으나 학생들이 학습한 경우가 해당한다. 표면적(공식적) 교육과정과 비교해 볼 때 잠재적 교육과정은 학생들의 태도, 가치관 등 주로 정의적 영역의 학습과 관련되며, 바람직하지 못한 내용의 학습도 포함한다. ㄷ은 영 교육과정(null curriculum), ㄹ은 표면적 교육과정에 해당한다. 잠재적 교육과정의 경우 학생들이 반드시 배우는 내용에 해당하며, 학습기간은 장기적·반복적·영속적인 경향이 있다.

Tip 표면적 교육과정과 잠재적 교육과정의 비교

구분	표면적 교육과정(제1의 교육과정)	잠재적 교육과정(제2의 교육과정)
교육방법	학교의 의도적·계획적 조직 및 지도하의 학습	학교생활에서의 무의도적으로 학습
학습영역	인지적 영역	정의적 영역(태도·가치관) ⇨ 인간교육
학습경험	교과, 교재	학교의 문화와 풍토, 생활경험
학습기간	단기적·일시적·비영속적인 경향	장기적·반복적·영속적인 경향

교사의 역할	지적·기능적 영향	인격적·도덕적 감화 ⇨ 학생의 동일시 대상
학습내용	가치지향적인 내용(바람직한 내용)만 포함	가치지향적인 것과 무가치적·반사회적인 내용 (바람직하지 못한 내용) 모두 학습

계통 (system)	연합된 관념을 체계적으로 조직 ⇨ 정적 치사	치사(致思) : 파악된 개념을 통합하여 반성을 통해 통일하는 작용	계통 (체계)	개괄 (총괄)
방법 (method)	체계화된 지식을 활용하고 응용 ⇨ 동적 치사		방법	응용

16 출제영역 >> 교육행정학   난이도 ☆☆★   정답 ②

☑ 정답찾기 칼슨(Carlson)은 봉사조직의 유형을 고객선발방법과 조직선택방법에 따라 야생조직(Ⅰ), 적응조직(Ⅱ), 강제조직(Ⅲ), 사육조직(Ⅳ, 순치조직, 온상조직)으로 구분하였다. 이 중 야생조직은 특수목적고등학교, 사립대학과 같이 시장의 원리에 의해 지배되기 때문에 학교 간, 학생 간 치열한 경쟁을 해야만 하는 조직이다. ①은 Ⅲ 영역(강제조직), ③과 ④는 Ⅳ 영역(사육조직)의 특징에 해당한다. 적응조직(Ⅱ)은 거주지와 상관없이 학생이 학교를 선택하는 자유등록제(open enrollment system) 학교가 해당한다.

Tip 칼슨(R. Carlson)의 봉사조직 분류

구분		고객(C)의 참여결정권 : 고객이 참여를 통제한다.	
		Yes	No
조직(O)의 참여 결정권 : 조직이 참여를 통제한다.	Yes	야생조직 : 사립대학교, 사립의료시설, 일반복지후생기관, 자율형 사립고고 유형Ⅰ 예 − C 예 − O	유형Ⅲ 예 − O 아니오 − C / 강압조직 : 이론적으로는 가능하나 실제로는 없다.
	No	유형Ⅱ 예 − C 아니오 − O / 적응조직 : 미국 주립대학, 지역사회대학(자유등록제 학교)	유형Ⅳ 아니오 − C 아니오 − O / 온상조직(사육조직) : 의무교육기관(공립 초·중학교), 교도소, 국립정신병원(법에 의한 조직 관리)

17 출제영역 >> 서양교육사   난이도 ★★★   정답 ③

☑ 정답찾기 헤르바르트(Herbart)는 페스탈로치(Pestalozzi)의 실천윤리와 칸트(Kant)의 실천철학(윤리학)의 영향을 받아 교육의 목적을 내면적 자유·완전성·호의(好意)·정의·보상 등 5도념(道念)의 도야를 통한 도덕적 품성의 도야에 두었다. 그는 교육목적은 윤리학에서 찾고, 교육방법을 표상심리학(연합심리학)에서 찾아 교육학을 하나의 독립된 학문으로 체계화하는 데 기여하였다. 교육내용으로서의 다면적 흥미를 중시하였고 교육방법으로는 '명료 → 연합 → 계통 → 방법'으로 이어지는 4단계 교수법을 주장하였다. ㄱ은 계통, ㄴ은 방법, ㄷ은 명료, ㄹ은 연합에 해당한다.

Tip 헤르바르트(Herbart)의 4단계 교수법

교수단계	의미	정신작용	Ziller	Rein
명료 (clearness)	대상에 대한 뚜렷한 인식, 개개의 관념의 명확한 구별 ⇨ 정적 전심	전심(專心) : 일정한 대상에 몰입되어 명확한 관념을 파악하는 것	분석	예비
			종합	제시
연합 (association)	신·구 관념의 결합 ⇨ 동적 전심		연합	비교

18 출제영역 >> 교육심리학   난이도 ☆★★   정답 ①

☑ 정답찾기 자기결정성(self-determination)은 자신의 환경에 어떻게 반응할 것인가를 결정하는 과정, 자신의 의지(인간 유기체가 자신의 욕구를 어떻게 만족시킬 것인지 결정할 수 있는 역량)를 활용하는 과정을 말한다. 현재의 동기이론 중 가장 포괄적이고 경험적으로 많은 지지를 얻고 있는 동기이론 중의 하나로서, 인간은 자율적이고자 하는 욕구를 가지고 있고 스스로 원하기 때문에 활동에 참여한다고 본다. 내재적 동기는 자기결정의 경험에 기초한다고 보며, 내재적 동기의 형성은 무동기에서 외재적 동기를 거쳐 내재적 동기로 발달한다고 본다. ①은 반두라(Bandura)의 자기효능감(self-efficacy)에 대한 설명이다.

Tip 자기결정성과 관련된 기본적 욕구

유능감 (competence)	환경에 효과적으로 기능하는 능력으로 도전과 호기심에 의해 유발된다. ⇨ 능력동기(White), 성취동기(Atkinson), 자기효능감(Bandura)과 유사한 의미를 지닌다.
통제(또는 자율성) 욕구 (need for control or autonomy)	필요할 때 환경을 바꾸는 능력으로, 통제의 책임 소재나 개인적 원인(personal cause)과 유사하다.
관계 (relatedness) 욕구	사회적 환경 속에서 다른 사람들과 연관되어 있다는 느낌, 그리하여 자신이 사랑과 존경을 받을 가치가 있다는 느낌 ⇨ 매슬로우(Maslow)의 소속감 욕구나 친애(affiliation) 욕구, 친화욕구와 유사하다.

19 출제영역 >> 교육평가   난이도 ☆☆★   정답 ④

☑ 정답찾기 수행평가(performance assessment)란 학생 스스로가 자신의 지식이나 기능을 나타낼 수 있도록 산출물을 만들거나 행동으로 나타내거나 답을 작성하도록 요구하는 평가방식을 말한다. ④는 규준참조평가(norm-referenced evaluation)에 해당한다. 수행평가는 인본적 교육관에 토대를 둔 평가방식으로 자아실현과 전인형성을 목적으로 추구하기에 준거참조평가적이며, 자기참조평가(성장참조평가, 능력참조평가)를 지향한다.

Tip 수행평가의 특징

1. 정답을 구성하게 하는 평가
2. 실제 상황에서의 수행(달성)능력평가
3. 결과와 과정을 모두 중시
4. 종합적·지속적 평가
5. 개인과 집단평가
6. 학생의 개별학습 촉진
7. 전인적인 평가
8. 고등사고능력의 측정
9. 수업과 평가의 통합
10. 학생의 자율성 신장
11. 복합적인 채점준거 활용 및 평가기준의 공유
12. 평가과제를 수행하는 데 상당한 정도의 시간(몧 몇 시간에서 몇 개월)을 허용한다.
13. 다양한 평가방법(특히, 비표준화된 평가방법)을 융통성 있게 활용한다.
14. 주관적 평가

20 출제영역 >> 교육행정학　　　　　　　난이도 ☆★★　정답 ③

✅ 정답찾기 문화적 지도성은 서지오바니(Sergiovanni)가 강조한 지도성 유형으로, 학교로 하여금 독특한 정체성을 갖게 만드는 가치와 믿음, 그리고 관점을 창조하고 강화하며 유지하는 지도자의 역할을 중요시한다. 문화적 지도성을 지닌 지도자는 독특한 학교문화를 차출하고 독특한 학교 정체성 확립 및 전통 수립에 기여하는 성직자(priest)의 역할을 한다. ③은 콩거와 카눈고(Conger & Kanungo), 하우스(House) 등이 주장한 카리스마적 지도성에 해당한다.

Answer

01	④	02	②	03	③	04	②	05	①
06	③	07	②	08	①	09	②	10	③
11	①	12	④	13	①	14	④	15	③
16	④	17	②	18	①	19	③	20	④

01 출제영역 >> 교육과정 　　　　난이도 ☆☆★　정답 ④

✅ 정답찾기 잠재적 교육과정(latent curriculum)이란 학교에서 의도하지 않았던 학습결과를 초래하는 교육과정으로, 학교의 상황을 통하여 학생들이 은연중(隱然中)에 가지게 되는 경험의 총체(總體)를 말한다. 학교에서 의도했으나 의도와는 다른 학습결과를 초래하는 경우나 학교에서 의도하지 않았으나 학생들이 학습한 경우가 해당한다. 잭슨(P. Jackson)은 소설 「교실의 생활(Life in classroom, 1968)」에서 잠재적 교육과정을 처음으로 언급하였으며, 그 원천으로 군집성(crowd), 상찬(praise, 평가), 권력관계(power) 등을 제시하였다. ④에서 잠재적 교육과정은 표면적 교육과정과 서로 조화되고 상보적인 관계에 있을 때 학생 행동에 강력한 영향을 미칠 수 있다.

02 출제영역 >> 교육행정학 　　　　난이도 ☆☆★　정답 ②

✅ 정답찾기 영(零)기준 예산제도(ZBBS)는 전년도 예산은 근거가 없는 것으로 간주하고 신규사업은 물론 계속사업까지도 계획의 목표를 재평가하여 예산을 재편성하는 제도로서, 전년도 사업을 전혀 고려하지 않고 모든 사업을 제로(zero)에서 다시 시작하는 것으로 간주하여 예산을 편성하는 감축(절감)기능 중심의 예산제도이다.

Tip 영기준 예산제도의 장단점

장 점	단 점
• 학교경영에 전 교직원을 참여하도록 유도할 수 있다. • 창의적이고 자발적인 사업구상과 실행을 유인할 수 있다. • 학교경영 계획과 예산이 일치함으로써 교장의 합리적이고 과학적인 경영을 지원할 수 있다.	• 교원들에게 새로운 과업을 부과하게 되고, 제도에 숙달되기 전의 많은 시행착오를 감수해야 한다. • 사업이 기각되거나 평가절하되면 비협조적 풍토가 야기될 수 있다. • 의사결정에 전문성이 부족하면 비용 및 인원 절감에 실패할 수 있다.

03 출제영역 >> 교육평가 　　　　난이도 ★★★　정답 ③

✅ 정답찾기 문항변별도(DI)는 문항 하나하나가 피험자의 상하능력을 변별해 주는 정도, 즉 상위집단과 하위집단의 구별 정도를 말한다. ㄷ은 정답률이 100%이므로 문항변별도(상위집단의 정답률 − 하위집단의 정답률)는 0에 해당한다. ㄹ은 변별도가 0이면 문항이 피험자의 능력을 구별하지 못하므로, 또 음수가 나오는 문항은 하위집단이 상위집단보다 정답률이 높은 역변별문항이므로 제외하는 것이 좋다. ㄱ에서 문항난이도는 전체 사례수 중에서 정답을 맞춘 학생의 비율로 나타내므로 문항이 어려울수록(정답률이 낮을수록 또는 문항난이도가 높을수록) 변별도는 낮아지며, ㄴ에서 정답률이 50%이면 변별도는 +1에 가까워지지 +1이라고 볼 수는 없다. 변별도가 +1이 되려면 상위집단 학생이 모두 정답이고, 하위집단 학생이 모두 오답일 때다.

04 출제영역 >> 교수−학습이론 　　　　난이도 ☆☆★　정답 ②

✅ 정답찾기 브루너(Bruner)의 발견학습은 인지주의 교수이론에 토대를 둔 개념학습 모형으로 학습경향성, 지식의 구조, 학습의 계열성(나선형 교육과정), 학습강화의 요소를 강조한다. 강화나 벌과 같은 외재적 동기보다 '발견의 기쁨'이나 '지적 호기심'과 같은 내재적 동기를 중시한다. ②에서 선행조직자(advanced organizer)를 중시한 것은 오수벨(Ausubel)의 유의미 수용학습이론에 해당한다. 브루너(Bruner)는 교사의 안내를 최소화하고, 학생들 스스로 지식의 구조를 발견하고 탐구하도록 유도한다. ③은 일반화설(동일원리설)이나 형태이조설(구조적 전이설)의 학습전이이론에 해당하며, ④는 대담한 가설에 해당한다.

05 출제영역 >> 생활지도와 상담 　　　　난이도 ★★★　정답 ①

✅ 정답찾기 ①은 글래써(W. Glasser)가 주장한 현실치료적 상담이론의 특징이다. 아들러(Adler)의 개인심리 상담이론은 인간의 행동은 열등감의 보상이며, 열등감의 보상은 모든 인간이 본질적으로 추구하려는 경향성이라는 기본 가정에서 출발한다. 그리고 그는 인간을 더 이상 의식, 무의식, 원초아, 자아, 초자아로 분류하거나 분리, 분할할 수 없는 그 자체로서 완전한 전체로 볼 것을 강조하여, 사람의 개개행동은 자신이 총체적으로 선택한 생활양식(life style)의 관점에서 보아야 함을 역설하였다. 상담의 목표는 어떤 징후의 제거가 아니라, 내담자 자신이 기본적인 과오를 인정하고 자신의 자아인식을 증진시키도록 하는 것이다. 즉, 내담자의 열등감과 생활양식의 발달과정을 이해하고, 그것이 현재 자신의 생활에 영향을 주고 있는가를 이해하도록 하여, 내담자가 생활목표와 생활양식을 변화 · 재구성하도록 도와주는 것이다.

Tip 현실치료이론의 상담 절차 : 우볼딩(Wubbolding)

1. 바람 (Wants)	내담자가 자신의 바람, 욕구, 지각을 탐색하기 ⑩ 생존, 소속, 힘, 즐거움, 자유의 욕구
2. 지시와 행동 (Direction & Doing)	욕구충족을 위한 내담자의 현재 행동(⑩ 활동, 생각)에 초점 맞추기
3. 평가 (Evaluation)	내담자로 하여금 자신의 행동을 평가하도록 하기 ⇨ 평가기준(현실성, 책무성, 옳고 그름)
4. 계획과 활동 (Planning)	내담자가 자신의 실패행동을 성공적으로 바꾸는 구체적인 계획을 수립하여 활동하기

06 출제영역 >> 교육사회학 　　　　난이도 ☆☆★　정답 ③

✅ 정답찾기 콜맨(Coleman)은 "가정의 문화환경의 차이나 상대적 결핍 등은 아동의 학업 성취의 차이를 가져온다."는 문화환경 결핍론을 주장하였다. ①은 젠센(Jensen), 아이젠크(Eysenck) 등의 지능결핍론, ②는 로젠탈과 제이콥슨(Rosenthal & Jacobson)의 피그말리온 효과(Pygmalion effect), ④는 번스타인(Bernstein)의 코드 이론(code theory)에 해당한다. 브루코오버(Brookover)는 학교의 학습 풍토(학생 · 교사 · 교장 풍토)가 학업성취도에 영향을 준다고 주장하였다.

07 출제영역 >> 교육심리학　　　　　　난이도 ☆☆★　정답 ②

☑정답찾기 숙달접근목표는 과제이해, 즉 학습과정 및 학습활동 자체에 초점을 둔 목표를 말한다. ①은 수행접근목표, ③은 수행회피목표, ④는 숙달회피목표에 해당한다.

Tip 목표의 유형 비교

목표 유형	예시	특징
숙달접근 목표	르네상스가 미국 역사에 미친 영향 이해하기	과제이해, 즉 학습 과정 및 학습활동 자체에 초점을 둔다.
숙달회피 목표	완벽주의적인 학생이 과제와 관련하여 어떠한 오류도 범하거나 잘못하는 것을 피하기	이론적으로 존재하는지의 여부는 명확하지 않으나, 자신이 세워 놓은 높은 기준 때문에 걱정하는 것이다.
수행접근 목표	르네상스 시대에 대한 에세이 반에서 가장 잘 쓰기, 남보다 능력 있어 보이기	개인이 타인을 이기려고 노력하고 자신의 능력과 우월성을 증명하려고 동기화되는 것이다.
수행회피 목표	선생님과 다른 학생 앞에서 능력 없어 보이는 것 피하기	개인이 능력이 없어 보이는 것을 회피하기 위하여 부정적으로 동기화되는 것으로, 자기장애전략을 사용하는 것과 관련된다.
사회적 책임감 목표	믿음직하고 책임감 있어 보이기	타인과의 관계에서 자기 몫을 다하는 것과 관련이 있다.
사회적 목표	친구 사귀기, 선생님의 동의를 구하기, 친구 지지하기	타인과의 관계에서 형성된다.
과제회피 목표	최소한의 노력으로 숙제 다하기, 쉬운 과제 선택하기	과제가 쉽거나 별다른 노력 없이 수행할 수 있는 과제를 선택하는 것과 관련이 있다.

08 출제영역 >> 교육과정　　　　　　난이도 ☆☆★　정답 ①

☑정답찾기 공식적 교육과정은 교사중심(지식중심)과 아동중심(경험중심) 간의 갈등을 기준으로 볼 때 교과중심 교육과정 ⇨ 경험중심 교육과정 ⇨ 학문중심 교육과정 ⇨ 인간중심 교육과정 ⇨ 통합적 교육과정의 순으로 전개되었다. 이 중 경험중심 교육과정은 듀이(J. Dewey)나 진보주의 교육철학을 토대로 교과중심 교육과정을 비판하며 등장하였다. 학교의 지도하에 학생들이 가지게 되는 모든 경험을 말하며, 아동중심 교육과정, 생활인(적응인)의 육성, 계속적 경험의 재구성을 통한 성장, 전인교육의 강조, 교과교육 외의 과외활동 중시 등의 특징을 지닌다.

09 출제영역 >> 교육평가　　　　　　난이도 ☆★★　정답 ②

☑정답찾기 타당도는 신뢰도의 충분조건이며, 신뢰도는 타당도의 필요조건이다. 즉, 타당도가 높으면 신뢰도도 높으나, 신뢰도가 높다고 타당도가 높은 것은 아니다. 타당도가 낮아도 신뢰도는 높을 수 있으나, 신뢰도가 낮으면 타당도도 낮다. 그러므로, 높은 신뢰도는 높은 타당도의 선행조건이라고 할 수 있다. ①은 형성평가(formative evaluation)에 해당하며, 진단평가는 장기적인 또는 교육 외적 원인(⑩ 지능, 적성)에 의한 학습실패를 파악하기 위해 실시한다. ③은 준거참조평가(criterion-referenced evaluation, 또는 절대평가)에 해당하며, 성취기준은 교과 교육을 통해 도달하고자 하는 교육목표를 말한다. 규준참조평가의 평가기준은 시험을 치른 집단의 평균에 해당한다. ④는 비고츠키(Vygotsky)의 근접발달영역(Zone of Proximal Development)에 토대를 둔 역동적 평

가(dynamic assessment)에 해당한다. 정적 평가(static assessment)는 피아제(Piaget)의 인지발달이론에 토대를 둔 평가로 학생의 완료된 발달정도(실제적 발달수준)을 평가하며, 평가자와 학생 간의 표준적인 상호작용을 제외하고는 거의 상호작용 없이 이루어진다.

Tip 타당도와 신뢰도의 관계

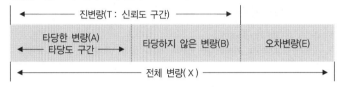

10 출제영역 >> 교육행정학　　　　　　난이도 ☆★★　정답 ③

☑정답찾기 (총)교육비는 교육목적과의 관련성 또는 지출형태에 따라 직접 교육비와 간접교육비로, 직접 교육비는 운영형태(회계절차)에 따라 공교육비와 간접교육비(교육기회비용)로 구분한다. 또한 교육재원에 따라 공부담교육비와 사부담교육비로 구분한다. 이러한 교육비의 분류기준에 따를 때 ㄱ(학교법인 부담 전입금)은 공부담 교육비 & 공교육비, ㄴ(학부모 부담 사설학원비)은 사부담 교육비 & 사교육비, ㄷ(학부모 부담 방과후학교 활동비)은 사부담 교육비 & 공교육비, ㄹ(학교시설 감가상각비)은 간접교육비 & 공부담 교육비에 해당한다. 그러므로 공교육비 총액은 ㄱ + ㄷ으로 산출하면 된다.

Tip 교육비의 분류

구 분	교육목적 관련 (지출형태)	운영 형태 (회계절차)	교육재원	예
총교육비	직접 교육비	공교육비	공부담 교육비	국가(교부금, 보조금, 전입금 등), 지방자치단체, 학교법인 부담 경비
			사부담 교육비	입학금, 수업료, 수련활동비, 체험학습비, 졸업앨범비
		사교육비	사부담 교육비	교재대, 부교재대, 학용품비, 과외비, 피복비, 단체활동비, 교통비, 숙박비 등
	간접 교육비	교육기회 경비, 유실소득	공부담 교육비	건물과 장비의 감가상각비, 이자 ⇨ 비영리 교육기관이 향유하는 면세의 가치
			사부담 교육비	• 학생이 취업할 수 없는 데서 오는 손실 • 교통비, 하숙비(Kiras의 구분)

11 출제영역 >> 교육사회학　　　　　　난이도 ☆☆★　정답 ①

☑정답찾기 기능이론은 교육과 사회의 관계, 교육의 기능을 긍정적·낙관적으로 본다. 즉, 학교 교육은 전체 사회의 한 하위체제로서 사회 존속을 위한 그 나름의 기능(사회화, 선발·배치)을 수행한다고 주장한다. ㄱ은 사회충원, ㄴ은 사회화에 해당한다. ㄷ은 갈등이론에서 중시하는 학교교육의 기능이다. 교육과 사회의 관계, 교육의 기능을 부정적·비판적으로 보는 갈등이론은 학교교육이 지배집단의 문화를 정당화하고 주입하며, 기존의 불평등한 계층구조를 재생산한다고 본다. ㄹ에서 지위경쟁이론은 갈등이론에 해당한다. 지위경쟁이론(권력경쟁이론)은 학력상승의 사회적 요인을 강조하는 입장으로, 학력(學歷)이 사회적 지위(⑩ 직

업, 계층) 획득의 중요한 수단이기 때문에 모든 사람이 높은 학력, 즉 상급 학교 졸업장을 받기 위하여 경쟁적으로 노력함으로써 교육이 팽창한다고 주장한다. 우리 사회의 학벌(學閥)주의 현상은 이러한 사회적 지위 획득 경쟁의 산물이라고 할 수 있다. 베버(Weber), 콜린스(R. Collins), 도어(Dore) 등이 대표자이다.

Tip 기능이론의 기본전제

1. 사회는 하나의 유기체이다.
2. 사회는 항상 안정을 유지하려는 속성을 가지고 있고, 각 부분은 전체의 유지에 기여한다.
3. 사회의 각 부분은 독립적(자율적)이며 또한 상호의존적이다.
4. 사회를 구성하고 있는 각 부분 간에는 우열이 있을 수 없으며 각기 수행하는 기능 상의 차이가 있을 뿐이다.
5. 계층은 기능의 차이에 바탕을 둔 차등적 보상체제의 결과이다.

12 출제영역 >> 교육행정학 난이도 ☆☆★ 정답 ④

✅ **정답찾기** 인간관계이론은 능률과 획일성(절대적 능률성)을 강조하는 과학적 관리론에 대한 비판으로 등장하였다. 미국 하버드 대학 연구팀인 메이요(Mayo) 박사의 호손실험(Hawthorne Experiments, 1924~1932)에 의해 성립되었으며, 조직 내의 인간관계의 변화(개인의 사회·심리적 욕구와 비공식적 집단 등)가 생산성 향상에 영향을 준다고 보는 이론이다. 조직에서 인간의 욕구와 직무동기를 경제적 요인에만 한정시키지 않고, 개인을 인간으로 존중하되, 특히 사회적 욕구에 초점을 두고 이해하려는 관점이다. 비경제적 요인(인간적 요인)을 중시하는 사회적 능률관(상대적 능률관), 교육을 위한 행정, 민주적 지도성 등 교육행정의 민주화에 기여하였다.

13 출제영역 >> 서양교육사 난이도 ☆★★ 정답 ①

✅ **정답찾기** 르네상스기(14~16세기)의 인문주의 교육은 신(神) 중심, 내세(來世) 위주의 편협한 중세문명에서 벗어나, 보다 '인간적인 것' 또는 보다 '인간다운 삶'을 찾으려는 움직임이었다. 그것은 교회의 권위에서 벗어나 현세에서의 생활을 긍정하고, 개인의 자율성과 주도성을 회복하려는 움직임이었다. 또한 '인간(인간성)을 발견하고 회복하려는' 운동이었고, 그런 점에서 '인간중심주의(humanism)' 운동이었다. 문예부흥을 중세에서 근세로 넘어오는 분기점으로 삼는 것은 그것을 근대정신(modernism)의 탄생 시점으로 보기 때문이다. 인문주의 교육은 14세기 이탈리아를 중심으로 발생한 '개인적 인문주의(초기 인문주의)'와 15~16세기 알프스 이북(북유럽) 지방으로 확대된 '사회적 인문주의(후기 인문주의)', 그리고 형식화된 인문주의로서 '키케로주의'로 전개되었다. ①은 계몽주의를 비판하며 등장한 19세기 신인문주의 교육사상에 대한 설명이다.

Tip 구인문주의(14C)와 신인문주의(19C)의 비교

구인문주의	로마 문화	형식 중시 (언어, 문장)	고전의 기계적 모방	모방적, 이상적
신인문주의	그리스 문화	내용 중시 (세계관, 인생관)	고전의 자각적인 비판	자각적, 비판적, 현실적

14 출제영역 >> 교육행정학 난이도 ☆☆★ 정답 ④

✅ **정답찾기** 자기장학은 외부의 지도에 의해서보다는 교사 자신이 전문적 성장을 위해 스스로 계획을 세우고 실천하며 그 결과에 대하여 자기반성을 하는 자율장학을 말한다. 지문에 제시된 방법 이외에도 전문서적이나 자료 탐독, 전문기관이나 전문가 방문·상담, 현장방문·견학, 각종 자기연찬 활동 등이 있다.

Tip 장학의 유형 비교

약식 장학	학교장이나 교감이 잠깐(5~10분) 비공식적으로 교실에 들러서 수업을 관찰하는 방법으로, '일상장학, 전통적 장학'이라고도 부른다. 다른 장학 형태에 대하여 보완적이고 대안적인 성격을 갖는다.
동료 장학	소집단(3~4명)의 교사들이 자신들의 성장과 교육활동의 개선을 위해 서로 협동하고 노력하는 동료적 과정을 말한다.
컨설팅 장학	전문성을 갖춘 장학요원들이 교사의 의뢰에 따라 그들이 직무수행상 필요로 하는 문제와 능력에 관해 진단하고, 그것의 해결과 계발을 위한 대안을 마련하며, 대안을 실행하는 과정을 지원 또는 조언하는 활동이다.

15 출제영역 >> 교육통계 난이도 ★★★ 정답 ③

✅ **정답찾기** Z점수의 산출공식은 $Z = \dfrac{X - M}{SD}$ (X: 원점수, M: 평균, SD: 표준편차)이므로, 수학 원점수 67을 Z점수(①)로 환산하면 $Z = \dfrac{67 - 60}{7}$ = +1.0이다. 이를 백분위 점수(③)로 환산하면 약 84%이다. ②는 T = 50 + 10Z이므로, T = 50 + 10(+1.0), 따라서 60이다. ④는 C = 5 + 2Z 이므로, C = 5 + 2(+1.0), 따라서 7(3등급)이다.

Tip ❶ 정상분포상의 위치와 Z점수, 백분율의 관계

분포상의 위치	M−3SD	M−2SD	M−1.5SD	M−1SD	M−0.5SD	M	M+0.5SD	M+1SD	M+1.5SD	M+2SD	M+3SD
Z점수	−3	−2	−1.5	−1	−0.5	0	+0.5	+1	+1.5	+2	+3
백분율 (%)	0.5	2.5	6.68	16	30.86	50	69.14	84	93.32	97.5	99.5

Tip ❷ 표준점수 간의 관계

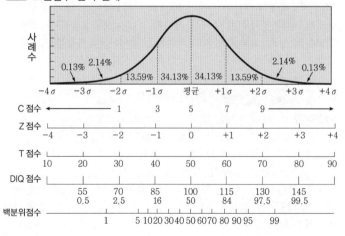

16 출제영역 >> 교육심리학   난이도 ☆☆★   정답 ④

✅ 정답찾기 TV가 아동에게 미치는 영향을 분석하는 과정에서 발달한 반두라(Bandura)의 사회인지이론(social cognitive theory)은 인간행동의 학습은 실험적인 상황이 아니라 사회생활 속에서 타인의 행동을 관찰하고 모방한 결과라고 주장하는 이론이다. 모델링(modeling), 관찰학습 또는 사회학습이론이라고도 하며, 대리적 강화를 중시한다. 조작적 조건형성의 원리를 이용해서 모방을 통한 인간의 사회학습을 설명하면서도 인간행동의 목적지향성과 상징화나 기대와 같은 인지 과정의 중요성을 인정하고 있기 때문에 행동주의에서 인지주의이론으로 넘어가는 과도기적 이론으로 평가받고 있다.

Tip 스키너(Skinner)와 반두라(Bandura) 이론의 비교

구 분	Skinner	Bandura
인간행동의 결정요인	기계론적 환경결정론 : 환경이 인간행동을 결정하는 '일방적' 관계를 제시함.	상호작용적 결정론 : 인간행동은 개체(person)의 인지특성과 행동(behavior), 환경(environment)이 상호작용한 결과
인간의 합리성에 대한 견해	논의 자체를 거부(연구 대상에서 제외)	인간은 합리적으로 행동을 계획하는 것이 가능
인간본성에 대한 견해	자극-반응의 객관적 관점에서 설명 가능	환경으로부터의 객관적 자극에 반응할 때 주관적 인지 요인이 관여 : 주관적 관점과 객관적 관점 모두 수용
기본가정	인간의 자기통제능력 부정	인간의 자기통제능력 긍정
강화와 학습	외적 강화가 수반되어야 학습 가능	외적 강화 없이 학습 가능
강화와 처벌에 대한 해석	강화인과 처벌인을 행동의 직접적인 원인으로 봄.	강화인과 처벌인은 기대를 갖게 한다고 봄(행동의 간접적 원인).
학습에 대한 관점	관찰 가능한 행동의 변화	이전과는 다른 행동을 나타내 보일 수 있도록 하는 정신구조의 변화
공통점	① 경험이 학습의 중요한 요인임에 동의함. ② 행동에 대한 설명에서 강화와 처벌의 개념을 포함함. ③ 학습을 촉진하기 위해 피드백이 중요함에 동의함.	

17 출제영역 >> 한국교육사   난이도 ☆☆★   정답 ②

✅ 정답찾기 성균관(成均館)은 태조 7년(1398), 지금의 성균관 자리에 건립된 국립 고등교육기관으로 인재 및 고급관리 양성과 유교이념의 보급을 목적으로 한 학교였다. 성균관의 입학자격은 원칙적으로 소과(생원시와 진사시) 합격생에 한하여 입학할 수 있었으며, 정원 미달 시 승보시, 음서제도(문무과 2품 이상의 자손) 등을 통해 보충하였다. ③에서 「경국대전(經國大典)」은 성종 16년(1485)에 반포된 조선 최고의 법전으로 성균관, 사학, 향교 등 관학(官學)에 대한 학규(學規)가 언급되어 있으며, 「학령(學令)」은 세종 19년에 제정된 성균관 최초의 학칙으로, 유생의 일과 및 상벌·퇴학 등 학교생활 규정이다. 「원점절목(圓點節目)」은 성균관 유생들의 출석 점수에 관한 규정으로, 원점 300점을 문과 대과의 응시자격으로 제시하고 있다. 「구재학규(九齋學規)」는 세조 9년(1463)에 제정된 성균관 교육과정 규정으로 4서5경의 학습순서를 제시하고 있다.

Tip 조선시대의 학교제도

관 학	• 중앙 : 성균관(고등) / 4부학당, 종학, 잡학(중등) • 지방 : 향교(중등)
사 학	• 서당(초등) / 서원(중등)

18 출제영역 >> 교육의 이해   난이도 ☆☆★   정답 ①

✅ 정답찾기 들로어(Delors)는 「학습 : 내재된 보물」(1996)에서 21세기 교육의 핵심은 '생활을 통한 학습(learning throughout life)'이며, 그 실천을 위한 교육적 원리로 '네 개의 기둥(4 pillars)', 즉 알기 위한 학습, 행동하기 위한 학습, 존재하기 위한 학습, 함께 살기 위한 학습을 제시하였다. 이 중 '존재하기 위한 학습'이 교육의 가장 궁극적인 목적에 해당하는 것으로 개인의 잠재력 실현과 인격 완성에 두는 학습을 말한다.

Tip 들로어(Delors)가 제시한 평생학습을 위한 4가지 기둥

> 1. **알기 위한 학습(learning to know)** : 지식교육 → 교양교육, 전문교육, 학습하는 방법의 학습
>   ① 이것은 충분하고 광범위한 일반지식을 소수의 주제까지 깊이 있게 적용할 수 있도록 조합하는 데 쓰이며, '학습하기 위한 학습'이라고 할 수 있다.
>   ② 전 생애를 거쳐 교육의 혜택을 받을 수 있게 해주며, 가장 기본적이고 기초적인 학습내용이라고 볼 수 있다.
> 2. **행동하기 위한 학습(learning to do)** : 직업교육 → 체험활동
>   ① 이것은 직업기술을 획득할 뿐만 아니라 보다 넓게는 여러 상황에 대처하고 팀을 이루어 일할 수 있는 능력을 얻는 데 쓰인다.
>   ② 또한 젊은이들이 겪는 사회경험과 직무경험을 통해 획득되는데, 그러한 경험들은 지역적·전국적 맥락에서 볼 때 비공식적이기도 하며, 공부와 일을 번갈아 하는 수업을 포함해서 볼 때는 공식적이기도 하다.
>   ③ 이런 학습은 학교의 지식이 사회의 작업장으로 전이되는 과정으로, 앎으로서의 학습에서 행동으로 옮기는 실천의 학습이다.
> 3. **존재하기 위한 학습(learning to be)** : 가장 궁극적인 목적
>   ① 이것은 개인의 인성을 보다 잘 성장시키고, 항상 보다 큰 자율성·판단력·책임감을 가지고 행동할 수 있게 해준다. 따라서 교육은 인간의 어떤 잠재력(에 추리력, 기억력, 미적 감각, 체력, 의사소통기술 등)도 소홀히해서는 안 된다.
>   ② 이러한 조건하에서 교육이 이루어진다면 교육의 전인성이나 인간성의 문제는 쉽게 해결될 수 있을 것이다. 왜냐하면 교육 본연의 목적에 근거한 합리적인 학습이 일어날 수 있기 때문이다.
> 4. **함께 살기 위한 학습(learning to live together)**
>   ① 이것은 타인을 이해하고 상호의존성을 인정하면서 이루어진다.
>   ② 이는 다원주의·상호 이해·평화의 가치를 존중하는 정신으로 타인들과 함께 공동과업을 수행하고 갈등을 관리하는 법을 배우면서 얻어진다.

19 출제영역 >> 교육심리학   난이도 ☆★★   정답 ③

✅ 정답찾기 지문의 내용은 조직화(organization), 정교화(elaboration), 심상형성(imagery) 등 부호화(encoding)에 해당하는 활동이다. 부호화는 장기기억 속에 존재하고 있는 기존의 정보에 새로운 정보를 연결하거나 연합하는 것으로, 작업기억(working memory)에서 장기기억으로 정보를 이동시키는 과정을 말한다. 부호화 전략에는 조직화, 정교화, 맥락화, 심상형성, 기억술, 활동 등의 방법이 있다. 정리처리 모형도에서 ①은 주의(attention), ②는 시연(rehearsal), ④는 인출(retrieval)에 해당한다.

Tip 정보처리과정

주의 집중	정보처리의 시작 ⇨ 자극에 의식적으로 집중하는 과정 **예** 물리적 유형(OHP, 칠판, 교사 등과 같은 수업도구), 강조적 유형(중요함을 강조하기), 감정적 유형(학생을 호명하기), 흥미유발적 유형(지적 호기심을 유발하기) / 시범, 불일치 사건, 도표, 그림, 문제, 사고를 자극하는 질문 전략 등			
지 각	자극에 부여된 (주관적) 의미			
시 연	반복을 통한 정보 유지 **예** 유지형 시연, 정교화 시연			
부호화	장기기억에 연결하기, 장기기억에 정보를 표상화하는 과정 ⇨ 정보를 유의미 (meaningfulness)화 시키기 **예** 조직화, 정교화, 활동, 심상형성, 맥락화, 기억술			
	정교화	새로운 정보에 의미를 추가하거나 그 정보를 기존 지식과 연결하여 의미를 부여하는 전략 **예** 논리적 추론, 연결적 결합, 예시, 세부사항, 문답법, 노트필기, 요약하기, 유추(analogy), 기억술 활용하기		
	조직화	별개의 정보들에 질서를 부여하여 기억하는 것 **예** 도표 작성, 개요 작성, 위계도 작성, 개념도, 청킹		
	심상	정보를 시각적인 형태로 변형하는 과정 **예** 자동차를 언어적 서술 대신에 그림으로 기억하기		
	맥락화	정보를 장소, 특정한 날에 느꼈던 감정, 함께 있었던 사람 등과 같은 물리적·정서적 맥락과 함께 학습하는 것 **예** 어제 수학 시간에 배운 공식이 집에서 생각나지 않다가 학교에 오니 생각이 났다(장소적 맥락). 슬플 때 암기한 것이 슬플 때 잘 기억난다(정서적 맥락).		
인 출	정보를 의식수준으로 떠올리기			

---

20 출제영역 >> 교육사회학　　　난이도 ☆★★　정답 ④

☑ **정답찾기** 윌리스(Willis)가 제시한 반학교문화(counter-school culture)는 노동계급의 학생들은 학교에서 선호하는 지배 이데올로기에 대해 거부하거나 의식적으로 저항하는 간파(penetration)를 일상생활 속에서 실천하는 문화를 의미한다. ①은 프레이리(P. Freire), ②는 지루(H. Giroux), ③은 애플(M. Apple)에 해당한다.

Tip 사회학자들의 저항 개념

애플 (Apple)	상대적 자율성(relative autonomy) ⇨ 저항 개념의 이론적 토대 제공 ① 교육체제가 상당한 정도로 '자율성 향유를 통한 저항'을 하고 있다고 파악한다. ② 즉, 사회구조가 어떤 한계를 규정하기는 하지만 학교교육은 그 자체가 내적 논리에 의해 교육의 목적을 추구할 수 있으며 다만 그러한 노력이 구조적 한계 안에서만 전개될 뿐이다.
프레이리 (Freire)	의식화(conscientization) ⇨ 저항을 실천적 개념으로 이해 ① 저항은 단순한 의식 파악이 아니라 '허위의식의 극복', 즉 '반자동적 또는 순진한(naive) 의식'의 극복을 통해 의식화된 인간의 비신화(非神話)된 현실 속으로 비판적 개입을 내포한다. ② 교사와 학생이 함께 현실 문제를 비판적으로 인식하고 지식을 새로이 창조하려는 노력을 말한다. ③ 비인간화와 비인간화시키는 억압 질서를 주입하는 '은행저금식 교육'에서 인간화와 인간화시키는 질서를 지향하는 '문제제기식 교육(problem-posing education)'을 통해 인간해방을 실천하려는 노력을 말한다.
지루 (Giroux)	폭로(exposure) ⇨ 저항을 의식화를 촉진하는 개념으로 이해 ① 교사와 학생은 학교 교육과정을 수동적으로만 해석하지 않으며 종종 저항의 방식을 통해 학교의 근본적 메시지와 실천들을 거부하기도 한다. ② 이러한 저항 행동의 주요 요소가 폭로(exposure)이다. 이는 현실의 모순을 의심하고 그 의도를 파악해서 구조적 불평등과 억압을 비판적으로 조명하는 것이다.

윌리스 (Willis)	반학교문화(counter-school culture) ⇨ 저항을 학교에서의 가시적(可視的) 행동으로 이해 ① 노동계급의 학생들(lads, 사나이들)은 학교에서 선호하는 지배 이데올로기에 대해 거부하거나 의식적으로 저항하는 간파(看破)를 일상생활 속에서 실천하는 반학교문화를 형성한다. 이런 간파는 간파의 발전과 표출을 혼란시키고 방해하는 이런저런 장해요소와 이데올로기적 영향, 즉 제약(limitation)을 통해 저지·중지되기도 한다. 제약(한계)은 노동계급의 학생들은 아무리 노력해도 구조적 불평등 체계로 인해 자신들의 열등한 위치를 벗어날 수 없다고 생각하는 것을 말한다. ② 간파(penetration) : 노동계급 학생들은 이미 부모, 친척 등을 통하여 직업세계에 대한 정보와 경험이 학교교육의 내용과 다르다는 것을 터득함으로써 그들이 속하게 될 직업적 위치를 알고 있다. ③ 학생들은 학교문화의 일방적 수용자가 아니라 부분적으로 '간파를 통한 저항'을 통해 모순된 사회를 위해 노력하는 능동적 행위 주체이다. ④ 저항의 형식과 전개과정에 주된 관심을 기울이고, 저항을 창출하는 원인의 실체와 노동계급이 아닌 학생들이 보이는 반항행동이나 대부분의 노동계급의 학생들이 보이는 순종적 행동을 설명하지 못했다.
코헨 (Cohen)	하위문화(sub-culture) ⇨ 윌리스(Willis)의 반학교문화와 유사 개념 ① 하류계층은 근본적으로 중류계층과는 근본적으로 다른 문화적 가치와 규범을 갖는데, 이처럼 중류계층의 지배적 문화규범(**예** 합리적 계획, 자립정신, 인격함양 등)과 명백히 구별되는 지배적 문화규범에 대항하는 하류계층의 문화(**예** 비공리성, 악의성, 부정성, 단기적 쾌락주의 등)를 하위문화라고 한다. ② 중류계층의 문화가 주류를 차지하는 학교사회에서 학업성취에 결정적으로 불리한 입장에 놓여 있는 하류층 학생들이 학교의 규범적 문화에 대항하는 성격의 준거체제(frame of reference ≒ 간파)를 형성한다. 이 새로운 준거체제는 주류문화에 도전하고 대항하는 비행 성격을 갖고 있으며 이러한 비행성 하위문화가 곧 하위문화이다.

Tip 사회학자들의 저항 개념

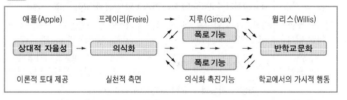

Answer

01	②	02	②	03	①	04	④	05	④
06	①	07	③	08	④	09	④	10	①
11	④	12	②	13	③	14	②	15	②
16	①	17	④	18	④	19	①	20	①

---

01 출제영역 >> 교육의 이해　　　　난이도 ★★★　정답 ②

✅ 정답찾기 ②는 「헌법」 제31조에 언급되어 있지 않다. 「헌법」 제31조에는 ①(제1항), ③(제4항), ④(제6항) 외에 교육의 전문성, 정치적 중립성(제4항) 보장을 언급하고 있다.

Tip 「헌법」 제31조

1. 모든 국민은 능력에 따라 균등하게 교육을 받을 권리를 가진다.
2. 모든 국민은 그 보호하는 자녀에게 적어도 초등교육과 법률이 정하는 교육을 받게 할 의무를 진다.
3. 의무교육은 무상으로 한다.
4. 교육의 자주성·전문성·정치적 중립성 및 대학의 자율성은 법률이 정하는 바에 의하여 보장된다.
5. 국가는 평생교육을 진흥하여야 한다.
6. 학교교육 및 평생교육을 포함한 교육제도와 그 운영, 교육재정 및 교원의 지위에 관한 기본적인 사항은 법률로 정한다.

---

02 출제영역 >> 교육의 이해　　　　난이도 ★★★　정답 ②

✅ 정답찾기 선진국 간의 경제협력조직인 경제협력개발기구(OECD)는 1973년에 미래교육을 위한 정책 문서로 「순환교육: 평생학습을 위한 전략(Recurrent Education: a Strategy for Lifelong Lerning)」을 발표하였다. 이후로 부속연구소인 교육연구혁신센터(CERI)의 전문가들과 협력 학자들을 활용하여 평생학습 중심의 순환교육이론과 실천방안을 개발하였다. 이후 1996년 「만인을 위한 평생학습(Lifelong Learning for All)」 보고서를 통해 21세기 평생교육의 방향을 제시하였다. 유네스코의 평생교육론과 비교할 때 기존의 학교중심 교육체제로부터 벗어나야 한다는 점에서는 일치하지만, 유네스코가 전인적 자아실현에 중점을 두는데 비하여, OECD는 계속적 직업능력개발을 강조한다는 점에서 차이가난다. ①은 평생학습을 '지식경제(Knowledge Economy)'를 위한 교육으로 정의하고, '더 나은 세계'를 위한 지식과 학습을 촉진하는 것을 구현하는 것을 목표로 하고 있다. 경제정책과 빈곤감소, 지속가능한 발전, 역량개발, 국경운영 등의 분야에서 저개발 국가들을 지원하고 있다. ③은 21세기 교육의 핵심을 '생활을 통한 학습(learning throughout life)'을 제시하고, 그 실천을 위한 교육적 원리로 '네 개의 기둥(4 pillars)', 즉 알기 위한 학습, 행동하기 위한 학습, 존재하기 위한 학습, 함께 살기 위한 학습을 제시하였다. ④는 평생교육이라는 개념에 관계되는 세 가지 기본 용어를 삶(life)과 평생(lifelong), 교육(education)을 제시하고, 평생교육의 궁극적 목적인 삶의 질을 개선하고 유지하기 위한 세 가지 전제조건으로 기회(opportunity), 동기(motivation), 교육 가능성(edu-cability)를 강조하였다.

Tip OECD, 「만인을 위한 평생학습(Lifelong Learning for All)」(1996)에 나타난 교육목적

① 개인의 발달 : 개인에게 더 많은 선택권과 기회를 제공함으로써 개인의 흥미와 필요에 부합하는 양질의 교육을 제공한다는 학습자 우선 원칙과 개인의 잠재력 개발 원칙을 말한다.
② 사회적 결속 : 지금까지의 평생학습은 소수의 특권이었다는 것을 강조하고 사회적 양극화를 차단함으로써 OECD 회원국의 민주적 기초를 강화한다는 원칙을 말한다.
③ 경제 성장 : 기술형성에 대한 투자 기회와 효율성과 여건을 개선함으로써 유연성을 향상시키고, 생산성을 끌어올리고, 경제 성장과 일자리 창출을 제고하는 것을 말한다.

---

03 출제영역 >> 교육심리학　　　　난이도 ☆☆★　정답 ①

✅ 정답찾기 프로이트(S. Freud)의 성격발달이론은 심리성적 이론(psycho-sexual theory), 과거 결정론에 해당한다. 개인의 성적 에너지인 리비도(libido)의 발생부위와 충족방식에 따라 성격발달단계를 구강기 - 항문기 - 남근기 - 잠복기 - 생식기의 5단계로 유형화하여 제시하였다. 각 발달단계마다 유아가 추구하는 만족을 충분히 획득해야 다음 단계로 순조로운 이행이 가능하며, 각 발달단계에서 욕구불만을 느끼거나, 그 시기에 느낀 쾌감에 지나치게 몰두하게 되면 다음 발달단계로 넘어가지 못하고 고착(fixation)되어, 성인 시 정신건강에 문제가 발생한다고 보았다. 특히, 성격의 기본구조가 5~6세인 남근기 이전에 완성되고, 그 이후는 기본구조가 정교화되는 과정으로 보아 초기경험의 중요성을 강조하였다. ㄷ과 ㄹ은 에릭슨(E. Erikson)의 주장에 해당한다.

Tip 프로이트와 에릭슨 이론의 비교

프로이트(Freud)	에릭슨(Erikson)
• 심리성적 발달이론 : id심리학	• 심리사회적 발달이론 : ego심리학
• 가족관계 중시 ⇨ 엄마의 영향 강조	• 사회적 대인관계 중시
• 리비도의 방향 전환	• 개인에 대한 가족과 사회의 영향
• 무의식	• 의식
• 발달의 부정적인 면 ⇨ 병리심리학	• 발달의 긍정적인 면 ⇨ 양극이론
• 청년기 이후 발달 무시 : 5단계	• 전 생애를 통한 계속적 발달 : 8단계
• 과거 지향적 접근 : 조기교육 중시	• 미래 지향적 접근 : 평생교육 중시
욕구 충족의 중요성 강조	

---

04 출제영역 >> 한국교육사　　　　난이도 ☆☆★　정답 ④

✅ 정답찾기 구교육과 신교육의 분기점인 고종의 「교육입국조서(教育立國詔書)」(1895. 2)는 교육의 3대 강령(綱領)으로 덕양(德養)·체양(體養)·지양(智養), 즉 전인교육을 제시하고 있다. 또한 전통적 경전교육과 같은 유교교육을 지양하고 자주적·근대적 교육과정을 제시하였으며, 수신교육에서 벗어나 충군애국인을 교육적 인간상으로 봄으로써 교육의 사회적 기능도 중시하였고, 중도퇴학생 발생을 규제함으로써 국민교육의 중요성도 강조하고 있다. ④에서 영재교육의 필요성을 강조한 것은 「학무아문고시」이다.

Tip 갑오개혁 시기 이후의 교육개혁 관련 규정

규정	내용
학무아문 고시 (1894. 7.)	교육개혁에 대한 대내적 선포 • 소학교와 사범학교 설립 • 영재교육의 시급함 강조 • 대학교, 전문학교 설립 취지 천명 • 교육의 기회균등원칙 제시 "돌이켜보건대 시국은 크게 바뀌었다. 모든 제도가 다 함께 새로워야 하지만 영재의 교육은 무엇보다도 시급한 일이다. 그러므로 나라에서 소학교와 사범학교를 먼저 세워 서울에 행하려 하니, 위로 공경대부(公卿大夫)의 아들로부터 아래로 서민의 자제에 이르기까지 다 이 학교에 들어와 배워 아침에 외고 저녁에 익히라. 그리하여 장차 힘을 길러 시대를 구하고 내수(內修)와 외교에 각각 크게 쓰고자 하나니 진실로 좋은 기회다. 앞으로 대학교와 전문학교도 차례로 세우려 한다. 무릇 뜻있는 자는 일심(一心)으로 가르치고 받들어 성세(盛世)를 이루려는 대지(大志)를 버리지 말라."
전고국조례 (1894. 8.)	과거제 폐지
홍범14조 (1895. 1.)	교육개혁에 대한 대외적 선포: 준자제 선발 해외 파견 "국중(國中)의 총명한 자제(子弟)를 널리 파견하여 외국의 학문과 기예(技藝)를 전습(傳習)시킨다."(제11조)
교육입국 조서 (1895. 2.)	1. 구교육과 신교육의 분기점: 법제화를 통한 근대적 학제 확립에 기여 • 전인교육(덕·체·지 3육론) • 교육의 기회균등(교육 의무화 계몽) • 자주적·근대적 교육과정(국사, 국문, 실용지식 보급) • 교육구국운동(충군애국인 양성) 기치 • 중도 퇴학생 발생을 법적으로 규제(학비환입조규) 2. 의의: 민주주의 교육이념 구현, 교육의 사회적 기능, 국민교육 중시

05 출제영역 >> 교육심리학　　난이도 ☆☆★　정답 ④

✅**정답찾기** 행동주의에서 학습은 조건화(conditioning), (관찰 가능한) 외현적(外現的) 행동의 변화, 자극과 반응의 결합(connection), 시행착오(trial and error)의 과정으로 정의된다. 파블로프(I. Pavlov)는 고전적 조건화(수동적 조건화), 손다이크(Thorndike)는 도구적 조건화(시행착오 학습), 스키너(B. F. Skinner)는 조작적 조건화(능동적 조건화)를 주장하였다. ①은 인본주의, ②와 ③은 인지주의 학습이론에 해당한다. ②는 레빈(Lewin)의 장이론(field theory), ③은 톨만(Tolman)의 기호형태설(Sign-Gestalt Theory)에 해당한다.

06 출제영역 >> 서양교육사　　난이도 ☆☆★　정답 ①

✅**정답찾기** 소크라테스(Socrates)는 지덕복 합일(知德福 合一)의 도덕적 인간 양성을 중시하여, 덕(德, 선한 행위)은 선(善)의 본질에 대한 지식에서 비롯되기에 덕(德)은 곧 지식이며, 지식이기에 가르칠 수 있으며, 누구나 진리인 선을 알게 되면 선을 행할 수 있다고 보았다. 그가 제시한 문답법(대화법)은 학습자로 하여금 보편적 진리의 세계로 인도하는 사고력 계발의 과정으로, 오늘날의 발견학습과 탐구학습의 원리에도 영향을 주었다.

Tip 소크라테스(Socrates)의 문답법(대화법)

단계	교육방법	내용	비고
1 (파괴)	반어법(反語法) - 소극적 대화	무의식적 무지 ⇨ 의식적 무지	대화법(문답법) 명제: '너 자신을 알라'
2 (생산)	산파법(産婆法) - 적극적 대화	의식적 무지 ⇨ 합리적 진리	

07 출제영역 >> 교육심리학　　난이도 ☆☆★　정답 ③

✅**정답찾기** 피아제(Piaget)에 따르면 인지발달단계는 '감각운동기 → 전조작기 → 구체적 조작기 → 형식적 조작기'의 순서로 진행된다. 이 중 전조작기(pre-operational period)는 언어와 같은 상징도식을 사용하여 사고가 시작되는 단계이다. 이 단계의 사고는 두뇌 발달의 미성숙으로 인해 비논리적·비사회적·자기중심적으로 나타나는 불완전한 시기이다. ㄱ과 ㄴ은 감각운동기에 나타나는 인지적 특성에 해당한다. ㄱ은 어떤 대상이 시야에서 사라져도 독립된 실재로 여전히 존재하는 것을 아는 것으로, 사고의 발생을 나타내는 표상능력의 획득을 의미한다. ㄴ은 모방할 동작을 내재적인 표상으로 기억한 후 재현해 내는 것으로 감각운동기 말기에 나타난다. ㄷ은 소꿉놀이처럼 가상적인 상황이나 사물을 사용하여 실제 상황이나 사물을 상징화하는 놀이를 말하며, ㄹ은 생명이 없는 대상에 생명과 감정을 부여하는 비논리적 사고를 말한다.

Tip 피아제(Piaget)의 인지발달단계별 인지적 특성

감각 운동기	• 행동을 통해 환경을 조작, 사고 발달×(단계 말기에 사고가 출현) • 순환반응, 목적적 행동, 대상영속성, 지연모방
전조작기	• 불완전하고 비논리적인 사고(지각 > 사고), 1차원적 사고, 현재 중심적 사고 • 가상놀이(상징적 사고), 물활론적(인상학적) 사고, 중심화, 자기중심적 사고, 자기중심적 언어, 지각적 중심화, 변환적 추리, 전도추리, 비전이성, 꿈의 실재론, 인공론적 사고, 상태적 사고, 혼합적 사고, 기준가변적 사고
구체적 조작기	• 완전하고 논리적인 사고(구체적 경험에 한정), 2차원적 사고, 과거-현재에 대한 사고 • 탈중심화(조망수용능력), 가역적 사고, 중다분류, 중다서열화, 논리적 사고(귀납적 사고)
형식적 조작기	• 완전하고 논리적인 사고(추상적 사고도 가능), 3차원적 사고, 과거-현재 - 미래에 대한 사고 • 추상적 사고(반성적 추상화), 논리적 사고(가설·연역적 사고), 조합적 사고, 명제적 사고

Tip 전조작기의 주요 특징(P. Eggen)

특징	설명	예
자기중심성 (egocentrism)	다른 사람의 관점에서 해석하지 못함	자신이 공을 맞히지 못한 것은 아빠가 공을 잘못 던졌기 때문이라고 생각한다.
중심화 (centration)	가장 분명하게 지각되는 한 면에만 초점을 두고 다른 면들은 무시해버리는 성향	머리핀 가격이 5천 원이고, 옷 가격이 50만 원이라고 붙어 있는 가격표를 보고 실제로 비싼 가격임에도 불구하고 싸다고 여긴다.
변형 (transformation) 능력의 제한	한 상태에서 다른 상태로 변화하는 과정을 정신적으로 추적하는 능력의 제한	점토가 공 모양에서 호떡 모양이 되는 과정을 정신적으로 표상할 수 없다.
가역성 (reversibility)의 제한	마음속에서 변형된 것을 원상태로 되돌리는 능력의 제한	호떡 모양으로 변형된 점토를 다시 마음속에서 공 모양으로 되돌릴 수 없다.

체계적 추론 (systematic reasoning)의 제한	자료를 활용해 합리적 결론을 도출하기 위한 논리적 사고능 력의 제한	보통 습기 차고 구름 긴 날에 비 가 내리는데, 습기가 차고 구름이 많은 것을 보고 비가 올 것 같다 고 결론을 내리지 못한다.

---

08 출제영역 >> **교육과정**　　　　난이도 ☆★★　　정답 ④

☑ 정답찾기 워커(Walker)의 숙의(deliberation) 모형은 현실적인 장면(실제적 상황)에서 교육과정을 개발하는 과정을 기술한 자연주의적(naturalistic) 모형, 교육과정 개발자들이 실제로 따르고 있는 절차를 객관적으로 기술한 기술적(descriptive) 모형, 결과보다는 의사결정 과정이나 절차를 중시한 과정 지향적 모형에 해당한다. 그의 모형에 따르면 교육과정 개발의 주요 요소는 강령(platform), 숙의(deliberation), 설계(design)로 구성되며, 이 요소는 선형적이 아닌 역동적인 상호작용의 관련성을 갖는다. ①은 설계(design), ③은 강령(platform)에 해당한다. ②는 (바람직하지 못한) 숙의의 한 형태이지 숙의 자체는 아니다.

Tip 워커(Walker)의 교육과정 개발과정

토대 다지기 (platform, 강령) →[자료]→ 숙의(deliberation, 대안 선정) →[정책]→ 설계(design)

강령 (platform)	교육과정 개발에 참여한 사람들의 기본입장 검토를 통해 토대(토론의 기준, 합의의 발판)를 구축하는 단계	
숙의 (deliberation)	여러 대안 중 가장 현실적인 대안을 찾아내는 단계 ⇨ 교육과정 개발과정에서 다양한 대안들을 두고 참여자들이 장시간 체계적으로 논의·검토하여 최선의 대안을 선정하는 단계	
	합리적(바람직한) 숙의	비합리적(바람직하지 못한) 숙의
	• 주어진 교육과정 문제를 설득력 있고 타당한 방법으로 논의 • 각 대안의 장점과 그 토대가 되는 지식의 타당성 검증 • 관련된 모든 집단의 입장과 가치 탐색 • 공정하고 균형 잡힌 시각과 판단 • 가장 유망한 교육과정 실천 대안을 검토·선정하는 일	• 파당적 숙의: 특정 집단의 견해만 반영되는 경우 • 제한적 숙의: 몇몇 요인만 과도하게 부각되는 경우 • 한정적 숙의: 숙의의 대상에 대한 근본적인 재검토 및 재규정이 불가능해진 경우 • 유사적 숙의: 구체적인 실천 계획이 없이 목적, 이상, 기본 원칙, 철학 등만 나열하는 경우 • 공청회: 거친 수준에서 정보나 의견을 교환하는 경우
설계 (design)	개발자들이 논의를 통하여 교육 프로그램의 상세한 계획을 수립하는 단계	

---

09 출제영역 >> **교육과정**　　　　난이도 ☆★★　　정답 ④

☑ 정답찾기 잠재적 교육과정(latent curriculum)은 잭슨(P. W. Jackson)이 「교실의 생활」(1968)에서 처음 제시한 것으로 학교에서 의도하지 않았던 학습결과를 초래하는 교육과정을 말한다. 학교의 상황을 통하여 학생들이 은연중(隱然中)에 가지게 되는 경험의 총체(總體)에 해당하며, 학교에서 의도했으나 의도와는 다른 학습결과를 초래하는 경우나 학교에서 의도하지 않았으나 학생들이 학습한 경우를 말한다. 표면적인 교육과정을 제외한 학교의 전 경험으로 교사가 계획하거나 의식하지 못하는 가운데 '교육실천과 환경'이 '학생들의 삶에 미치는 영향력과 그 결과'에 해당한다. ④는 교육적 의도(탐구능력 배양)와는 다른 결과(협동심 함양)를 초래한 사례이므로 잠재적 교육과정에 해당한다. ①과 ②는

공식적 교육과정, ③은 의도적으로 배제한 영 교육과정(null curriculum)의 사례에 해당한다.

---

10 출제영역 >> **교육철학**　　　　난이도 ☆☆★　　정답 ①

☑ 정답찾기 실존주의(existentialism)는 1·2차 세계대전과 후기산업사회의 비인간화 등 현대문명을 비판하고 주체성 회복을 통한 인간성 회복을 강조하는 철학이다. 현대문명의 비인간화를 초래한 원인을 이성을 절대시하는 관념론과 인간을 객체화하는 실증주의에 두기 때문에 '체계성·전체성·일반성·보편성·평균성'(본질)을 부정하고 자율적(주체적) 존재로서의 인간을 강조한다. 이런 철학적 경향성은 "실존은 본질에 선행한다."는 사르트르(Sartre)의 말에 잘 드러나 있다. 이처럼 실존주의는 모든 형태의 결정주의, 운명론, 필연주의를 부정하며 본질은 개인의 실존에 의해서 창조되는 것으로 본다. 실존주의에서 다루는 불안은 시간의 유한성과 죽음, 주체성의 결핍으로부터 비롯된 불안으로 '실존적 신경증'이라고 한다.

---

11 출제영역 >> **교육심리학**　　　　난이도 ☆★★　　정답 ④

☑ 정답찾기 브론펜브레너(U. Bronfenbrenner)의 「인간 발달의 생태학(The Ecology of Human Development)」(1979)에서 제기된 생태학적 이론(ecological theory)은 유전적 요소, 가정의 역사, 사회경제적 수준, 가정생활의 질, 문화적인 배경과 같은 요인들이 발달과 관련된다고 파악하고, 인위적인 실험실 연구가 아닌 실제 삶의 맥락 내에서 행하고 연구하고자 하는 접근이다. 그는 사람과 상황(맥락)이 상호작용하는 방식을 러시아 인형에 대한 은유(metaphor)로 설명하고 있다. 즉, "러시아 인형이 가장 큰 인형 속에 점차 작은 인형들이 차례로 들어 있는 것처럼, 상황들도 역시 더 큰 상황 속에 담겨 있다. 미시체계는 중간체계 속에 담겨 있고, 중간체계는 외체계 속에, 외체계는 거시체계 속에 담겨 있다." 브론펜브레너는 이러한 각각의 상황들 속에서의 역동성과 그 상황들 간의 전이(轉移)에 관심을 가졌다. 이와 같이 브론펜브레너(U. Bronfenbrenner)의 '맥락 속의 발달(development-in-context)' 혹은 '발달의 생태학(ecology of development)'은 인간 발달에 영향을 주는 환경체계를 시간과 공간을 중심으로 중층적으로 파악하고 있다.

Tip 브론펜브레너(U. Bronfenbrenner)의 환경체계 유형

	미시 체계	아동이 직접적으로 접하는 환경(예 가정, 유치원, 학교, 또래집단, 놀이터 등) ⇨ 아동의 발달에 직접적으로 영향을 미치는 가장 가까운 환경으로, 아동이 성장하면서 변화한다.
공간 체계	중간 체계	미시체계들 간의 상호관계, 즉 환경들 간의 관계, 아동이 적극적으로 참여하는 두 개 또는 더 많은 수의 환경들 간의 상호관계 예 가정과 학교의 관계, 가정과 또래집단과의 관계
	외(부) 체계	아동이 직접적으로 접촉하지는 않지만 아동에게 영향을 미치는 사회적 환경 예 이웃, 친척, 부모의 직장, 대중매체, 정치적·경제적·사회적 의사결정기구(정부기구, 교육위원회, 사회복지기관 등과 같은 청소년 관련기관)
	거시 체계	미시체계, 중간체계, 외체계를 모두 포함한 것으로, 아동이 살고 있는 문화적 환경 전체 예 사회적 가치, 법, 관습, 태도 등 ⇨ 가장 바깥에 존재하며, 가장 넓은 체계의 환경이다.
시간체계 (연대체계)		개인의 일생 동안에 걸쳐 일어나는 변화와 사회·역사적인 환경의 변화 예 부모가 이혼한 시점, 동생이 태어난 시점 등이 언제이냐에 따라 아동에게 주는 영향이 다르다. 가족제도의 변화, 결혼관의 변화, 직업관의 변화 등

제14회

12 출제영역 >> 교육심리학　　　　　　　난이도 ☆☆★　정답 ②

☑정답찾기 프리맥(Premack)의 원리란 '빈도수가 높은 행동(선호하는 행동)은 빈도수가 낮은 행동(덜 선호하는 행동)에 대해서 강화력을 갖는다'는 원리로, 강한 자극을 이용하여 약한 반응을 촉진하는 정적 강화의 한 방법이다. 일명 '할머니의 법칙'이라고 하며, 강화의 상대성 원리를 나타내 주며 불쾌 자극을 먼저 제시하고 쾌 자극을 나중에 제시해야 함을 시사한다. ①은 강화를 이용해서 목표행동을 점진적으로 형성하는 기법으로, 학생이 한 번도 해본 적이 없거나 거의 하지 않는 행동을 여러 단계로 나누어 강화시킴으로써 점진적으로 바람직한 행동을 학습할 수 있게 하는 방법을 말한다. 학습내용 조직의 계열성에 해당하는 점진적 접근(successive approximation)의 원리와 학습결과에 대한 차별강화(differential reinforcement), 정적 강화, 계속적 강화를 이용한다. ③은 바람직한 행동을 했을 때 학습자가 싫어하는 자극을 제거하거나 감소시켜 줌으로써 반응 확률(행동이 일어날 확률)을 높여 주는 절차를 말한다. ④는 부적 벌(제거성 벌, 박탈성 벌)의 하나로 '(일시적) 격리'라고도 한다. 바람직하지 못한 행동을 감소시키기 위해 정적 강화를 받을 수 있는 기회를 박탈하거나 강화를 받을 수 있는 장면에서 추방하는 방법이다.

13 출제영역 >> 교수·학습방법　　　　　　난이도 ☆☆★　정답 ③

☑정답찾기 제시된 지문은 버즈토의(buzz learnig)에 해당한다. 버즈토의(버즈학습, buzz learning)는 전체집단을 몇 개의 소집단으로 나누어 소집단 토의(분과 토의)를 진행하고, 최종적으로 집단 구성원 전체가 다시 모여 전체 토의를 통해 소집단 토의 결과를 종합·정리하고 결론을 도출해 내는 집단토의 학습방법을 말한다.

Tip 토의법의 유형

유형	내용
원탁토의 (round table discussion)	자유토의의 한 형태로, 참가자 전원(5~10명)이 상호 대등한 관계 속에서 정해진 주제에 따라 자유롭게 서로의 의견을 교환하는 방법
배심토의 (panel discussion, 판결식 토의)	특정 주제에 대해 상반(相反)되는 견해를 대표하는 소수(3~6명)의 선정된 배심원(panel)들이 사회자의 진행에 따라 다수의 청중들 앞에서 유목적인 대화의 형태로 토의하는 방식이다.
세미나 (seminar, 질의식 토의)	어원적 의미는 동물의 축사(畜舍), 사육장(飼育場)으로, 참가자 모두(5~30명 정도)가 해당 토의주제 분야에서 권위 있는 전문가나 연구가들로 구성된 소수집단 토의를 말한다. 토의를 주도해 나갈 사람이 주제발표를 한 후 참가자들이 사전에 준비된 의견을 개진하거나 상호 간 질의와 응답하는 형태로 진행된다.
단상토의 (symposium, 강연식 토의)	하나의 토의주제에 상이(相異)한 의견을 지닌 권위 있는 전문가 약간 명(3~4명)이 사회자의 진행으로 부여된 시간 동안 자신의 의견을 개진하는 방식이다.
공개토의 (forum discussion, 공론식 토의)	1~3명의 전문가나 자원인사가 10~20분간 공개 연설을 한 후, 이를 중심으로 청중과 질의응답으로 토의를 진행하는 방법이다.
대담토의 (colloquy)	청중 대표(3~4명)와 전문가나 자원인사 대표(3~4명)가 청중 앞에서 사회자의 진행으로 특정 주제에 대하여 토의를 진행한다.
버즈학습 (buzz learning, 분반식 토의)	전체 집단을 몇 개의 소집단으로 나누어 소집단토의(분과토의)를 진행하고, 최종적으로 집단구성원 전체가 다시 모여(전체토의) 소집단토의 결과를 종합·정리하고 결론을 도출해 내는 집단토의 학습방법

14 출제영역 >> 생활지도와 상담　　　　　　난이도 ☆★★　정답 ②

☑정답찾기 ②는 지시적 상담이론에 해당한다. 지시적 상담이론(directive counseling theory)은 윌리암슨(Williamson)과 다알리(Darley)가 주창한 것으로, 내담자의 모든 문제에 대하여 지시적인 요소(❻ 해석, 정보, 조언, 충고)를 제공하여 내담자가 당면한 문제를 해결할 수 있도록 돕는 인지적 상담이론이다. 특히 심리검사나 면접 등과 같은 과학적 방법을 통해 상담의 전문화에 기여하였다. 교류분석(Transactional Analysis) 상담이론은 모든 사람은 어버이(Parent ego : P), 어린이(Child ego : C), 어른(Adult ego : A) 등 세 가지 자아상태를 가지고 있고, 이 중 어느 하나가 상황에 따라 한 개인의 행동을 지배한다고 가정한다. 이 세 가지 자아 중, 한 자아가 선택적으로 인간관계의 상황이나 의사소통 과정에서 행동의 주된 동력으로 작용하게 되며, 어느 상태에서 어느 자아가 개인의 동력으로 작용하느냐에 따라 의사소통 및 인간관계의 양상이 변화하고, 동시에 문제가 발생할 수 있다. PAC의 활용이 어느 한 틀에 고정될 때 부적응이 발생한다고 본다.

15 출제영역 >> 교육평가　　　　　　　　　난이도 ★★★　정답 ②

☑정답찾기 성장참조평가와 능력참조평가는 모두 자기참조평가에 해당하는 것으로, 평가기준을 학습자 내부에 설정하여 비교하고 평가의 교수적 기능을 중시한다. 이 중 성장참조평가(성장지향평가)는 교육과정을 통하여 능력이 얼마나 성장하였느냐에 관심을 두는 평가를 말한다. ①은 능력참조평가, ③은 규준참조평가, ④는 준거참조평가에 해당한다.

Tip 평가기준에 따른 평가유형의 비교

구분	규준지향평가	준거지향평가	성장지향평가	능력지향평가
강조점	상대적 서열	특정영역의 성취	능력의 변화	최대 능력 발휘
교육신념	개인차 인정	완전학습	개별학습	개별학습
비교대상	개인과 개인	준거와 수행	개인의 성장 및 변화의 정도	개인의 수행정도와 고유능력
개인차	극대화	극대화하지 않음	고려하지 않음	고려하지 않음
이용도	분류, 선발, 배치	자격부여	학습 향상	최대능력의 발휘
강조점	평가의 행정적 기능		평가의 교수적 기능	

16 출제영역 >> 교육행정학　　　　　　　난이도 ☆☆★　정답 ①

☑정답찾기 교육행정의 특수적 성격은 교육목표 달성의 장기성(교육은 장기적 투자활동이며, 교육효과도 장기적으로 나타남), 교육에 관여하는 제 집단(❻ 교사, 학생, 학부모, 지역사회)의 독자성과 협력성, 교육효과의 직접적인 측정(평가)의 곤란성, 고도의 공익성과 여론에의 민감성을 들 수 있다. ①은 전문적 성격으로 일반적 성격에 해당한다.

17 출제영역 >> 교육행정학　　　　　　　난이도 ☆★★　정답 ④

☑정답찾기 에치오니(Etzioni)는 복종의 구조(compliance structure), 즉 구성원에게 작용하는 권력(power)의 종류와 그 결과로 조직에 관여(involvement)하는 방식과의 관계를 중심으로 조직을 강제적 조직(coercive organization), 공리적 조직(utilitarian organization), 규범적 조직(normative organization)으로 분류하였다. 그에 따르면 학교조직은 규범적 조직으로, 학교는 상징적·도덕적 가치(❶ 위신, 존경, 신념, 애정, 사명감 등)를 통해 구성원들을 지배하고, 구성원들로 하여금 자발적(헌식적)으로 참여하게 함으로써 높은 귀속감을 가지게 하는 조직에 해당한다. ①은 교도소, 정신병원 등과 같은 강제적 조직, ③은 회사, 기업 등과 같은 공리적 조직에 해당한다.

---

18 출제영역 >> 교육행정학   난이도 ★★★   정답 ④

✅ **정답찾기** ④는 "교육지원청에 교육장을 두되 장학관으로 보(補)한다."(「지방교육자치에 관한 법률」 제34조 제3항) "고위공무원단에 속하는 일반직공무원 또는 장학관으로 보한다."는 부교육감에 해당한다(제30조 제1항). ②는 제30조 제2항, ③은 제34조 제1항에 해당한다.

---

19 출제영역 >> 교육행정학   난이도 ☆★★   정답 ①

✅ **정답찾기** ㄱ과 ㄹ은 지방교육의 균형 있는 발전을 도모하기 위해 국가(중앙 정부)에서 교부해 주는 지방교육재정 교부금에 해당한다. ㄴ, ㄷ, ㅁ은 지방자치단체(시·도)의 일반회계로부터 시·도 교육청 교육비 특별회계로 지원해 주는 전입금에 해당한다. ㅂ은 시·도교육청(교육비 특별회계) 자체수입에 해당한다.

Tip 지방교육재원의 구조

국가 지원	지방 교육 재정 교부금	**보통 교부금** • (재원) 1. 해당 연도의 내국세[목적세 및 종합부동산세, 담배에 부과하는 개별소비세 총액의 100분의 45 및 다른 법률에 따라 특별회계의 재원으로 사용되는 세목(稅目)의 해당 금액은 제외] 총액의 1만 분의 2,079(20.79%)의 97/100 2. 해당 연도의 「교육세법」에 따른 교육세 세입액 중 「유아교육지원특별회계법」 제5조 제1항과 「고등·평생교육지원특별회계법」제6조 제1항에서 정하는 금액을 제외한 금액 • (교부기준) 기준재정수입액이 기준재정수요액에 미달하는 경우에 그 미달액을 기준으로 총액 교부 • 종전의 봉급교부금(의무교육기관 교원) 및 증액교부금(저소득층학생 지원금, 특성화고교 실습지원금 등)을 흡수·통합한 금액
		특별 교부금 • (재원) 해당 연도의 내국세[목적세 및 종합부동산세, 담배에 부과하는 개별소비세 총액의 100분의 45 및 다른 법률에 따라 특별회계의 재원으로 사용되는 세목(稅目)의 해당 금액은 제외] 총액의 1만 분의 2,079(20.79%)의 3/100 • (교부기준) 1. 재원의 60/100 : 선도적인 교육관련 국가시책사업 지원 수요가 발생했을 때 또는 지방교육행정 및 지방교육재정의 운용실적이 우수한 지방자치단체에 대한 재정지원이 필요할 때(시책사업 수요 또는 우수지방자치단체 교부) 2. 재원의 30/100 : 기준재정수요액의 산정방법으로 파악할 수 없는 특별한 지역교육현안에 대한 재정수요가 있을 때(지역교육 현안 수요) 3. 재원의 10/100 : 보통교부금의 산정기일 후에 발생한 재해로 인하여 특별한 재정수요가 생기거나 재정수입이 감소하였을 때 또는 재해를 예방하기 위한 특별한 재정수요가 있는 때(재해발생 수요, 재해예방 수요 또는 재정수입 감소)
	국가 지원금	국고사업 보조금

지방 부담	지방 자치 단체 일반 회계 전입금	지방 교육세 전입금	등록세액·재산세액의 20%, 자동차세액 30%, 주민세 균등할의 10~25%, 담배소비세액의 43.39%, 레저세액의 40%
		담배 소비세 전입금	특별시·광역시 담배소비세 수입액의 45%
		시·도세 전입금	특별시세 총액의 10%, 광역시세·경기도세 총액의 5%, 나머지 도세 총액의 3.6%
		기타 전입금	도서관 운영비, 학교용지 부담금, 보조금 등
	자체 수입		입학금 및 수업료(고등학교에 한함), 재산수입, 수수료, 사용료

---

20 출제영역 >> 교육사회학   난이도 ☆★★   정답 ①

✅ **정답찾기** 기능이론에서는 개인의 사회적 지위는 본인의 노력(학교교육)에 의해 결정된다고 보며, 갈등이론에서는 학교가 불평등을 재생산한다고 보기 때문에 가정배경이 사회적 지위에 영향을 준다고 본다. 이와 관련된 연구 중 블라우와 던컨(Blau & Duncan)의 지위획득 모형 연구 결과는 기능이론(평등화기여론)의 대표적 주장이다. ②, ③, ④는 갈등이론(불평등재생산론)에 부합되는 연구 사례들이다.

Tip 학교교육과 사회평등

1. **평등화 기여론(기능이론적 관점)** : 학교교육 자체가 계층 간 격차를 해소하고 사회평등화를 실현하는 장치로 기능한다고 보는 이론

블라우와 던컨 (Blau & Duncan)	학교교육(본인의 노력)이 직업지위 획득에 가장 중요한 요인
스웰과 하우저 (Swell & Hauser)의 위스콘신 모형	사회심리적 변인, 즉 '의미 있는 타인들(significant others ❶ 부모)'의 격려가 노력과 직업지위의 매개변인으로 작용
해비거스트 (Havighurst)	학교교육은 사회적 상승이동(개인이동과 집단이동)을 촉진함으로써 사회평등화에 기여
슐츠(Schultz)의 인간자본론	교육은 개인의 생산성 증대 및 소득 증대를 통해 소득분배 평등화에 기여

2. **불평등 재생산이론(갈등이론적 관점)** : 학교교육은 지배층의 이익에 봉사하는 장치로 사회적 불평등을 재생산한다고 보는 이론

보울스와 진티스 (Bowles & Gintis)	가정의 사회·경제적 배경이 사회적 지위를 결정 ⇨ 학교교육은 지배층의 이익에 봉사하며, 불평등구조를 재생산
스탠톤-살라자와 돈부쉬 (Stanton-Salazar & Dornbusch)의 연줄모형	학교 내의 사회적 자본(사회적 네트워크)이 교육 및 직업 획득에 영향(학생의 능력×)
카노이 (M. Carnoy)	교육수익률(교육의 경제적 가치)의 교육단계별 변화 분석을 통해 교육이 지배층의 이익에 봉사한다는 것을 규명 ⇨ 교육수익률이 높은 경우(학교발달 초기)는 학교교육기회가 중상류층에게만 제한, 교육수익률이 낮은 경우(학교발달 후기)는 학교교육기회가 하류층에게도 보편화
라이트와 페론 (Wright & Perrone)	교육수준이 소득에 미치는 영향 연구를 통해 교육이 상층집단에게는 도움이 되나, 하층집단에게는 큰 의미가 없음을 규명 ⇨ 교육의 수익은 노동계급보다 관리자 계급, 백인 여성과 흑인 남성보다는 백인 남성에 있어서 더 크다.

3. **무효과론(무관론)** : 학교교육은 평등화에 관한 한 의미가 없으며, 교육은 사회평등화보다 다른 가치를 추구한다고 보는 이론 ❶ 젠크스(Jencks), 버그(Berg), 앤더슨(Anderson), 부동(Boudon), 치스위크와 민서(Chiswick & Mincer), 써로우(Thurow)

Answer

01	③	02	②	03	④	04	②	05	③
06	②	07	②	08	④	09	①	10	③
11	③	12	④	13	①	14	④	15	②
16	①	17	④	18	④	19	①	20	②

01 출제영역 >> 교육철학 난이도 ☆☆★ 정답 ③

✅정답찾기 자연주의(naturalism) 교육은 자연(심리적 자연, 잠재성)에 일치하는 교육, 인간의 발달과정이 자연적 법칙에 합치되는 교육, 강제적·인위적인 것을 거부하고 스스로 자발적·자연적으로 성장하는 교육으로, 민주주의 교육이념의 토대인 인간(아동) 존중 사상의 밑거름이 되었으며, 19세기말부터 20세기 초에 전개된 새교육 운동(아동중심교육운동)의 기초가 되었다. 루소(Rousseau), 헤르바르트(Herbart), 니일(Neill) 등이 대표자이다. ①은 재건주의, ②는 본질주의, ④는 항존주의에 해당한다.

02 출제영역 >> 교육심리학 난이도 ☆★★ 정답 ②

✅정답찾기 부적 강화(negative reinforcement)는 반응확률을 증가시키기 위해 반응 후 싫어하는 자극이나 대상을 제거해 주는 절차를 말하며, 고정비율 강화계획은 성과급의 경우처럼 일정한 횟수의 반응을 할 때마다 강화를 주는 계획을 말한다.

Tip 강화, 벌, 소거의 개념적 구분

절차	목표	목표행동	자극의 성질	자극제시 방법
정적 강화	행동의 증가	바람직한 행동	유쾌자극	행동 후 제시
부적 강화	행동의 증가	바람직한 행동	불쾌자극	행동 후 제거
정적 벌	행동의 감소	바람직하지 못한 행동	불쾌자극	행동 후 제시
부적 벌	행동의 감소	바람직하지 못한 행동	유쾌자극	행동 후 제거
소거	행동의 감소	바람직하지 못한 행동	유쾌자극	행동 후 유보

Tip 강화계획

강화계획			학습단계	강화절차	적용 사례
계속적 강화 (연속강화, 전체강화)			학습의 초기단계 (특정행동의 학습)	매 행동마다 강화 ⓔ 매 행위마다 강화한다.	
간헐적 강화 (부분 강화)	간격 강화 (시간 기준)	고정 간격 강화 (FI)	학습의 후기단계 (학습된 행동의 유지)	정해진 시간마다 한 번씩 강화 ⓔ 30초가 지난 후 첫 번째 정반응에 강화를 준다.	정기고사, 월급
		변동 간격 강화 (VI)		평균시간마다 한 번씩 강화 ⓔ 평균 30초 간격으로 정반응을 강화하되, 무작위로 강화를 준다.	버스 정류장에서 버스 기다리기, 수시고사
	비율 강화 (빈도 기준)	고정 비율 강화 (FR)	"	정해진 횟수(빈도)의 반응을 할 때마다 한 번씩 강화 ⓔ 3번째 정반응에 강화를 준다.	성과급
		변동 비율 강화 (VR)	"	평균 횟수의 반응을 할 때마다 한 번씩 강화 ⓔ 평균 3번째 정반응에 강화하되, 무작위로 강화를 준다.	도박

03 출제영역 >> 교육과정 난이도 ☆★★ 정답 ④

✅정답찾기 학문중심 교육과정은 '구조화된 일련의 의도된 학습결과(Intended learning outcom)로서 각 학문에 내재해 있는 지식탐구과정의 조직'으로 교육과정을 정의하며, 지식의 구조(structure of knowledge)의 획득에 관심을 둔다. ①은 인간중심 교육과정, ②는 교과중심 교육과정, ③은 경험중심 교육과정에 해당한다.

04 출제영역 >> 교육행정학 난이도 ☆☆★ 정답 ②

✅정답찾기 컨설팅 장학(맞춤형 장학)은 전문성을 갖춘 장학요원들이 학교 구성원의 의뢰에 따라 그들이 직무수행상 필요로 하는 문제와 능력에 관해 진단하고, 그것의 해결과 계발을 위한 대안을 마련하며, 대안을 실행하는 과정을 지원 또는 조언하는 활동이다. 지문은 교육에 관한 전문성을 갖춘 컨설턴트에 의한 활동이어야 한다는 전문성의 원리에 해당한다.

Tip 컨설팅 장학의 원리

자발성의 원리	학교장이나 교사가 자발적으로 나서서 컨설턴트의 도움을 요청해야 한다는 것이다.
전문성의 원리	학교경영과 교육에 대한 전문적 지식과 기술체계를 갖춘 사람에 의해 이루어지는 지도와 조언활동이 되어야 한다는 것이다.
독립성의 원리	컨설턴트가 의뢰인과 상급자–하급자의 관계에 있어서는 안 되며, 독립된 개체로서 서로 인정하고, 도와주는 역할수행이 이루어져야 한다는 것이다.
자문성의 원리	컨설팅은 본질적으로 자문활동이어야 한다는 것이다. 즉, 컨설턴트가 의뢰인을 대신해서 교육을 담당하거나 학교를 경영하는 것이 아니며, 그 컨설팅을 선택함으로써 발생하는 모든 책임은 원칙적으로 의뢰인에게 있다는 것이다.
일시성의 원리	의뢰인과 컨설턴트와의 관계는 특정 과제해결을 위한 일시적인 관계여야 한다는 것이다.
교육성의 원리	학교 컨설팅을 통해 컨설턴트는 의뢰인에게 컨설팅에 관한 교육적 영향력을 행사해야 한다는 것이다.

05 출제영역 >> 교육심리학 난이도 ☆☆★ 정답 ③

✅정답찾기 자기결정성(self-determination)은 자신의 환경에 어떻게 반응할 것인가를 결정하는 과정, 자신의 의지(인간 유기체가 자신의 욕구를 어떻게 만족시킬 것인지 결정할 수 있는 역량)를 활용하는 과정을 말한다. ③의 경우 외적 보상이 통제(control)로 인식될 때는 자기결정성은 감소한다.

Tip 자기결정성(self-determination)에 영향을 주는 요인

- 자신의 행동을 선택(choice)할 수 있을 때, 자기결정성이 증가한다.
- 위협과 마감시한(threat & deadlines)에 영향을 받을 때, 자기결정성은 감소한다.
- 감독과 평가(surveillance & evaluation)를 받고 있을 때, 자기결정성은 감소한다.
- 외적 보상(extrinsic reward)이 통제로 인식될 때, 자기결정성은 감소하나, 향상을 인정하는 정보로 인식될 때, 자기결정성은 증가한다.
- 나의 행동을 타인이 조정하는 통제적인 표현(controlling statement)은 자기결정성을 감소시킨다.

06 출제영역 >> 교육행정학　　　　　난이도 ☆★★　정답 ②

✅정답찾기 의사소통(communication)은 조직체 내에서 개인 또는 집단 사이에 어떤 사실이나 생각, 태도 등을 상호 전달하고 받는 과정을 말한다. 의사소통의 유형은 보는 관점에 따라 여러 가지로 분류할 수 있다. 의사소통의 방향에 따라 수직적 의사소통, 수평적 의사소통, 대각선적 의사소통, 포도넝쿨모형 의사소통으로 구분하고, 발신자와 수신자 사이의 메시지의 흐름에 따라 일방적 의사소통과 쌍방적 의사소통으로 구분하며, 조직의 성격에 따라 공식적 의사소통과 비공식적 의사소통으로 구분하며, 의사소통의 수단에 따라 언어적 의사소통과 비언어적 의사소통으로 구분할 수 있다. 이 중 언어적 의사소통(verbal communication)은 구두나 문서를 통한 의사소통을 말하며, 비언어적 의사소통(nonverbal communication)은 언어를 사용하지 않으면서 정보를 전달하는 것으로, 물리적 언어를 통한 형태(예 교통신호, 도로표지판, 안내판 등), 상징적 언어를 통한 형태(예 사무실 크기, 사무실 내의 좌석배치, 의자의 크기, 자동차의 크기 등), 신체적 언어를 통한 형태(예 자세, 얼굴표정, 몸짓, 목소리, 눈동자 등)가 있다. ①은 비언어적 의사소통이 언어적 의사소통보다 더 효과적일 수 있으며, ③은 수직적 의사소통에 해당하며, ④는 쌍방적 의사소통에 해당한다.

07 출제영역 >> 교육의 이해　　　　　난이도 ☆★★　정답 ②

✅정답찾기 조작적 정의(operational definition)는 개념을 과학적으로 정의하는 방식으로, 관찰할 수 없는 것을 관찰(측정) 가능한 반복적 조작에 의해 객관적으로 정의하는 방식이다. "교육은 인간행동의 계획적 변화이다." 등으로 정의하며, 교육개념의 추상성을 제거하고 교육활동을 명백히 규정하려 할 때 사용한다. ①은 기술적 정의, ③은 규범적 정의, ④는 약정적 정의에 해당한다.

Tip 교육의 개념적 의미 비교

교육개념	관련 예	특 징
조작적 정의	교육은 인간행동의 계획적 변화이다(정범모).	• 개념을 과학적으로 정의하는 방식 • 관찰할 수 없는 것을 관찰 가능한 반복적 조작에 의해 객관적으로 정의 • 교육개념의 추상성을 제거하고 교육활동을 명백히 규정하려 할 때 사용
약정적 정의	교육을 훈련이라고 하자.	• 의사소통을 위해 복잡한 현상을 무엇이라고 부르자고 약속하는 정의 방식 • 교육에 관한 여러 시각들을 조정하거나 보편적 정의방식에서 벗어나 새로운 방식으로 한시적으로 정의할 때 사용 – 언어의 경제성과 논의의 편리성 도모

| 기술적 정의 | • 교육은 학교에서 하는 일이다.
• 교육은 가르치고 배우는 일이다.
• 서술적 정의, 가치중립적 정의, 사전적 정의, 관행적 정의, 보고적 정의, 객관적 정의 | • 하나의 개념을 이미 알고 있는 다른 말로 설명함으로써 그 개념이 무엇인지를 알려주는 정의
• 누가 어떤 맥락에 사용하는가에 관계없이 일반적으로 통용되는 의미를 규정하려는 것 – 가치중립적 정의 ⇨ 외재적 가치가 개입될 가능성이 있음.
• 교육개념을 전혀 모르거나 생소한 사람에게 교육의 개념을 설명하거나 교육현상을 객관적으로 정확하게 묘사할 때 사용 – 교육과학자들이 선호하는 방식 |
| 규범적 정의 | • 교육은 성년식이다 (Peters).
• 강령적 정의, 목적적 정의, 가치지향적 정의 | • 하나의 정의 속에 '어떻게 해야 하는가, 어떻게 하는 것이 옳은가'와 같은 규범 내지 강령이 들어 있는 정의–교육의 가치 지향성 중시
• 가치의 맥락에서 교육적 의미를 밝힐 때, 내재적 가치를 강조할 때 사용 |

08 출제영역 >> 교육과정　　　　　난이도 ☆★★　정답 ④

✅정답찾기 파이너(W. Pinar)는 교육과정에 대한 연구가 '교육과정 개발'이 아닌 '교육과정 이해'로 패러다임 전환 및 그 목적을 인간의 실존적 해방에 두어야 함을 강조하였다. "교육과정(curriculum)은 그 어원인 쿠레레(currere)에 복귀해야 한다."는 그의 주장은 교육과정을 실존적 체험과 그 반성, 개인의 인생행로에 대한 해석이란 의미로 새롭게 재개념화하고 있다. 이러한 파이너의 교육과정 이론은 오늘날 우리가 처하고 있는 사회적·문화적 현실 속에서 개인이 갖는 경험과 의미를 파헤치고 이해하는 일에 초점을 둔다.

Tip 파이너(W. Pinar)의 쿠레레 방법론

단계	의미
회귀 (소급)	과거를 현재화하는 단계 ⇨ 자신의 실존적 경험을 회상하면서 기억을 확장하고, 과거의 경험에 관한 정보를 수집하고, 최대한 생동감 있게 묘사하는 단계
전진	미래에 대한 논의 단계 ⇨ 자유연상 기법을 통해 아직 현실화되지 않은 자신의 미래의 모습을 상상해 보는 단계
분석	현상학적 방법을 통해 회귀와 전진을 거친 후에 현재로 다시 돌아오는 단계 ⇨ 과거, 미래, 현재를 연결하고 있는 복잡한 관계를 분석하는 과정으로, 과거의 교육적 경험으로 인해 형성된 자신의 삶을 분석하는 단계
종합	생생한 현실로 돌아가 내면의 목소리에 귀를 기울이고, 자기에게 주어진 현재의 의미를 자문하는 단계

09 출제영역 >> 교육행정학　　　　　난이도 ★★★　정답 ①

✅정답찾기 스타인호프와 오웬스(Steinhoff & Owens)가 주장한 조직개발기법(organizational development)은 사회의 급속한 변화에 따른 조직 변화의 필요에 직면하여 조직구성원의 문제 발견 및 해결능력을 증진시키고 변화에 잘 적응하는 관리능력을 증진시키기 위한 계획적·체계적 조직관리기법을 말한다. 집단 간의 역동적인 상호작용 중시, 행동과학적 지식과 기술의 활용, 학교조직의 구조·가치·신념을 변화시키기 위한 교육전략 활용, 학교의 목적과 개인의 욕구를 결부시켜 학교 전체의 변화·발전을 도모함 등을 특징으로 한다.

Tip 스타인호프와 오웬스(Steinhoff & Owens)의 조직개발기법 유형

감수성(T 그룹) 훈련 (sensitivity training)	구성원 개개인들이 참여하여 자유로운 분위기 상황 속에서 친밀한 인간관계를 토대로 진행하는 자기이해 및 자기변화 훈련
그리드 훈련 (grid training)	지도성의 관리망 이론에서 나온 것으로, 과업과 인간관계에 대해 모두 높은 관심을 보이는 이상적인 9−9형의 관리자가 되도록 고무하는 방법
과정 자문법 (process consultation ; p−c 방법)	외부 컨설턴트의 도움을 받아 집단 내 및 집단 간 의사소통, 집단문제해결 및 의사결정, 집단규범, 지도성과 권위 등을 개선하고자 하는 방법
팀 구축법 (team building)	개인보다는 팀을 대상으로 하여 조직 내에 존재하는 다양한 팀들을 개선하고 혁신하여 그 효과성을 증대시키는 전략
대면회합 (confrontation meeting)	조직의 여러 계층에서 나온 사람들로 구성된 집단이 조직의 건강도를 신속히 파악하여 빠른 시간 내에 이를 개선할 방향을 마련하는 기법
조사연구−피드백 기법 (survey research feedback)	설문지를 이용하여 분석단위(예 작업진단, 부서, 전체 조직)를 조사한 후 여기에서 얻어진 자료를 문제집단과 문제해결을 위한 구체적 행동방안을 개발하는 데 사용하는 전략

10 출제영역 >> 한국교육사   난이도 ★★★   정답 ③

정답찾기 향교(鄕校)는 고려시대에 불교 이념을 차단하고 유교이념 보급을 위해 설립된 것으로 조선시대에 와서 그 교육적 기능이 왕성해진 지방교육기관이었으며, 현대의 공립학교와 유사하다. 전국의 부·목·군·현에 일읍일교(一邑一校)의 원칙에 따라 설립되었으며, 교관으로는 중앙에서 파견하는 교수(教授)나 훈도(訓導)가 있었고, 교도(教導), 학장(學長) 등도 교관으로 활동하였다. 제독관(또는 교양관)은 임시 교관인 학장(學長)의 교육을 관리·감독하기 위해 수령(또는 관찰사)이 파견한 장학관에 해당한다.

유자격 교관	교수관(6품 이상, 정교사), 훈도관(7품 이하, 부교사)
유자격 교관 미확보 시	교도(教導, 대과에 합격하지 못한 생원과 진사), 학장(學長, 임시교사)

11 출제영역 >> 교육행정학   난이도 ☆★★   정답 ③

정답찾기 인간은 항상 무엇인가를 원하는(욕구하는) 존재(wanting being)로 파악한 매슬로우(Maslow)는 인간의 욕구가 동기를 유발하는 요인으로 보았다. 그는 인간에게 중요한 순서(위계)에 따라 인간의 욕구를 5단계로 구분하여 저수준의 욕구부터 고수준의 욕구까지 생리적 욕구(1단계) − 안전·보호 욕구(2단계) − 애정·소속·사회적 욕구(3단계) − 존경 욕구(4단계) − 성장욕구(5단계)의 순으로 제시하였다. 이 중 성장욕구는 자아실현의 욕구, 지적 욕구, 심미적 욕구를 포함한다.

Tip 매슬로우(Maslow)의 욕구위계론

1. 생리적(기본적) 욕구	기본적 욕구, 생체항상성 욕구 예 의·식·주, 취업
2. 안전·보호 욕구	위협·위험으로부터의 보호, 확실성·질서·안전 추구 예 직업 안정, 무질서로부터의 자유, 보험
3. 애정·소속·사회적 욕구	대인관계욕구, 결핍 시 현대사회 병리현상 발생 예 집단에의 소속감, 우정, 애정
4. 존경 욕구	타인존경(평판욕구)과 자기존중감(자기가치) 예 지위인정, 성취감, 자신감
5. 자아실현 욕구	잠재력 실현, 절정경험이 중요, 개인차가 크게 나타남 예 지적 욕구(지식 + 이해), 심미적 욕구

12 출제영역 >> 교육사회학   난이도 ★★★   정답 ④

정답찾기 맥닐(McNeil)은 그의 논문 「방어적 수업과 학급통제(defensive teaching and classroom control)」(1983)에서 한 명의 교사가 수십 명의 학생들을 가르치는 학급상황에서 교사는 학생들로부터 자신을 지켜야 한다는 구조적 방어의식을 갖게 되고 그러한 방어의식은 생활지도에서는 학생다움을 요구하는 각종 규제로 구체화되며, 교과지도에서는 방어적 수업(defensive teaching)으로 나타난다고 보았다. 교사는 방어적 수업을 위해 강의식 수업을 선호하며, 학생을 통제하는 강의전략으로 단순화, 신비화, 생략, 방어적 단편화를 사용한다고 주장하였다. 위 지문의 경우는 방어적 단편화에 해당한다. 이러한 방어적 수업은 기존의 재생산이론이 설명하는 것보다 현실은 훨씬 복잡하다는 점을 시사하고 있으며 지식의 성격이 교사에 의해서 전달되는 과정에서 왜곡되는 과정을 밝혀주고 있다는 점에서 그 의의가 있다고 하겠다.

Tip 맥닐(McNeil)의 방어적 수업전략

단순화	지식을 잘게 쪼개어 수업내용을 단순화, 토론과 반대의견 제시 예방 ⇨ 수업의 내용을 단편적 지식과 서로 연결되지 않는 목록들로 구성함으로써 토론과 반대의견을 제시하지 못하게 막는다.
신비화	전문적 영역 피해가기, 베껴 쓰기 지시를 통해 교사에의 의존 심화 유도 ⇨ 복잡한 주제는 전문가가 아닌 학생들은 파고 들어가기 어렵다고 말하여 신비화시킨다. 예를 들어 금본위제, 국제통화기금 등을 언급할 때는 그 용어들을 베껴 쓰라고 시킨다. 이처럼 신비화는 그 주제는 매우 중요하지만 알기 힘든 것처럼 보이게 하는 것으로, 학생들이 스스로 지식을 추구하거나, 깊이 파고들지 못하도록 하여 외부(교사)에서 제공하는 정보에 의존하는 태도를 형성하게 한다.
생략	학생들이 반대의견 제시할 만한 자료는 다루지 않기 ⇨ 시사문제나 논쟁의 여지가 있는 주제를 다룰 경우, 학생들이 반대의견을 제시하거나 토론을 할 만한 자료를 보는 관점을 언급하지 않고 생략한다. 역사교과에서 현대사를 아예 배우지 않는 것도 이에 해당한다.
방어적 단편화	다양한 설명이 요구되는 주제를 간단히 언급만 하고 넘어가기 ⇨ 교사가 학생들의 능력이나 수업에 대한 관심이 부족하다고 생각할 때 즐겨 사용하는 수업전략이다. 학생들을 이해시키기 위해서는 다양한 방법과 많은 시간이 드는 주제를 다룰 경우 이를 간단히 언급만 하고 넘어간다고 약속함으로써 학생들을 동기화시키기보다는 학생들의 불평을 제거하고 학생들이 저항을 하지 않고 협력하게 만드는 전략이다. 학생들에게 주제의 핵심요소는 빼고 간단히 설명하거나, 시험지의 빈칸을 단편적 사실로 채우게 하거나, 제대로 설명하지 않고 한 페이지의 잡지 기사처럼 주제의 개요만을 말해주거나, 이 주제는 깊이 공부하지 않아도 된다고 말함으로써 이를 정당화시킨다.

13 　출제영역 >> 생활지도와 상담 　　　난이도 ☆☆★ 　정답 ①

☑ 정답찾기 수용(acceptance)은 무조건적이고 긍정적인 존경(uncondti oned positive regard)이라고도 한다.

Tip 상담의 기본 조건

수용 (acceptance)	내담자를 귀중한 인간으로 존중하는 것으로, 민주주의의 기본이념에 해당하며, 내담자를 있는 그대로 받아들이는 것을 말한다.
공감적 이해 (empathetic understanding)	'감정이입적 이해' 또는 '내적 준거체제에 의한 이해'라고도 하며, 내담자의 경험·감정·사고·신념을 내담자의 준거체제(내담자의 입장)에 의해서 상담자가 내담자인 것처럼 듣고 이해하는 능력을 말한다.
일치 (genuineness, congruence)	'진실성, 순수성, 명료성, 진정성'이라고도 한다. 상담자와 내담자의 상담목표와 동기가 서로 일치하는 것을 말하며, 더 나아가서는 상담자의 내적인 경험과 외적 표현의 일치를 말한다.

14 　출제영역 >> 교수·학습이론 　　　난이도 ☆☆★ 　정답 ④

☑ 정답찾기 피그말리온효과(Pygmalion effect)는 교사의 기대가 학생의 학업성취도에 미치는 현상으로, 교사가 어떤 학생이 공부를 잘할 것이라고 기대하면 실제로 학업성취도가 높아진다는 주장이다. 유사개념으로 플라시보 효과, 호손 효과, 자성예언효과 등이 있다.

Tip 용어 설명

자이가닉 효과 (Zeigarnick effect)	어떤 목표가 달성되면 긴장이 해소되어 더 이상 목표에 대한 생각을 하지 않게 되지만 목표가 달성되지 않으면 긴장이 계속되어 목표에 대한 생각이 유지된다. 그 결과 미완성 과제에 대한 회상율은 더 높아진다. 이처럼 완성된 과제보다 미완성된 과제를 더 잘 회상하는 현상을 말한다.
플린 효과 (Flynn effect)	세대를 거듭할수록 IQ가 증가하는 현상을 말한다.
낙인효과 (labelling effect)	타인이 자기 자신을 우연히 낙인(부정적 명명)찍은 데서 크게 영향을 받아 비행(부정적 행동)이 발생하는 것을 말한다.

15 　출제영역 >> 교육심리학 　　　난이도 ☆★★ 　정답 ②

☑ 정답찾기 스턴버그(Sternberg)는 지능이란 측면에서 성공적인 삶을 살기 위한 조건으로 성분적 지능, 경험적 지능, 맥락적 지능을 제시하였다. 경험적 하위이론은 창의력을 뜻하는 말로, 새로운 과제를 처리하는 통찰력이나 익숙한 과제를 자동적으로 수행하는 능력이며, 선택적 부호화, 선택적 결합, 선택적 비교가 있다. ㄴ은 성분적 하위요소, ㄷ과 ㅁ은 상황적 하위요소에 해당한다.

Tip 스턴버그(Sternberg)의 삼원지능이론

성공 지능 (SQ)	성분적 지능 (IQ)	• 새로운 지식을 획득하고 그 지식을 논리적인 문제해결에 적용하는 능력 • 메타요소, 수행요소, 지식획득요소로 구성 - 결과(분석적 능력): 분석, 판단, 평가, 비교, 대조하는 능력
	경험적 지능 (창의력)	• 새로운 과제를 처리하는 통찰력이나 익숙한 과제를 자동적으로 수행하는 능력 • 선택적 부호화, 선택적 결합, 선택적 비교로 구성 - 결과(창조적 능력): 창조, 발견, 발명, 상상, 탐색하는 능력
	맥락적 지능 (적용력)	• 외부 환경에 대응하는 능력, 현실상황에 적응하거나 환경을 선택하고 변형하는 능력 • 학교교육을 통해서가 아니라 일상의 경험에 의해서 획득하는 능력 - 결과(실제적 능력): 실행, 적용, 사용, 수행하는 능력

16 　출제영역 >> 교육철학 　　　난이도 ☆★★ 　정답 ①

☑ 정답찾기 포스트모더니즘(post-modernism)은 서양의 근대적 정신과 문화 그리고 근대사회의 구조와 체제가 재구성되는 과정을 설명하는 이론적·사상적 경향을 말한다. 계몽사상적 이성 혹은 합리성에 대한 비판에서 출발하여 과학이나 언어, 예술, 사회와 문화에 대한 합리적 이해를 가능하게 하는 객관적 근거, 즉 궁극적 법칙이나 구조를 인간의 이성에 의해 찾아낼 수 있다는 신념을 거부하고, 나아가 보편적 이론이나 사상의 거대한 체제의 해체를 주장한다. 포스트모더니즘은 반정초주의, 반합리주의, 상대적 인식론, 문화적 다원주의, 열린 자아인 추구, 절대적 진리보다 국지적 진리(소서사) 옹호, 지식의 조화성 강조, 다양성 추구 등의 특징을 지니며, 학습방법으로서 논리적이고 합리적인 사고력의 학습보다는 풍부한 상상력을 학습시키는 방법을 강조한다. ①은 비판이론의 특징이다.

17 　출제영역 >> 교수·학습이론 　　　난이도 ☆★★ 　정답 ④

☑ 정답찾기 인지적 융통성 이론(Cognitive Flexibility Theory)은 스피로(Spiro)가 제안한 것으로, 급변하는 상황적 요구에 따라 학습자가 지닌 기존 지식과 기능, 관점을 전환하여 적절하게 대처하는 능력을 함양하는 학습방법이다. ① 주제 중심의 학습(theme-based search), ② 학생들이 충분히 다룰 수 있는 정도의 복잡성을 지닌 과제를 세분화하여 제시(bite-sized chunk), ③ 다양한 소규모의 예를 제시(mini-cases) 등의 교수원칙을 중시한다.

Tip 구성주의 학습 유형

인지적 도제이론 (cognitive apprenticeship theory)	초보적인 학습자가 전문가인 교사의 학습과제를 해결하는 과정을 관찰하고 모방함으로써 학습과제 해결능력이나 사고과정을 습득하는 것으로, 신체적인 기능과 과정에 주안을 둔 전통적 도제와 달리 인지 및 메타인지 기능을 가르치는 데 주력한다. 콜린스(A.Collins)가 제시한 이론으로, 시연(modeling), 교수적 도움(scaffolding), 도움중지(fading) 등 3단계로 진행한다.
상황학습 (situated learning theory, 참여학습)	학교에서 배운 지식을 실제 사용되는 맥락(context)에서 실천하려는 수업으로, 실제 상황에의 참여를 통한 문제해결과정 및 경험과 학습을 중시한다.
정황교수 (anchored instruction theory, 앵커드 교수, 정착교수)	상황학습을 구현시키는 구체적인 방법으로, 다양한 교수매체(예 Jasper Series-수학 프로그램, Young Sherlock project -국어와 사회과목 프로그램)를 활용하여 실제와 유사한 학습환경을 제공해 주고 이를 통해 문제를 해결하도록 하여 현실 상황에 활용 가능한 유용한 지식을 학습하도록 하는 것을 말한다.
인지적 유연성 이론 (cognitive flexibility theory)	인지적 유연성은 급변하는 상황적 요구에 따라 학습자가 지닌 기존 지식과 기능, 관점을 전환하여 적절하게 대처하는 능력으로, ① 주제 중심의 학습(theme-based search), ② 학생들이 충분히 다룰 수 있는 정도의 복잡성을 지닌 과제를 세분화하여 제시(bite-sized chunk), ③ 다양한 소규모의 예를 제시(mini -cases) 등의 교수원칙을 중시한다.
문제중심 학습 (problem-based learning)	학습자로 하여금 실제 생활과 관련된 복잡하고 비구조화된 문제를 통해 문제해결력 및 그와 관련된 지식(예 개념, 원리, 법칙 등)을 학습하도록 하는 것으로, 의학교육과 경영교육 분야에 근원을 둔 독창적 교육방법이었으나, 구성주의에 접목되어 학교교육에 활발하게 도입·적용되고 있다. 문제해결을 위한 전략적 사고를 신장시켜 주는 수업모형으로 실제성(authenticity), 즉 실제생활과 긴밀하게 관련된 구체적이고 복잡한 문제가 제기되며, 문제해결을 위해 자기주도적 학습(self-directed learning)과 협동학습(cooperative learning)으로 진행된다.

제
15
회

149

18 출제영역 >> 교수·학습이론   난이도 ☆☆★   정답 ④

✅ 정답찾기 협동학습(cooperative learning)은 학습능력이 다른 학습자들이 소집단(이질집단)을 구성하여 동일한 학습목표 달성을 위해 활동하는 수업방법이다. 협동학습의 유형으로는 직소(Jigsaw)모형, 성취과제분담모형(STAD), 팀 경쟁학습(TGT), 도우미학습, 집단조사, 팀 보조개별학습(TAI), 각본학습 등이 있다. STAD나 TGT는 공동학습모형, 직소(Jigsaw)는 과제분담모형에 해당한다. 이 중 성취과제분담학습(STAD)은 슬래빈(Slavin)이 개발한 것으로 주로 수학교과에 많이 적용되는 협동학습모형이다. 집단구성원들의 역할이 분담되지 않은 공동학습구조이면서 동시에 개인의 성취에 대해 개별적인 보상구조이며, 팀 점수가 가장 높은 팀에게도 보상한다.

19 출제영역 >> 교수·학습이론   난이도 ☆★★   정답 ①

✅ 정답찾기 자기조절학습(self−regulated learning)이란 학습자가 스스로 학습 요구를 규명하여 학습상황을 통제하려는 책임감을 감당하고, 학습목표에 도달하기 위하여 적합한 학습전략들을 적용함으로써 자신에게 고유하고 의미 있는 학습과정과 결과를 산출해내는 과정으로, 학습자의 주도성과 적극성을 전제로 한 학습모형이다. 자기조절학습의 전략적 구성 요소는 인지변인, 동기변인, 행동변인이 있다. ②와 ③은 행동변인, ④는 인지변인에 해당한다.

Tip 자기조절학습 전략의 구성 요소

인지 변인	1. 인지전략 : 학습자가 자료를 기억하고 이해하는 데 사용하는 전략 예 시연(rehearsal), 정교화(elaboration), 조직화(organization) 전략 2. 메타인지전략 : 자신의 인지과정을 조절하고 통제하는 데 적용되는 전략 예 계획, 점검, 평가
동기 변인	1. 숙달목표지향성 : 학습활동에 대하여 가지는 목표 ⇨ 새로운 지식과 기능의 습득, 과제 이해, 능력의 향상과 숙달에 목표를 둠 2. 자기효능감(self−efficacy) : 자기능력에 대한 자신의 평가 3. 성취가치 : 학습자가 자신의 학습과제가 가치 있다고 생각하는 것 예 중요성가치(성취가 주는 주관적 중요성, 개인적 요구 충족 정도), 활용성 가치(목표달성 수단으로써 과제의 유용성), 내재적 가치(과제 수행 자체의 즐거움)
행동 변인	1. 행동통제(action control) : 자신의 동기를 행동으로 옮기는 힘, 어려움에 직면하여 포기하지 않고 학습을 계속해 나가는 능력 2. 도움구하기 : 동료나 교사에게 도움(예 힌트, 단서, 실마리)을 요청하기 3. 학업시간의 관리 : 자신의 학습시간을 계획, 통제하고 조절하는 것 4. 물리적 환경 구조화하기 5. 정보 탐색하기

20 출제영역 >> 교육행정학   난이도 ★★★   정답 ②

✅ 정답찾기 최적화 모형(Optimal Model)은 드로어(Dror)가 제시한 것으로, 만족화 모형과 점증적 모형의 타성적 특성에 대한 반발로 등장한 규범적 최적화 모형이다. 의사결정 과정에서 작용하는 직관, 비판, 창의성과 같은 초합리성을 중요시하며, 비정형적 의사결정모형, 질적 모형, 환류(feedback) 중시 등의 특징을 지닌다. 의사결정은 '초정책결정 단계 → 정책결정 단계 → 후정책결정 단계 → 의사전달과 환류' 단계로 이루어진다. ①은 합리모형, ③은 쓰레기통모형, ④는 만족모형에 해당한다.

투입	정책결정 전 단계 (초결정 단계)	• 정책결정에 관한 정책결정을 하는 단계 • 가치처리 ⇨ 사실처리 ⇨ 문제처리 ⇨ 자원의 조사·처리 및 개발 ⇨ 정책결정체제의 정립 ⇨ 문제, 가치 및 자원의 배분 ⇨ 정책결정의 전략 확정
변환	정책결정 단계	목적 설정 ⇨ 자원목록의 작성 ⇨ 대안 작성 ⇨ 각 대안의 효과 및 비용예측 ⇨ 각 대안의 가능성 추정 ⇨ 가능한 대안의 비교 ⇨ 최적안의 평가 및 선정
산출	정책결정 이후 단계 (후결정 단계)	정책시행의 추진 ⇨ 정책시행 ⇨ 정책시행의 평가
환류	의사전달과 환류 단계	모든 과정을 상호연결하고 조정하는 과정

Tip 정책결정모형 비교

의사결정모형	주창자	내용	특징
합리적 (이상적) 모형	Reitz	• 최선의 대안 모색(정책결정자의 전능성 가정) • 매몰비용 무시	• 객관적 합리성 추구 • 경제인 모형 / 전체주의 국가 • 현실적으로 실현 불가능
만족화 모형	• Simon • March	현실적으로 만족할 만한 해결책 선택	• 주관적 합리성 추구 • 제한된 합리성 • 행정가 모형 • 보수적 모형
점증적 모형	• Lindbloom • Wildavsky	• 기존 정책보다 약간 개선된 대안 선택 • 매몰비용 고려	• 소극적 악의 제거 추구 • 정치적 합리성 / 제한된 합리성 • 보수적 모형 / 민주주의 국가
혼합모형 (제3의 모형)	Etzioni	합리적 모형(기본 방향 / 정형문제 / 장기전략) + 점증적 모형(세부 결정 / 비정형문제/단기전략)	• 이론적 독자성이 없다. • 합리성 + 실용성 • 자율적 사회에 적합
최적화 모형	Dror	• 주어진 목표에 가장 알맞은 모형 선택(규범적 최적화) • 합리모형 + 점증모형 (합리모형에 근접)	• 초합리성 중시(엘리트들의 영감, 비전 중시) • 초결정 → 결정 → 후결정 단계 • 혁신적 사회에 적합 • 체제이론적 접근모형
쓰레기통 모형	• Cohen • March • Olsen	• 문제의 우연한 해결 • 문제, 해결책, 선택기회, 참여자의 흐름의 우연한 조합으로 해결	• 비합리적 의사결정 모형 • 조직화된 무질서를 전제(목표 모호, 방법 불분명, 구성원의 참여가 유동적)

빠른 정답 찾기

1회
1. ④	2. ②	3. ②	4. ④	5. ③
6. ③	7. ③	8. ④	9. ④	10. ①
11. ④	12. ③	13. ④	14. ①	15. ②
16. ③	17. ②	18. ④	19. ③	20. ④

2회
1. ②	2. ④	3. ③	4. ④	5. ④
6. ①	7. ③	8. ④	9. ②	10. ③
11. ④	12. ①	13. ①	14. ①	15. ③
16. ①	17. ②	18. ③	19. ①	20. ①

3회
1. ①	2. ②	3. ③	4. ②	5. ①
6. ③	7. ①	8. ③	9. ①	10. ③
11. ①	12. ④	13. ②	14. ②	15. ②
16. ③	17. ③	18. ②	19. ③	20. ①

4회
1. ③	2. ④	3. ④	4. ③	5. ③
6. ②	7. ③	8. ④	9. ①	10. ③
11. ④	12. ④	13. ②	14. ①	15. ②
16. ②	17. ③	18. ①	19. ②	20. ①

5회
1. ④	2. ③	3. ④	4. ④	5. ②
6. ③	7. ①	8. ①	9. ①	10. ②
11. ③	12. ②	13. ④	14. ①	15. ③
16. ③	17. ②	18. ③	19. ①	20. ③

6회
1. ③	2. ③	3. ①	4. ③	5. ③
6. ③	7. ①	8. ②	9. ④	10. ③
11. ①	12. ①	13. ③	14. ①	15. ②
16. ④	17. ③	18. ①	19. ④	20. ④

7회
1. ③	2. ②	3. ④	4. ③	5. ③
6. ③	7. ①	8. ④	9. ③	10. ①
11. ③	12. ①	13. ②	14. ①	15. ③
16. ③	17. ④	18. ②	19. ①	20. ③

8회
1. ④	2. ④	3. ③	4. ③	5. ①
6. ②	7. ②	8. ①	9. ③	10. ②
11. ③	12. ②	13. ①	14. ①	15. ④
16. ①	17. ①	18. ③	19. ②	20. ①

9회
1. ①	2. ②	3. ③	4. ③	5. ④
6. ④	7. ②	8. ①	9. ①	10. ②
11. ②	12. ①	13. ②	14. ②	15. ①
16. ④	17. ①	18. ③	19. ③	20. ③

10회
1. ③	2. ①	3. ④	4. ①	5. ①
6. ③	7. ①	8. ④	9. ①	10. ①
11. ③	12. ①	13. ①	14. ①	15. ①
16. ②	17. ④	18. ③	19. ②	20. ④

11회
1. ②	2. ④	3. ③	4. ①	5. ④
6. ③	7. ④	8. ③	9. ①	10. ③
11. ①	12. ②	13. ②	14. ④	15. ②
16. ②	17. ②	18. ③	19. ②	20. ②

12회
1. ①	2. ③	3. ④	4. ②	5. ④
6. ③	7. ①	8. ②	9. ①	10. ②
11. ②	12. ③	13. ①	14. ②	15. ①
16. ②	17. ③	18. ①	19. ④	20. ①

13회
1. ④	2. ②	3. ③	4. ②	5. ①
6. ③	7. ②	8. ①	9. ②	10. ③
11. ①	12. ④	13. ①	14. ④	15. ③
16. ④	17. ②	18. ①	19. ③	20. ④

14회
1. ②	2. ②	3. ①	4. ④	5. ④
6. ①	7. ③	8. ④	9. ④	10. ①
11. ④	12. ②	13. ③	14. ②	15. ④
16. ①	17. ④	18. ④	19. ④	20. ①

15회
1. ③	2. ②	3. ④	4. ②	5. ③
6. ②	7. ②	8. ④	9. ①	10. ③
11. ③	12. ④	13. ①	14. ④	15. ②
16. ①	17. ④	18. ④	19. ①	20. ②

오현준

주요 약력

- 서울대학교 사범대학 교육학과 졸업
- 현) 서울교육청, 강원교육청 핵심인재 특강 전임강사
- 현) 박문각 임용고시학원 교육학 및 5급 교육사무관 승진 전임강사
- 현) 박문각 공무원 교육학 온라인.오프라인 전임강사
- 현) 창원중앙고시학원, 대구한국공무원학원, 유성제일고시학원,
  청주행정고시학원 교육학 전임강사
- 현) 서울교육청, 인천교육청, 강원교육청 5급 교육사무관 전임 출제위원
- 전) 교육부 의뢰, 제7차 교육과정 「특별활동 교사용 지침서」 발간
- 전) 22년간 중등교사로 서울에서 재직 활동
  (교육부총리, 교육감상 수상 / 교재연구 우수교원 교육부 장관상 수상 /
  연구학교 우수교사 수상 / 교육복지투자 우선지역 사업 선도 교사)
- 전) 매년 1급 정교사 자격연수 대상자들을 대상으로 교수법 특강
- 전) 통일부 위촉, 통일 전문 강사 활동
- 전) 광주교육청 주관, 학교교육복지 정책 관련 특강
- 전) 중앙대 교원임용고시 대비 특강
- 전) 5급 교육사무관 대비 교육학 및 역량평가, 심층면접 강의 (전국 최대 사무관 배출)
- 전) 티처빌 교육전문직 대상 교육학 전임강사

주요 저서

- 오현준 정통교육학(전2권) (박문각, 2007~2025 刊)
- 오현준 교육학 끝짱노트 (박문각, 2023~2025 刊)
- 오현준 교육학 단원별 기출문제 1356제 (박문각, 2016~2025 刊)
- No.1 오현준 교육관계법령 (박문각, 2025 刊)
- 오현준 교육학 실전동형 모의고사 (박문각, 2016~2025 刊)
- 오현준 핵심교육학 (박문각, 2016~2024 刊)
- 오현준 명작교육학 (박문각, 2016~2022 刊)
- 오현준 교육학 논술 핵심 229제 (박문각, 2019~2022 刊)
- 오현준 끝짱교육학 (고시동네, 2020~2022 刊)
- 오현준 교육학 기출문제 종결자 (고시동네, 2014~2016 刊)
- TOPIC 교육학 (고시동네, 2013 刊)

오현준 교육학
실전 동형 모의고사

초판 인쇄 | 2025. 2. 20.   초판 발행 | 2025. 2. 25.   편저자 | 오현준
발행인 | 박 용   발행처 | (주)박문각출판   등록 | 2015년 4월 29일 제2019-000137호
주소 | 06654 서울시 서초구 효령로 283 서경 B/D 4층   팩스 | (02)584-2927
전화 | 교재 문의 (02)6466-7202

저자와의
협의하에
인지생략

정가 17,000원
ISBN 979-11-7262-603-7